교양으로 읽는

서유기

교양으로 읽는
서유기

초판 1쇄 발행 2021년 8월 30일
초판 3쇄 발행 2024년 1월 12일

지은이 오승은
옮긴이 장순필

펴낸이 이효원
편집인 음정미
표지디자인 별을 잡는 그물
본문디자인 이수정
펴낸곳 탐나는책
출판등록 2015년 10월 12일 제 2020-000019호
주소 경기도 고양시 덕양구 삼송로 222, 101동 305호(삼송동, 현대헤리엇)
전화 070-8279-7311   **팩스** 02-6008-0834
전자우편 tcbook@naver.com

ISBN 979-11-89550-50-9 03150

교양으로 읽는
서유기

중생 구제를 위해 떠나는 기상천외한 여행기

오승은 지음 | **장순필** 옮김

탐나는책

동양적 판타지의 정수를 넘어,
인간 군상의 은유를 담다!

《서유기》는《삼국지》,《수호지》,《금병매》와 더불어 중국의 사
대기서四大奇書 가운데 하나로 손꼽히며, 신선이나 부처, 마귀,
요괴 등 기이한 존재들이 출현하는 '신마소설神魔小說'의 대표작
이라 불린다.

《서유기》는 당나라 승려 현장玄奘(602~664)의 실화에 기인한
것으로, 소설 속의 삼장법사는 이 실제 인물, 현장을 모델로 한
것이다. 역사상, 현장은 인도의 불경 원전을 얻기 위해 17년 간
서역의 오십여 나라를 거치면서 겪었던 일들을《대당서역기大唐
西域記》에 방대한 기록으로 후세에 남겼다.

현장의 여행기에 기인하여 서유西遊, 서천으로의 모험을 담아낸《서유기》는 삼장법사 현장이 대당大唐 황제의 칙명으로 제자들과 함께 천축국(지금의 인도)에 가서 중생을 구제할 대승大乘 불법의 경전을 구해오는, 취경取經의 과정을 그린 것이다.

삼장의 수제자 손오공은 화과산 돌에서 태어났으며, 도술을 써서 천제의 궁전을 발칵 뒤집는 소동을 벌인 죄로 오백 년 동안 오행산五行山에 갇혀 있었는데, 삼장법사가 천축국을 향하여 가는 길에 구출하여 제자로 삼았다.

그밖에 하늘에 죄를 지어 벌을 받고 있는 돼지 형상의 괴물로 머리가 단순한 낙천가 저팔계, 하천의 괴물이며 충직한 비관주의자 사오정, 백마로 변화한 서해용왕의 아들 등을 포함한 일행이 주인공이다.

그들은 기가 막힌 사건들의 연속으로 여든한 가지 어려운 난관을 당하지만 갖가지 비술로 이를 극복하여 마침내 목적지인 영산靈山에 도달하여 배불拜佛하고 진경眞經을 얻어 당나라에 전해 준 그 공적으로 부처가 된다.

《서유기》를 한 번도 읽어보지 않은 사람이라 할지라도 삼장법사와 손오공, 저팔계와 사오정의 이름은 익히 들어보았을 것이다. 그러나 원전《서유기》의 주인공들은 우리가 막연히 알고 있는 성격의 인물들이 아니다. 한없이 인자할 것만 같은 삼장법사는 겁이 많고 소심하며, 사리분별 있게 손오공의 충언을 받아들이지 못하는, 한없이 인간적인 모습이다. 도술을 잘 부리지만 마냥 말썽 많은 것 같은 손오공은 삼장법사 이상의 혜안으로 사물과 현상을 생각하고 지혜를 기반으로 한 도술로 악을 처단한다. 또한 저팔계는 타고난 욕심과 질투 속에서도 의리와 충성을 아는 인물이며, 사오정은 크게 드러나지 않지만 바른 말을 하면서 자신의 사명을 감당해낸다. 우리가 생각해왔던 인물과 다른 성격의 주인공들을 만나보는 것도 이 책의 즐거움 중 하나가 되리라 생각한다.

《서유기》에는 수많은 신神과 마魔가 등장하지만, 이 마의 생성 배경을 만나다 보면 선과 악의 구별이 태초부터 지어진 것이 아니라는 깨달음을 얻게 된다. 한때의 욕심, 한 번의 실수로 악으로 돌아선 인물들, 악의 상징이었으나 결국 선으로 귀의한 등장인물을 만나다 보면 선과 악의 경계가 모호하고 그 경계에서 어느 쪽으로 넘어가느냐는 한 걸음의 차이라는 것을 깨닫게 된다.

동양 환상소설의 가장 높은 봉우리라 일컫는 《서유기》는 동양적 판타지가 가득하지만 분명 그 판타지의 즐거움과 환상에만 머무르지 않는다. 이 환상과 상상은 세상의 이치에 기인하며, 삶에서 맞닥뜨리는 악이란 인간의 본성과 욕망에서 비롯되는 것임을 생각하게 한다.

《서유기》가 독자들에게 판타지와 상상의 즐거움을 넘어 삶에 대한 성찰을 이끌기를 바란다.

차례

손오공의
탄생

천지의 운수는 십이만 구천육백 년을 한 원元이라 했다. 그 한 개의 원을 십이 회會로 나누었는데 곧 자子·축丑·인寅·묘卯·진辰·사巳·오午·미未·신申·유酉·술戌·해亥의 십이지十二支이다. 그러니까 한 회는 만팔백 년에 해당된다.

이를 하루의 일상에서 따져보면 자시에 양기가 꾸물거리기 시작하고, 축시에는 닭이 울고, 인시에는 아직도 어두우나 묘시가 되면 해가 떠오른다. 그리고 아침식사를 마치면 진시가 되고, 사시가 되면 해는 점차 떠올라 오시에는 하늘의 한가운데 있게 된다. 미시에는 해가 서쪽으로 기울고, 신시는 황혼, 유시가 되면 해가 떨어진다. 그리고 술시에는 아주 어둡고, 해시가 되면 모든 사람이 잠든다.

이것을 다시 천지의 운수에 비유한다면 술회戌會가 끝날 무렵에 천지는 어두워지고 만물이 끝난다는 것이다. 그리고 다시 오천사백 년이 지나 해회亥會가 시작될 때면 새카맣게 어두워져 천지간에는 사람도 물건도 존재하지 않아 혼돈이라고 한다.

어쨌든 중국의 역사에서 반고盤古가 세상을 열고, 삼황三皇이 세상을 다스리고, 오제五帝가 윤리와 기강을 세우게 된 이 세계는 네 개의 대륙, 동승신주·서우화주·남섬부주·북구로주로 나누어졌다고 전한다.

그중 이 책의 이야기는 동승신주에서 일어난 일들이다.

동승신주의 바다 저편에 오래국傲來國이라는 나라가 있고 그 바다 가운데 화과산花果山이 있는데, 이 화과산 꼭대기에 선석仙石이 하나 있었다.

천지가 개벽된 이래로 이 돌은 낮이나 밤이나 하늘과 땅의 진수眞髓와 해와 달의 정화精華를 받아 선태仙胎가 생겨나더니, 어느 날 돌이 갈라져 공만 한 돌알이 나왔는데 그 돌알은 바람을 쐬자 돌원숭이로 변하였다.

곧 오관五官이 구비되고 사지四肢가 모두 갖추어져 금세 걸어

다니기를 배웠다. 그리고 두 눈에서는 금빛 광채가 발하여 하늘 나라에까지 뻗쳐 올라갔다.

돌원숭이는 제멋대로 산중을 뛰고 달리며 나무 열매를 찾아다니기도 하고, 온갖 짐승을 벗 삼으며 다른 원숭이들과도 친한 사이가 되었다.

그가 노니는 곳은 화과산 복지福地, 수렴동 동천洞天으로 그는 어느새 미후왕美猴王이 되어 있었다.

무려 이러기를 사오백 년, 미후왕은 어느 날 원숭이들과 주연을 베풀고 있다가 갑자기 눈물을 뚝뚝 흘렸다.

"대왕, 무슨 일로 근심하십니까?"

"나는 때로 기쁨과 즐거움 속에 있으면서도 앞일을 생각하면 나도 모르게 슬퍼지니 무슨 까닭인지 모르겠다."

원숭이들은 한결같이 '이렇게 자유롭게 지내고 있는데 앞일을 생각하여 슬퍼할 필요가 있겠느냐'며 위로해 주었다. 그렇지만 돌원숭이는 윤회의 법칙을 넘어 불생불멸, 천지 산천과 수명을 같이하기 위해 여행을 떠나 인간세계에서 살아가는 생활습관을 배우고, 영대방촌산에서 수보리조사須菩提祖師라는 신선을 만나 도道를 닦으며, '손오공孫悟空'이라는 이름도 얻었다.

"너는 원숭이 얼굴에 사람의 지체를 가졌으니 도를 깨치기 쉬울 것이다. 천강수天罡數라는 술은 삼십육반般 변화에 해당하고, 지살수地煞數라는 것은 칠십이반 변화에 해당하는데 너는 어느 쪽을 배우고 싶으냐?"

"저는 욕심이 많은지라 지살변화 쪽을 배우겠습니다."

원래부터 초인적인 열의와 오성悟性을 갖춘 손오공은 스승이 전해 준 비법을 한 가지도 빼놓지 않고 열심히 연마한 끝에 얼마 후 칠십이반 변화를 모두 깨치게 되었다.

어느 날 스승은 손오공을 불러 한 번 날아보라고 했다. 손오공은 휙 하고 몸을 솟구쳐 오륙 장丈 정도 허공으로 솟아올라 삼 리가량의 거리를 왕래해 보이고 우쭐한 표정으로 말했다.

"이것이 이른바 구름을 타는 묘술이라는 것이옵니다."

그러자 스승이 머리를 가로저으며 웃었다.

"대체로 구름을 탄다는 자는 아침에 북해를 떠나 동해, 서해, 남해를 모두 돌아다니다가 다시 북해로 돌아가느니라. 사해를 두루 돌아다닐 수 있어야만 비로소 구름을 탄다고 할 수 있는 것이다."

"……."

손오공은 눈빛으로 배우고 싶은 욕망을 내비쳤다.

"이 근두운은 결訣을 맺고 진언眞言을 외고, 주먹을 단단히 쥐고 몸을 흔들며 뛰어오르면 한 번 근두에 십만팔천 리나 갈 수 있느니라."

손오공은 계절이 바뀌고 세월 가는 줄 모르게 전심전력으로 연습했고 그런 뒤에야 아무것에도 구속됨이 없이 하늘을 날았다. 그러던 어느 날, 손오공은 스승으로부터 떠나라는 명을 받았다.

스승인 조사는 손오공을 떠나보내며 이렇게 말했다.

"너는 이곳을 떠나는 순간부터 좋지 못한 생각을 가지리라.

그것도 네 운명이니 할 수 없는 일일 것이다. 다만 일언반구라도 내 제자였다는 것을 누구에게도 발설해서는 안 된다. 만일 내 이름자를 밝히는 날에는 너를 잡아다 영원무궁토록 다시 살아나지 못하게 할 것이니 명심하도록 하라."

손오공은 고마운 스승에게 마지막 절을 올리고 근두운을 일으켜 동해를 향해 날았다. 눈 깜짝할 사이에 어느덧 화과산 수렴동이 발치에 내려다보였다.

그러나 화과산은 자신이 다스리던 평화롭던 고향이 아니었다. 손오공이 떠나 있던 20년 사이에 혼세마왕이 군림하면서 많은 동지들이 죽임을 당하고 뿔뿔이 흩어져 있었다. 이에 손오공은 일신을 변해 혼세마왕을 단칼에 쳐죽이고 흩어진 원숭이들을 모아 무예를 가르치며 군대를 조련시켜 평화를 되찾았다.

이에 칠십이동洞의 요왕들이 손오공의 소문을 듣고 모두 찾아와 그를 대왕으로 받들어 모셨다.

손오공, 천궁을 소란케 한 죄로
오행산에 갇히다

어느 날 손오공은 무언가 불만족스러워 여러 원숭이들에게
말했다.

"너희들은 이제 훈련을 쌓아 활에 익숙하고 칼과 창도 잘 쓰
고 있는 듯하다. 그러나 나의 이 칼은 너무나 빈약하고 도무지
마음에 들지 않는구나. 무슨 수가 없겠느냐?"

그러자 늙은 원숭이들이 앞으로 나와 이렇게 말했다.

"대왕께서는 선성仙聖이시니 세상의 보통 무기는 쓸모가 없을 줄 아옵니다. 혹시 대왕께서는 물속을 다니실 수 있으십니까?"

"나는 도를 얻어 칠십이반 지살변화에 능통하고, 근두운의 신통력뿐만 아니라 은신, 둔신 등 여러 술법도 익혔고, 하늘에 오르고자 하면 길이 저절로 열리고 땅속으로 들어가려고 하면 문이 저절로 난다. 물에 빠지지도 않고 불에 타지도 않거늘 어디든 못 갈 데가 있겠는가?"

"대왕께서 과연 그러시다면 우리의 동천, 이 철판교 다리 밑이 동해용궁으로 통하고 있사오니 용왕에게 가서 대왕에게 어울리는 무기를 요구하시면 구하실 수 있을 것입니다."

손오공은 곧장 철판교로 달려가 폐수법閉水法을 써서 곧장 동해의 바다 밑으로 향해 갔다. 그러다 바다를 순찰하는 야차夜叉 한 놈을 만나 수정궁水晶宮의 용왕을 만날 수 있었다. 용왕은 손오공을 정중히 맞이하여 차를 대접했다.

"상선上仙께서는 언제 도를 닦으셨으며, 어떠한 술법을 배우셨습니까?"

"저는 이 세상에 태어나면서부터 출가하여 수업을 쌓고 불생불멸의 몸이 되었습니다. 듣자 하니 귀공께서 신기한 무기를 가지고 계시다 하여 그 한 가지를 얻고자 왔습니다."

용왕은 손오공의 태도를 보고 거절할 수가 없어 큼직한 칼 한 자루를 내어다가 바치게 했다. 그러나 손오공은 한 번 살펴본 후 칼은 필요 없다고 거절했다.

용왕은 다시 삼천육백 근이나 되는 구고차九股叉를 내왔으나 손오공은 가볍다며 내동댕이쳐 버렸다.

이에 용왕은 칠천이백 근짜리 화간방천극畫杆方天戟을 다시 내오게 했다. 손오공은 성큼 내려가 그것을 손에 집어 들고 몇 번인가 휘휘 내저어 보았으나 역시 마땅치 않다고 다른 것을 요구했다.

"옛날부터 용궁에는 없는 게 없다고 했는데, 다시 한 번 찾아봐 주십시오. 마음에 드는 게 있으면 값은 두둑이 치르겠습니다."

"진정 더는 없사옵니다."

용왕은 얼굴을 붉히면서 말했다. 이때 지나가던 왕비와 공주가 걱정스러운 듯이 용왕에게 말했다.

"대왕마마, 저분은 보통 분이 아닌 듯합니다. 며칠 전부터 창고에 있는 신진철神珍鐵이 광채를 발하고 상서로운 기운이 번쩍 뻗쳐오르고 있는데, 어쩌면 저분을 만나 세상에 나오려는 징조가 아닐는지요?"

"그것은 옛날 우禹 임금이 치수治水를 하려 강과 바다의 밑바닥을 고르고 다지는 데 쓰던 쇠뭉치인데 쓸모가 있겠소?"

"쓰고 못 쓰고는 저분께 달려 있으니, 어떻게 고쳐 쓰든 괘념치 마시고 우선 주어서 이 용궁에서 어서 나가게만 하면 되는 것이 아니옵니까?"

용왕은 고개를 끄덕이며 손오공을 인도하여 해장海藏으로 들어갔다. 아니나 다를까 과연 찬란한 광채가 사방으로 비치고 있었다.

"저 광채를 발하는 것이 바로 그것입니다."

손오공은 앞으로 썩 나서며 한 번 어루만져 보았다. 그것은 한 개의 철주鐵柱로 굵기가 한 말[斗]만큼이나 되고, 길이는 두 길이 넘었다.

이에 손오공이 두 손으로 두드려 보면서 "조금만 짧고 가늘었으면 좋겠는데……." 하고 혼잣말을 했다. 그러자 이 신비한 물건은 몇 자가량 짧아지고 동시에 한 둘레쯤 가늘어졌다.

"조금만 더 가늘어지면 꼭 알맞겠는데……." 하며 슬쩍 흔들어 보자 이번에도 역시 얼마쯤 가늘어졌다.

손오공이 기뻐서 어쩔 줄 모르며 해장 밖으로 가지고 나와서 자세히 보니 양쪽 끝에 금테가 둘러 있는데, 금테 옆에는 한 줄로 글자가 새겨져 있었다.

'여의금고봉如意金箍棒, 중重 만삼천오백 근斤.'

"자그마치 만삼천오백 근의 여의봉이 내 말대로 커지기도 하고 작아지기도 하는구나."

손오공은 기쁨을 감추지 못하며 그것을 손에 쥐고 신통력을 발휘하여 마음대로 늘였다 줄였다 하면서 수정궁으로 돌아왔다.

용왕은 여의봉을 제멋대로 가지고 노는 손오공을 보고 까무러칠 듯 놀랐다.

손오공은 여의봉을 손에 쥔 채로 수정궁 전상에 의젓이 자리를 잡고 싱글벙글 미소 지으며 용왕에게 또 청했다.

"호의를 베풀어 주셔서 감사합니다. 허나 이것을 얻기 전에는 이대로도 좋았으나 이제 여의봉을 수중에 넣고 보니 이것에 어울리는 갑옷이 필요하겠습니다. 갑옷이나 투구도 한 벌 주십시오."

"그런 것은 없습니다."

용왕은 얼굴이 창백한 채로 겨우 기운을 내어 말했다. 그렇다고 물러날 손오공이 아니었다.

"그렇다면 이 여의봉을 이 용궁에서 한번 시험해봐도 되겠습니까?"

"아니, 잠시만요. 제 아우들에게라도 있으면 드릴 것이니……."

"아우들은 어디 있습니까?"

"아우라고 말씀드린 이들은 남해용왕 오흠과 북해용왕 오순, 그리고 서해용왕 오윤입니다. 불러서 상의를 해보겠습니다."

용왕은 북을 치고 종을 울려 형제들을 불러 손오공의 일을 이야기했다. 남해용왕 오흠은 화를 내며 형제가 함께 군사를 일으켜 그놈을 잡아버리자고 제의했다. 동해용왕은 여의봉의 위력을 내세우며 그것은 안 된다고 잘라 말했다. 네 용왕은 손오공에게 갑옷이며 투구를 주어 보내놓고 옥황상제께 상주하면 천제가 자연 벌해 줄 것이라 결론지었다.

그래서 북해용왕은 연뿌리 실로 짠 신발, 보운리步雲履를 내놓고, 서해용왕은 쇠실로 짠 황금갑黃金甲을, 남해용왕은 봉황의 깃털로 짠 자금관紫金冠을 각각 내주었다.

동해용왕은 이들을 수정궁으로 인도하여 손오공과 인사시켰다. 손오공은 자금관과 황금갑, 보운리를 각각 쓰고, 입고, 신고 나더니 여의봉을 휘두르고 돌아다니면서 흡족해했다.

"제가 너무 민폐를 끼쳤습니다."

손오공은 한마디 내뱉고는 용왕들과 작별 인사를 했다.

사해용왕들은 분해서 견딜 수가 없었다. 그리하여 곧 천제께 상주할 일을 의논했다.

손오공이 물속 길을 열고 금빛 찬란한 복장으로 화과산에 돌아오자 여러 원숭이들은 환성을 올리며 그의 앞에 일제히 무릎을 꿇고 대왕이라고 외쳤다.

손오공은 만족한 듯 여의봉을 자리의 중간에 우뚝 세워놓고 보좌에 앉았다. 원숭이들이 서로 다투며 달려들어 그것을 집어 들려고 하였으나 마치 잠자리 떼가 쇠말뚝에 붙은 것처럼 여의 봉은 끄떡도 하지 않았다.

"대왕, 이처럼 무거운 것을 용케 가져오셨습니다."

원숭이들은 저마다 감탄했다. 손오공은 이 신기한 여의봉을 들어 늘이고 줄이는 것을 보여 주다가 바늘만 하게 만들어 재미난 듯이 자기의 귓속에 쏙 집어넣었다.

이쯤 되고 보니 칠십이동의 요왕들은 모두가 공포의 전율을 느끼고 지난날보다 더욱더 복종하였다.

손오공은 지혜로운 네 마리의 늙은 원숭이들을 대장으로 임명하여 훈련에 힘쓰도록 하고, 자신은 구름과 안개에 앉아 사해를 두루 여행하면서 널리 호걸들과 사귀며 놀았다.

그들은 우마왕, 교마왕, 붕마왕, 사타왕, 미후왕獼猴王, 우융왕, 그리고 자신인 미후왕美猴王을 합한 일곱 명이었다.

손오공은 이들과 함께 한자리에 모여 글을 짓고, 무예를 닦고, 술과 가무를 즐기기도 하면서 무한한 쾌락에 젖어 있었다.

그러던 어느 날, 손오공이 대취하여 잠이 들었는데 유명계幽冥界에서 그를 잡아들였다. 손오공은 깜짝 놀라 귓속에서 여의봉을 꺼내어 늘려 잡고 삼라전森羅殿에 달려가 십대명왕十代冥王들과 따져 생사부生死簿를 가져다 보이라 했다.

손오공이 원숭이 장부를 살펴보니 자신의 이름 석 자가 적혀 있고, 그 밑에는 이렇게 기록되어 있었다.

하늘이 낳은 돌원숭이, 수명 342세, 끝을 잘 맺다.

"나는 내 나이가 얼마인지 알지 못하노라. 어쨌든 이름만 지워버리면 되겠지."

손오공은 혼잣말을 하고 묘한 미소를 지었다. 그리고는 큰 소리로 말했다.

"붓을 가져와라!"

손오공은 판관이 가져온 붓으로 진한 먹물을 찍어서 자기 이름과 원숭이 장부에 있는 이름들을 북북 지워버리고 내동댕이 쳤다.

"다 됐다! 이것으로 끝이다. 이제부터는 그대들의 간섭을 받지 않아도 되겠지."

손오공은 여의봉을 휘두르면서 유명계를 나오다가 풀포기에 걸려 넘어졌다. 깜짝 놀라서 눈을 뜨니 남가일몽南柯一夢이었다.

"대왕님께서는 얼마나 술을 드셨기에 하룻밤 내내 주무시고도 아직 깨어나지 못하십니까?"

손오공이 겨우 일어나 앉으면서 말했다.

"꿈속에서 두 놈이 나를 잡으러 왔다. 그놈들에게 끌려 유명계의 성문에 이르러서야 정신을 차릴 수 있었다. 나는 신통력을 부려 여의봉을 늘려 잡고 삼라전으로 올라가 열 명의 명왕들과 담판을 짓고, 염라대왕의 생사부를 조사해서 우리들의 이름을 모조리 지워버렸다. 너희들도 이제는 그들의 간섭을 받지 않아도 된다."

원숭이들은 머리가 땅에 닿도록 숙이며 절을 했다. 이때부터 늙지 않는 원숭이가 많아진 것은 저승사자의 명부에서 이름이 지워졌기 때문이었다.

한편, 옥황상제는 영소보전에서 동해용왕으로부터 손오공의 무법 행위에 대한 벌을 내려 주십사, 하는 상주를 받고 있었다.

옥황상제는 상주문을 다 읽고 전지를 내렸다.

"용신龍神은 바다로 돌아가라. 짐이 즉시 천신을 보내 그 요선妖仙을 잡아들이리라."

동해용왕은 천은에 감사하고 돌아갔다. 그가 돌아가기 무섭게 이번에는 유명계의 진광왕이 유명교주 지장왕보살의 상주문을 올렸다. 그 상주문 역시 손오공의 비행이 낱낱이 적혀 있었다.

옥황상제는 진광왕을 안심시켜 돌려보낸 후 문무선경들과

이 문제를 논의했다. 그러자 태백장경성이 나서서 손오공의 선도仙道 닦은 내력과 그의 실력을 아뢰고, 신장神將을 동원하여 무력으로 잡는 것보다는 성지聖旨를 내려 그를 상계上界로 불러 올려 약간의 벼슬을 주어서 유용하게 복종시키는 것이 좋겠다 하였다.

이에 옥황상제는 즉석에서 조서를 꾸미고 태백금성에게 그 임무를 맡겼다. 태백금성은 조서를 받들고 남천문을 나서서 화과산으로 곧장 내려왔다.

"그렇지 않아도 천상계를 한 번 가 보았으면 했는데, 마침 잘 됐다. 안으로 모셔라!"

원숭이들의 보고를 받은 손오공은 반가워서 태백금성을 문 밖으로 나가서 맞이했다.

손오공이 환영잔치를 베풀려 했으나 태백금성은 지체할 수 없다며 빨리 올라갈 것을 채근했다.

"내가 천상에 올라가 그곳이 어떠한 곳인가 보고 올 테니 아이들을 잘 훈련시키고 있거라!"

손오공은 늙은 원숭이 수하들에게 당부해 놓고 태백금성과 함께 하늘에 올랐다.

천문에 들어선 손오공은 상계 천당의 온갖 화려함과 장엄함, 신비한 빛깔과 영기에 사로잡혔다. 인간의 상상력을 초월한 그곳은 실로 절대 미美의 세계, 신비의 세계였다.

손오공을 데리고 영소보전에 이른 태백금성은 어전으로 나아갔다.

"소신, 성지를 받자와 하계의 요선을 불러왔사옵니다."

"요선은 어디에 있는고?"

옥황상제는 늘어뜨린 발 뒤에서 물었다. 그제야 손오공이 허리를 약간 굽히고 대답했다.

"이 사람 여기 있소."

손오공의 입에서 그 말이 떨어지자 엄숙하게 늘어서 있던 선경들이 웅성대며 격분했다.

"저 버릇없는 원숭이놈! 어전에 꿇어 엎드리지 않고 저런 말본새하고는……."

"손오공이란 자는 하계의 요선으로서 이제 겨우 인간의 몸이 되었으니 어찌 조례를 알겠는가? 모두 용서해 주어라!"

옥황상제가 일침을 하자 손오공은 그제야 깨달은 듯 어전에 엎드렸다. 옥황상제가 문무선경들에게 어디 비어 있는 관직을 손오공에게 제수토록 하라고 분부하자 무곡성군이 앞으로 나와 아뢰었다.

"천궁에는 그 어디고 빈자리는 없사오나, 다만 어마감御馬監의 정당관사가 비어 있나이다."

"그렇다면 그에게 필마온弼馬溫을 제수할지어다."

선경들이 일제히 사은을 하자 손오공은 그들을 따라 옥좌를 향해 무릎을 꿇었다. 그리고 필마온의 벼슬이 무엇인지 모르면서 덮어놓고 좋아하였다.

어마감으로 부임한 손오공은 기쁜 마음으로 먼저 대소 관원들을 죄다 불러 모아 어마감의 상황을 알아보고는 천 필의 천마天馬가 있다는 것을 알았다.

손오공은 장부를 조사하는 한편, 말의 필수를 일일이 대조해보며 밤낮으로 열심히 말을 돌보았다. 천마들은 날이 갈수록 보기 좋게 살이 올랐으며, 손오공의 모습만 보아도 귀를 세우고 굽으로 땅을 긁으며 기뻐하였다.

이렇게 반달이나 되는 세월이 흘러갔다. 그러던 어느 날, 어마감의 관료들은 한가한 틈을 얻어 손오공의 취임을 축하할 겸 주연을 베풀었다.

주연이 한창 무르익어 갈 무렵, 손오공이 홀연 술잔을 내려놓으면서 물었다.

"나의 이 필마온이란 관직은 어떻게 되는 직함인가?"

"관명 그대로올시다."

"이 관은 몇 품이나 되는가?"

"품 따위는 없습니다."

그들은 시원스럽게 대답했다. 그리고 계속해서 지껄였다.

"이 자리는 제일 낮고 제일 보잘것없는 직책으로 단지 옥황상제의 말지기를 한다는 것뿐입니다. 이토록 열심히 책임을 이행하셔서 말을 먹이셨으나 '잘했다'는 한마디 듣게 되는 것이 고작이옵니다. 그렇지만 만일 말이 비실거리기라도 한다면 책망을 듣게 될 것이고, 혹시 상처라도 입게 된다면 벌을 받는다든지 변상을 한다든지 거기에 따라 응분의 문죄가 있게 됩니다."

거기까지 이야기를 들은 손오공은 화가 치밀어 견딜 수가 없었다. 그는 빠드득 이를 갈면서 소리쳤다.

"손오공을 이토록 우습게 보다니! 나는 이래봬도 화과산에서 대왕으로 모셔지고 할아버님이라는 최고의 존경과 대접을 받고 있었다. 그러한 나를 감쪽같이 속여 이까짓 말지기나 시키다니, 어디 될 말인가? 당장 그만두고 돌아갈 테다!"

그는 주연 자리를 흩어버리고 귓속에 고이 간직했던 여의봉을 꺼내 늘려 잡고 닥치는 대로 휘두르며 어마감을 뛰쳐나와 곧장 남천문을 나와 순식간에 화과산으로 돌아왔다.

"얘들아, 내가 돌아왔다!"

원숭이들은 반가워서 모두 달려왔다.

그들은 손오공을 보위에 오르게 하는 한편, 환영연을 여느라 야단법석이었다.

"상계에서 십수 년을 보내시고 금의환향錦衣還鄉 하셨으니 축하하옵니다."

"나는 반달 만에 돌아왔는데 십수 년이라니, 무슨 소린가?"

손오공이 의아스럽게 반문했다.

"대왕께서는 천계의 하루가 하계의 일 년임을 모르셨습니까? 헌데 그곳에서는 무슨 벼슬을 얻으셨습니까?"

손오공은 입맛을 쩍쩍 다시며 손을 흔들어 보였다.

"나 원 참, 창피해서 말도 말라! 도대체 사람을 쓸 줄 모르고, 나에게 필마온이라는 말지기를 시키더군."

그리고는 천계에서 어마감으로 있었던 일을 죽 설명했다.

"정말 잘 오셨습니다. 그만한 신통력으로 제천대성齊天大聖이 되신다 하옵더라도 안 될 것이 없사온데……"

그 말에 손오공은 크게 기뻐했다. 하늘과 동격의 대성이란 말은 참으로 기발한 이름인 듯했다.

"지금 당장 '제천대성'이라는 글자를 큼지막하게 써서 깃발을 만들어라! 앞으로 나를 부를 때는 반드시 제천대성이라고 하거라. 이를 각 동의 요왕들에게 전달하라!"

그는 일어서서 주변을 둘러보고 지엄한 명을 내렸다.

한편, 천상에서는 손오공이 벼슬이 작다고 불평하여 천궁에서 도망친 사건에 대해 천병을 보내 손오공을 잡아들이라고 옥황상제가 엄한 명을 내렸다.

이에 탁탑이천왕托塔李天王과 나타삼태자哪吒三太子가 삼군을 정돈하여 위풍당당하게 화과산으로 내려와 대적했으나 오히려 손오공의 여의봉에 상처만 입고 무참히 패해 옥황상제 어전에 죄를 빌었다.

그때 태백금성이 군사를 동원하지 말고 다시금 귀순시키자며 회유론을 폈다.

"그 자를 '제천대성'으로 삼은들 그것은 빈 이름뿐으로, 벼슬이 있으되 녹이 없는 것이니 그런 식으로 불러들이면 되나이다."

"벼슬을 주되 녹이 없다면 어떻게 되는 것인가?"

"이름은 제천대성이오나 일을 주지 않고 봉록도 없이 다만 천상계에 가둬 두는 것뿐이옵니다."

옥황상제는 태백금성의 뜻을 따르기로 하여 그에게 중임을 맡겨 화과산으로 내려 보냈다.

손오공은 기다렸다는 듯이 반갑게 맞이해 주었고 태백금성은 자신이 내려오게 된 경과를 자세히 설명했다. 그러자 손오공은 자신의 뜻이 관철된 듯 무한히 기뻐하며 천상계로 돌아왔다.

옥황상제는 부드러운 음성으로 손오공을 맞이했다.

"손오공! 어서 오너라. 이제 그대를 제천대성에 봉하니 이후부터 무법한 행위가 없도록 조심할지어다."

손오공은 어전에 넙죽 꿇어 엎드려 사은숙배했다.

제천대성은 결국 요후妖猴에 지나지 않았다. 제천부의 안정사와 영선사의 선리仙吏들이 항상 시중을 들어 주기 때문에 그가 하는 일이라곤 하루 세 끼의 밥을 먹는 것과 잠자는 일뿐, 그의 생활은 참으로 자유로웠다. 그래서 그는 친구들을 사귀며 천궁으로 놀러다니고 또는 의형제 맺는 일로 시간을 때웠다.

그러던 어느 날, 옥황상제에게 허정양진인이 손오공에 대해서 이렇게 아뢰었다.

"요즘 제천대성은 날마다 하는 일 없이 놀러만 다니며 천상의 여러 성수星宿(별자리)와 높고 낮음을 가리지 않고 모두 친구로 여기고 있으니 무언가 일을 맡겨서 사전에 불상사를 대비해야 될 줄로 사료됩니다."

옥황상제가 즉시 손오공을 부르자 손오공은 기쁜 마음으로 달려왔다.

"폐하! 무슨 일로 저를 부르셨습니까?"

"짐이 보건대, 그대는 놀고먹기만 하니 한 가지 일을 주고자 한다. 그대는 반도원蟠桃園을 관리하도록 하라!"

손오공은 사은숙배하고 어전을 물러나 거만한 몸짓으로 반도원에 가 그곳을 관리하는 토지신 등을 불러 모아 현재 상황을 살펴보았다.

"여기 복숭아나무는 몇 그루나 되는가?"

"삼천육백 그루이옵니다. 앞의 천이백 그루는 꽃과 열매가 작고, 삼천 년에 한 번 익는데 이를 먹으면 선인仙人이 되어 몸이 튼튼하고 가벼워집니다. 그리고 중간의 천이백 그루는 여러 겹의 꽃이 피고 열매도 맛이 있사오며 육천 년에 한 번 익는데, 이를 먹으면 아지랑이를 타고 날아오르게 되며 장생불로할 수 있습니다. 또한 동산 맨 뒤에 있는 천이백 그루는 보랏빛 무늬가 있고, 구천 년에 한 번 익는데 이를 먹으면 천지일월天地日月과 수명을 같이하게 됩니다."

손오공은 이와 같은 설명을 들으며 마음속으로 기뻐했다.

이 날은 그쯤 점잔을 빼며 제천부로 돌아왔다. 그러나 그 후부터는 뻔질나게 나다니며 복숭아나무를 칭찬하면서 잘 살폈다. 이제는 친구들과 사귀지도 않고 밖에 나가 노는 일도 없어졌다.

그러던 어느 날, 늙은 나무의 복숭아가 탐스럽게 익은 것을 보고 한번 맛보리라 생각했으나 반도원의 토지신과 역사, 제천부의 선리들이 항상 붙어 다니고 있어 난감했다. 그러나 그대로 포기할 손오공이 아니었다.

"나는 이 정자에서 잠시 쉴 테니, 너희들은 문 밖에 나가 각자 일을 보라!"

그리고 나서 손오공은 재빨리 의관을 벗어 밖에서 잘 보일 수 있도록 걸어 놓고 자신은 뒤로 돌아 제일 큰 복숭아나무의 줄기를 타고 올라갔다. 그리고 적당한 가지에 걸터앉아 제일 잘 익고 큰 것만을 골라 따서 앞자락에 한 아름 안고 볼이 터지도록 야금야금 먹기 시작했다. 얼마쯤 배가 불러오자 나무에서 뛰어내려 정자로 돌아와 의관을 갖춰 입고 수하 선리들을 대동하고 제천부로 돌아갔다. 그러한 일은 이삼 일마다 한 번씩 하는 일과가 되었다.

그러던 어느 날, 서왕모西王母가 옥황상제를 비롯한 천상계의 여러 천신들을 모시고 반도가회蟠桃嘉會를 열고자 칠의선녀七衣仙女를 보내 반도원의 복숭아를 따와 잔치 준비를 하도록 분부했다.

일곱 선녀들이 제각기 꽃광주리를 머리에 이고 반도원에 도착했을 때, 반도원의 관리자 제천대성은 한바탕 복숭아를 따먹고 낮잠을 즐기기 위해 자그만 벌레로 변하여 나무 꼭대기의 잎사귀에 붙어서 단잠을 자고 있었다.

선녀들은 우선 앞줄에서 세 광주리를 따고, 중간의 나무에서 또 세 광주리를 딴 다음, 맨 뒷줄로 들어갔다. 그러나 뒷줄의 나무에는 복숭아가 보이지 않았다. 이따금 털도 벗지 않은 시퍼런 것 몇 개가 드문드문 잎사귀 사이로 보일 뿐이었다. 한 바퀴 둘러보던 일곱 선녀가 마침 반가량 불그레하게 익은 복숭아를 발견하고 팔을 뻗쳐 가지를 휘어잡고 딴 다음, 가지를 탁 놓았다.

그런데 손오공이 조그만 벌레로 변하여 잠을 자고 있던 가지가 바로 이 가지였다. 깜짝 놀란 손오공이 본상으로 돌아와 귓속의 여의봉을 꺼내 늘려 잡고 무섭게 소리쳤다.

"이놈들, 너희는 누구인데 내 복숭아를 훔친단 말인가?"

"제천대성, 진정하시오. 우리들은 왕모마마의 분부로 반도가회에 베풀 복숭아를 따러 왔사옵니다. 아까 토지신을 만나보고 제천대성을 찾았으나 보이지 않으셨습니다. 허나 왕모마마의 분부를 거역할 수 없어 복숭아를 딴 것입니다."

손오공은 갑자기 친절한 얼굴이 되었다. 그리고 왕모의 연회에는 어떤 자들이 초청되느냐고 물었다.

아무리 기다려도 연회의 명단에 자신의 이름이 나오지 않는지라 손오공은 약간 시무룩해졌다. 그래서 주문을 외어 정신법定身法으로 일곱 선녀들을 그 자리에 말뚝처럼 세워놓고 상운祥雲에 올라 반도가회를 베푼다는 보각寶閣에 당도했다.

그곳에는 갖가지 맛있는 음식 냄새와 향긋한 술 냄새가 코를 자극했다. 손오공은 신통력을 부려 그곳에서 일하는 선관·역사·도인·동자들을 잠재워 놓고 백미진수百味珍羞와 가효이품佳肴異品들을 얼마간 집어 들고 술독의 뚜껑을 열어젖히고 퍼질러 앉아 양껏 먹고 마셔댔다.

그리고 누구에게라도 들켜 붙잡히면 귀찮을 것 같아서 비실비실 일어나 걸어나갔다. 잔뜩 취한 손오공은 제천부로 돌아간다는 것이 그만 길을 잘못 들어 도솔천궁都率天宮에 들었다. 그곳은 태상노군이 금단金丹을 만들어 보관하는 곳이었다.

손오공은 기뻐서 어쩔 줄을 몰랐다.

'이거야말로 선가仙家의 지보至寶라고 하는 물건이 아닌가? 오
늘은 왜 이리도 복이 터지지? 우선 몇 개 맛을 보자!'

손오공은 금단을 보관한 호로병을 통째로 쏟아내었다. 그리
고는 볶은 콩이라도 주워 먹듯이 그것을 게걸스럽게 집어 먹
었다. 얼만큼 먹고 나니, 뱃속에 들어간 금단의 효력으로 술이
확 깼다. 그제야 손오공은 겁이 더럭 났다.

'안 되겠다. 옥황상제께서 아시는 날이면 살아남지 못할 텐
데, 달아나자! 차라리 하계에 내려가 왕 노릇이나 하는 게 속
편하겠다.'

손오공은 미련 없이 도솔천궁을 빠져 나와 서천문에서 은신
법을 써서 삼십육계 줄행랑을 쳤다. 구름을 헤치고 화과산으로
돌아온 손오공은 원숭이들의 열렬한 환영을 받았다.

손오공은 천상에서의 일을 묻는 원숭이들에게 천궁에 올라가
제천대성으로 있었다는 이야기에서부터 반도원의 복숭아와 보
각에 들어가 선주, 선효를 훔쳐 먹은 이야기며, 도솔천궁의 금단
을 모조리 먹어치우고 옥황상제의 벌이 무서워서 도망친 이야
기를 들려줬다.

이야기를 들은 원숭이들이 즐거워하며 술과 안주를 바치자
손오공은 잠깐 입에 대어 보고는 얼굴을 찡그렸다.

"이건 너무 맛이 없구나. 내가 오늘 아침에 먹었던 술은 너희
들이 맛보지 못한 기가 막히는 술이었다. 내가 다시 그곳에 가
서 몇 병 훔쳐다 주겠다. 반 잔씩만 마셔도 누구든지 불로장생
할 것이다."

손오공은 말하기 무섭게 하늘로 날아올랐다. 그리고 은신법으로 보각에 들어가 술독 큰 것을 두 개 골라 양쪽 겨드랑이에 끼고 손에도 하나씩 집어 들어 재빨리 화과산으로 돌아왔다.

원숭이들은 선주회仙酒會를 열면서 한없이 즐거워하였다.

한편, 반도원을 비롯하여 보각과 도솔천궁 등 천상계는 발칵 뒤집혔다. 옥황상제를 비롯하여 왕모와 태상노군의 노여움은 대단했다.

"천궁을 교란한 자는 바로 제천대성이옵니다!"

규찰영관이 그동안 일어난 가지가지의 사건을 하나하나 자세히 설명했다.

옥황상제는 격분하여 즉시 화과산으로 내려가 손오공을 잡아 처단하라고 엄명을 내렸다. 여러 천신들은 군사를 정돈하여 천궁을 떠났다.

그때 천상계에는 반도가회에 참석하기 위해 관음보살도 자리하고 있었다. 관음보살은 남천문 밖으로 나가서 그들이 싸우는 광경을 보는 것이 좋겠다고 제의했다. 옥황상제는 보가에 올라 태상노군·관음보살·왕모 그리고 여러 선경들을 대동하여 남천문 밖으로 나갔다.

화과산에서는 수많은 천신들이 물샐틈없는 포위망을 펼치고, 이천왕과 나타태자는 조요경照妖鏡을 비추며 공중에 서 있고, 이랑신二郎神은 손오공을 중간에 포위해 놓고 한창 불을 뿜는 격전을 벌이고 있는 중이었다.

그 광경을 살피던 관음보살이 태상노군에게 말했다.

"빈승이 이랑신을 도와 손오공을 잡아보도록 하겠습니다."

"무엇으로 돕나이까?"

태상노군이 흥미로운 듯 되물었다.

"소승의 정병淨瓶 버들가지를 던져서 머리를 맞히면 죽일 수는 없으나 쓰러지기는 할 것입니다. 그러면 이랑신이 쉽게 잡을 수 있을 것입니다."

"그 정병이란 것이 질그릇이니 정통으로 들어맞지 않고 그놈의 여의봉에 부딪친다면 가루가 되어 오히려 이랑신에게 화가될 듯합니다. 제가 대신 도와보겠습니다."

태상노군은 왼쪽 팔에 있는 동그란 팔찌 하나를 벗겨 들었다.

"이 병기는 강철로 구환단九環丹을 쳐서 다시 만들어 영기가생겼고, 무엇이라도 변할 수 있소이다. 물과 불에도 변하지 않고능히 무슨 물건이든지 빼앗을 수가 있어서 '금강탁'이라고 이름을 붙였습니다. 언제나 몸을 방비하는 물건이오니 이것을 사용하여 원숭이놈을 한 번 때려 보이겠습니다."

태상노군이 화과산을 향해 팔찌를 내던지자 그 팔찌는 정통으로 손오공의 머리에 맞았다.

손오공은 전혀 예상치 못하던 것이 하늘에서 떨어지자 비실거리며 쓰러졌다.

이때 이랑신과 그 형제들이 달려들어 손오공을 꼼짝 못하게포승으로 묶고 구도勾刀로 그의 비파골琵琶骨을 꿰뚫어 변술을못하게 해버렸다.

이에 태상노군은 금강탁을 거두고 옥황상제와 관음보살, 왕모 그리고 여러 선경들과 함께 영소보전으로 돌아갔다. 옥황상제는 즉시 대력귀왕과 여러 천신들에게 손오공을 참요대斬妖臺로 끌고 가 능지처참하라 엄명했다.

참요대에 끌려간 손오공은 항요주降妖柱에 묶여 처형을 당하게 되었다. 그러나 그의 몸에는 칼·도끼·창 등 어떠한 형구도 통하지 않았으며, 불에 태우려 해도 불가능했다. 뇌설정雷屑釘으로 못질도 해보았으나 털끝 하나 상하게 할 수가 없었다.

태상노군이 의견을 내놓았다.

"그 원숭이놈은 반도와 선주, 또 선단까지 먹어서 삼매화三昧火의 작용으로 한 덩어리로 뭉쳐 버렸기 때문에 강철 같은 몸이 되어 웬만한 것으로는 건드릴 수 없게 되었습니다. 제가 팔괘로八卦爐에 집어넣어 문무文武의 불로써 한 번 단련시킬까 하오니 저에게 맡겨 주십시오. 아마도 소신의 선단이 졸아들 때쯤 저 놈도 자연히 재로 화할 것입니다."

이에 옥황상제는 육정육갑六丁六甲에게 명하여 손오공을 도솔천궁의 태상노군에게 맡기도록 하였다.

태상노군은 도솔궁에 이르러 손오공의 비파골에 찔러 둔 구도를 뽑아버리고 팔괘로에 집어넣고 불을 일으켜 굽기 시작했다.

원래 팔괘로는 건乾·감坎·간艮·진震·손巽·이離·곤坤·태兌의 팔괘로 된 것이었다. 손오공은 재빠르게 바람을 일으키는 손궁巽宮의 위치에 서서 불을 피하고자 했으나 연기를 당해낼 길이 없어 두 눈이 시뻘겋게 퉁퉁 부어올랐다.

어느덧 사십구 일이 지나 태상노군의 선단이 다 졸아들어 엉겨붙게 되었다. 태상노군은 마침내 완성된 선단을 집어내고자 팔괘로의 뚜껑을 조심스럽게 열었다.

그때 손오공이 전신의 힘을 다해 팔괘로 밖으로 휙 솟구쳐 나왔다. 그리고는 무섭게 울부짖으며 팔괘로를 짓밟아 넘어뜨리고 여의봉을 늘려 잡아 그곳에 있던 육정육갑들을 단숨에 처치해버렸다. 태상노군이 달려와 그를 잡았으나 여의봉에 태질을 당하고 저만큼 떨어져 나갔다. 손오공은 구요성九曜星이고, 사천왕이고 할 것 없이 동으로 서로 여의봉을 휘둘러 모든 것을 박살내었다.

이 소동은 옥황상제를 놀라게 했다. 옥황상제는 뇌음보찰雷音寶刹의 여래如來를 불러 손오공을 잡아들이도록 분부했다.

여래는 서방 극락세계의 석가모니존자 나무아미타불이었다. 여래는 즉시 아난阿難과 가섭迦葉, 두 제자를 데리고 천궁에 들어 서른여섯 명의 뇌장들과 싸우는 손오공을 만나 싸움을 중지시키고 조용히 타일렀다.

"그대는 장생과 변화의 술법 외에 또 다른 무슨 재간이 있기에 이 조용한 천궁의 승경勝景을 빼앗고자 하느냐?"

"나는 칠십이 종의 변화술과 만겁을 두고도 불로장생하는 법과 근두운을 타면 십만팔천 리를 단숨에 날 수 있는 재간이 있소. 이만하면 천위天位에 앉을 수 있지 않겠소?"

"그렇다면 나와 내기를 해보자. 네가 나의 이 오른쪽 손바닥에서 뛰쳐나갈 재간이 있다면 네가 이긴 것이고, 그리되면 옥황상제께 청을 드려 서방으로 옮겨 앉게 하고 천궁을 그리로 옮기도록 하마. 그러나 만일 이 손바닥에서 뛰쳐나가지 못한다면 하계에 내려가 몇 겁이든지 수행한 다음에 다시 재주를 겨루어 보기로 하자."

석가여래가 오른손을 펼치니 마치 연꽃 잎사귀만큼 커다랗게 되었다.

손오공은 여의봉을 귓속에 집어넣고 껑충 뛰어서 여래의 손바닥 한가운데 우뚝 섰다.

"자아, 간다!"

한 줄기의 빛이 번쩍하더니 손오공의 그림자는 간 곳이 없어졌다. 석가여래가 혜안으로 살펴보니 손오공은 근두운을 타고 빙글빙글 돌면서 앞으로 날아갈 뿐이었다.

손오공이 날아가는 도중에 얼핏 살펴보니, 다섯 개의 붉은 기둥이 보이고 그곳에는 생기가 가득 차 있는 듯싶었다.

'여기서 길이 막혔나 본데? 아무튼 이제 돌아가면 석가여래의 보증으로 영소궁에 들어앉게 된다. 무언가 증거를 남겨 두는 것이 좋겠다.'

손오공은 몸에서 털 한 가닥을 뽑아 선기仙氣를 불어넣어서 진한 먹물이 듬뿍 축여진 붓을 만들었다. 그리고 중간에 있는 기둥에다 글을 썼다.

'제천대성, 이곳에서 놀다 가다!'

손오공은 그렇게 쓴 다음 첫 번째 기둥뿌리에다 오줌을 찔끔

쌌다. 그리고는 근두운을 돌려 원래의 길로 힘차게 돌아와 여래의 손바닥에 서서 큰소리로 외쳤다.

"네 손바닥에서 뛰쳐나갔다가 돌아왔다! 약속대로 천궁을 넘기라고 해라!"

"너는 내 손바닥에서 한 걸음도 밖으로 나가지 못했다."

여래가 웃으며 말했다.

"내가 하늘 끝까지 갔더니 거기에 다섯 개의 기둥이 있기에 내가 글씨까지 써놓고 왔다. 믿지 못하겠다면 함께 가 보자!"

손오공도 지지 않고 증좌가 있노라 응수했다

"그럴 필요 없다. 머리를 숙여 아래를 보아라!"

아래를 내려다본 손오공은 깜짝 놀랐다. 석가여래의 가운뎃손가락에 자신이 써놓은 것과 똑같은 '제천대성, 이곳에서 놀다 가다!'라는 글자가 있고 엄지손가락 사이에는 자기가 갈긴 오줌의 흔적이 남아 있었다.

"이럴 수가 있나? 내가 분명 하늘 끝 기둥에 써놓고 왔는데 어째서 이 손가락에 있단 말인가? 다시 한 번 더 다녀올 테다!"

손오공이 소리치며 뛰쳐나가려 하자 석가여래는 재빨리 손을 뒤집어 툭 쳐서 서천문 밖으로 내쳐 버렸다. 그리고 다섯 손가락으로 오행산五行山이라고 하는 금·목·수·화·토, 다섯 개의 잇닿은 산을 만들어 손오공을 그 밑에다 눌러버렸다.

그리고 석가여래는 소매 속에서 금자金字로 '옴마니반메훔唵麽捉鉢銘吽'라고 쓰인 부첩簿牒을 아난에게 주어 그 산의 꼭대기에 붙여 놓으라고 분부했다.

아난이 천문을 나와 오행산으로 가서 산꼭대기에 있는 네모 난 돌에 그 부첩을 붙이자 산에서 뿌리가 돋아나 대지에 붙어 버렸다. 그러나 손오공의 호흡에는 아무런 지장이 없었고 손도 밖으로 내밀 수 있었으며 어느 정도 몸을 움직일 수 있으나, 뛰쳐나오지는 못하게 되었다.

석가여래는 옥황상제를 비롯한 여러 신들과 헤어진 후 자비심을 발하여 토지신을 불렀다. 그리고 오행산에 있으면서 오방게체와 같이 손오공을 감시하라고 이르고 다음과 같이 분부했다.

"그놈이 배가 고프다 하면 철환을 먹이고, 목이 마르다 하면 녹은 쇳물을 마시게 하라. 얼마 후 날이 차게 되면 자연 그놈을 구해 줄 이가 있을 것이다."

이렇게 일러 놓고 석가여래는 아난과 가섭, 두 존자와 함께 서방 극락세계 영산靈山으로 돌아갔다.

취경인을 찾으러 가는 길에 만난
사오정과 저오능

어느덧 세월은 반천 년이 흘렀다. 영산의 대뇌음보찰에서 지내고 있던 석가여래는 여러 부처와 아라한·게체·보살·금강·비구승 등을 불러놓고 말했다.

"어느 법력法力 있는 사람을 뽑아 동쪽 땅에 보내어 그곳 선신善神을 찾아보도록 하였으면 좋겠다. 그로 하여금 천산만수千山萬水를 건너 내게 와서 진경眞經을 얻어가지고 동토東土에 길이길이 전하여 중생을 권하고 타일러서 감화시킬 수 있다면 이야말로 산에 비길 수 있는 복된 인연이요, 바다에 비길 수 있는 선경善慶이 아니겠는가? 누군가 동토에 다녀와 줄 사람은 없겠는가?"

그러자 관음보살이 석가여래 앞에 나아가 예불 삼잡三匝을 하고 말했다.

"제자가 미천하오나 동토에 가서 경을 가지러 올 취경인取經人을 하나 찾아가지고 오겠습니다."

석가여래는 매우 만족한 미소를 지으며, 아난과 가섭에게 금란가사 한 벌과 구환석장 한 자루를 내어오게 하고 관음보살에게 말했다.

"이 가사와 석장을 취경인에게 주어 쓰도록 하라. 이 가사를 입고 있는 한 죽음에 떨어질 리 없을 것이며, 이 석장을 손에 잡고 있는 한 어떠한 독해毒害도 없으리라."

관음보살이 절하고 그것을 받아들자, 석가여래는 또 똑같이 생긴 세 개의 고리를 주며 일렀다.

"이것은 긴고아緊箍兒라고 하는 보배들로 모양은 똑같으나 쓰는 용도는 제각각 다르다. 또한 금金·긴緊·금禁의 주어呪語 세 편이 있다. 길에서 신통 광대한 요마를 만날 경우, 그들을 권하여 취경인의 제자가 되도록 하고, 만일 말을 듣지 않으면 이 고리를 머리에 얹어 주도록 하라. 그러면 자연히 살에 뿌리가 박힐 것이다. 그런 후 제각기 소용되는 주어를 외우면 눈이 퉁퉁 부어오르고 머리가 아프고 이마가 깨지는 듯하여 반드시 불문에 귀의시킬 수 있을 것이다."

관음보살은 절을 하고 그 자리를 물러나 즉시 혜안행자를 불러 동행을 명했다. 혜안행자는 천 근이나 되는 훈철곤을 들고 항마대역사의 소임을 맡았다. 이렇게 그들은 동토를 향해 영산을 내려갔다.

첫 번째 만난 고난은 유사하流沙河라는 강에서였다. 그 강에는 매우 흉측하게 생긴 괴물이 살고 있었는데, 보장寶杖을 휘두르며 혜안행자에게 달려들었다.

두 사람은 유사하의 강변에서 몇십 합의 격전을 벌였으나 쉽게 승부가 나지 않았다. 괴물은 혜안행자의 철봉을 막으면서 말했다.

"너는 어디 있는 화상和尙이기에 나에게 적수가 된단 말이냐?"

"나는 탁탑이천왕의 제이태자 목차木叉 혜안행자로 사부님을 모시고 동토로 취경인을 구하러 가는 중이다. 너는 무슨 괴물이기에 우리의 앞길을 가로막느냐?"

그러자 괴물은 갑자기 탄식에 가까운 소리를 지르며 보장을 내동댕이치고 혜안행자가 가리킨 사부님, 관음보살에게로 가 머리를 푹 숙이고 잘못을 빌었다.

"저는 본래 영소보전에서 옥황상제의 수레를 시중들던 권렴대장이었습니다. 그런데 반도가회 때 실수로 보물잔을 깨어 옥황상제에게 곤장 팔백 대를 맞고 하계로 내쫓겼습니다. 그리고 옥황상제께서는 칠 일에 한 번씩 날카로운 칼을 띄워 제 옆구리를 찌릅니다. 저는 추위와 굶주림을 견딜 수가 없어 삼 일에 한 번씩 물속에서 나와 행인을 잡아먹어 왔사온데 오늘 이렇게 대자대비하옵신 관음보살님께 죽을죄를 지었습니다."

"그대는 더 이상 살생의 죄를 짓지 말고 앞으로 동토에서 오는 취경인의 제자가 되어 그를 따라 서천에 와 부처님을 뵙고 불문에 귀의토록 하라. 옥황상제의 칼날은 더 이상 오지 않도록 하마. 그대의 공이 이루어지고 죄가 면해지는 날에는 본직으로 돌아갈 수 있을 것이다."

괴물은 지난날의 과오를 크게 뉘우치고, 정과正果로 돌아갈 것을 약속하였다.

관음보살은 그에게 불문의 계율인 마정수계摩頂受戒를 해주는 한편, 유사하의 사자沙字를 따라서 성을 '사'라 하고 법명을 지어 사오정沙悟淨이라 하였다. 그는 불문에 들어 마음을 완전히 씻고 오직 동토에서 오는 취경인을 기다리기로 했다.

사오정과 헤어진 관음보살이 혜안행자와 함께 얼마쯤 가자니 나쁜 기운으로 가득 찬 높은 산이 나타났다. 구름에 올라 재빨리 지나치고자 했으나 난데없이 광풍이 휘몰아치더니 흉측하게 생긴 요마 한 놈이 나타나 다짜고짜 쇠갈퀴를 추켜들고 달려드는 것을 혜안행자가 재빨리 막아섰다. 두 사람이 씩씩대며 격전을 벌이고 있을 때, 관음보살이 나직한 구름 위에서 내려다보다가 뒤엉킨 쇠갈퀴와 철봉 사이로 연꽃 한 송이를 던져 그 두 개의 무기를 갈라놓았다. 괴물은 한 걸음 물러서며 물었다.

"어디에서 온 중놈인데 그따위 잔재주를 부리며 남의 땅에 와서 농락하는가?"

"눈이 있어도 볼 줄 모르는 팔삭둥이 같은 놈! 내가 남해보살

의 제자라는 것을 모르겠는가? 그리고 사부님이 던지신 연꽃을
아직도 깨닫지 못하겠는가?"

"남해보살이라면 삼재三災(병난, 질역, 기근)를 없애고 팔난八難(부
처님을 보지 못하고 불법을 듣지 못하게 하는 여덟 가지의 어려움)을 구제하
시는 관음보살이시란 말이오?"

괴물은 갑자기 쇠갈퀴를 팽개치고 무릎을 꿇으며 죄를 청
했다.

"관음보살님! 용서해 주시옵소서! 저는 원래 천하天河에 있던
천봉원수였는데, 어느 날 술에 취해서 상아(달 속의 선녀)를 희롱
했다가 옥황상제의 노여움을 사 쇠망치로 이천 대를 얻어맞고
하계로 쫓겨 왔습니다. 그리고 이 세상에서 참되게 살아보려고
재생한다는 것이 길을 잘못 잡아 어미 돼지의 태중으로 들어가
게 되어 이 흉상이 된 것입니다. 저는 화가 치밀어 어미 돼지를
물어죽이고 다른 돼지들도 다 때려죽여 이 산을 점령하고 사람
을 잡아먹으며 지내고 있었습니다. 오늘 뜻밖에 관음보살님을
만나 뵙게 되었으니 제발 구제해 주십시오."

관음보살은 진정으로 뉘우치는 괴물의 마음을 읽고 부드러운
어조로 가르침을 주었다.

"사람이 스스로 착해지려 노력하면 하늘도 반드시 도우시는
법이다. 네가 만일 불도의 정과로 귀의하기만 한다면 살아날 길
이 있다. 이 세상에는 땅에서 나는 오곡이 있어 모두 굶주림에서
벗어날 수 있거늘 하필 사람을 잡아먹고 살려 한단 말인가?"

"저는 바르게 살고 싶으나, 죄를 하늘에서 얻었기 때문에 더

빌어볼 곳이 없습니다."

"나는 석가여래님의 뜻을 받들어 동토로 취경인을 찾으러 가는 중이다. 네가 그 취경인의 제자가 되어 서천에 와 석가여래님을 뵈면 그 공에 의해 죄가 갚아질 것이고 재앙에서 벗어날 것임을 명심하라!"

괴물은 무한 영광으로 생각하여 취경인의 제자가 될 것을 약속했다.

관음보살은 그에게도 마정수계의 의식을 베풀고 '저猪(돼지)'라는 성을 지어 주고 법명을 '오능'이라 하여 '저오능猪悟能'이라는 이름을 지어주었다.

저오능 또한 관음보살의 명을 받들고 불공을 드리며 참된 인간으로 돌아가 오직 취경인이 오기만을 기다렸다.

관음보살과 혜안행자는 저오능과 작별하고 구름과 안개에 올라 동토로 향하였다. 얼마쯤 가자니 한 마리 옥룡玉龍이 공중에서 슬픈 듯이 울고 있었다. 관음보살이 가까이 다가가 물었다.

"그대는 무슨 용이기에 이곳에서 울고 있는가?"

"저는 서해용왕 오윤의 아들입니다. 실수로 불을 내어 천상의 명주明珠를 불태웠사온데, 부왕께서 천상에 불측한 놈이라 고발하셨습니다. 옥황상제께서는 저를 공중에 매달고 곤장 삼백 대를 치셨으며 얼마 있으면 사형에 처하신답니다. 관음보살님, 저를 좀 살려 주십시오."

관음보살과 혜안행자는 곧장 천상에 올라가 옥황상제께 그 옥룡을 취경인의 말이 될 수 있도록 상주하고 허락을 얻었다.

옥룡은 목숨을 구해 준 관음보살에게 깊이 감사하였다. 이에 관음보살은 그를 깊은 산골짜기로 끌고 가서, "취경인을 성심성 의껏 기다려라. 그가 오면 백마로 변해서 서방으로 가 공을 세우도록 하라"고 분부했다. 옥룡은 취경인을 기다리고, 관음보살과 혜안행자는 또다시 산을 넘어 동쪽 땅을 향해 갔다.

얼마간 갔을 때, 홀연 금빛이 만 갈래로 퍼지고 선기가 천 갈래로 뻗치는 장엄한 광경이 펼쳐졌다.

"사부님, 저 빛이 나는 곳이 오행산입니다. 저기에 석가여래님의 부첩이 보입니다."

혜안행자가 손으로 가리키며 말했다.

"저곳이 바로 반도가회를 어지럽히고 천궁을 시끄럽게 흔들어 놓았던 제천대성이 갇혀 있는 곳이로구나!"

그들은 곧장 산꼭대기에 올라 석가여래의 부첩을 확인했다. 아직도 뚜렷하게 '옴마니반메훔'이라고 금자로 박혀진 여섯 자의 진언이 붙어 있었다. 관음보살과 혜안행자는 감격하여 합장했다. 그러자 사람 소리를 듣고 산 밑뿌리에서 손오공이 누구냐고 소리쳤다.

가서 보니 손오공이 석갑石匣 속에 갇혀 말은 할 수 있으나 몸은 움직이지 못하게 되어 있었다. 관음보살이 앞으로 나서며 말했다.

"손공, 나를 알아보겠소?"

손오공이 화안금정火眼金睛(모든 것을 통찰할 수 있는 안목)의 눈을 부릅뜨고 머리를 끄덕이며 기운찬 음성으로 대답했다.

"어찌 몰라보겠습니까? 남해의 대자대비한 관세음보살님이 아니십니까? 이렇게 찾아와 주시니 감읍할 따름입니다. 그런데 어쩐 일로……."

"석가여래 뜻을 받들어 동토로 취경인을 구하러 가는 길에 이곳을 들르게 된 것이오."

그러자 손오공의 눈이 반짝였다.

"석가여래께서 저를 이 산에 가둬버린 지도 벌써 오백 년이 되었건만 아직도 자유로운 몸이 아닙니다. 관음보살님, 자비를 베푸시어 나아갈 길을 가르쳐 주십시오. 저는 지난날을 깊이 뉘우치며 후회하고 있습니다."

손오공은 열의를 다하여 애걸했다. 관음보살도 손오공의 회개의 말을 듣고 무한히 기뻐했다.

"그대에게 착한 마음과 정성껏 수행할 마음이 있다면 내가 동토의 대당국大唐國에 가서 취경인을 찾아올 터이니 그의 구출을 받도록 하시오. 그의 수제자가 되어 불문에 귀의하고 정과를 얻도록 하시오."

"네, 꼭 그렇게 하겠습니다."

관음보살은 대단히 흡족했다. 그리고 이곳까지 오면서 두 사람의 귀의자를 얻어서 '오悟'라는 돌림자를 붙여 주었으니, 의기투합이 잘될 것이라며 넌지시 알려 주었다.

이렇게 해서 손오공은 심성의 본원을 찾아 불교에 귀의했으며, 관음보살은 취경인을 찾아 동쪽 길을 향한 지 며칠 만에 대당국 장안長安에 당도했다. 관음보살과 혜안행자는 구름과 안개를 거두고 금란가사를 싼 보퉁이를 짊어지고 석장을 잡고는 초라한 떠돌이중으로 변하여 장안성 안으로 들어갔다.

어느덧 날도 저물어 두 사람이 토지묘土地廟 하나를 발견하고 그리로 들어가자 토지신이라든가 성황·사령·귀병들이 알아보고 일제히 달려와 환영의 인사를 하였다. 관음보살은 그들에게 엄명을 내려 취경인을 찾기까지 비밀로 할 것을 당부하고 그곳에 머물렀다.

기구한 운명의
현장

대당국 장안성은 주周·진秦·한漢 이래 역대 제왕들의 도읍으로 명승의 고장이었다.

여러 중신들이 모여 과거시험을 보아 인재를 발굴하여 어진 정사의 기틀이 되게 하자고 의견을 모아 방문을 내걸었다.

그 방문은 강소성 땅에도 내걸렸는데, 이곳에 진陳씨 성으로 이름이 악蕚, 자는 광예光蕊라는 사람이 홀어머니를 모시고 살고 있었다. 그는 어려서부터 글 읽기를 좋아하여 경의經義와 시 부詩賦, 시무책時務策 등 모르는 것이 없었다.

광예는 정시廷試 삼책三策이라는 시·부·논에도 급제하여 당 황唐皇은 친히 어필로 장원壯元을 내렸다. 광예는 말에 앉아 사 흘 간 유가遊街를 하게 되었는데, 마침 승상 은개산殷開山의 문 전에 이르렀을 때 승상의 딸 온교溫嬌의 신랑감으로 점지받는 영광까지 누렸다.

승상과 부인은 즉시 식을 올리게 하고 혼인 잔치를 베풀어 광 예와 딸 온교를 짝지어 주었다.

이튿날 태종황제는 금란전에서 조정 신하들의 참배를 받은 후, 장원 급제한 진광예에게 결원이 되어 있는 강주江州 땅을 다 스리라 조칙을 내렸다. 광예는 사은숙배하고 장인, 장모와 작별 인사를 한 다음, 아내와 함께 강주의 임지로 떠나는 길에 고향 에 들러 어머니 장씨께 절을 올렸다.

"애야, 정말 반갑고 기쁘구나! 이렇게 며느리까지 보게 되었으 니……."

늙은 어머니는 기쁨의 눈물을 흘렸다.

"소자가 장원 급제한 것은 모두 어머님의 가르침 덕분입니다. 이제 강주 땅 주주州主가 되어 임지로 가오니 어머님도 함께 가 시지요."

집을 떠난 지 며칠이 되어 일행은 만화점萬化店 유소이劉小 二의 객점에 머물렀다. 그런데 그때 어머니 장씨가 덜컥 병이 났다.

"몸이 좋지 않으니 이삼일 쉬었다 가자꾸나."

광예는 갈 길이 바빴지만 어머니 말을 따를 수밖에 없었다.

다음 날 아침, 광예가 객점을 나서는데 객점 앞에서 어떤 사람이 금빛 나는 큰 잉어 한 마리를 팔고 있었다. 광예는 그 잉어를 고아서 어머니를 몸보신시키고자 돈 일관一貫을 주고 잉어를 샀다.

잉어를 받아들고 보니 잉어는 번쩍번쩍 광채를 내면서 눈물을 흘리는 듯 껌벅이고 있었다. 광예는 불쌍하기도 하고 이상스런 생각이 들어 잉어를 판 사람에게 물었다.

"이 잉어는 어디서 잡은 거요?"

"마을에서 시오리쯤 떨어진 홍강洪江에서 잡은 것입니다."

광예는 잉어를 잡았다는 곳을 찾아가 잉어를 놓아주고 객점으로 돌아와 어머니께 사실을 말했다.

"살아 있는 고기를 놓아준 것은 잘한 일이다. 내가 몸보신한 것보다 더 기쁘구나. 잘했다."

광예는 임지로 가는 일정이 촉박하여 어머니께 내일쯤 떠날 수 있겠느냐고 물었다.

"내 몸이 성치 못하구나. 날씨가 더워 병이 덧날까도 겁이 나니 이곳에 방 하나를 얻어 머물도록 해다오. 너희 둘이 먼저 가 자리 잡히는 대로 나를 다시 데리러 오는 것이 좋겠구나."

광예는 아내와 상의한 후 방 하나를 얻었다. 그리고 약간의 경비를 남겨둔 후 서둘러 길을 떠났다.

길은 편치 않았다. 멀고도 긴 홍강의 강줄기를 따라 걷다가 나루터에 도착하여 뱃사공을 불렀다. 날이 어두워지고 있었으나 강폭이 그다지 넓지 않아 별 무리가 없을 듯하였다.

광예는 집에서부터 데려온 가동을 시켜 짐을 먼저 싣게 한 후, 아내와 배에 올랐다.

뱃사공들은 유홍과 이표라는 작자였는데, 배가 강 중간쯤에 왔을 무렵부터 유홍이란 자가 광예의 아내, 온교를 흘끗흘끗 쳐다보더니 이표와 계략을 꾸며 배를 으슥한 곳으로 대놓고는 갑자기 달려들어 가동을 먼저 해치우고 광예를 때려죽여 물속에 던져 버렸다.

이에 온교 역시 물속에 뛰어들려 하였으나 유홍이란 자가 앞을 가로막고 위협했다.

"내 말을 순순히 따르지 않으면 배를 갈라버릴 테다!"

온교는 뱃속에 광예의 아이가 있다는 것을 생각하여 우선 유홍의 뜻에 순응하기로 했다.

유홍은 광예의 짐을 풀어보고는 광예가 장원 급제를 했으며 강주 땅의 주주로 부임하러 가는 길이라는 것을 알았다. 그는 배를 남쪽 강 언덕에 대어 이표에게 얼마간 돈을 주고, 자신은 광예의 의관을 입고 버젓이 온교를 부인처럼 동행하여 강주로 부임해 갔다.

한편, 유홍이 죽인 가동의 시체는 강물에 휩쓸려 떠내려갔으나 광예의 시체는 물밑에 가라앉아 움직이지 않았다. 그때 그곳을 순찰하던 순행야차가 시체를 발견하고 즉시 용왕에게 보고

했다. 용왕이 그 시체를 살피고는 깜짝 놀라 말했다.

"이 사람은 지난날 나를 살려준 은인이다! 은혜는 은혜로 갚으라 했거늘, 이 사람을 살려 은혜에 보답해야겠다."

용왕은 즉시 홍주洪州에 있는 성황신, 토지신에게 자세한 내막을 설명하고 진광예의 영혼을 돌려받았다.

광예는 수정궁의 여러 정황에 어리둥절하였다.

"그대는 지난날 금빛 잉어를 샀다가 홍강에 놓아주신 일이 있지요? 그것이 바로 나였소. 나를 살려준 은인이기에 그 은혜에 보답한 것이오."

용왕은 그렇게 말하고, 광예의 시체를 한 곳에 놓고 시체가 상하지 않게 입에 정안주定顔珠를 물려서 후일 영혼을 되찾아 복수할 수 있도록 해주었다.

"당신의 영혼은 당분간 이곳 수정궁에 있으면서 도령都領 일을 맡아 주시오."

광예는 깊이 머리를 숙였다. 이에 용왕은 성대한 잔치를 베풀어 은인을 대접하고, 아내와 헤어져 사는 광예를 위로했다.

한편, 강주 땅에서 가짜 주주 노릇을 하는 유홍은 삼일 걸러 환영연이요, 각 고을 정사를 살피기에 하루하루가 신이 났다. 딱히 정사를 살핀다기보다 거들먹거리며 계집 끼고 술잔 들기에 바빴다.

반면 날강도에게 남편을 잃고, 원수와 함께 사는 온교는 하루하루가 생지옥이요, 죽고 싶은 심정이나 광예와의 아이를 잉태

하고 있었기에 그럴 수도 없는 몸이었다.

어느 날, 온교는 만삭의 몸으로 시어머니와 죽은 광예를 생각하면서 한숨지었다. 그때 갑자기 강한 산통이 일어나 그대로 정신을 잃어가는데, 자신의 귓전에 속삭이는 말이 또렷이 들렸다.

"온교 아가씨! 내 말을 잘 들으시오. 나는 남극성군으로서 관음보살의 법지法旨를 받들어 이 아이를 그대에게 보내니, 후일 보통사람과는 비교가 안 될 정도로 그 명성을 크게 떨칠 것이오. 유홍 놈이 돌아오면 아이를 반드시 해치려 할 것이니 힘써 보호하시오! 그대의 남편 광예는 이미 용왕께서 구원하셨으니 후일 부부 상봉하고 모자가 단란하여 억울함과 원수 갚을 날이 있을 것이오. 자, 이제 내 말을 명심하고 정신을 차리시오."

그 말을 남기고 남극성군은 사라졌다.

온교는 깨어나 아기를 수습했다. 밤이 되자 유홍이 돌아와 역시나 아기를 물에 던져 죽이려 하였다. 온교가 간신히 뜯어 말리며 "밤이 깊었으니 내일 강물에 던져 버립시다"라고 진정시켰다.

다음 날 아침 일찍, 유홍은 관에 긴급한 공사가 있어 멀리 나가게 되었다. 온교는 만 가지 생각으로 궁리하다 아이를 강물에 띄워 보내 하늘에 생사를 맡기기로 하였다.

온교는 손가락을 깨물어 혈서로써, 아기의 생시와 부모 성명, 그리고 아이를 왜 떠내려 보내는지의 내력을 자세히 써 증표로 남겨 두었다. 또한 후일 더 확실한 증거를 위하여 아기의 왼쪽 새끼발가락을 이빨로 깨물어 흔적을 남겼다. 그리고 속옷 한 벌을 꺼내어 아기를 잘 감싸고 재빨리 관청을 빠져 나왔다.

강은 그다지 멀지 않았다. 때마침 강변에 널빤지 한 장이 떠 있는 것을 발견하고 아기를 그 위에 뉘어놓은 후 띠로 단단히 졸라맸다.

이제부터는 하늘의 뜻에 맡기고자, 하늘을 우러러 기도하며 흐르는 물결 한가운데로 널빤지를 쑥 밀었다. 온교는 떠내려가는 아기를 한없이 바라보다가 한식경이 지나서야 눈물을 삼키며 관청으로 돌아왔다.

강물에 실려 떠내려간 아기는 금산사金山寺 기슭에서 멈췄다. 금산사의 장로는 불생불멸의 도를 깨우친 법명화상法明和尚이었다. 장로가 좌선을 하고 있었는데 어린아이의 울음소리가 들려 왔다. 깜짝 놀라 뛰어나가 보니 물가 널빤지에 어린아이가 있었다.

장로는 황망히 구출하여 방장으로 돌아와 옷을 펼쳐 품속의 혈서를 보았다. 그리고 아명을 '강류江流'라 지어 주고 남에게 부탁하여 기르기로 하고, 혈서는 소중히 간직해 두었다.

세월이 흘러 강류가 열여덟 살이 되었을 때 장로는 삭발을 시켜 불문에 들도록 하고 법명을 '현장玄奘'이라 지어 주었다.

어느 날, 현장은 여러 중들과 말다툼 끝에 부모 없는 자식이라는 말을 듣고 장로에게 가 무릎을 꿇고 눈물을 흘리며 부모가 누구인지 가르쳐 달라고 졸랐다.

"네가 진실로 부모를 알고 싶다면 나를 따라오너라."

현장이 방장에 들어서자 장로는 깊은 장 속에서 혈서와 한삼

속옷 한 벌을 내주었다. 현장은 혈서를 펼쳐 보고 나서야 자신의 비극적인 과거를 알았다. 한바탕 설움이 북받쳐 흐느껴 울다가 고개를 들었다.

"부모의 원한을 갚지 못한다면 어찌 사람이라 하겠습니까? 어머님을 찾아뵐 수 있도록 허락해 주십시오."

"어머니를 찾아가겠다면 이 혈서와 한삼을 가지고 가거라. 탁발승인 체하며 강주의 관청으로 가면 어머니를 만날 수 있을 것이다. 그리고 네 인연이 불도임을 잊어서는 안 된다."

현장은 스승의 말을 명심하고 중의 모습으로 강주에 갔다. 때마침 유홍은 출타중이었다. 현장은 관청의 사택에 들어 목탁을 두드리며 시주를 청했다.

온교는 전날 밤 꿈속에서 초승달이 점점 커져 보름달이 되는 꿈을 꾸고, 강물에 띄워 보낸 아들 상봉의 꿈이 아닌가 하고 노심초사하고 있었는데 염불을 하며 먹을 것을 청하는 중이 찾아온 것이다.

온교가 중을 불러들여 잿밥을 대접하면서 살펴보니 아무래도 죽은 남편 광예의 모습 그대로인지라 시중드는 아이들을 멀리 물리치고 꼬치꼬치 캐물었다.

"빈승은 금산사 법명장로의 제자인데, 스승님께서 강주 관청으로 어머니를 찾아가라 하셨습니다. 아버님은 비명에 돌아가셨고, 어머니는 그 강도가 차지해 버렸답니다."

"어머니 성은 무엇이라 하오?"

"어머니는 은온교이옵고, 아버지는 진광예시랍니다. 그리고 저의 아명은 강류, 법명은 현장이라 하옵니다."

"내가 바로 은온교인데……, 무슨 증거라도 가져왔소?"

현장이 품속에서 혈서와 한삼을 내보이며 울기 시작했고, 모자는 서로 얼싸안고 울음을 터뜨렸다. 그러나 이 일이 남한테 알려지거나 유홍이 돌아오면 큰일이었다.

"아들아, 돌아가거라. 유홍이 이 일을 알면 너를 죽일 것이다. 내가 꾀를 부려 금산사로 불공을 드리러 갈 것이니, 하고 싶은 말은 그때 하기로 하자. 너는 남의 눈에 띄지 않게 한시바삐 돌아가거라."

온교와 현장의 모자 상봉은 다음을 기약하며 짧은 만남으로 만족해야 했다.

그날부터 온교는 꾀병을 앓았다. 유홍이 걱정스러운 듯 까닭을 묻자, 병석에 누워 괴로운 체하며 말했다.

"어렸을 적부터 제 소원이 스님들께 백 켤레의 신발을 시주하는 것이었는데, 며칠 전 꿈에 험악한 중이 칼을 들고 나타나 신발을 가지러 왔노라 하였습니다. 그 이후부터 온몸이 들쑤시고 아프기 시작합니다."

"그까짓 신발, 당장 만들어서 시주하면 되지 않소!"

유홍은 곧바로 당상으로 나가 아전들을 불러 성내의 백성들에게 매 호당 승혜僧鞋 한 켤레씩을 바치라 엄명했다. 그 일은 불과 닷새 만에 해결되었다.

온교는 승혜를 짊어진 심복 몇 사람만을 대동하고 금산사에 당도했다. 법명장로와 현장은 반가이 맞이하며 가지고 온 승혜

를 스님들에게 나눠 주는 한편, 온교와 장로, 그리고 현장 셋은
따로 자리를 마련하였다.

현장의 왼쪽 발을 벗겨 자신이 깨물었던 새끼발가락의 상흔
을 본 은교는 아들을 끌어안으며 소리 죽여 울었다. 그리고 법
명장로에게 아들을 키워준 은혜에 깊이 감사했다. 이에 장로가
말했다.

"이제 다시 모자가 해후했으니 유홍이 눈치채지 않도록 서둘
러 떠나는 것이 좋겠습니다."

온교는 만화점 유소이의 객점에 계실 할머니의 일을 자세히
말한 후, 편지 한 통을 내놓으며 황성에 계신 외할아버지 은승
상을 찾아서 전하라 당부했다. 그렇게 하면 외할아버지가 황제
께 상주하여 아버지의 원수를 갚아줄 것이라 했다. 그리고 온교
는 서둘러 관청으로 돌아갔다.

현장은 한시도 지체할 수 없어 스승의 허락을 받고 천오백 리
길 만화점으로 갔다. 그는 보름여 만에 만화점 유소이의 객점
을 찾을 수 있었다. 그러나 할머니 장씨의 사연은 기구했다.

장씨는 18년 동안 아들 광예를 기다리다 지쳐 눈이 멀었고,
방세도 낼 처지가 못 되어 남문 옆 다 허물어진 기와 굽던 가마
안에서 기거하며 걸인으로 살고 있었다.

현장은 통곡으로 할머니와 상면했다.

"네 목소리는 꼭 내 아들 광예와 같구나!"

현장은 무릎을 꿇고 아버지의 죽음과 어머니의 기막힌 운명
을 자세히 말한 뒤, 하늘을 우러러 간절한 기도를 드렸다.

"이 현장은 열여덟 살이 되어서야 할머니를 뵈었으나 할머니는 눈마저 멀었습니다. 하늘이시여! 저의 진심을 들으셨다면 할머니의 눈을 뜨게 해주십시오!"

그리고 흐느끼며 혀끝으로 할머니의 눈을 핥았다. 그러자 할머니의 눈이 기적처럼 밝아졌다. 할머니는 당신 눈앞에 꿇어앉은 젊은 중을 바라보며 환희의 정이 넘쳐 소리쳤다.

"오! 정말 광예를 빼닮았구나! 진정 내 손자로구나."

현장은 할머니를 모시고 유소이의 객점으로 가서 밀린 방세를 내주고 방 하나를 다시 빌려 약간의 돈을 지불하며 할머니가 안정을 취할 수 있도록 부탁했다.

그리고 한 달 내에 다시 모시러 오겠다고 약속한 후, 외할아버지를 만나기 위해 황성을 향해 길을 떠났다.

며칠 후, 현장은 황성 동쪽에 있는 은승상의 집을 찾아가 승상을 뵙기를 청했으나 은승상은 자기 친척 중에는 중이 없다며 거절했다. 현장은 문지기의 말을 듣고 황망하여 멍하니 서 있었다.

그러나 소식을 들은 승상 부인이 어젯밤 온교가 돌아오는 꿈을 꾸었으니 딸아이와 관련된 소식일지 모른다며 그를 불러들였다. 대청에 오른 현장은 승상 내외께 절하고 대성통곡을 하며 품속에서 봉서를 내어 승상께 바쳤다.

승상이 먼저 봉서를 펼쳐 보고는 통곡하니 부인이 왜 그러냐고 재우쳐 물었다.

"이 화상이 우리 외손자요. 진광예는 날강도에게 맞아죽었고,

온교는 가짜 광예 노릇을 하는 그 도적놈의 아내가 되었다는구려. 하이고!"

부인도 현장을 끌어안으며 함께 울었다.

"여보, 눈물을 그치구려. 내일 황제께 아뢰고 내가 군사를 직접 이끌고 가서 사위의 원수를 갚고 온교를 데려오겠소."

이튿날 승상은 어전에 들어 강주 땅의 내막을 상세히 상주하고 어림군御林軍 6만을 얻어 출전하였다.

강주에 도착한 어림군은 홍강의 북쪽에 영채를 세웠다. 그리고 강주의 동지同知와 주판州判을 불러 군사를 이끌게 된 사연을 설명하고 유홍의 무리를 체포하는 데 돕도록 하였다.

다음 날 새벽, 승상의 어림군은 유홍의 무리를 쉽게 체포하였다.

승상은 관청의 정전에 앉아 딸을 보고자 불렀다. 그러나 온교는 아버지와 상면하기가 부끄러워 목을 매어 죽으려 하였다. 그때 현장이 달려들어가 어머니를 부여안고 애원했다.

"제가 어머니의 명으로 외할아버지를 모셔와 아버지의 원수를 갚고자 유홍의 무리를 잡아들였거늘 어찌 죽으려 하십니까? 어머니께서 그러시면 저 또한 죽겠습니다."

승상도 달려들어와 딸을 끌어안고 만류하였다. 때마침 강주의 동지가 또 한 명의 뱃사공 이표를 잡아들였다. 이에 승상은 형장에 들어 이표를 저잣거리에서 효수해버리고 유홍은 홍강의 나루터, 진광예를 죽인 장소로 끌고 가 배를 갈라 간을 꺼내어 하늘에 제사 지내 광예의 원혼을 위로했다.

이러한 소식은 용왕의 수정궁을 진동시켰다. 용왕은 광예의 시체를 나루터로 보내는 한편, 혼을 불러 돌려주었다.

이 때문에 강변에서는 또 한 차례 감격의 장면이 연출되고 광예와 온교, 그리고 아들 현장이 서로 부둥켜안고 환희의 눈물을 흘렸다.

승상은 주연을 베풀어 모두를 즐겁게 하고 사위와 딸, 손자를 대동하여 그날로 군사를 거두어 황성으로 돌아오면서 만화점에도 들러 안사돈까지 데려왔다.

이튿날 아침, 어전에 입조한 승상은 그간의 과정을 보고했다. 이에 황제는 진광예를 학사學士로 승진시켜 국정을 돌보도록 지시했고, 현장은 홍복사洪福寺로 보내어 계속 불도를 수행토록 했다. 그러나 온교는 부끄러운 마음을 가눌 길이 없어 스스로 목숨을 끊었다.

천축국으로 떠나는
삼장법사

세월은 흘러 어느덧 정관貞觀 13년, 태종은 조신들을 모아 초승招僧의 방榜을 내어 나라의 안위와 명부冥府의 고혼들을 제도하기 위해 수륙재水陸齋(바다와 육지에 있는 고혼과 아귀를 위하여 올리는 재)를 열라고 전지를 내렸다.

이러한 방문이 천하에 전달되자 각처의 관원들이 유덕한 고승들을 추천했고, 천하의 명승들이 모두 장안으로 모여들었다.

태종은 그들 중 대덕행자를 뽑아 단주壇主로 삼고 도량을 마련하도록 분부했다. 이튿날 분부를 받은 승상 위징과 재상 소우, 태복경 장도원은 산천단에서 여러 승려들을 일일이 살펴 가장 덕행 있는 고승 한 사람을 선출했다.

그가 바로 아명은 강류, 법명은 현장이라고 하는 그 진현장이다.

현장법사는 그동안 홍복사에서 세상사 영화에는 관심도 없이 일심으로 수행해 왔다. 태종은 현장과 세 대신을 접견하여 기쁘고 만족한 미소를 지으며 말했다.

"참으로 선심禪心이 있고 덕행이 있는 화상이로다. 짐이 그대에게 좌우승강 천하대천도승강天下大闡都僧綱의 직책을 내리노라!"

현장은 은혜에 사례하고 대천관작을 받았다. 태종은 또 다섯 가지 색실로 싼 금가사 한 벌과 비로모를 하사하며 화생사化生寺로 가서 경법經法을 강연하라고 분부했다.

성지를 받들고 어전을 물러난 현장은 화생사로 가서 수륙재의 준비를 서두르고, 천하 도처에서 모여든 천이백 명의 명승들을 상·중·하의 삼 당으로 나누었다. 그리고 구월 초사흗날을 택하여 49일간의 수륙재를 개최하기로 정하였다.

마침 그날이 되자 진현장 대천법사는 여러 가지의 묘경妙經을 설법하고 죽은 영혼들을 구제하는 방문을 지어 황제에게 보게 하고, 삼재三齋를 바치며 이튿날도 단상에 올라 명승들을 모아 놓고 경을 읽었다.

그동안 토지묘에 머물던 관음보살도 수륙재에 대한 소식을 듣게 되었다. 특히 강류화상이 단주로 뽑힌 데 대해 매우 기뻐했다. 하여 관음보살은 석가여래가 내린 금란가사와 구환석장을 가지고 혜안행자와 함께 거리로 팔러 나갔다. 천하의 명승들이 모두 장안으로 모여들었다는 것은 참으로 좋은 기회였다.

"가사는 오천 냥, 석장은 이천 냥이오."

그들이 동화문 앞에 왔을 때 마침 퇴조하던 재상 소우와 마주쳤다. 관음보살은 피하지 않고 금란가사와 구환석장을 보란 듯이 흔들어 보였다.

호기심을 느낀 재상 소우는 말을 멈추고 수하를 시켜 값을 묻게 했다. 관음보살은 아까보다 더 큰소리로 외쳤다.

"여기, 이 금란가사는 오천 냥, 구환석장은 이천 냥!"

소우는 무슨 좋은 점이 있기에 그렇게 비싸냐고 물었다.

"이 금란가사에는 장점과 단점이 있고, 또 값을 받을 경우와 받지 않을 경우가 있습니다."

"장점과 단점이란 무엇이오?"

"이 금란가사를 입으면 호랑虎狼의 재난을 피하고 지옥에 떨어지지 않으며 음란에 빠지지 않고 악독한 난을 만나지 않는 것이 장점이요, 어리석고 화를 즐겨하며 재계하지 않는 중이나 불경을 비방하고 훼방하는 범부凡夫는 이 금란가사를 알아볼 수도 없으니 그것이 단점입니다."

소우가 또 물었다.

"값을 받을 경우와 받지 않을 경우는 무엇이오?"

"불도의 법을 지키지 않고 삼보三寶를 존경하지 않으면서도 이 금란가사와 구환석장을 사려는 사람에게는 꼭 칠천 냥을 받지 않으면 팔지 않는 것이 값을 받을 경우요, 만일 삼보를 존경하고 선행을 보면 기뻐하고, 부처님께 귀의하는 자가 있다면 이 금란가사와 구환석장을 그에게 바쳐 나는 그와 좋은 인연을 맺을 것이니, 이것이 값을 받지 않을 경우입니다."

소우는 그 말을 듣고 말에서 내려 인사를 했다.

"대법장로님! 몰라본 죄를 용서하십시오. 우리 대당 황제께서는 선행을 기뻐하시고 천하의 고승들을 불러 수륙재를 열고 있습니다. 그 금란가사를 단주인 진현장법사가 입었으면 좋겠습니다. 저와 같이 입조하시어 폐하를 뵙도록 하시지요."

관음보살은 아무런 대꾸 없이 소우를 따라 황제를 뵙고 먼저와 같이 설명하였다.

황제는 관음보살의 설명에 완전히 감동하고 그 금란가사와 구환석장을 현장법사에게 내리겠다고 약속했다. 그리고 칠천 냥의 돈을 내리려고 했으나 관음보살은 그것을 거절했다.

"폐하께서는 덕을 밝히시고 선을 행하시며 우리 불문을 존경하시니, 그냥 바치는 것이 마땅하옵니다."

태종 황제는 소연素宴이나마 베풀어 그 뜻에 보답코자 했으나 관음보살은 그조차 사양하고 어전을 물러났다. 그리고는 총총히 토지묘에 들어가 좌선했다.

황제는 현장을 입조케 하고 금란가사와 구환석장을 내려 그 자리에서 입도록 하였다. 금란가사를 입고 구환석장을 짚고 선

현장의 모습은 그야말로 휘황찬란하여 석가여래의 제자임에 헛됨이 없는 훌륭한 모습이었다.

태종은 기뻐하며 특별히 두 대의 장의병으로 하여금 호위토록 하고 문무백관의 전송을 받으며 조정문 밖에 나가 큰 거리를 행진하여 화생사로 돌아가도록 하였다.

장안성 안의 남녀노소는 모두 거리에 나와 저마다 감탄했다.

"참으로 훌륭하구나! 관음보살이 살아서 속세에 임하셨다! 아라한의 강림이시다!"

모두가 이구동성으로 말하였다.

어느덧 칠 일의 정회正會 날이 되었다. 현장이 태종에게 재를 올리도록 청하자 태종은 어가를 준비시키고 문무백관과 후비, 국척들을 거느리고 화생사에 왔다. 성안의 백성들도 몰려와 설법을 들었다.

이때 관음보살도 혜안행자와 함께 절에 들어 수륙정회를 지켜보고 있었다.

현장은 만상이 깨끗하고 밝아 과연 명지금선明智金禪의 모습이었다. 현장은 높은 대에 앉아 한동안 수생도망경受生度亡經을 읽고 안방천보전安邦天寶篆을 말하더니 권수공권勸修功卷을 강하였다.

강을 듣고 있던 관음보살이 갑자기 앞으로 나서며 소리쳤다.

"거기 화상은 소승교법만을 강하고 있는데, 대승교법은 모르시오?"

그 말을 들은 현장은 대 아래로 뛰어내려가 관음보살을 우러러 절을 하며 대승교법을 가르쳐 달라고 청하였다.

"그대가 강하는 소승교법은 단지 혼속화광渾俗和光에 지나지 않는 것으로, 망자를 건져서 승천시킬 수가 없는 것이오. 그러나 내게 있는 대승불법 삼장三藏은 능히 망자를 승천케 하고, 괴로움에 시달리는 사람을 구원할 수 있으며, 무량한 수명을 누려 무래무거無來無去를 능하게 할 수 있소."

그때 좌우에서 무사들이 달려들어 관음보살을 잡아끌고 법당 안으로 들어갔다. 현장법사가 강하는 중에 거지중이 나타나 훼방을 놓고 있다는 말을 들은 태종이 그를 잡아들이라 명을 내린 것이다. 막상 끌려온 그를 보고 태종은 깜짝 놀랐다. 바로 금란가사와 구환석장을 가져와 돈도 받지 않고 사라진 자였기 때문이다. 태종은 마음을 누그러뜨려 경당을 소란케 한 이유를 물었다.

관음보살은 아까와 똑같은 말을 되풀이했다. 태종은 기뻐하며 그 대승불법을 어디서 구할 수 있는지 깊은 관심을 보였다.

"서천 땅 천축국 대뇌음사, 석가여래 부처님이 계신 곳에 있습니다. 실로 백 가지 원한의 마디를 풀 수 있고, 뜻하지 않는 재난도 막을 수 있습니다."

"그대는 그것을 기억하여 외울 수 있겠소?"

"물론 외울 수 있습니다."

관음보살이 빙그레 웃자, 태종 또한 크게 기뻐했다. 태종은 현장을 시켜서 보대에 오르도록 하고 관음보살의 설법을 듣기로 했다.

그러나 관음보살은 혜안행자와 함께 보대에 오르더니 상서로운 구름을 밟고 그대로 하늘 높이 멀어져 갔다. 그리고 대자대비한 관음보살로 돌아가 손에는 버들가지와 정병을 들었는데, 왼편에는 혼철곤을 쥔 혜안행자가 엄숙히 그를 지키고 서 있었다.

태종이 하늘을 우러러 배례하자 모두가 따라서 절하고 기도하였다.

"아, 관음보살님이시여! 나무관세음보살!"

그들은 모두 관음보살의 이름을 부르며 열렬히 찬미하고 감격했다. 태종은 즉시 그림 잘 그리는 오도자吳道子를 불러 관세음보살의 상을 그리게 했다.

점점 멀어져 가던 관음보살의 상운은 이제는 금빛조차 보이지 않더니, 하늘에서 종이 한 장이 펄럭펄럭 내려왔다. 거기에는 송사 몇 구가 적혀 있었다.

대당의 임금께 올리나니, 묘문妙文이 서방에 있도다. 그 길은 십만팔천 리, 대승大乘을 권하도다. 그 경經이 귀국에 전해지면 능히 귀신을 초월하여 뭇사람 가운데 뛰어나리라. 만약 가기를 원하는 자는 정과를 얻어 부처가 되리라!

태종은 이를 보고 수륙재를 잠시 중지시키고, 대승불경을 얻어온 후에 다시 정성을 다하여 선과善果를 닦도록 명했다. 그리고 누가 이 일을 맡아 서천에 다녀오겠냐고 하문하자, 현장법사가 앞으로 나와 어전에 부복하여 자기가 가겠다고 자청했다. 이에 태종이 매우 흡족한 미소를 지으며 현장의 손을 잡아 일으켜 세웠다.

"법사가 그토록 어려운 걸음을 마다않고 충현忠賢을 다한다면 짐은 그대와 형제의 의를 맺으리라."

현장이 길일을 택해 떠나기로 한 후 태종이 대궐로 돌아가자, 모든 승려들도 제각기 자기의 절로 돌아가고 현장도 홍복사로 돌아왔다.

제자들은 한결같이 무서운 맹수나 요마들이 들끓는 멀고 먼 서천의 길을 어떻게 다녀오겠느냐고 근심했다. 그러나 현장은 몇 해가 될지 모르겠으나 산문 안의 소나무 가지가 동쪽으로 향하면 돌아오리라고 오히려 그들을 위로하며 다짐했다.

다음 날 아침, 태종은 조회에 나가 경을 가지러 가는 취경문첩을 짓게 하고, 통행허가의 보인寶印을 찍었다. 그러자 흠천감欽天監에서 오늘이 원행에 길일임을 알려왔다. 태종은 즉시 현장을 불렀다.

"어제御弟여, 오늘이 출행하기에 길일이라는구려. 이것은 통관문첩이며, 짐이 또한 자금紫金의 바리때를 줄 테니, 탁발하는 데 쓰도록 하시오! 그리고 그대와 함께 먼 길을 갈 종자 둘과 백마 한 필을 줄 것이니 원행에 조심하도록 하시오!"

현장은 사은숙배했다.

태종은 문무대신들을 이끌고 멀리 관문 밖까지 배웅해 주었다. 관문 밖에는 홍복사의 여러 중들과 제자들이 현장의 여름, 겨울 의복을 싸가지고 와서 기다리고 있었다.

태종은 관인에게 술을 따르게 하고 잔을 들어 현장에게 아호雅號를 물었다. 현장이 출가인이라 없다고 하자, 태종은 관음보살의 말을 인용하여 '삼장三藏'이라는 호를 내렸다. 그리고 오늘은 특별한 날이라며 술을 권했다.

삼장이 할 수 없이 잔을 받아 마시려 하자, 태종이 잠깐 제지하고 흙을 약간 집어 그 술잔에 넣었다. 삼장이 머뭇하여 그대로 있으려니 태종이 웃으며 말했다.

"어제에게 이 한 잔 술을 권하는 것은 고향 땅의 한 줌 흙을 그리워할지언정 타향의 만 냥 금을 사랑하지 말라는 뜻이오."

태종이 의미 있는 말을 하자 삼장은 그제야 깊은 뜻을 감사히 받아 술잔을 비웠다. 그리고 작별 인사를 한 후, 취경인으로서 서천 땅 천축국으로 십만팔천 리 길의 첫발을 내디뎠다.

손오공,
다시 세상으로 나오다!

삼장법사 진현장은 정관 13년 9월 12일 태종황제와 여러 대
신들, 제자들의 전송을 받으며 장안성을 떠났다.

삼장은 이틀 동안 쉴 새 없이 말을 달려 법운사法雲寺에 이르
러 여러 중들과 재齋를 수습하고 불전에 이르러 예배를 드리며
몇 가지 약속했다.

"제자 진현장, 삼장이 서천으로 경을 받으러 갑니다. 그러나

빈승이 우매한지라 살아 있는 부처를 보고도 알지 못하니, 가는 길에 묘廟가 있으면 분향하고 불탑이 있으면 깨끗이 청소할 것이며, 부처님을 뵈면 배례拜禮할 것을 맹세합니다. 자비로우신 부처님! 원컨대 부처님께서는 하루속히 일장육척의 금신을 나타내시어 진경을 내려 주시옵고 이를 동토 대당에 전할 수 있도록 해주십시오.”

기원을 마친 삼장은 서쪽을 향하여 곧장 나아갔다. 며칠을 더 가서 공주성을 거쳐 하주위河州衛에 이르니 이곳이 당나라가 끝나는 경계였다. 그리고 국경지대 복원사에 인도되어 잠깐 쉬고 새벽닭이 울기 무섭게 일어나 종자들을 깨워 출발했다. 삼장은 고국 산하를 뒤로 두고 서둘러 걸었다. 그런데 그만 새벽 산길을 가다가 발을 헛디뎌 세 사람은 말과 함께 굴속으로 떨어지고 말았다.

“저놈들을 잡아라, 잡아!”

순간 광풍이 몰아치더니 오륙십 마리의 요괴가 일시에 쏟아져 나와 그들을 옭아매고 마왕에게로 데려갔다.

높은 상좌에 앉은 마왕은 어찌나 무섭고 험악한지 오금을 펼 수도 없었다. 그때 갑자기 밖이 떠들썩해지더니 시커멓게 생긴 덩치 큰 놈과 걸음조차 잘 걷지 못하는 뚱뚱한 놈이 너털웃음을 웃으며 나타났다.

“인寅장군, 신수가 훤하십니다. 저 세 놈들을 어디서 잡았습니까?”

“저절로 떨어져 이리로 찾아왔습니다.”

마왕이 점잖게 수염을 어루만지며 대답하자, 뚱뚱한 특처사特
處士란 놈이 입맛을 쩍쩍 다시며 물었다.

"우리도 먹게 해주실 거죠?"

"아무렴요, 잡숫게 해드려야죠."

"두 놈을 먼저 먹고 한 놈을 남겨 둡시다!"

선심 쓰듯이 검둥이 웅산군熊山君이 지껄였다.

마왕은 잘생긴 놈은 두었다가 혼자 먹기로 하고, 좌우에 명
하여 우선 종자 두 놈의 배를 가르고 염통을 끄집어 낸 후, 몸
뚱이를 토막 쳐서 칼질하게 했다.

마왕은 머리와 염통 등속을 손님에게 대접하고, 자신은 팔다
리를 먹고 그 외 부스러기는 수하 요괴들에게 나눠 주었다. 그
들은 마치 호랑이가 새끼 양을 먹어치우듯이, 사람 둘을 삽시
간에 먹어치웠다. 그리고 식후의 흐뭇한 순간을 즐기며 입을 썩
썩 다셨다. 이를 지켜보던 삼장법사는 기절하여 정신줄을 놓아
버렸고, 어느덧 날이 밝아오자 요괴들은 자취를 감춰버렸다.

그때 홀연히 노인 하나가 지팡이를 짚고 나타나 삼장에게 접
근하여 손을 한 번 휘젓자 묶인 줄이 풀리고, 얼굴에 숨을 훅
불자 의식이 회복되었다. 삼장은 노인장 앞에 황급히 꿇어 엎드
렸다.

"죽어가는 빈승의 목숨을 살려 주시어 진정 감사합니다."

삼장은 감격해서 말했다.

"일어나시오. 잃어버린 것은 없소?"

노인의 부드러운 음성이 삼장의 정신을 번쩍 들게 했다.

"빈승의 두 종자가 요괴들에게 잡아먹혔습니다. 그리고 말과 보따리가 있었는데……."

삼장이 주변을 둘러보자 노인이 지팡이로 가리켜 주었다. 삼장은 일단 마음을 놓고 이곳이 어디냐고 노인에게 물었다.

"쌍차령이라는 곳으로 이리와 범의 소굴이오. 특처사는 들소의 요정이고, 웅산군은 곰의 요정이고, 인장군이라는 마왕은 늙은 호랑이의 요정이었소. 그 외의 요괴는 모두 산의 정精이거나 괴수들이오. 그대의 본성이 뚜렷하기 때문에 그들이 감히 손을 대지 못한 것이오. 자, 나를 따라오시오. 길을 안내해 드리겠소."

삼장은 보따리를 말에 묶어 맨 다음 말고삐를 잡고 노인의 뒤를 따라 굴 밖으로 나왔다. 큰길에 이르러 삼장이 길가에 말을 매어 놓고 노인과 작별하고자 돌아서니, 그는 홀연 청풍을 일으키며 백학을 타고 하늘 저 멀리 날아가고 있었다.

삼장은 감사함에 하늘을 우러러 예배를 올리고, 터벅터벅 혼자서 고난의 길을 걷기 시작했다. 반나절쯤 걸었을까? 갑자기 산세가 험해지는가 싶더니 수풀 속에서 돌연 호랑이 두 마리가 나타나 험악하게 노려보고 있었다. 삼장이 도망치려 뒤를 돌아보니 그곳에는 또 큰 구렁이가 똬리를 틀고 혀를 날름대고 있는 게 아닌가. 이야말로 진퇴유곡進退維谷이었다. 삼장의 말마저 맥이 풀려 그 자리에서 꼼짝도 하지 않았다. 아무리 고삐를 잡아 끌어도 움직이지 않았다. 삼장은 마침내 마지막이라 하는 절망감에 사로잡혀 살려 달라고 소리쳤다.

그런데 갑자기 쿵쾅대는 사람 발소리와 함께 호랑이와 구렁이가 자취를 감춰 버렸다. 고개를 들어보니 웬 사내가 강차鋼叉를 들고 산비탈을 달려 내려오고 있었다. 허리에는 활과 화살을 찬 영웅호걸다운 사내였다.

"저 좀 살려 주십시오!"

삼장은 길바닥에 꿇어 합장하고 큰 소리로 사정했다. 그는 가까이 다가와 강차를 땅에 놓고 삼장을 일으켜 세웠다.

"장로님, 겁내실 것 없습니다. 저는 이 산에 사는 사냥꾼으로 성은 유劉, 이름은 백흠伯欽이고 별명은 진산태보鎭山太保라 합니다. 마침 두 마리의 호랑이를 쫓고 있었는데, 뜻밖에 스님을 만나게 된 것입니다."

"빈승은 대당 천자의 명으로 서천에 가서 배불하고 경을 얻으러 가는 중입니다. 그런데 이곳에 당도하여 호랑이와 뭇 짐승들에게 갇혀 죽는 줄만 알았사온데 태보께서 나타나시어 저를 살려 주셨습니다. 무엇으로 이 은혜에 보답하면 되겠습니까?"

삼장은 진정으로 감사하고 고마워 정중히 인사했다.

"저는 이곳에서 호랑이와 뱀과 벌레들을 잡으며 지내고 있습니다. 그래서 그것들은 저를 보면 모두 도망칩니다. 아까 그 짐승들도 제가 오는 것을 보고 달아난 것입니다. 대당에서 오셨다니 저와 동향이시군요. 저희 집으로 가시지요. 저희 집에서 하루 묵으시고 내일 길 안내를 해드리겠습니다."

두려움이 사라진 삼장은 유백흠의 뒤를 따랐다. 그런데 산비탈을 돌아서자 어디서 이상한 바람 소리가 났다.

"저 소리는 호랑이가 내는 겁니다. 스님은 예서 기다리십시오.

잡아다가 대접해 드리겠습니다."

유백흠은 강차를 고쳐 쥐더니 숲을 헤치고 달렸다. 그리고 얼룩진 호랑이와 맞붙어 육박전을 벌이는가 싶더니 날카로운 강차로 호랑이의 턱 밑을 조준하여 던져버리는 게 아닌가? 삼장은 그 무서운 광경을 바라보다가 힘이 쭉 빠져 땅바닥에 주저앉아 버렸다.

범의 목덜미를 잡고 길로 끌어올리는 유백흠의 표정은 아무 일도 없었던 듯했다.

"진실로 산신이고 호걸이십니다."

유백흠은 한 손에 강차를 들고 또 한 손으로 호랑이를 잡아 끌면서 성큼성큼 앞장서 걸었다. 그의 집은 산 하나를 넘어 나타났는데 곧 아들들을 불러 호랑이의 껍질을 벗기고 손님 대접할 준비를 하라고 일렀다.

그는 범을 때려잡는 무서운 사냥꾼이었으나 늙은 어머니를 모시고 있는 자상한 가장이었다.

유백흠은 어머니에게 삼장법사가 대당 황제의 명으로 서천에 가서 부처를 뵙고 경을 얻으러 가는 길에 집에서 하룻밤 쉬어가시라 했다고 설명했다. 그러자 어머니는 대단히 반가워했다.

"마침 내일이 너의 아버지 기제忌祭인데 잘됐구나! 스님께 부탁하여 불경을 읽으시게 하고 모레 떠나시라고 하려무나."

삼장은 그렇게 하겠노라 약속하고, 유백흠은 기제에 쓰일 물품과 향지番紙를 준비했다.

식사 시간에 유백흠의 가족들은 호랑이 고기를 삶아 놓고 육식으로 맛난 식사를 하고 있었으나 삼장은 매우 곤란하여 고개만 숙이고 있자 어머니가 며느리에게 좁쌀밥과 나물 반찬을 마련하라 하여 가까스로 식사를 하였다.

이튿날, 유백흠 부친의 기제에 삼장이 불교의식으로 불경을 읽고 염불을 외웠으며, 많은 강설과 공양을 했다.

이날 밤, 유백흠 내외와 그의 어머니가 똑같은 꿈을 꾸었는데, 죽은 아버지가 저승에서 구제받지 못하고 있다가 삼장의 송경 덕분에 죄업을 씻고 어느 부잣집으로 탁생托生(전세의 인연으로 중생이 모태에 몸을 붙임)해 가는 꿈이었다. 다음 날 아침, 늙은 어머니와 유백흠 내외는 감격해서 삼장에게 인사를 올리고 정성스런 음식을 만들어 싸주었다.

유백흠은 가동 두셋과 함께 사냥 도구를 갖추어 삼장을 전송하다 반나절이 지나서 양계산兩界山에 접어들자 작별 인사를 하고자 했다. 삼장이 길 안내를 좀 더 해줄 것을 청하자, 그는 이 양계산을 경계로 동쪽의 절반은 당나라, 서쪽의 절반은 달단韃靼이라 했다. 그리고 달단의 맹수들은 자기의 힘으로는 당할 수가 없어 도저히 갈 수가 없다고 하였다.

삼장이 어쩔 도리가 없어 한숨지을 때 갑자기 저쪽 산 밑으로부터 천둥 치는 듯한 소리가 터져 나왔다.

"우리 사부님이 오신다! 이제야 우리 사부님이 오신다!"

삼장과 유백흠이 깜짝 놀라 두리번거렸다.

"사부님, 어서 오십시오. 여기입니다."

"저 소리는 필시 저 산기슭 석갑 속에 있는 늙은 원숭이의 고

함소리일 것입니다."

"무슨 원숭이 말이오?"

"이 산은 본래 오행산이라 했던 것을 당나라 황제가 서쪽을 평정했을 때 양계산이라 이름을 고쳤습니다. 오래전 어떤 노인 한테 들은 이야기인데 왕망王莽이 한나라를 빼앗을 때 하늘에서 저 산을 내려 그 밑에 원숭이 한 마리를 눌러 놓았다는 것입니다. 그 원숭이는 토지신이 지키고 있는데, 배가 고프다 하면 철환을 먹이고, 목이 마르다 하면 녹은 쇳물을 마시게 한답니다. 그런데도 옛날부터 지금까지 얼어 죽지도, 굶어 죽지도 않고 살아 있다고 합니다. 지금 떠들고 있는 것은 바로 그 자일 것입니다. 스님, 같이 가서 어떻게 생긴 놈인가 구경해 봅시다."

과연 산을 내려가 보니 석갑 속에 원숭이 한 마리가 머리만 내밀고 팔을 뻗어서 손을 내저으며 말하는 것이었다.

"사부님, 왜 이제야 오십니까? 무척 기다렸습니다. 제가 사부님을 모시고 서천에 갈 테니 어서 저 좀 꺼내 주십시오."

삼장이 가까이 다가가 살펴보니 뾰족한 주둥이에 볼은 졸아들었고 금빛 눈동자에 머리에는 이끼가 덮였고, 귓구멍에는 덩굴이 엉키었으며 귀밑머리는 푸른 풀 같고 턱 아래는 수염이 없었다. 미간에는 흙, 귓구멍에는 진흙이 끼어 있고, 손가락은 거칠고 손바닥에는 먼지와 때가 잔뜩 끼어 있어 볼썽사납기 그지없었다.

원숭이는 몹시 반갑고 기쁜 듯이 두 눈망울을 이리저리 굴렸다. 본래 대담무쌍한 유백흠이 나서서 머리의 이끼라든가 귀밑에 난 풀 등을 제거해 주며 물었다.

"할 말이라도 있는가?"

"저 사부님에게 할 말이 있으니 이리로 불러 주십시오."

삼장은 멀찍이 선 채 그 몰골을 보고 있었다.

"말해 보라!"

"저는 오백 년 전, 천궁을 소란케 한 제천대성입니다. 천궁을 어지럽힌 불경죄로 불조 석가여래님에게 잡혀 이곳에 갇혔습니다. 그런데 얼마 전 관음보살님께서 불지佛旨를 받들어 동토에 취경인을 찾으러 간다고 하셨습니다. 그분께 저를 구해 주십사 했더니, 그분은 '다시는 난폭한 악행을 일삼지 말고 불법에 귀의하여 매사 행동을 조심하고 취경인을 보호하면서 서천에 와서 부처님을 뵈어라. 그리하여 공이 이루어지면 그때는 자연 좋은 일이 있으리라!' 하셨습니다. 그때부터 저는 사부님이 오시면 구해 주실 것이라 밤낮으로 가슴을 졸이며 기다려 왔습니다. 제자가 되어 사부님을 모시고 보호하면서 서천으로 경을 구하러 가겠습니다. 제 소원을 들어 주십시오."

삼장은 그 말을 듣고 대단히 기뻤다.

"너에게 그런 착한 마음이 있고, 관음보살의 가르침을 받아 불문에 귀의한다는 것은 좋으나, 지금 나에겐 도끼도 끌도 없으니 무슨 재주로 너를 구해 낸단 말이냐?"

"그런 것은 필요 없습니다. 이 산꼭대기에 석가여래님의 금자로 된 여섯 글자 부첩이 있습니다. 그리 올라가셔서 그것을 떼어 주시기만 하면 저는 여기서 나갈 수 있습니다."

삼장이 유백흠에게 같이 갈 수 없겠느냐고 청하자, 유백흠 또한 마음이 동하여 삼장을 도와 산에 올랐다. 과연 산꼭대기에는 금빛이 만 길, 서기가 천 갈래로 뻗쳐 있고 그 중심에 네모난 큰 돌이 하나 박혀 있었다. 그리고 그 돌에는 부첩 한 장이 붙어 있었는데, '옴마니반메훔'라는 여섯 글자가 쓰여 있었다.

삼장은 그 앞으로 다가가 몇 번인가 절을 하고 서천을 향해 기도를 올렸다.

"제자 진현장, 특별한 뜻을 받자와 경을 얻으러 가옵니다. 저 원숭이 사람과 사제의 연분이 있다면 이 금자가 떨어져 원숭이를 구출하여 영산으로 통행하는 증과證果, 수행한 결과로 얻는 과보를 얻게 하시고, 만일 그렇지 않다면 금자가 떨어지지 않게 하소서!"

삼장은 다시 한 번 경건한 마음으로 절을 올린 후, 금자의 부첩을 만졌다. 그러자 한바탕 향기로운 바람이 일더니 부첩은 무언가 보이지 않는 힘에 이끌려 훨훨 하늘로 날아오르고 이내 목소리가 들려왔다.

"나는 손대성을 감시하던 자로서, 오늘 그의 고난의 날이 찼으니 우리는 돌아가 석가여래님을 뵈옵고 이 부첩을 돌려드릴 것이오."

삼장과 유백흠은 크게 놀라 하늘에 예배를 올렸다. 그리고 산을 내려와 원숭이에게 부첩이 떨어졌으니 나오라고 하자, 원숭이는 기쁨을 감추지 못하면서 멀리 피해 있으라 했다.

유백흠은 삼장과 가동들을 데리고 오던 길로 재빨리 피해 육

칠 리가량 떨어졌으나, 더 멀리 가라는 원숭이의 큰소리에 한참
을 더 달리고 있으려니, 땅이 갈라지고 산이 무너지는 듯한 요
란한 소리가 들려왔다. 일행은 질겁하여 당황하는데, 원숭이는
어느새 벌거벗은 채로 삼장 앞에 나타나 꿇어 엎드렸다.

"사부님, 제가 나왔습니다. 절 받으십시오!"

그는 꾸벅 네 번 절하고는 일어섰다. 삼장은 한 번 더 그를 관
찰하고 내심 만족한 미소를 지었다.

"제자야, 너는 무엇이라 부르느냐?"

"저는 손오공이라고 합니다."

"우리 종파하고도 꼭 맞는 이름이구나. 그리고 또 하나 '행자
行者(불도를 닦고 수행하는 사람)'라고 하면 어떻겠느냐?"

손오공은 좋다고 했다.

유백흠은 이러한 손행자의 능력을 일별한 후, 안심하여 감격
스럽게 바라보고 만족한 표정으로 삼장과 작별했다.

손행자는 천궁에서 용마龍馬를 다뤄 본 경험이 있는지라 행
리를 수습하여 말에 매고, 삼장을 말에 오르게 했다. 그리고 자
신은 말 앞에 서서 벌거숭이인 채로 자그만 몸을 흔들며 앞장서
서 걷기 시작했다.

양계산을 넘어설 때 별안간 맹호 한 마리가 그들에게 달려들
었다. 삼장은 말 위에 엎드려 벌벌 떨고 있었으나 손오공이 잽싸
게 귓속의 여의봉을 꺼내어 실로 오랜만에 여의봉을 잡은 기쁨
을 느끼면서 큰소리로 "이놈!" 한마디 외치자 으르렁대며 달려
들던 맹호는 맥을 못 추고 그 자리에 주저앉았다. 이에 손오공

은 눈 깜짝할 사이에 여의봉을 내리쳐서 맹호의 머리통을 단번에 으깨어 버렸다.

"세상에, 뛰는 놈 위에 나는 놈 있다더니⋯⋯."

오히려 놀란 것은 삼장이었다. 지난날 범을 때려잡던 유백흠의 솜씨와 손오공을 비교하여 뱉은 말이었다.

손오공은 아무렇지도 않은 듯 자기의 몸털 하나를 뽑아 칼을 만들어서 범의 껍질을 벗겨 두 조각을 내고는 한 조각은 행리에 넣어두고 나머지 조각은 자기의 허리에 둘러 하반신을 가렸다. 허리띠는 길가의 담쟁이덩굴을 뜯어서 대용했다. 삼장은 또 한 번 손오공의 솜씨에 감탄했다.

길을 가는 동안, 말 위의 스승과 앞장서서 길잡이 역할을 하는 제자는 이야기를 나누면서 시간 가는 줄 몰랐다.

여의봉의 비밀과 외침만으로도 범을 주저앉히는 재주 등을 스승은 물었고, 손오공은 자신의 실력을 적당히 자랑하며, 귓속의 여의봉을 꺼내어 필요에 따라 능소능대하게 변화시키는 묘기를 보였다.

그날 밤은 두 사람은 백서른 살이나 먹었다는 노인의 집에서 묵었다. 노인은 처음에는 손오공의 모습을 보고 도깨비가 나왔다고 펄쩍 뛰면서 놀랐으나 삼장이 나서서 진정시켰다.

손오공은 노인에게 바늘과 실 등속을 빌려 허리에 두른 호랑이 껍질을 마름질해 적당히 고쳐서 그럴듯한 옷으로 만들었다. 그리고 노인에게 특별히 청하여 목욕물을 데워 실로 오랜만에 목욕의 즐거움을 누렸다. 그리고 삼장이 벗어놓은 속옷을 얻어

간단히 줄여 고쳐서 자기 것으로 삼았다.

이튿날, 일찍 일어난 스승과 제자는 길을 떠났다. 때는 초겨울로 들어서고 있었기에 이국의 하늘은 한없이 냉랭했다. 그들이 밤이면 자고 날이 새면 걷는 식으로 며칠을 갔을 때, 홀연 길옆에서 휘파람 소리가 들리더니 여섯 사나이가 불쑥 튀어나왔다.

그들은 손에 장창이며 단검, 강궁 따위를 들고 길을 가로막으며 소리쳤다.

"이놈들, 게 섰거라! 말과 짐 보따리, 그리고 가진 전대를 끌러 놓아라! 그렇지 않으면 한 발짝도 못 갈 줄 알아라!"

삼장은 그 소리에 놀라 말에서 굴러 떨어져 버렸다. 손오공이 재빨리 일으켜 세우며 안심시켰다.

"사부님, 걱정 마십시오. 저놈들은 우리에게 의복과 노자를 보태 주러 온 것입니다."

"제자야, 네 귀가 어떻게 된 게 아니냐? 저들은 우리에게 모든 것을 내놓으라는데, 너는 오히려 의복과 노자를 보태 주러 왔다고 하니 대체 무슨 말이냐?"

"사부님은 이 말과 짐을 지키고 계십시오. 제가 잘 해결할 테니……."

손오공은 뚜벅뚜벅 걸어가 점잖게 인사하고는 여섯 놈에게 말을 건넸다.

"우리들의 길을 막는 이유가 대체 무엇이오?"

"보면 모르겠느냐. 목숨은 살려 보내 줄 테니 어서 물건이나 내놓고 가거라. 만약 못 주겠다고 하면 가루가 될 줄 알아라!"

"허허, 그러고 보니 좀도둑들이로구나. 그동안 강탈한 물건이 많을 텐데, 나한테도 한몫을 떼어 주고 점잖게 말할 때 물러가라!"

"이놈이 어느 안전이라고 주둥이를 함부로 놀리느냐!"

그들은 제각기 손에 든 무기를 꼬나잡고 손오공의 머리를 치고 찌르고 베고 하기를 수십 차례였으나, 손오공은 끄덕도 하지 않았다.

"이제 내 솜씨를 맛보거라, 이놈들아!"

손오공이 귓속에서 여의봉을 적당히 늘려 잡자 여섯 놈은 질겁하며 사방으로 흩어져 도망쳤다. 이에 손오공은 그들을 뒤쫓아 하나하나 여의봉 맛을 안겨 때려눕히고 그들의 옷을 벗기고 돈까지 챙겨 돌아왔다.

"가시죠, 사부님! 그놈들은 모두 때려죽였습니다."

"너는 참 죄인이로구나. 네 재주로 쫓아버리면 그만일 것을, 어찌 그리 무참히 때려죽인단 말이냐? 이토록 측은지심惻隱之心이 없다면 어떻게 불도에 귀의할 수 있겠느냐?"

"제가 그들을 죽이지 않았다면 그들이 사부님을 죽였을 것입니다."

"우리 출가인은 죽는 일이 있더라도 결코 흉악한 일은 아니하는 법이다. 너는 이미 사문의 몸이 되었지 않느냐? 그러한데도 아직 흉행을 일삼는다면 서천에도 갈 수 없고 화상도 될 수 없다."

삼장이 화를 내며 '악한 놈'이라 꾸짖자, 손오공은 발끈 토라져 버렸다.

"내가 화상도 될 수 없고 서천에도 갈 필요가 없다고? 그런 식으로 말한다면 안 가면 그만이잖아! 그럼 제천대성, 이 손대감은 돌아갑니다."

손오공은 얼굴을 붉히며 일갈한 후 삼장의 대답도 듣기 전에 휙 근두운을 타고 하늘로 솟아올랐다. 삼장이 고개를 쳐들었을 때는 그림자도 보이지 않았다.

삼장은 잠시 후회를 하였으나 곧 행리를 수습한 후, 말에 오를 생각도 없이 터벅터벅 서천을 향하여 걷기 시작했다.

그렇게 어느 산에 접어들었을 무렵 노파 한 사람을 만났다. 그 노파는 무명옷 한 벌과 승모 하나를 들고 있었다.

"어디서 오시는 스님이신데 이런 데를 혼자 가시오?"

"저는 동토 대당 사람으로 서천 부처님께 불경을 얻으러 가는 중입니다."

"서천의 부처님은 대뇌음사에 계시고 그곳은 천축국 땅이며, 이곳에서 무려 십만팔천 리 길인데, 그 먼 길을 어떻게 혼자서 가신단 말입니까? 제자 한 명 거느리지 않고 간다는 것은 대단히 위험한 일입니다."

삼장이 고개를 끄덕이며 조용히 듣고 있자, 노파는 그간의 과정을 물어보았고 삼장은 차분하게 그간의 일을 전해 주었다.

그러자 노파는 자신이 가지고 있던 무명옷 한 벌과 금을 박은 승모를 삼장에게 건네주며 제자에게 주라고 했다. 그리고 한 편의 주문呪文 '정심진언定心眞言, 긴고아주緊箍兒呪'를 가르쳐 주며 제자가 말을 안 듣거나 고집을 부릴 때 그것을 외워서 고통을 주라고 했다. 또한 이 주문을 다른 사람에게 알려서는 안 된다고 당부했다.

신비스런 노파는 자기 할 일을 다 한 듯이 한 가닥 금빛으로 화하여 바람처럼 순식간에 동쪽으로 사라졌다. 삼장은 그제야 관음보살임을 깨닫고 동쪽 하늘을 우러러 극진한 예배를 올렸다. 그리고 옷과 모자를 보따리에 꾸려 넣고 길가에 앉아서 관음보살이 가르쳐 준 주문을 몇 번이고 외어 가슴 깊이 새겨 두었다.

한편, 손오공은 삼장법사를 길가에 팽개친 후, 근두운에 올라 동해용왕의 궁전에 들러 차 한 잔을 얻어 마시며 담화를 나누던 중 깨달은 바가 있어 다시 돌아오다가 관음보살과 마주쳤다.

"손오공, 그대는 스승을 모시지 않고 여기서 무엇을 하는가?"

손오공은 당황하며 황망히 절을 하고 지금까지의 일을 죽 설명했다. 그리고 지금 스승을 보호하러 가는 중이라고 했다. 손오공은 곧 길가에 처량하게 앉아 있는 삼장의 앞에 내려섰다.

"사부님, 길을 가지 않으시고 여기서 무얼 하고 계십니까?"

"어딜 갔다가 오는 거냐? 나 혼자는 갈 수가 없어서 너를 기다리고 있던 중이다."

"저는 동해용왕에게 가서 차 한 잔 얻어 마시고 왔습니다."

"너는 재주가 많아 차도 얻어 마실 수 있구나. 나는 이곳에서 주린 배를 참고 있었구나."

"제가 잿밥을 얻어다 드리겠습니다."

"아니다. 저 보따리 속에 먹을 것이 있으니 바리때를 꺼내어 물이나 좀 얻어오려무나. 요기를 하고 떠나자."

손오공이 보따리를 끌러서 바리때를 꺼내다가 새 무명옷과 승모를 발견하고는 욕심을 내었다.

"이 옷과 모자는 동토에서 가지고 온 것입니까?"

"그렇다. 그 옷을 입으면 저절로 예절을 익히고, 모자를 쓰면 경을 배우지 않고도 읽을 수 있게 된다."

"사부님, 이것을 제가 입고 쓰면 안 될까요?"

"정 그러고 싶으면 네가 입고 쓰거라. 너에게 잘 어울릴 게다."

손오공은 즉시 무명옷과 승모를 쓰고 폼을 잡았다. 이에 삼장은 묵묵히 입속으로 긴고아주를 한 차례 외었다. 그러자 손오공은 머리를 쥐어뜯으며 아프다고 소리쳤다. 몇 번 더 외우자 손오공은 아예 땅바닥에 데굴데굴 구르며 아픔을 호소하였다. 승모 안에서 쇠뿌리가 돋아나와 머리에 박히는 듯한 고통이었다.

이쯤해서 삼장은 손오공을 제압했다. 그리고 어느 노파에게 배운 것이라 실토했다. 손오공은 그 노파가 관음보살이란 것을 알아차리고 삼장 앞에 무릎을 꿇었다. 그는 이제부터 사부님을 정성껏 모시고 서천으로 갈 테니 제발 주문을 외지 말아달라고 통사정했다.

"그럼 이제부터 내 말을 잘 따르거라. 자, 가자!"

손오공은 비로소 정신을 바짝 차리고 서쪽을 향해 계속 갔다.

저팔계, 사오정도
제자가 되다

　때는 어느덧 한겨울 섣달, 삭풍이 휘몰아치는 추운 날씨에 삼장 일행은 험준한 산길로 들어섰다. 삼장은 멀리서 들려오는 물소리를 듣고 손오공을 불렀다.

　"제자야, 저 물소리는 어디서 나는 것이냐?"

　"제가 알기로는 사반산蛇盤山 응수간鷹愁澗이란 곳입니다."

　강가에 이르러 삼장이 말고삐를 멈추고 바라보니 참으로 넓고도 맑은 물이었다.

그런데 갑자기 강줄기에서 요란한 물소리가 나는가 싶더니 용 한 마리가 불쑥 솟아올라 삼장을 채어 가려 했다. 다행히 한 수 빨랐던 손오공이 보따리도 팽개치고 말 위의 삼장을 끌어안고 높은 언덕으로 줄행랑을 쳤다.

손오공이 삼장을 안심시킨 후 뒤돌아보니 말이 보이지 않았다. 공중으로 날아올라 산자락이며 강둑을 둘러봐도 팽개친 보따리는 있는데 말은 찾을 수가 없었다. 화안금정인 손오공의 눈은 보통 천 리 안의 잠자리가 날개를 펴는 것까지 알아볼 수 있었지만 말을 찾을 수는 없었다.

손오공은 하늘을 올려다보며 오방게체의 신기들을 불러 삼장을 보호하라 하고 자신은 옷을 단단히 졸라매고 여의봉을 적당히 늘린 후, 물 위로 날아가 소리쳤다.

"이 미꾸라지 같은 놈아, 우리 말을 내놓아라!"

한 입에 말을 먹어치운 용은 포만감에 젖어 물속 깊은 곳에서 조용히 쉬고 있었는데, 손오공이 떠드는 소리에 잠자코 있을 수가 없어 물결을 휘감으며 무섭게 솟구쳐 올랐다.

"어느 놈이 내 집 문전에서 떠들어대는 게냐?"

"잔소리 말고 우리 말을 내놓아라!"

손오공은 호통을 치며 여의봉을 쳐들어 용의 대가리를 겨누어 쳐들어갔다. 용 역시 어금니와 발톱을 세우며 무섭게 반격했다. 물가에서 한바탕 결사적으로 싸움을 벌이고 있는데, 별안간 용이 몸을 획 돌려세우고 재빨리 물속으로 숨어버렸다.

이에 손오공은 물을 뒤집어엎는 신통력을 부려서 응수간의 맑은 물을 황하에 넘쳐흐르는 시뻘건 홍수처럼 휘저어 흐려 놓았다. 그러자 용은 물속에서 가만히 있을 수가 없어 이빨을 으드득 갈면서 또 한 번 치솟아 오르며 소리쳤다.

"네놈은 대체 어디서 굴러먹다 온 놈인데 나를 귀찮게 하느냐?"

"그딴 것은 상관 말고 말이나 빨리 돌려보내라. 그럼 목숨은 살려 주마!"

"말은 벌써 내 뱃속에 있는데 어찌 살려내란 말이냐?"

이에 또다시 불을 뿜으며 무서운 싸움이 벌어졌다. 산언덕까지 밀고 밀리며 한 치의 양보도 없이 격전을 벌였다. 점점 밀리던 용은 순식간에 한 마리의 물뱀으로 변해 풀 속으로 숨어버렸다.

손오공은 여의봉으로 풀숲을 헤치며 뱀을 찾았으나 도무지 찾을 수가 없었다. 화가 치밀어 오른 손오공은 주문을 외어 부근의 토지신과 산신들을 일제히 불러내어 꿇어 앉혔다. 그리고 응수간에 살고 있는 용에 대한 사연을 듣게 되었다.

"본래 이 물길은 깊고 넓기도 하지만 너무 맑고 깨끗해서 새들도 이 물 위를 날다가 물속에 비치는 제 그림자를 보고 다른 무리의 새인 줄 알고 날아들어 물속으로 빠져버리는 일이 종종 있어 '응수간'이라고 부릅니다. 그런데 얼마 전 관음보살께서 취경인을 구하러 가시다가 천상에서 죄지은 옥룡을 구해 주시고 취경인을 기다리라 하신 것입니다. 그 이후 옥룡은 나쁜 짓을 하지 않으며 배가 고프면 기슭으로 나와 날짐승을 잡아먹었습니다. 그리고 이 물속은 천 개, 만 개의 구멍이 다 통하게 되어 있습니다. 어쨌든 관음보살님을 청해 오시면 저절로 항복할 것입니다."

손오공은 토지신과 산신을 데리고 삼장에게 가서 지금까지의 이야기를 해주었다.

손오공을 대신하여 금두게체가 남해에 가서 관음보살을 모셔오기로 하고 떠났다. 손오공은 물가에서 고래고래 소리쳤으나 옥룡은 꿈쩍도 하지 않았다.

얼마 후 관음보살이 날아와 허공의 상운에 있으면서 손오공을 불러올리고 옥룡도 함께 불러 화해시키면서 손오공에게 주의를 주었다.

"앞으로 나아가다 보면 귀순해 올 자가 또 있으리라. 취경인이란 말을 하면 수고할 것 없이 저쪽에서 자연 머리를 숙여올 것이다."

손오공은 그 말을 새겨들었다. 보살은 위급한 때에 고난에서 구해 줄 것이라며 버들잎 세 개를 손오공 뒷머리에 꽂아 주었다.

관음보살은 용 앞으로 다가가 그 턱밑에 있는 명주를 쥐어 뜯어 버리고 버드나무 가지를 감로에 적셔 용의 몸을 한 번 쓸었다. 그런 다음 선기를 뿜자 용은 백마로 변했다. 관음보살이 백마를 쓰다듬으며 한마디했다.

"너는 이제부터 전심전력으로 속죄해야 할 것이다. 공을 이룬 뒤에는 용에서 초월하여 부처의 정과를 얻도록 할 것이다."

백마는 마음속으로부터 우러나오는 참된 복종의 뜻을 보였다. 관음보살은 손오공에게 일러 백마를 끌고 삼장에게 가도록 하고 자신은 남해로 돌아갔다.

"사부님, 말을 끌어왔습니다. 관음보살님께서 물속의 옥룡을 백마로 둔갑시켜 주신 겁니다. 이제는 서천까지 이 백마를 타고 무사히 갈 수 있을 것이니 안심하십시오."

"관음보살님은 어디 계시냐? 내가 가서 감사해야 될 것이 아니냐?"

"관음보살님은 벌써 남해에 가 계실 것입니다."

삼장은 흙으로 분향을 대신하고 감사의 경배를 올렸다. 그리고 삼장 일행은 어부로 변장한 응수간 강물의 신 덕분에 강을 건널 수 있었다.

그들은 얼마를 가다가 날이 어두워 이사사里社祠라는 장원에 머물게 되었는데, 그곳에서 백마에 걸맞은 안장과 재갈, 고삐 등속 일체를 얻어 서천으로 향할 수 있었다. 용마는 삼장과 손오공을 편안하게 잘 이끌어 산길을 가거나 날이 어두워도 아무 불평 없이 자기의 할 일을 묵묵히 순응하였다.

그들이 서천을 향하여 나아가던 중, 어느 동구 밖에 이르렀을 때 한 소년이 불평불만을 터뜨리며 꽤 큰 정원에서 나오고 있었다. 손오공이 가서 캐어물으니 여기는 오사장국烏斯藏國의 지경이고 자기는 고로장高老莊의 하인으로 괴물 한 놈이 삼 년 전부터 데릴사위로 들어와 귀한 따님을 차지하고 횡포만 부리므로 그 사위를 쫓아낼 수 있는 도사를 구하기 위해 나서는 길이라는 것이었다. 소년의 이름은 고재高才라 했다.

그동안 몇 명의 도사를 구해 데릴사위 요괴를 쫓으려 했으나 모두가 허사였다는 것이다. 이때 손오공이 요괴를 때려잡는 데 자신 있다고 하자, 소년은 손오공이 신통방통할지도 모른다는 생각에 집안으로 불러들였다.

집주인 고태공은 삼장의 인물을 보고 안심하여 그간의 사정을 이야기해 주었다.

"삼 년 전에 겉모습이 멀끔한 한 녀석이 나타났습니다. 성은 저猪가요, 복룽산의 이름 있는 집안의 자제이건만, 지금은 부모 형제 없는 외톨이의 몸이 되어 데릴사위로 들어오고 싶다고 하였습니다. 처음에는 부지런하고 얌전해서 논밭을 갈고 무슨 일이든 척척 잘 해치우는 것이 마음에 들었습니다. 그런데 어느 날부터 주둥이가 불쑥 튀어나오고 귀가 부채같이 너펄너펄 돼지 모양으로 변하더니 한 끼에 네댓 말의 밥을 해야 그 배를 채울 수 있을 지경으로 식탐이 늘었습니다. 요즘은 또 구름이나 안개를 타고 나들이를 하면서 딸을 골방에 가둬 놓고 반년이 넘도록 살고 있으니 쑥덕대는 동네 사람 보기도 민망하여 죽고 싶은 심정입니다."

손오공은 그 말을 다 들은 후 이제부터는 걱정할 필요 없다며 갇혀 있는 딸의 방으로 가 이야기를 들었다.

"요 근래에는 날이 밝으면 나가고 밤중이 되면 들어와요. 구름과 안개에 묻혀서 가고 오고 하니 어디를 다니는지 전혀 알 수가 없어요. 아버님이 그를 쫓아내려고 하는 것도 알고 있어서 언제나 조심스럽게 출입을 하며 밤에 왔다가 새벽에 나갑니다."

"알겠소! 그럼 노인장은 따님을 데리고 가세요. 제가 여기 있을 테니, 사부님이나 잘 대접해 주십시오."

손오공은 그들 부녀를 내보내고 딸의 모습으로 변하여 방안에 있었다. 그리고 얼마 후 제법 거센 광풍을 몰고 돌을 굴리고 모래를 날리며 요괴 한 놈이 나타났다. 생긴 꼬락서니하고는 우습기 짝이 없었다. 검은 얼굴에 짧은 털, 길쭉한 주둥이에 큰 귀, 굵은 무명으로 지은 짧은 옷에 허리를 질끈 동여맨 꽃무늬 수건은 요괴의 덩치에 어울리지도 않았다.

'이따위 요괴가 사람을 놀라게 하고 어여쁜 딸을 독차지하여 속을 썩였구나!'

손오공은 고태공의 딸, 취란인 척하며 침상에 누워 있었다.

요괴는 방으로 들어서기 무섭게 딸로 변한 손오공을 끌어안고 입을 맞추려 했다. 손오공이 주둥아리 밑에다 손을 대어 느닷없이 위로 쳐버리자 그놈은 저만큼 나가떨어졌다.

요괴는 다시 기어 일어나 침상의 모서리를 부여잡고 제법 사랑스런 남편다운 허튼수작을 부리기 시작했다.

"왜 이렇게 화가 잔뜩 나셨나? 내가 늦었다고 그러는가?" 하고는 옷을 훌훌 벗어던지며 다시 달려들었다. 그때 손오공이 원래의 얼굴로 돌아와 호통을 쳤다.

"이놈아, 내가 누구인지 잘 보아라!"

요괴는 깜짝 놀라 어금니를 꽉 깨물어 주둥이를 힘차게 내솟고, 흩어져 있는 옷을 꿰차기에 바빴다.

"당신은 제천대성? 여긴 어떻게?"

요괴는 순간 피가 멈추는 듯하였으나 이내 광풍으로 화하여 삼십육계 줄행랑을 쳤다. 손오공은 여의봉을 빼들고 요괴가 일으킨 바람을 따라 뒤쫓았다. 요괴는 구름에 올라 얼마쯤 가더니 붉은 빛을 거두어 모으고 갑자기 동굴 쪽으로 들어갔다. 그리고는 아홉 발 달린 쇠갈퀴를 들고 와 손오공에게 정면으로 대항했다.

"이 간특한 필마온 놈!"

"네놈은 누구인데 이 손오공을 안단 말인가?"

손오공은 여의봉을 휘두르며 그의 머리를 향해 힘껏 쳐들어갔다. 둘은 좋은 적수였다. 동녘 하늘이 밝아올 때까지 피투성이의 혈전은 계속되었으나 좀체 결말이 나지 않았다.

그때 요괴가 한 번 소리치며 쇠갈퀴를 휘둘러 공격하는가 싶더니 광풍으로 화하여 자기의 동굴로 도망친 후 문을 재빨리 닫아버리고 잠잠했다.

손오공은 닭 쫓던 개 지붕 쳐다보듯 동굴의 문을 바라보다가 발걸음을 돌릴 수밖에 없었다. 그 동굴 밖에는 운잔동雲棧洞이라는 돌비석이 서 있었다.

손오공은 하릴없이 요괴를 기다리다가 고로장으로 돌아와 삼장에게 그간의 일을 보고했다. 그리고 점잖게 고태공을 타일렀다. 자신이 살펴본 바에 의하면 그는 천신天神으로 이 집에 와 취란을 사랑한 나머지 농사일도 잘해 부유하게 해주었을 뿐만 아니라 딸도 어여삐 여겨 주었는데 다만 요괴라는 이름으로 내치고자 한 것이 아닌가 하고 나무랐다. 그러나 그는 돼지 요괴를 데릴사위로 삼고 있다는 소리가 듣기 싫다는 것이었다. 이에 삼장은 손오공을 타이르며 말했다.

"제자야, 이왕 여기 태공을 위해 수고했으니 다시 한 번 가서 유종의 미를 거둬야 할 것이 아니냐?"

손오공은 그렇게 하겠노라며 순순히 물러나 운잔동 동굴 앞에 내려섰다. 그리고는 여의봉을 휘둘러 굳게 닫힌 문을 부숴버리며 빨리 나오라 소리쳤다.

동굴 안에서 쿨쿨 코를 골며 자던 요괴는 천둥 같은 소리에 화가 치밀어 올라 쇠갈퀴를 집어 들고 밖으로 달려나와 역시나 소리를 높여 호통쳤다.

"이 필마온 자식, 네놈이 나와 무슨 상관이 있다고 남의 집을 부숴놓는단 말인가? 네놈이 천궁을 시끄럽게 한 후, 소식을 듣지 못하였는데 무엇 때문에 여기까지 와서 나를 귀찮게 하는 거냐. 아마도 우리 장인이 네놈을 불러온 모양이구나!"

"네 장인이 나를 모셔온 것이 아니라 동토 대당 황제의 어제인 삼장법사를 모시고 서천에 가는 길에 하룻밤 묵을까 하여 들렀더니, 네놈의 이야기를 하면서 밥이나 축내는 네놈을 잡고 딸을 찾아달라는 부탁을 받은 것이다!"

요괴는 그 말에 별안간 쇠갈퀴를 집어던지고 겸손한 어조로 물었다.

"그 경을 가지러 가신다는 취경인은 어디 계시오? 나 좀 만나게 해주시오."

"네가 만나서 무얼 하려 하느냐?"

"나는 얼마 전 관음보살로부터 선善을 권고받아 취경인을 기다렸다가 그를 보호하여 서천으로 오라는 부름을 들었소. 하여 공이 이뤄지면 죄를 씻고 정과를 얻을 수 있다 하신 것이요. 왜 진작 그 말을 하지 않았소?"

"네놈이 은근슬쩍 나를 속이면 국물도 없을 줄 알아라! 네가 과연 당승을 보호하겠다면 하늘에 맹세하라. 그러면 너를 데리고 우리 사부님을 뵙게 할 테다."

요괴는 즉시 꿇어 엎드려 하늘을 우러러 이마를 땅바닥에 탕탕 짓찧었다.

"아미타불, 아미불! 내 말이 거짓이라면 이 몸을 갈기갈기 찢어 죽여 주소서."

손오공은 지난날 관세음보살이 일컫던 말이 생각 나서 한마디 더 쐐기를 박았다.

"이제 네 집에 불을 질러 진심을 보이거라. 그러면 너를 데려가겠다."

요괴는 서슴지 않고 마른 나무 등속을 주워 모아 운잔동 동굴에 불을 질렀다. 손오공은 그의 쇠갈퀴를 받아들고 자기의 털을 밧줄로 변화시켜 그를 결박 지은 다음 근두운으로 하늘에 올라 고로장으로 날아왔다.

삼장은 손오공으로부터 일말을 보고받고 관음보살께 감사드렸다. 결박당한 요괴는 삼장 앞에 무릎을 꿇어 절하며 제자로 삼아 줄 것을 청하였다. 삼장이 허락하자, 손오공은 비로소 요괴의 결박을 풀어 주며 아우로 받아들였다.

삼장은 기쁜 마음으로 새로운 제자에게 말했다.

"너는 이미 선과에 따르고 이제 내 제자가 되었으니 법명을 지으리라."

"사부님, 저는 이미 관음보살님께서 마정수계를 해주셨고 법명도 지어 주셨습니다. 저오능라고 합니다."

"그래, 잘됐구나. 너의 사형은 오공이고 너는 오능이니 우리 법문의 종파로서 너희 둘은 같은 항렬이다."

저오능이 기뻐하며 다시 입을 열었다.

"사부님, 관음보살님의 계행을 받은 이후, 오훈五葷(자극성 있는 다섯 가지 채소)과 삼업三業(몸·입·마음의 세 가지 욕심으로 인한 죄업)을 끊어왔습니다. 이제 사부님을 뵈었으니 그것을 먹어도 되겠지요?"

"아니 된다. 너는 오훈 삼업을 끊어 왔으니 별명을 '팔계八戒'라고 부르마. 저팔계."

저오능은 바보처럼 좋아하며 삼장을 따르기로 했다.

고태공은 잔치를 벌여 삼장법사를 상좌에 앉히고 손오공과 저팔계를 각각 그의 좌우에 앉혔다. 그리고 친척들은 아랫자리에 앉아 절간 음식만을 맛있게 먹었다.

잔치가 끝나자 고태공이 사례한다며 금은 이백 냥과 무명 의복 세 벌을 삼장법사에게 바쳤다. 삼장은 모두를 사양하였으나 손오공이 금은을 한 움큼 집어 고태공 댁 하인 고재에게 건네주었다. 그리고 서둘러 길을 떠나기로 하였다.

이제는 저팔계가 행리를 수습하여 짊어지고 말을 끌었다. 삼장은 백마에 앉아 가고 손오공은 여의봉을 어깨에 메고 앞서 나가 길잡이 노릇을 하였다.

거의 한 달가량 부지런히 걸어 오사장국의 부도산에서 조소선사鳥巢禪師를 만났다. 그는 이백칠십 자로 되어 있는 《다심경多心經》을 가지고 있었는데, 그 경을 외기만 하면 온갖 요괴들의 해를 입지 않는다 하였다.

삼장은 그것을 간청하여 선사가 입으로 전하는 것을 전부 외워버렸다. 이렇게 해서 《다심경》이 세상에 전해지게 되었다.

삼장 일행은 조소선사와 헤어져 서천 길을 향하였다. 그들이 무더운 여름볕에 부지런히 길을 재촉하여 유사하에 도착했을 때는 어느덧 우수수 찬바람이 부는 가을이 되어 있었다.

강둑 위에 세워진 표지석에는 다음의 글귀가 적혀 있었다.

팔백 리 유사의 경계, 약수 깊이 삼천 리
거위털도 떠오르지 않고 갈대꽃마저 밑으로 가라앉는다.

세 사람이 비문을 읽고 있으려니 갑자기 강물이 산처럼 솟구쳐 오르고 파도가 '쏴아' 하고 요란스럽게 뒤집히더니 흉측한 요괴 한 놈이 뛰쳐나왔다.

요괴는 목에는 해골바가지를 아홉 개나 꿰어 걸고, 손에는 서슬이 시퍼런 보장을 꼬나잡고 있었다. 요괴가 회오리바람처럼 달려들어 삼장을 채어 가려는 것을 손오공이 한 발 더 빨리 스승을 안고 높직한 언덕으로 피했다. 그러는 동안 저팔계가 짐보 따리를 내려놓고 쇠갈퀴를 휘두르자 요괴의 보장과 좋은 맞수 가 되었다. 그들이 싸우기를 수십 합이 되었으나 승부가 나지 않았다. 손오공은 그들의 결투를 보면서 오금이 쑤셔 견딜 수가 없어 여의봉을 휘두르며 요괴의 머리를 향해 번개처럼 날아들 었다.

이를 눈치 챈 요괴는 재빨리 몸을 돌려 유사하 깊은 곳으로 숨어버렸다. 갑자기 적수를 잃은 저팔계는 분통이 터져서 손오 공에게 화를 냈다.

"누가 형님더러 오라고 했소? 서너 합만 더 후려치면 그놈을 잡을 수 있었는데, 형님이 산통을 깼소. 젠장! 이젠 어떡할 것이 오?"

손오공은 입맛만 쩝쩝 다셨다. 둘이는 어쩔 수 없이 스승이 있는 곳으로 왔다.

"요괴는 잡았느냐?"

손오공이 요괴가 물속으로 숨어버렸다고 하자 삼장이 걱정스 럽게 말했다.

"그 요괴는 여기 오래 살아서 물길도 잘 알 것이다. 삼천 리 약수弱水인데다 건너갈 배도 없으니 물길을 잘 아는 자를 안내 자로 삼아야 할 터인데……."

"그 요괴가 물길을 제일 잘 알 터이니, 그놈을 잡으면 죽이지 않고 사부님을 강 건너로 모실 방법을 생각해 보겠습니다."

손오공이 이렇게 말하자, 저팔계가 물속에 처들어가 함께 요

괴를 잡자고 했다. 이에 손오공은 자신의 재주에 대해 이실직고
했다.

"이봐, 아우! 나는 사실 높은 산이나 구름 속에서나 무엇이든
할 수 있으나 물속에서는 물고기나 새우, 게 등으로 변해서만
갈 수 있단 말이다. 그러니 물속에서는 싸움을 못해!"

"나는 옛날 천하의 총독으로 있을 때 팔만 수병을 거느리고
있었기 때문에 물의 성질을 잘 알고 있지만 이 물속에는 어떤
족속들이 얼마나 있을지 그것이 걱정이오."

"그러면 아우가 물속으로 뛰어들어가 그놈에게 싸움을 걸어
무조건 밖으로 끌고 나오기만 하게. 이후엔 내가 해치울게."

저팔계는 옷을 벗고 쇠갈퀴를 부여잡고 천하의 총독답게 물
속 깊숙이 들어갔다. 이때 요괴는 한숨 돌리고 있는 중이었는데
누군가 오는 소리가 들리자 놀라서 보장을 집어 들고 솟구쳤다.

"이 중놈아! 어딜 들어오는 게냐? 이 보장이나 받아라!"

저팔계는 쇠갈퀴로 보장을 막으며 소리쳤다.

"너는 웬 요괴놈이기에 이곳에서 살생을 일삼으며 우리 갈 길
을 막는단 말이냐? 네놈은 누구냐?"

"나는 남천문 안 영소보전에서 옥황상제가 탄 보가를 모시던
권렴대장이었다. 어쩌다 왕모의 반도가회에서 보물잔을 깬 것이
죄가 되어 이 유사하에 내려오게 된 것이다. 그런 내 집에 네 놈
이 감히 들어왔으니 네놈을 잡아 토막 쳐서 먹어야 되겠다. 이
돼지 놈아!"

"뭐야? 이 발칙한 놈! 이 쇠갈퀴 맛이나 봐라!"

서로 격분해서 물속에서 한바탕 격전을 벌이고 물위로 솟아올라 물결을 밟으며 불을 뿜는 격전이 벌어졌다.

손오공은 삼장법사를 지키며 두 사람의 싸움을 구경하고 있었다. 그때 저팔계가 적당히 쇠갈퀴를 한 번 안겨 놓고 동쪽 강 언덕으로 밀리는 체하며 나왔다. 요괴도 저팔계를 쫓아 물가까지 나왔으나, 여의봉을 쳐들고 자기에게 덤벼들려는 손오공을 보고는 또 이내 물속으로 숨어버렸다. 이제는 다시 물 밖으로 나오지 않을 듯싶었다.

"젠장, 왜 그렇게 성급히 구는 거요! 또 놓쳤잖소!"

둘이는 할 수 없이 쓴맛을 다시며 삼장법사에게 돌아왔다. 그리고는 날이 어두워 손오공이 근두운을 타고 가서 밥을 얻어와 저녁을 먹고 유사하의 강 언덕에서 잠을 잤다.

이튿날, 아침 일찍 눈을 뜬 삼장이 근심하는 빛을 보이며 손오공을 불렀다.

"제자야, 오늘은 어떻게 되겠니?"

"사부님, 걱정 마십시오. 그놈이 물속에 처박혀 있어 어쩔 수 없으니 제가 남해를 다녀오겠습니다. 팔계 아우는 그놈과 더 이상 싸우지 말고 사부님이나 잘 모시고 있어."

손오공은 즉시 근두운에 올라 남해로 날아갔다. 관음보살님을 뵙게 된 손오공이 그동안 저팔계를 제자로 맞이한 일이며, 지금까지의 사건과 유사하에서의 요괴 이야기를 하자, 관음보살이 대뜸 호통을 쳤다.

"아직도 우쭐대며 힘자랑만 하는가? 어찌하여 당승을 모시고 서천에 간다는 말을 하지 않았느냐?"

"저희들은 단지 그놈을 잡아 사부님이 강을 건너시게 해드리고자 했습니다. 저팔계가 그놈의 소굴을 찾아 들어가긴 했지만 취경인 이야기는 하지 않았나 봅니다."

"그 유사하의 요괴는 천상의 권렴대장이었으나 죄를 짓고 하계에 내려온 자이다. 내가 착한 길로 인도하기 위해 취경인을 보호하라 일렀느니라. 당승이든 서천이든 경이든 한마디만 했어도 그토록 싸우지 않고 당승의 제자가 되었을 것이다."

관음보살은 급히 혜안행자를 불렀다. 그리고 소매 속에서 빨간 호리병박을 꺼내어 주면서 분부했다.

"이 호리병박을 가지고 손오공과 같이 유사하로 가 '오정아!' 하고 부르면 사오정이 나올 것이다. 그러면 당승에게 데리고 가 귀의시키고, 그 자의 목에 걸린 아홉 개의 해골바가지를 한데 꿰뚫어서 구궁九宮(팔괘의 방위와 그 중앙의 방위)에 맞도록 늘어놓아라. 그리하여 이 호리병박을 그 중간에 두면 한 척의 법선法船(고해에 빠진 중생을 건져 주는 배)이 될 것이니 당승은 그것을 타고 유사하를 건널 수 있으리라."

혜안행자가 분부대로 손오공과 함께 삼장에게 오니 저팔계가 먼저 알아보고 달려와 인사하였다. 혜안행자가 관음보살의 분부를 삼장에게 들려주니 삼장은 감격해 마지않으며 남쪽 하늘을 향해 예를 갖추었다. 그리고 혜안행자에게도 절을 하고 기쁜 듯이 어서 다녀오라 했다.

혜안행자는 호리병박을 가지고 유사하 강물 위로 날아가 소리쳤다.

"오정, 사오정! 당승 취경인이 와 계신 지 오래되었거늘 왜 아직도 귀순치 않는가?"

요괴는 손오공이 겁나 물속에서 꼼짝 않고 있다가 취경인 소리에 귀가 번쩍 뜨여 쏜살같이 물살을 가르고 나왔다. 그리고 혜안행자를 보고는 매우 기뻐하며 절을 했다.

"존자尊者, 영접치 못해 죄송합니다. 관음보살님은 어디 계십니까?"

"우리 스승 관음보살님은 아니 오시고, 그대가 당승의 제자가 되어 서천에 갈 것을 내게 분부하셨소. 그리고 목에 걸고 있는 해골바가지를 이 호리병박과 맞추어서 법선을 만들고 이 약수를 건너갈 수 있게 하시오."

"취경인은 어디 계십니까?"

"저 강 언덕에 앉아 계시는 분이 바로 스승으로 모셔야 할 그분이시오."

사오정이 그쪽을 바라보니 어제 진종일 자기와 싸우던 적수들이었다.

"저런, 미련퉁이 돼지놈! 나와 싸우면서도 경을 가지러 간다는 말을 왜 안 했을까?"

그러나 그 옆에 서 있는 손오공을 보고는 깜짝 놀라 말했다.

"전 안 가겠습니다. 저 원숭이놈은 아주 지독한 놈입니다."

그러자 혜안행자가 다독였다.

"저 친구는 저팔계요, 그 옆은 손행자로 다 같은 취경인의 제자요. 이미 관음보살님께서 권화하신 터이니 겁내지 말고 스승님을 뵈러 가시오!"

그제야 사오정은 옷깃을 수습하고 뭍으로 뛰어올라 삼장 앞에 무릎을 꿇고 아뢰었다.

"사부님, 제자가 눈만 있고 눈동자가 없어 사부님을 알아보지 못하고 말썽을 부렸습니다. 용서해 주십시오."

"그대는 진정 성심껏 귀의하겠는가?"

삼장이 위엄을 갖추어 물었다.

"제자는 앞서 관음보살님의 교화를 받아 사沙를 성으로 하고 법명을 사오정이라고 받았습니다. 그렇거늘 어찌 사부님께 복종치 않겠습니까?"

이에 삼장은 손오공에게 계도를 꺼내어 사오정의 머리를 밀도록 하였다. 그리고 오정은 다시 절을 올리고, 손오공과 저팔계에게도 각각 절을 하여 사형, 사제지간이 되었다. 삼장은 사오정의 절하는 태도가 승려다운 예법을 갖춘지라 탄복하여 그를 또 사화상沙和尙이라고도 부르게 했다.

"자, 이제 법선을 만들도록 하시오!"

혜안행자가 사오정에게 재촉했다.

이에 사오정이 목에 건 아홉 개의 해골바가지를 벗어들고, 끈으로 매어 구궁을 본떠서 그 안에다 관음보살이 준 호리병박을 놓으니 그야말로 안전한 법선이 되었다.

삼장을 그 법선으로 안내하여 왼쪽에는 저팔계, 오른쪽에는 사오정이 자리하고 손오공은 용마를 이끌어 구름 위로 나직이 뒤를 따르고 혜안행자는 머리 위에서 삼장을 지켰다.

법선은 잔잔한 유사하의 강물을 미끄러지듯이 삽시간에 건넜다. 이에 혜안행자가 상운을 내려 호리병박을 거두자 그 해골 바가지들은 아홉 가닥의 음풍陰風으로 변하여 흔적도 없이 사라져 버렸다.

삼장이 혜안행자에게 감사의 예를 올리고, 관음보살에게도 공경의 뜻으로 절을 깊숙이 올리자 혜안행자는 떠났다.

삼장은 다시 말에 오르고 손오공이 앞장서 길 안내를 하는 가운데, 저팔계와 사오정은 짐을 나누어 메고 서천 길을 향하였다.

인삼과를
살리다

그날도 일행은 해가 질 때까지 길을 걸었다. 삼장이 입을 열었다.

"제자야, 날이 저물었는데 어디에서 쉬어 가려느냐?"

"사부님, 출가인이란 원래 풍찬노숙風餐露宿하고 달을 바라보며 서리 위에서 자는 법이거늘 가다가 멈추는 곳이 집 아니겠습니까?"

손오공이 제법 문자 같은 소리를 하자 저팔계가 나섰다.

"우선 밥을 얻어먹고 숨을 돌리면서 쉬었다 가시죠!"

모두가 한마디씩 하는데 말 위에 앉은 삼장이 먼저 인가를 발견했다.

"제자들아, 저기에 장원이 있다. 저곳에 가서 하룻밤 쉬어가도록 하자!"

손오공이 고개를 들어 살펴보니 그곳은 불선이 임시로 마련해 놓은 곳이었다. 그렇다고 천기를 누설할 수도 없어서 스승의 말에 호응했다.

"하룻밤 재워달라고 사정해 보겠습니다."

손오공이 뚜벅뚜벅 안으로 들어서니 과연 훌륭하게 꾸민 집이었다. 연꽃이라든지 가지가지의 꽃과 조각이 새겨져 있었다.

"분명 부잣집이겠는데……"

저팔계가 탐나고 부러운 듯이 문루를 올려다보며 말했다. 손오공이 삼간 대청 앞에 서서 꾸며놓은 실내장식을 살피고 있자니 중년의 부인이 애교스럽게 물어왔다.

"누구십니까? 어떻게 오셨는지요? 여기는 여자 넷이서 사는 과붓집인데……"

"저희는 동토 대당에서 서천으로 부처님을 뵈옵고 경을 얻으러 가는 취경인들입니다. 동행이 넷인데 하룻밤 쉬어갈까 하여 들렀습니다."

그러자 부인은 더욱 상냥하게 웃으며 삼장의 일행들을 맞아들이고 친절하게 차를 내온다, 저녁밥을 준비한다 하며 온갖 정성을 다 쏟았다.

저팔계는 진즉부터 흘끔흘끔 곁눈질로 부인을 훔쳐보며 마음이 동한 모양이었다. 부인은 아름다운 비단소매를 한 손으로 살짝 젖히고 비온 뒤 대순같이 어여쁜 손가락을 오물조물 움직이면서 옥잔을 하나하나 집어 삼장을 비롯한 세 제자에게 차를 권했다.

삼장이 고맙다고 인사한 후 몇 마디 물었다.

"이곳은 어디이며, 이 집은 어느 분의 저택입니까?"

부인은 애교 섞인 음성으로 장황하게 설명했다.

"이곳은 서방 동인도 땅이랍니다. 저의 친정은 가씨이고 시가는 막씨인데 불행히도 시부모가 일찍 돌아가시고 남편마저 저세상으로 가서 금년에 상을 벗었습니다. 집에는 십 년 먹어도 다 못 먹을 미곡과 십 년을 입어도 다 못 입을 능라 비단, 일생을 써도 다 못 쓸 금은이 넘쳐난답니다. 저는 올해 마흔다섯이고 큰딸은 스무 살, 둘째딸은 열여덟 살, 셋째딸은 열여섯 살입니다. 셋 다 아직 출가하지 않았습니다. 마침 사제 네 분이 오셨으니 여기서 함께 살면 어떨는지요?"

부인의 말에 상좌에 높직이 앉은 삼장은 아무 말 없이 벽 쪽만 바라보고 있었다. 그에 비해 저팔계는 아까부터 궁둥이를 들썩이더니 벌떡 일어서서 삼장의 소매를 끌어 잡으며 말했다.

"사부님, 저 부인께서 말씀드리고 있지 않아요. 무어라고 대답을 하셔야지요!"

그러자 삼장이 머리를 번쩍 쳐들며 호통을 쳤다.

"이런 짐승만도 못한 놈! 우리 출가인이 부귀에 눈이 멀고 미색에 미쳤단 말이냐!"

부인도 격분해서 소리쳤다.

"이 몹쓸 놈의 화상! 제자 한 사람쯤 우리집 사위로 주어서 나쁠 것도 없잖소!"

부인은 발딱 일어서서 마루청을 구르며 문을 쾅 닫아버리고는 사라졌다. 저녁식사는 고사하고 누구 하나 내다보는 사람도 없었다. 이에 저팔계가 투덜거리며 스승을 원망했다.

"사부님도 참, 말을 그렇게 딱 잘라버리면 어떡하십니까? 적당히 얼버무렸으면 저녁도 먹게 되고 오늘밤 기분 좋게 잘 수도 있었잖아요."

그리고는 후딱 일어서더니 말에게 풀이나 뜯기고 오겠다며 밖으로 나갔다.

손오공은 한 마리의 고추잠자리로 변하여 저팔계를 따라가 보았다. 저팔계는 말을 끌고 풀밭으로 가는 체하다가 뒷문 꽃밭에서 꽃구경을 하고 있는 과부와 세 딸을 발견하고는 말고삐를 팽개치고 그쪽으로 어슬렁거리며 갔다.

저팔계를 본 세 자매는 재빨리 안으로 들어갔고 과부만 남아 말을 건넸다.

"당신 사부님은 왜 그러시는 거예요? 우리집에서 같이 사는 게 동냥질하여 서천 가는 것보다는 훨씬 나을 텐데."

"그분은 본래 그래요. 제가 이렇게 추하게 생기긴 했으나 부지런하고, 천 경의 땅이라도 소가 필요 없고, 집도 짓고, 땅도 쓸고, 못하는 것이 없답니다. 그리고 하체가 아주 튼튼해서 네 명의 여자도 상관없어요."

"안성맞춤으로 우리집 사위가 될 수 있겠군요. 사부님과 상의해 보세요. 귀찮은 일만 없다면 당신을 사위로 삼도록 하지요."

"상의할 것도 없어요. 사위가 되는 일은 제 마음에 달린 건데요, 뭐."

"그러면 좋아요. 딸들과 상의해 보죠."

부인은 안으로 들어갔고 저팔계는 말을 끌고 돌아왔다.

저팔계가 대청에 돌아오자마자 부인이 세 딸을 데리고 대청에 나와 아름다운 자태를 뽐냈다. 그리고 저팔계를 사위 삼기로 했다.

부인은 딸들을 먼저 들여보내 놓고 식솔들을 불러 저녁식사를 준비시키는 한편, 내일 잔치도 함께 준비하게 했다. 그리고 사위가 될 저팔계를 데리고 안으로 들어갔다.

삼장과 손오공, 사오정은 식사가 끝나자 객실로 안내되어 단잠을 잤다.

과부와 함께 안으로 들어선 저팔계의 기쁨은 이루 형용할 수 없을 정도였다.

부인은 상좌에 앉아 저팔계에게 사위로서의 예절 팔 배를 시켰다. 은촉의 불빛이 휘황한 가운데 절을 마친 저팔계가 또 너스레를 떨었다.

"장모님, 어떤 딸을 주시렵니까?"

"그게 참, 어떻게 해야 할지 생각 중일세. 하나를 주면 다른 애가 시기할 테고…….”

“그러면 셋 다 주세요. 그럼 시기할 일도 없겠네요.”

“우리 딸 셋을 모두? 그럴 수야 있겠나! 여기 이 수건으로 눈을 가리게. 내가 딸들을 데려올 테니 그중 아무나 하나 붙들게. 자네 손에 잡히는 아이로 짝지어 줄 것이네.”

이렇게 해서 저팔계는 양팔을 펼쳐 넓은 내당을 헤매고 다니다가 이리 부딪히고 저리 뒹굴어 기진맥진하여 주저앉아 버렸다.

“장모님, 딸들을 못 잡겠어요. 차라리 장모님을 차지하는 게 좋겠어요.”

“이런 못된 사위 좀 보게. 어느 누구 가리지 않고 이 장모마저 차지하겠다는 건가? 내 딸들이 제각기 지은 비단 한삼이 있는데 자네가 그것을 입을 수 있다면 그것을 만든 애를 자네에게 주겠네.”

“거 좋지요! 세 벌 다 가져오세요. 다 입으면 세 명 다 주시구려.”

저팔계는 싱글벙글하면서 자신이 입었던 옷을 홀러덩 벗더니 부인이 갖다 준 한삼 한 벌을 입기 무섭게 땅바닥에 고꾸라지고 말았다. 그것은 몇 가닥의 노끈으로 된 것으로 점점 죄어드는 포승과 다름없었다. 저팔계는 온몸이 옥죄어 마침내 비명을 지르기 시작했다. 어느새 여자들과 고래등같던 누각은 어디론가 사라져 버렸다.

한편, 날이 훤할 때까지 객실에서 자고 일어난 삼장과 손오공, 사오정은 눈을 뜨고는 놀라 입을 다물 줄 몰랐다.

물론 손오공은 이미 예견한 일이었지만 삼장과 사오정은 귀신에 홀린 듯하였다. 그들은 솔밭에서 잠을 잔 것이었다. 그리고 삼장의 눈앞에 있는 큰 고목 가지에 쪽지 하나가 바람에 펄렁이고 있었다. 그 쪽지에는 '여러 보살이 어여쁜 여자로 변하여 일행의 마음가짐을 시험해 보았노라'고 적혀 있었다.

이때 그들 뒤편 소나무 숲속에서 저팔계의 비명소리가 들려왔다.

"사부님, 잘못했습니다. 저 좀 살려 주십시오! 다시는 그런 짓을 하지 않겠습니다. 사부님, 형님! 여기로 좀 와 주십시오, 제발!"

세 사람이 말을 끌고 소리 나는 곳으로 가보니, 저팔계가 벌거숭이인 채 나무에 꽁꽁 묶여 아픔을 참지 못하고 징징 울고 있었다.

사오정이 먼저 달려들어 재빨리 결박을 풀고 안아 내렸다. 저팔계는 부끄러움과 죄의식에 쥐구멍이라도 들어가고 싶은 심정으로 땅에 꿇어 엎드려 절을 하고 하늘을 우러러보며 속죄했다.

손오공은 첫날밤의 재미가 어땠는가 놀려댔고, 사오정은 네 분 보살님이 혼사까지 정해 주셨으니 좋았겠다며 빈정댔다. 그러자 저팔계가 작심한 듯 맹세했다.

"난 사람 새끼가 아니었어. 색에 완전히 미쳤던 거야. 이제는 절대로 그런 일은 없을 거야! 내 몸이 부서지는 한이 있더라도 짐을 지고 사부님을 따라 서천으로 갈 것이야!"

"암, 그래야지!"

삼장이 점잖게 타일렀다. 그리고 그들 일행은 큰길로 나서서 걸음을 재촉했다.

손오공이 앞장서서 얼마쯤 길을 가다 보니, 산천이 보기 드물게 수려한 동산이 나타났다. 그 산은 만수산萬壽山으로 오장관五莊觀이라고 하는 도관道觀이 자리하고 있었는데 그곳에는 진원대선鎭元大仙이 기거하고 있었다.

그리고 오장관에는 초환단草還丹 인삼과人蔘果라고 하는 진귀한 영근靈根인 나무가 있었는데, 그 나무는 삼천 년에 한 번 꽃을 피우고, 삼천 년에 한 번 열매를 맺으며, 다시 삼천 년이 지나야 열매가 익었다. 곧 만 년이나 되어야 먹을 수 있는 과일인 셈으로 그것도 삼십 개뿐이었다.

열매는 갓난아이 모양을 하고 있는데, 이 열매를 보기만 해도 삼백육십 살을 살 수가 있고, 하나를 먹으면 사만 칠천 년을 산다고 하였다.

마침 삼장법사 일행이 도착하기 전, 진원대선이 원시천존의 청첩을 받아 상청천上淸天으로 떠나면서 청풍과 명월이라는 어린 제자 둘만을 남겨 두어 도관을 지키라 하면서 당부하였다.

"며칠 사이로 동토 대당의 삼장법사가 서천을 가기 위해 여기로 올 것인데, 삼장에게 인삼과 두 개를 따서 대접하고 그 제자들이 경거망동하지 못하도록 과원을 잘 지켜라!"

한편, 삼장 일행이 아름다운 산 경치에 홀리다가 어느덧 오장
관에 이르자 청풍과 명월, 두 동자가 반갑게 맞이해 주었다. 삼
장 일행은 먼 길을 왔는지라 피곤도 하고 시장기가 돌았다.

손오공은 백마를 돌보고 사오정은 짐보따리를 챙기며 저팔계
는 쌀을 내어 밥을 지었다. 청풍과 명월은 삼장에게 차를 권하
며 스승님 진원대선의 당부를 전하였다.

"사부님께서 상청천 미라궁으로 청강하러 가시면서 저희들
에게 인삼원에서 인삼과 두 개를 따서 대접해 드리라고 하셨습
니다. 잠시만 앉아 계십시오."

그들이 인삼과 두 개를 받쳐 들고 와서 삼장에게 드시라 하
자 삼장은 도깨비라도 만난 것처럼 자빠질 듯 놀라면서 손사래
를 쳤다. 그 선과仙果가 갓난아이와 같은 형상을 하고 있는 탓이
었다.

"아뿔싸, 이런 일이! 이 도관에서는 어찌 갓난아이를 먹을까!"

삼장에게 선가의 보배라며 아무리 권해도 삼장이 먹으려 하
지 않자, 청풍과 명월은 선과를 들고 자리를 물러났다. 이 인삼
과라는 열매는 시간이 오래 경과하면 굳어서 먹을 수가 없는
까닭에 청풍과 명월은 자신들의 방으로 돌아가 삼장의 어리석
음을 비웃으며 하나씩 들고 맛나게 먹었다.

이때 부엌에서 밥을 짓던 저팔계가 이것을 듣고 손오공을 불
러 인삼과에 대한 내력을 들려주며 훔쳐다가 먹어보자고 부채

질을 했다. 이에 손오공은 은신법을 써서 동자들의 방으로 가 금격자라는 막대기를 꺼내어 뒤쪽으로 갔다. 과연 인삼원이 그 곳에 있었다.

그곳에는 천여 척이나 되어 보이는 큰 나무 한 그루가 서 있 는데, 푸른 가지가 향기롭고 파초 모양의 푸른 잎은 풍성하게 뻗쳐 그늘을 드리우고 있었다.

손오공이 나무 아래에서 위를 올려다보니 남쪽으로 뻗친 가 지에 인삼과 하나가 보였다. 그것은 꽁무니에 꼭지가 달려 매달 려 있었는데 그 모양이 갓난아기와 다를 것이 없었다. 손오공은 진귀한 과일임에 틀림없겠다는 직감으로 환성을 질렀다.

손오공이 나무를 타고 올라 금격자로 나뭇가지를 두드리자 인삼과는 풀숲으로 떨어졌다. 재빨리 아래로 내려와 찾았으나 도무지 어디로 갔는지 보이지 않았다. 이에 화가 치민 손오공은 그곳 토지신을 불러내어 다그쳤다.

"네놈이 내가 방금 딴 인삼과를 훔쳤지? 빨리 내어놓아라!"

"제천대성! 그것은 오해십니다. 그 열매는 금을 만나면 떨어 지고, 나무를 만나면 시들고, 물을 만나면 녹아버리고, 불을 만 나면 타버리고, 흙을 만나면 들어가 버립니다. 그래서 딸 때 쇠 붙이를 가져야 되옵고 열매를 받으려면 비단보자기를 씌운 쟁 반에 받아야 하옵니다. 이곳 흙은 사만 칠천 년이나 된 것이어 서 강철의 송곳으로도 뚫리지 않고 단단합니다. 한 번 이 땅을 두드려 보십시오."

손오공이 여의봉으로 땅을 치니 여의봉이 쇳소리를 내며 팅겨 올랐다.

"내가 공연히 너를 의심했구나. 자, 그만 돌아가거라!"

손오공은 다시 나무를 타고 올랐다. 이번에는 자기의 옷 금포 직철을 보자기처럼 둥그렇게 펼치고 인삼과를 세 개나 따서 부엌으로 돌아왔다. 그리고 사오정까지 불렀다. 사오정은 그것을 보고 인삼과라는 것을 알았다.

"먹어보진 못했지만 천상의 권렴대장으로 있을 때 왕모의 탄신 경축에 예물로 온 것을 본 적이 있어. 형님, 나도 먹게 해 줄 테야?"

"물론이지. 우리 형제끼리 한 개씩 먹자."

그들이 하나씩 나눠 먹는데 저팔계는 한입에 꿀떡 삼켜버리고 입을 닦으면서 손오공에게 물었다.

"맛이 어때?"

"먼저 먹었으면서 누구에게 묻는 거야?"

"나는 너무 급하게 먹어서 맛이 어떤지 모르겠어. 한 개 더 따오면 안 될까? 이번에는 천천히 맛을 봐가며 먹을게."

"안 돼! 이것으로 충분해. 한 개만 먹어도 사만 칠천 년을 살게 된다고."

손오공은 저팔계의 청을 뿌리치고 벌떡 일어나 금격자를 동자의 방으로 밀어 넣었다.

문제는 이때 일어났다. 저팔계의 투덜대는 소리를 들은 동자 두 사람이 인삼원으로 달려가 숫자를 세어 보니 네 개가 모자랐다.

동자들은 삼장에게 달려가 따지고 캐어물었다. 이에 삼장이 제자들을 불러 추궁했으나 제자들은 야단맞을 것이 두려워 한 결같이 모르쇠로 일관했다.

청풍과 명월은 펄펄 날뛰면서 삼장 일행에게 날강도, 도둑놈들이라며 고래고래 소리를 질렀다. 인삼과를 네 개씩이나 훔쳐 먹고 오리발 내민다며 온갖 욕설을 퍼부었다.

이때 저팔계가 손오공을 다그쳤다.

"와, 네 개를 훔치고서 세 개밖에 아니 나눴단 말이야? 한 개는 미리 슬쩍했다 이거지. 참말 의리도 없네."

저팔계가 이런 식으로 펄펄 뛰며 다그치자 동자들은 힘을 얻어 손오공에게 온갖 욕설을 퍼부으며 몰아쳤다. 손오공은 분통이 터져 이를 부드득 갈며 여의봉으로 땅바닥을 짓찧고, 울분을 참을 수가 없어 끔찍한 생각을 하게 되었다.

'너희들이 그렇게 나온다면 아무도 못 먹게 나무를 박살내 버릴 테다!'

손오공은 자신의 털 한 가닥을 뽑아 분신을 만들어 놓고 인삼원으로 가서 여의봉을 휘둘러 나무를 뿌리째 쓰러뜨려 버렸다.

손오공이 쓰러진 나무의 가지를 이리저리 헤치며 열매를 찾아보았으나 열매라고는 한 조각조차 찾을 수 없었다.

인삼과는 금을 만나면 떨어지는 것으로 여의봉 양끝이 금으로 되어 있고, 쇠라 하더라도 오금의 종류이기 때문에 그것에 맞고 남아 있을 턱이 없었다. 그리고 열매는 땅속으로 흡수되어

버린 것이다.

"됐다, 이놈들! 이제 모두 끝났다!"

손오공은 본래의 장소로 되돌아와 가짜 손오공의 분신을 거두고 태연자약하게 있었다. 동자들 또한 더 이상 추궁할 수 없어 숫자를 다시 세어보기 위해 인삼원으로 향했다. 인삼원에 간 동자들은 기절초풍, 혼비백산했다.

나무는 뿌리째 뽑혀 쓰러지고, 가지는 찢겨져 여기저기 흩어졌고, 열매는 흔적도 없이 사라졌고, 잎사귀는 떨어져 나뒹굴었다. 기가 막혀 말도 나오지 않은 동자들은 땅바닥에 주저앉았다.

한참 만에 정신을 차린 청풍과 명월 두 동자는 삼장 일행을 가둬 두기로 하고, 사부님인 진원대선께서 돌아오신 다음 문제를 해결하기로 결론을 내었다.

두 동자가 정전에 돌아와 보니 삼장 일행은 둘러앉아 식사하기에 여념이 없었다. 그들은 눈짓을 서로 주고받으며 밀어젖혔던 좌우 격자문을 닫고는 열쇠를 채우고 밖의 덧문까지 삽시간에 닫아 쇠막대 빗장을 채웠다.

"우리 스승님이 오실 때까지 어디 한 번 혼나 보아라. 선과를 훔쳐 먹은 것만으로도 엄청난 죄업인데 우리 선과수를 뿌리째 뽑아놓고도 밥이 목구멍에 넘어가느냐, 이놈들아!"

삼장은 가슴이 덜컥 내려앉아 먹던 밥그릇을 떨어뜨렸다. 그리고 할 말도 잊은 듯 천장만 응시하고 있었다.

동자들은 산문마다 모두 자물쇠를 채워 놓고 어둡기까지 정전문 밖에서 욕설을 퍼붓다가 돌아갔다. 삼장은 호되게 나무랐다.

"이 못된 원숭이놈! 너는 번번이 말썽을 일으켜 속을 썩이느냐? 선과를 훔쳐 먹은 것도 부족해 선과수를 뽑아 쓰러뜨렸다니! 네 아비가 재판장이라도 너를 봐줄 수 없겠다. 참으로 걱정이구나!"

"죄송합니다, 사부님! 아무튼 동자놈들이 잠들면 이곳을 떠나기로 하죠."

"겹겹이 잠긴 문을 어찌 열고 나갑니까?"

사오정이 걱정스럽게 말했다.

"그건 걱정 없다. 이 오공에게 다 술수가 있으니 믿어보렴."

"누가 형님 술수를 몰라 그럽니까? 형님은 모기나 파리로 변해 나갈 수 있다지만 우리는 어떡하오?"

삼장은 조용히 손오공의 하는 태도를 지켜보기로 하자고 저팔계와 사오정을 달래었다. 만약 손오공 저 혼자만 내뺀다면 긴고아주를 외어 손오공을 고통 속에 빠뜨릴 참이었다.

이윽고 달이 떠오르자, 손오공은 여의봉으로 해쇄법을 썼다. 순식간에 철커덕 하는 소리가 나면서 몇 겹 문의 자물쇠가 모두 바닥에 떨어져버리고 문짝들이 벌컥 열렸다.

저팔계와 사오정이 내뱉는 감탄의 소리를 제지한 손오공은 얼른 행장을 꾸려서 삼장을 밖으로 모시고 나가 말에 태웠다.

"아우들은 천천히 조용히 앞서가게. 나는 두 동자를 며칠이고 잠재워 놓고 올 테니……."

삼장은 손오공에게 생명은 해치지 말라 당부했다. 손오공은 삼장의 걱정을 누그러뜨리고 동자들이 잠자는 곳에 와 잠자는 벌레를 허리춤에서 꺼내어 방안에 던져두었다. 그 벌레들이 잠자는 동자의 얼굴에 각기 한 마리씩 자리를 잡자 그들은 세상 모른 채 더 깊이 잠들게 되었다.

손오공은 그제야 안심하고 일행을 따라잡았다. 이날 밤은 잠시도 쉬지 않고 강행군을 했기에 날이 밝자 소나무 숲속에서 못 잔 잠을 청했다. 손오공만이 잠도 자지 않고 나무 위에 올라 장난질을 치고 있었다.

한편, 진원대선은 천궁에서의 청강이 끝나자 제자들을 이끌고 만수산 오장관으로 돌아왔다. 그들은 관에 이르러 놀라움을 금치 못했다. 향기롭던 관의 풍광은 사라지고 전상의 향화香火는 완전히 죽어버렸다. 특히 인삼원에 가서는 놀란 충격으로 입을 다물 수 없었다. 선과수는 뿌리째 뽑혀 쓰러졌고 잎과 가지는 메말라 땅바닥에 널브러져 있었다. 동자방에 가보니 문은 굳게 닫힌 채 동자들은 쿨쿨 코를 골며 자고 있었다.

진원대선은 천궁을 소란케 했던 손오공만이 할 수 있는 짓이라는 것을 알았다. 진원대선은 먼저 동자들을 깨우기 위해 물을 떠오라 하여 주문을 외우고 물 한 모금을 잠자는 동자들의 얼굴에 혹 뿜었다.

그제야 두 동자는 수마睡魔에서 풀려나 깨어났다. 그들은 놀라 일어나서 스승 앞에 꿇어 엎드려 죄를 청했다. 그리고는 지금까지의 일을 자세히 말씀드리고 눈물을 흘렸다. 진원대선은 오히려 그들을 달랬다.

"눈물을 거두어라! 너희들은 그 손오공에 대하여 잘 모르리라. 그놈은 본래 태을산선太乙散仙의 한 사람으로 오래전에 천궁을 뒤집어엎었고, 신통력 또한 대단하다. 너희 둘은 나를 따르고 다른 제자들은 형구를 갖추어 놓거라. 내 그놈을 벌할 것이니!"

진원대선은 두 동자를 대동하고 상광을 뻗치며 삼장 일행을 쫓았다. 그때 삼장 일행은 백이십 리를 가서 잠을 자고 있었다.

삼장 일행을 발견한 진원대선은 두 동자를 돌려보내고 구름에서 내려 행각도사行脚道士로 변하여 잠들어 있는 삼장 곁으로 갔다.

"장로님! 스승 문안이오."

삼장이 잠에서 깨어 황망한 가운데 답례했다.

"장로는 어디서 오시는데 예서 주무십니까?"

"동토 대당에서 서천으로 경을 가지러 가는 중이온데, 잠시 쉰다는 것이 깜박 잠들었습니다."

"동쪽에서 오셨다면 우리 만수산 오장관을 지나오셨겠군요?"

이때 이 행각도사를 언짢게 생각하고 삼장 곁으로 와 있던 손오공이 대답했다.

"아니오. 우리는 저쪽 길로 왔소."

"이 발칙한 원숭이놈! 누굴 속이려고? 네놈이 우리 오장관 선과수를 망가뜨리고 밤중에 여기까지 도망친 게 아닌가? 고얀

놈! 당장 내 나무를 살려 놓아라.”

손오공이 여의봉을 휘두르자 진원대선은 이를 피하며 구름에 올라 본모습을 드러내고 도포의 소맷자락을 휙 하고 펼치며 내렸다. 그리고 손오공은 물론 삼장 일행과 말까지 몽땅 쓸어안고 오장관으로 돌아와 그들을 하나씩 정전의 기둥에 묶어버렸다. 말은 뜰에 매어 풀을 주고, 행리 보퉁이는 복도에 내던졌다.

“이 화상들을 가죽채찍으로 실컷 때려 우리 선과수에 대한 복수를 하도록 하라!”

제자들은 용의 가죽으로 만든 칠성편七星鞭을 가져와 물에 축였다. 그중에서 힘깨나 쓸 법한 제자 하나가 그것을 집어 들고 진원대선에게 물었다.

“어느 놈을 먼저 칠까요?”

칠성편에 한 대 얻어맞으면 끝장일 게 분명했다. 안 되겠다, 싶은 손오공이 소리쳤다.

“선생! 과일을 훔친 것도 나무를 쓰러뜨린 것도 나니, 나를 치시오.”

“저 발칙한 원숭이놈! 그럼 저놈부터 과일 수효대로 삼십 대를 쳐라! 사정을 봐주지 말고 매우 쳐라!”

진원대선의 제자가 칠성편을 고쳐 잡고 넓적다리를 후려치려 하자 손오공은 얼른 변술을 써 강철다리로 변하여 실컷 때리게 했다. 삼십 대를 다 때리고 나자 대선이 다시 명했다.

“이번에는 삼장을 쳐라! 제자를 엄격히 다스리지 못한 벌이다.”

칠성편을 다시 집어 들자 손오공이 또다시 나섰다.

"선생! 그건 잘못이오. 과일을 훔친 것이나 나무를 쓰러뜨린 것 또한 사부님은 전혀 모르는 일이오. 그러니 사부님의 죗값까지 합하여 나를 더 치시오."

"그놈 못되긴 했으나 스승을 생각하는 마음이 있구나. 그럼 그놈을 더 쳐라!"

다시 더 삼십 대를 맞았으나 손오공은 아무렇지도 않았다. 손오공이 아무렇지 않은 듯하자 화가 난 것은 대선이었다.

"안 되겠다. 저놈이 칠성편으로 육십 대를 맞고도 싱글벙글하는구나. 뒤뜰에 있는 가마솥에 기름 한 가마를 쏟아붓고 불을 지펴라. 이번에는 삼장부터 기름에 튀겨야 선과수에 대한 한이 풀리겠다."

그러자 이십여 명의 선동들이 기름 가마를 옮기고 장작을 져 나르며 분주히 움직였다. 손오공은 할 수 없이 진원대선 앞에 무릎을 꿇었다.

"저에게 삼 일 간의 여유를 주십시오. 제가 망가뜨린 선과수를 다시 살려 놓겠습니다. 그러니 제 사부님과 아우들을 풀어 주십시오!"

"나도 네 재간은 어느 정도 알고 있느니라. 네가 만약 나무를 살려 놓는다면 너에게 여덟 배의 절을 갖추어 형제의 의를 맺겠다."

"좋소이다. 그럼 저는 다녀올 곳이 있으니 우리 사부님을 잘 보살펴 주십시오."

그렇게 해서 진원대선은 삼장 일행을 풀어 주었다. 그러나 삼장은 걱정이 되어 물었다.

"제자야, 나무를 어떻게 살려 놓을 작정이냐? 무슨 처방이라도 구할 수 있단 말이냐?"

"사부님, 걱정 마십시오. 동양대해로 날아가 삼도三島 십주十洲를 돌아다니며 죽음에서 되살아나는 방법을 구해와 저 선과수를 살려 놓겠습니다."

"네가 삼 일 후에도 돌아오지 않는다면 나는 네가 속임수를 쓴 것으로 알고 긴고아주를 외울 테니 그런 줄이나 알고 떠나거라!"

손오공은 삼장에게 절을 한 번 올린 후, 근두운에 올라 첫째로 동양대해 봉래의 선경에 내렸다. 그곳에서 바둑을 두고 있는 복성福星과 녹성祿星, 그리고 옆에서 구경하는 수성壽星을 만나 자초지종을 들려주었다. 그들은 한결같이 선과수 살리는 방법은 모르겠으나 자신들이 오장관을 방문하여 삼 일 간의 기한을 늘려 놓겠다 하였다.

손오공은 그들과 작별하고 곧장 방장선산方丈仙山으로 날아 동방삭東方朔을 만났으나 역시 별 소득을 얻지 못하고 영주해도의 선인들을 만났다. 그들은 술을 마시면서 장기를 두고 있었다. 손오공은 앉지도 못하고 그대로 돌아서 동양대해로 방향을 돌렸다.

이제 손오공은 기진맥진하여 낙가산의 보타암 관음보살에게 하소연이나 하고자 들렀다. 손오공을 본 관음보살은 의아스럽게 물었다.

"당승은 어찌하고 여길 왔느냐?"

손오공은 풀이 죽어 만수산 오장관의 사건을 자세히 고하고 잘못을 빌었다.

"진즉 내게 오지 않고 공연히 삼도 십주를 돌아다녔구나!"

손오공은 전혀 기대하지도 않은 터라 기쁜 나머지 살려 달라 애원했다.

"내 이 정병에 들어 있는 감로수는 불에 탄 선수영묘仙樹靈苗도 고칠 수 있느니라."

"역시 관음보살님이십니다. 불에 타버린 나뭇가지가 살아났다면 밀어 넘어뜨린 나무쯤이야 간단하지 않겠습니까?"

손오공은 기뻐서 소리쳤다.

관음보살은 정병을 손에 들고 손오공과 함께 구름에 올라 순식간에 오장관에 도달했다. 손오공이 먼저 구름을 내려 소리쳤다.

"관음보살님이 오셨다. 모두 나와서 영접하라!"

진원대선과 앞서 간 봉래의 삼성, 그리고 삼장 일행 등은 일제히 보전에 나가서 관음보살을 영접했다. 오장관의 여러 제자들도 모두 와서 관음보살께 절을 했다.

이때 손오공이 큰소리쳤다.

"대선! 시간 끌 것 없이 어서 향안香案을 진설하고 나무부터 살립시다!"

진원대선은 즉시 인삼원에 향안을 갖추게 하고 관음보살을 그쪽으로 모셨다. 오장관에 있는 모두가 뒤따라 들어섰다.

나무는 뿌리를 허옇게 드러낸 채 땅에 쓰러져 잎사귀는 시들고 가지는 말라 형편없이 죽어 있었다.

"오공아! 손을 내놓아라!"

손오공이 얼른 손을 내밀어 손바닥을 펴니 관음보살은 버드나무 가지로 병 속의 감로수를 찍어 손오공의 손바닥 한복판에 기사회생起死回生의 부적을 그렸다. 그리고 손오공에게 그 손을 나무뿌리 밑에 넣고 기다리라 하자 잠시 후 맑은 물이 솟구쳐 올랐다.

관음보살이 다시 말했다.

"이 물은 오행五行의 그릇을 싫어하니 옥으로 만든 그릇을 쓰되, 나무를 일으켜 세워서 이 물을 위에서 끼얹으면 뿌리와 껍질이 서로 붙어 가지가 자라고 잎이 싱싱하게 살아나 열매를 맺을 것이다."

진원대선은 제자들에게 옥으로 만든 찻잔이라든가 술잔 등 옥그릇을 있는 대로 내오게 했다. 제자들은 사오십 개의 그릇으로 물을 뜨고, 손오공과 저팔계, 사오정이 순식간에 나무를 일으켜 세우고 흙을 덮어 주었다.

관음보살은 제자들이 하나하나 바치는 옥그릇의 물을 버드나무 가지로 찍어 골고루 뿌리면서 경을 외었다.

얼마 후, 그 물을 다 퍼내어 뿌리자 나무가 살아나 푸른 가지와 잎이 무성해지고 향기가 돌더니 스물세 개의 인삼과가 가지에 매달렸다.

"거참 희한하네. 며칠 전에는 스물두 개밖에 없었는데 어찌하여 하나가 더 달렸을까?"

열매를 몇 번이고 세어 보았던 청풍과 명월 두 동자가 의아스러운 눈으로 마주보며 말했다. 이때 손오공이 생각난 듯 대꾸했다.

"그래! 그날 내가 세 개를 훔쳤고, 한 개는 땅에 떨어져 흙 속으로 들어갔거든. 그런데 저팔계 녀석은 내가 하나 더 먹었다고 온갖 소리를 했겠다. 이제야 누명이 벗겨졌으니 속이 시원하구나."

이에 진원대선은 기뻐하며 금격자를 가져오라 하여, 인삼과 열 개를 따서 인삼과회를 열었다.

관음보살과 삼성이 먼저 한 개씩을 먹자 그제야 선가의 보배라는 것을 알게 된 삼장도 한 개 먹었다. 손오공 삼형제도 각각 한 개씩 먹고 진원대선도 주인으로서 한 개를 같이 먹었다. 그리고 남은 한 개는 여러 제자들에게 나눠 먹도록 하였다.

인삼과회가 끝나자 손오공은 관음보살에게 감사의 인사를 드리고 보타암으로 돌아가는 길을 전송하였다. 또 봉래도로 돌아가는 삼성과도 작별을 나누었다.

진원대선은 다시 술과 안주를 차려놓고 손오공과 의형제를 맺어 모두가 즐거워하고 기뻐했다. 삼장 일행은 진원대선의 만류로 오륙일을 더 지체하다가 길을 떠났다.

백화공주와
황포괴

인삼과를 먹은 이후, 살과 뼈에 힘이 솟듯 생기가 돌고 정신
도 맑고 상쾌해진 삼장 일행이 오장관을 떠나 부지런히 길을 걷
던 어느 날, 험준한 산이 그들을 가로막았다.

그러나 손오공이 여의봉을 휘두르며 크게 한번 호통을 치자
산짐승들이 놀라 도망쳐 버렸다. 그렇게 산중 깊숙이 험한 곳에
이르러 삼장 일행은 기진맥진 쓰러질 지경이 되어 잠시 쉬기로

하였다.

"오공아, 종일 아무것도 먹지 못해 배가 고프구나. 어디 먹을 것을 얻을 곳이 없는지 살펴보거라!"

손오공만은 지칠 줄 모르고 팔팔하게 날뛰었다.

"한 바퀴 돌아 인가를 찾아보고 먹을 것을 얻어오겠습니다. 잠시만 앉아 계십시오."

말하기가 무섭게 냉큼 날아올라 한 손으로 해를 가리며 사방을 두루 살피자니 서쪽 길은 적막하기 짝이 없고 남쪽의 양지바른 계곡에 빨간 복숭아나무 같은 것이 보였다. 손오공이 재빨리 구름에서 내려 알렸다.

"사부님, 동서남북으로 밥을 얻을 만한 인가는 없고, 남쪽 먼 산에 울긋불긋한 복숭아나무가 보입니다. 그것을 따오겠습니다."

손오공은 사오정이 보따리에서 꺼내주는 바리때를 들고 근두운에 올라 남쪽으로 향해 갔다.

이때 요괴 하나가 삼장 일행을 훔쳐보며 쾌재를 부르고 있었다.

"옳거니, 반갑구나! 저 대당의 화상은 본래 금선자金禪子의 화신으로 십세十世나 수행을 쌓은 원체原體이기 때문에 누구든지 그 고기 한 덩어리만 먹어도 불로장생한다는데, 이게 웬 행운이더냐!"

요괴는 삼장을 낚아채기 위해 아름다운 여자로 변신한 후, 오른손에는 청사관 단지를 들고 왼손에는 녹색 자기병을 들고 삼장 앞으로 걸어왔다.

"스님, 여기 단지에는 맛있는 쌀밥이 들어 있고 이 자기병에는 기름에 튀긴 국수가 들어 있습니다. 저는 저쪽 산기슭에 살고 있는데 소원을 이루고자 스님께 잿밥을 올리려 왔습니다. 시장하실 테니 어서 드시지요."

그러나 삼장은 조금 전에 손오공이 인가가 안 보인다 하였는데 갑자기 여인이 나타나 잿밥을 올리겠다 하니 멈칫 망설일 수밖에 없었다. 그 모습을 옆에서 보고 있던 저팔계가 입맛을 쩝쩝 다시며 여인이 들고 있는 그릇을 낚아채어 자신이 먼저 먹고자 입을 내밀었다.

마침 손오공이 복숭아를 가득 담은 바리때를 들고 근두운으로 곧장 돌아오면서 화안금정으로 바라보니 분명 요괴인지라 바리때를 내동댕이치고 여의봉으로 그녀의 머리를 후려쳤으나 빗나갔다. 삼장이 깜짝 놀라 손오공을 막았다.

"이놈! 살생은 첫째가는 죄악이거늘 천하에 못된 짓만 골라서 할 테냐?"

"저 여자는 사람이 아니라 요괴입니다."

손오공이 다시 여의봉을 추켜들고 요괴의 머리를 향해 힘껏 내리쳤으나 요괴는 가짜 시체를 내놓고 본체는 재빨리 빠져나가 버렸다.

놀란 삼장이 염불을 하면서 몸을 부들부들 떨었다.

"사부님, 진정하시고 뭐가 들어 있는지 이 그릇을 보십시오."

사오정이 삼장을 부축하여 그쪽으로 가 보니, 쌀밥이 들어 있다던 단지에는 구더기가 득실거리고, 기름에 튀긴 국수가 들어 있다던 자기병에는 청개구리와 두꺼비가 꿈틀대고 있었다.

그제야 삼장은 손오공을 믿게 되었다. 그러나 아름다운 여자에 대한 미련과 맛있는 식사거리를 송두리째 놓친 저팔계의 심사는 편치 않아 삼장의 마음을 뒤흔들고자 했다.

"사부님, 그 여자는 이곳 농가의 부인으로 소원을 빌고자 잿밥을 가지고 온 것인데, 형님이 공연히 때려죽여 놓고 변술을 써서 구더기와 청개구리를 만들어 놓은 것입니다. 사부님의 긴고아주를 두려워한 것입니다."

그 말에 삼장의 마음은 갑자기 분격하여 긴고아주를 외기 시작했다. 손오공이 머리를 감싸 쥐고 땅바닥을 뒹굴며 하소연해도 삼장은 사람을 때려죽인 손오공을 제자로 받아들일 수 없노라 소리쳤다.

이에 손오공은 자신이 없으면 서천에 가기 어려울 것이라며 빌고 통사정하였고, 그 일은 가까스로 무마되어 손오공이 가져온 복숭아로 허기를 달래며 다시 길을 갔다.

한편, 손오공의 여의봉을 용케 피한 요괴는 생각할수록 분통이 터졌다. 간발의 차이로 삼장을 낚아챌 수가 있었는데 손오공 때문에 만사가 뒤틀어져 도저히 참을 수가 없었다.

그래서 이번에는 팔순 노파로 변신하여 구부러진 죽장을 짚고 엉엉 통곡하며 걸어갔다. 손오공은 삼장한테 꾸중을 들어 고개를 숙이고 걸었으나 의기양양한 저팔계가 그 노파를 먼저 발견하고 설레발을 쳤다.

"사부님, 큰일났습니다. 형님이 때려죽인 여인의 어머님이 오셨습니다."

삼장이 두 눈을 휘둥그레 뜨고 바라보노라니 손오공은 이미 그곳 토지신과 산신을 불러내어 요괴가 도망가지 못하도록 공중에서 지키도록 하고 불문곡직 여의봉을 휘둘러 이번에야말로 실수 없이 끝장을 내버렸다. 그 요괴는 강시僵屍가 영을 얻어 사람을 홀리려고 백골부인白骨夫人 노릇을 하였던 것이다.

그러나 이번에도 손오공을 믿지 않은 삼장은 긴고아주를 외기 시작했고 이제는 사제의 정을 끊어 깨끗이 돌아가라고 선언했다.

손오공은 눈물을 머금고 근두운에 올라 화과산 수렴동 원숭이 마을에 돌아왔다. 그러나 그곳은 5백 년 전 제천대성이 석가여래에게 붙잡혀 갈 때 이미 불타 망가졌고 사냥꾼들에 의해 초토화되어 가고 있었다. 남아 있는 원숭이를 불러 모으니 불과 천여 마리밖에 없었다.

손오공은 심기일전하여 사냥꾼들을 몰살시키기 위해 산꼭대기에 돌무더기를 쌓아놓고 사냥꾼들을 기다렸다. 그들은 모두 매와 개를 이끌고 손에는 칼, 창 같은 무기를 든 천 명이 넘는 인마였다.

이에 격분한 손오공은 주문을 외우는 한편, 돌무더기에 바람을 불어 천 명이 넘는 사람과 말·개·매 할 것 없이 모두 삽시간에 죽였고, 나자빠진 시체들이 계곡을 메우고도 넘쳐났다.

손오공은 실로 오래간만에 통쾌감을 느꼈다. 그리하여 원숭이들을 모아놓고 너스레를 떨었다.

"삼장은 항상 '천일 선을 행해도 선은 아직도 부족하고, 일일 악을 행해도 악은 언제나 남음이 있다'며 잔소리를 해댔는데, 오늘 고향집에 돌아와 이토록 숱한 사냥꾼들을 죽여 없앴어도 누구 하나 뭐라 하는 놈이 없으니 속이 시원하구나."

손오공은 시체들을 깊은 물속에 집어넣어 깨끗이 치우도록 하고, '새롭게 화과산을 꾸며 수렴동을 일으켜 세우리라 - 제천대성'이라는 깃발을 큼직하게 만들어 높직이 세우도록 했다.

그뿐만 아니라 손오공은 매일같이 요마들을 불러들여 양식을 저축시키고 이제는 두 번 다시 화상이라는 말을 입에 담지 않고 화과산의 부흥에만 힘썼다.

그는 우선 사해용왕을 찾아가 감림선수甘霖仙水를 얻어다가 산을 말끔히 씻어내고 풀이 돋게 하는 한편, 앞에는 느릅나무와 버드나무를 심고, 뒤에는 소나무·복숭아·자두·대추·매실 등을 심어 싱싱한 숲을 만들었다. 그리고 매일매일 편하고 즐겁게 지내고 있었다.

한편, 삼장은 저팔계의 말만 믿고 손오공을 쫓아버린 뒤 다시 말에 올랐다. 이제는 저팔계가 손오공을 대신해 길잡이 노릇을 하고, 사오정이 짐을 메었다. 백호령을 넘다 보니 등나무와 칡덩굴이 얽힌 울창한 삼림지대가 나타났다.

저팔계가 힘을 과시하며 쇠갈퀴로 길을 열고 얼마를 가자니 삼장이 말 위에서 저팔계를 불렀다.

"팔계야, 종일 아무것도 먹지 못해서 배가 고프구나. 밥을 얻어다가 시장기를 면하자꾸나!"

"사부님, 여기서 잠깐 쉬십시오. 제가 얻어 오겠습니다."

저팔계는 영웅심에 들떠 사오정으로부터 바리때를 건네받고는 삼장이 어디로 가는지 묻자, 또 한 번 큰소리를 쳤다.

"어디로 가든 걱정 놓으십시오. 무슨 일이 있어도 사부님이 굶으시지 않도록 하겠습니다."

저팔계가 숲속을 헤치며 아무리 찾았으나 인가라곤 전혀 보이지 않았다. 여기저기 이곳저곳을 헤매다 보니 몸도 지치고 피곤하여 슬슬 졸음이 쏟아졌다.

'손오공은 쉽게도 얻어오더니만 내 차례가 되니 왜 이 모양이지? 지금 돌아가 사부님께 밥을 얻을 곳이 없다 하면 내 고생을 알아주지 않을 거야. 차라리 여기 누워서 시간을 좀 더 벌자.'

저팔계는 풀숲에 눕자마자 드르렁드르렁 코를 골며 잠들어 버렸다.

한편, 이제나저제나 저팔계가 돌아오길 기다리던 삼장이 조바심이 나서 사오정을 불러 저팔계가 왜 이리 늦는지를 묻자 사오정은 저팔계에 대해 불만을 터뜨렸다.

"사부님은 모르셔요. 그 자는 배가 엄청 커서 먹을 것을 보면 우선 제 배부터 채우는 인간이에요. 제 배가 불러야 어슬렁어슬렁 어디서 나타나겠지요."

"거참, 큰일이구나. 날도 저물어 오고, 어디 잠잘 만한 곳도 찾아야 할 텐데……."

"사부님, 잠시만 계십시오. 제가 팔계를 찾아오겠습니다."

"그래라. 밥은 못 얻어도 좋다. 우선 급한 일은 잠잘 곳을 찾는 일이다."

사오정은 보장을 고쳐 잡고 송림을 나가 저팔계를 찾기 시작했다.

혼자 남은 삼장은 가만히 있으려니 조바심이 나서 사오정이 간 길을 더듬어 마중한다는 것이 그만 서쪽이 아닌 남쪽으로 가게 되었다. 한참을 가다 보니 생각지도 않던 보탑寶塔이 눈앞에 나타났다. 금빛 탑 꼭대기의 광채가 번쩍거리며 아름다운 빛깔을 띠는 것을 삼장은 넋을 놓고 바라보았다.

'내가 동토에서 떠나올 때 발원하기를, 묘를 만나면 향불을 피우고 부처님을 보면 절하고 탑을 만나면 그것을 깨끗이 청소하겠노라고 하였다. 그런데 저기에 보이는 것이 황금 보탑이 아닌가. 탑 아래는 반드시 사원이 있을 것이고, 사원 안에는 승려들이 있을 것이니 어디 가 보자. 이곳에는 오가는 행인도 없으니 매어둔 말과 행리는 괜찮겠지. 가 보아서 적당하면 제자들과 같이 오늘 하룻밤 편히 쉬어가야겠다.'

삼장은 무언가의 힘에 이끌리듯, 부지런히 걸어서 탑문 앞에 이르렀다. 보아하니 대나무의 발이 안으로 늘어져 있어 삼장은 감격에 겨워 그것을 젖히고 안으로 쑥 들어섰다.

그러나 이 일을 어찌하랴! 그의 눈앞에 있는 석상石牀에는 무시무시한 요괴 한 놈이 잠들어 있었다. 삼장은 전신의 맥이 풀리며 다리가 휘청거렸으나 본능적으로 돌아서서 도망쳤다.

쿨쿨 잠들어 있던 요괴는 누런 금빛 나는 눈동자를 일순간 부릅뜨고 작은 요괴를 불렀다.

"애들아, 밖에 있는 자를 잡아와라! 저절로 굴러들어 온 맛있는 음식이로구나."

작은 요괴들이 일제히 달려 나가 삼장을 떠메고 들어와 무릎을 꿇렸다. 요괴는 붉은 수염을 뻗치고 시뻘건 머리를 들고는 찢어진 두 눈을 부릅뜨며 호령했다.

"네놈은 어디서 온 중이냐?"

"저는 동토 대당에서 서천으로 경을 구하러 가는 길입니다. 마침 탑이 있기에 부처님을 뵈려다 본의 아니게 대왕님을 놀라게 해드렸습니다. 너그러이 용서해 주십시오. 제게는 저팔계와 사오정이라는 두 제자가 있는데 음식을 얻으러 나갔고, 송림에는 보따리 하나와 말 한 필이 있습니다."

이 말을 들은 요괴는 흡족한 듯 한바탕 껄껄 웃었다.

"제자가 둘이라, 말까지 모두 넷이니 한 끼로 충분하겠구나! 애들아, 저 중놈을 단단히 묶어 두어라! 조금 있으면 제자놈들이 스승을 찾아 이곳에 오겠구나. 천천히 기다려 보자!"

한편, 저팔계를 찾아 나선 사오정은 얼마간 숲길을 걷다가 잠들어 있는 저팔계를 발견하고는 기가 막혀 말도 나오지 않아 저팔계의 큰 귀를 잡아당겨 비틀면서 소리쳤다.

"이 밥통 같은 돼지놈아, 빨리 일어나! 사부님이 음식은 고사하고 잠 잘 곳이나 찾아보라 하신다."

저팔계는 부스스 일어나 잠이 덜 깬 흐리멍덩한 상태로 쇠 갈퀴를 옆구리에 끼고 빈 바리때를 든 채 사오정을 따라 돌아왔다. 그러나 숲속에 있어야 할 삼장이 보이지 않았다.

"형님이 멍청하게 음식을 구하지도 못하고 잠만 자는 사이에 요괴가 사부님을 잡아간 것 같소."

"쓸데없는 소리! 이렇게 조용한 숲속에 요괴가 있을 리 있나? 혼자 계시기 답답해 바람이나 쐬러 가신 거겠지. 찾아보자."

둘은 보따리를 챙기고 말을 끌어 송림 밖으로 나왔다. 아무리 소리쳐 불러도 스승을 찾을 길이 없는데 홀연 남쪽에서 빛을 발하는 보탑 같은 것이 희미하게 보였다. 앞서 가던 저팔계가 먼저 보고 소리쳤다.

"역시 사부님은 복 받은 분이셔! 저기 보탑이 있는 사원에서 한 상 대접받고 계실 걸세. 우리도 어서 가서 오랜만에 밥 한 번 실컷 먹어보자!"

"좋을지 나쁠지는 두고 봐야 알겠지만 어쨌든 가 봅시다."

그들이 탑문에 와 보니 문은 꼭 닫혀 있고 문 위에는 '완자산 碗子山 파월동波月洞'이라는 석판이 달려 있었다.

"형님, 여기는 부처님 모시는 사원이 아니라 요괴들이 사는 소굴 같소."

"걱정 말고 말을 매어 놓고 짐이나 지키고 있게."

저팔계는 쇠갈퀴를 치켜들고 문을 열라며 사정없이 찍어댔다.

요괴가 그 소리를 듣고 한판 승부를 내고자 무기를 들고 문 밖을 나섰다. 요괴의 이름은 황포괴黃袍怪였다.

"오호라, 네놈들이 당승의 제자, 저팔계와 사오정이로구나! 어디 한번 실력 좀 보자!"

황포괴의 강도鋼刀와 저팔계의 쇠갈퀴는 좋은 적수였다.

그들이 구름 위에서 격전을 벌이자 사오정은 행리와 백마를 버려둔 채 보장을 들고 잽싸게 공중에 올라 저팔계를 도왔다. 셋은 허공에서 일진일퇴하며 승부를 가릴 수 없었다.

작은 요괴들은 깃발을 흔들고 고함을 지르고 북과 징을 울리며 열렬히 대왕을 응원하고 있었다.

그러한 사정을 알 수 없는 삼장은 정혼장定魂椿이라는 나무 말뚝에 묶여 옴짝달싹 못하고 눈물을 흘리며 제자들의 이름과 관음보살을 중얼중얼 읊조렸다.

그때 한 부인이 다가왔다. 그 여인은 이곳 파월동에서 서쪽으로 삼백 리 정도 떨어진 보상국왕의 셋째 딸, 백화공주로서 13년 전 8월 15일 밤 달구경을 하다가 황포괴에게 납치되어 아이를 낳아 기르고 있는 처지였다.

"장로님은 어디서 오셨는데 여기에 잡혀 계시나요?"

삼장은 동질감을 느끼며 자신을 밝혔다.

"빈승은 동토에서 서천으로 경을 얻으러 가는 자입니다. 제자들이 음식을 구하러 간 사이 산중을 거닐다가 이곳으로 잡혀 왔습니다. 요괴는 내 제자 둘까지 잡아서 함께 삶아 먹겠답니다."

"장로님은 제가 구해드릴 수 있습니다. 대신 편지 한 통을 써

드릴 테니 저희 부모님께 전해 주십시오. 잠시만 기다리십시오."

얼마 후 편지 한 통을 써 가지고 온 백화공주는 삼장의 결박을 풀고 편지를 내주며 뒷문으로 나가게 했다. 그리고 자신은 격전장으로 가서 "황포랑!" 하고 요괴를 불렀다.

요괴는 불을 뿜으며 싸우던 저팔계와 사오정을 내버려 둔 채 공주에게 달려왔다.

공주는 어려서부터 '좋은 부마를 얻게 된다면 명산 사찰에 참배하고 스님에게 재를 올리고 보시報施하겠노라' 기도한 일이 있었는데, 방금 꿈속에서 금갑신인이 나타나 약속한 것을 실행하라는 호통에 잠에서 깨어나 정혼장에 묶여 있던 화상을 풀어 주었노라 실토했다.

"그래, 까짓것 먹은 셈 치지 뭐. 당신이 어렸을 적 약속을 지켰다면 좋은 일 아니겠어. 그리고 나도 그 제자놈들과 싸우기도 귀찮아!"

황포괴는 선선히 밖으로 나와 소리쳤다.

"이놈들아! 우리 부인이 너희 스승을 풀어 주었다. 그러니 더 이상 귀찮게 굴지 말고 너희 스승 뒤나 쫓아가거라!"

저팔계와 사오정은 자기들 귀를 의심하며 구름에서 내려와 행리와 말을 챙겨 삼장을 부르며 달려갔다. 가시덤불 속에 숨어 있던 삼장이 뛰어나와 다시 만난 일행은 지난 일을 이야기하며 삼백 리 길을 걸어 보상국에 다다랐다.

삼장은 국왕을 알현하여 그동안 거쳐 온 아홉 국의 보인이 찍힌 문첩을 바쳤다. 거기에는 동토의 대당 삼장법사가 취경인으로서 경을 얻으러 서천 천축국에 간다는 내용이 적혀 있었다.

국왕은 문첩을 살펴본 후 옥보玉寶를 내어다가 거기에 찍고 화압花押을 한 다음 돌려주었다. 삼장은 사은하고 문첩을 거두어 넣었다. 그리고 완자산 파월동의 황포괴에게 잡혀가 있는 셋째 공주, 백화수에 대한 이야기를 들려주며 소매 속에서 편지를 내어 국왕에게 바쳤다.

국왕은 '평안平安'이라는 셋째딸의 글씨를 보자 손이 떨려 봉을 뜯지도 못하고 한림원 대학사를 불러 편지를 읽게 했다. 정전에는 문무백관의 제신들과 삼궁의 후비, 궁녀들이 모두 모여 귀를 기울이고 있었다.

불효녀 백화수는 삼가 엎드려 전하옵고 대덕부왕 용봉전에 이 글을 올립니다.

저는 구중궁궐에 태어나 만 가지로 은혜를 입고 금옥같이 귀함을 받았음에 감격해 마지않사오나, 오늘에 이르도록 마음을 다하여 효도도 못하옵고 힘을 다하여 용안을 평안케 해드리지 못하였사옵니다.

돌이켜보니 13년 전 8월 15일 중추가절 밤에 부왕님의 은지를 받들어 여러 궁에 연석을 베푸시옵고 달구경을 함께 즐기었나이다. 바야흐로 즐거움에 취하였을 때 문득 일진광풍이 일더니 붉은 눈에 짙푸른 얼굴, 붉은 머리털이 산발한 마왕이 번갯불같이 나타나 저를 납치하여 상광에 올라 곧장 평야 산중 인적 없는 곳으로 끌어왔나이다.

그리하여 분별하기도 어려운 중에 요괴에게 강제로 굴복당하여 그 아내가 되었사오며, 항거할 도리도 없이 13년이란 긴 세월을 지내왔습니다. 그동안 저는 자식을 둘이나 낳았사오나 모두 요괴의 종자이옵니다. 이는 인륜을 파괴하고 풍화를 망쳤사오며, 삼가 감히 글월로써 이 욕됨을 전해 드림이 부당한 줄 아오나 단지 여식이 세상을 떠난 뒤 사실이 분명히 밝혀지지 못할 것을 겁낼 뿐입니다.

때마침 요괴를 원망하고 부모님을 그리며 생각하고 있으려니 뜻밖에도 동토 대당의 성승이 또 요괴에게 잡혀왔나이다. 그래서 소녀는 눈물로서 이 글을 닦아 대담하게 그를 풀어 주어서 특별히 편지를 기탁하여 촌심을 나타내는 바입니다.

부디 바라옵건대 부왕께옵서는 여식을 불쌍히 여기시어 상장上將을 완자산 파월동으로 보내시고 황포괴를 잡아 소녀를 구출하여 궁중으로 돌아가게 해주시옵기 간절히 비나이다.

이만 총총 흠공하옵고 일일이 모두 갖추어 말하지 못함을 허락하소서.

불효녀 백화수 다시 엎드려 전하옵니다.

학사가 편지 읽기를 다하자 국왕이 큰소리로 통곡하고 삼궁의 후비들도 눈물을 쏟으며 문무대신들도 한결같이 슬퍼하니, 온 성안의 누구 하나 애통히 여기지 않는 자가 없었다.

삼장 또한 몸 둘 바를 모르고 함께 눈물로 합장한 채 슬픔에 싸여 있었다.

얼마 후, 눈물을 거둔 국왕이 탄원하듯 여러 대신들에게 어느 누가 파월동의 요괴를 처단하고 백화공주를 구출해 주겠는 가 하였으나 모두가 고개를 숙인 채 묵묵부답이었다.

그러던 중 한 제신이 입을 열어 공주의 편지를 가져온 동토의 성승뿐이 없다고 아뢰자, 국왕이 머리를 돌려 삼장을 바라보았다.

삼장은 마지못해 역관에 있는 저팔계와 사오정을 부르게 하고 그들에게 최선을 다해 공주를 구하라고 영을 내릴 수밖에 없었다.

저팔계와 사오정은 국왕이 내리는 어주를 마신 후 구름을 일으켜 허공으로 날아올랐다. 그리고 파월동에 이르러 돌문을 부수며 황포괴와 다시 일전을 벌였다. 그런데 이번에는 지난번과는 달리 황포괴를 당해낼 수가 없었다.

지난번에는 삼장이 이곳에 붙잡혀 있었기에 여러 신들이 도와준 까닭으로 힘이 비등하여 승부가 나지 않았으나 지금은 삼장이 보상국에 있으므로 그를 보호하는 신들이 그쪽으로 옮겨가 저팔계와 사오정의 힘으로는 황포괴를 이길 수가 없었다.

저팔계는 기진맥진하여 슬그머니 꽁무니를 빼 달아나고, 사오정은 황포괴에 붙잡혀 동굴 속에 끌려들어가 나무기둥에 묶이는 신세가 되었다.

사오정을 묶어 두고 들어온 황포괴는 가만 생각하니 뭔가 이상했다.

'그 당승은 나를 잡아오라고 제자를 다시 보낼 그럴 위인이 아닐 것이다. 이는 분명히 내 아내의 짓이다. 아내가 그 당승에게 편지를 써 보상국왕에게 전해달라고 한 것임에 틀림없다. 그래서 그 국왕이 저팔계와 사오정을 다시 보내게 한 것이다. 어디 한번 족쳐 보리라.'

황포괴는 다짜고짜 안방에 들어가 공주를 노려보며 욕지거리부터 퍼부었다.

"이런, 배은망덕한 것! 나는 13년 동안이나 네가 필요하다는 것은 무엇이든지 하나도 빼놓지 않고 다해 주었거늘 네년은 어째서 보상국만 생각하느냐? 부부다운 애틋한 정은 눈곱만큼도 없단 말인가? 네년이 편지를 써 당승 편에 전해 주었기에 저놈들이 다시 와서 너를 내놓으라 하는 것이 아닌가? 그렇지 않고서야 저 당승의 제자놈들이 너를 납치해 온 것을 어찌 알겠는가 말이다. 바른대로 말하지 않으면 그간의 정이고 뭐고 허리를 꺾어 죽여버릴 것이다!"

공주는 놀라 당황하면서도 버텨 보기로 용기를 내었다.

"제가 무엇이 답답하여 편지를 썼겠습니까? 또 자식까지 둘씩이나 있는데 어떻게 여기를 떠날 생각을 했겠습니까? 그때 당승을 살려 준 것은 말씀드린 것처럼 꿈에 나타난 신인의 가르침에 따른 것입니다."

"좋다! 네년이 그렇게 당당하다면 내가 당승의 제자놈을 잡아 두었으니 어디 그놈 앞에서 말해보거라!"

황포괴는 공주의 머리채를 휘어잡고는 사오정이 있는 곳으로 와서 패대기를 쳤다. 그리고 말뚝에 묶여 있는 사오정을 발로 걷어차며 물었다.

"바른대로 말하지 않으면 너는 죽은 목숨이다. 네놈들이 여기에 다시 온 것은 이 여자가 당승을 통해 편지를 보상국에 보냈기 때문이지? 그래서 그 국왕이 너희들한테 이 여자를 구해 오라 한 것이겠다?"

사오정은 자기 말 한마디에 공주의 목숨이 달려 있다는 것을 알았다. 게다가 이 모든 사안은 사부님을 구해 준 은혜로부터 비롯된 것이 아닌가?

사오정은 성을 벌컥 내면서 외쳤다.

"이 망측한 요괴놈, 무슨 헛소릴 지껄이는 게냐? 생사람 잡지 마라, 이놈아! 네놈이 사부님을 잡아 두었을 때 공주님의 모습을 보았다 하셨다. 보상국에 이르러 사증을 받으려고 하자 국왕이 공주의 모습을 그린 방문을 보이며 사부님에게 오는 도중에 혹시 보지 못했느냐고 물으신 게다. 그래서 이곳 공주에 대해 말씀하시니까 국왕이 우리에게 어주를 내리시며 네놈을 잡고 공주를 데려오라 분부하신 것이다, 이놈아! 편지는 무슨 헛소리냐? 생사람 잡지 말고 차라리 나를 죽여라, 어서!"

이쯤 되자 황포괴는 공주를 일으켜 세우며 용서를 빌었다.

"내가 잠깐 귀신이 씌어 곡해를 했구려. 미안하오. 용서해 주시구려."

그리고는 공주를 쓸어안고 안으로 들어갔다. 황포괴는 공주를 상좌에 앉히고 주연을 베풀며 한 가지 또 기발한 생각을 하였다.

"내 잠깐 보상국에 들러 장인을 뵙고 와야겠소. 내가 엄연히 부마이거늘 못 가 뵐 까닭이 없지 않소."

"당신의 모습을 보면 모두가 놀라 혼절할 거예요. 아니 가느니만 못해요."

"걱정 마시오. 당승처럼 멋진 모습으로 변해 갈 테니, 당신은 집에서 술이나 마시고 두 아이를 잘 보고 있구려. 한나절이면 돌아오리다."

그리고 그는 의젓한 부잣집 서방님 모습으로 변하여 구름에 올라 보상국으로 향했다.

황포괴는 조문 밖에 이르러 셋째 부마라 이르고 국왕의 알현을 청하였다. 이때 국왕은 어전에서 당승과 이야기를 나누고, 조정 대신들도 함께 참석하여 있었는데 셋째 부마가 왔다는 말에 모두가 술렁였다. 특히 삼장은 깜짝 놀라며 국왕에게 주의를 주었다.

"폐하, 상대는 요괴이옵니다. 요괴는 필요에 의해 형상을 변화시키며 과거와 미래를 알고 운무도 탈 줄 아옵니다. 그는 폐하께서 허락하시는 것과는 상관없이 들어올 것이니 좋은 말로 달래어 보내십시오. 아마도 제 제자들은 실패했나 봅니다."

국왕은 그 자를 불러들이라 했다. 그런데 막상 어전에 나타난 셋째 부마는 괴상망측한 요괴가 아니라 준수한 미남자로 온갖 행동거지가 세련되고 예의바른 상국의 사신 같았기에 모두가 호의로 대하였다.

국왕 또한 조금 전까지 온갖 의혹과 공포감에 젖어 있었으나 막상 보니 세상을 구제할 만한 큰 인재로 여겨져 안심하고 몇 가지를 물었다.

"그대는 어디서 살고 있으며, 공주와 어떻게 짝을 지었고, 왜 오늘에야 찾아오게 되었는고?"

"저는 이곳에서 동쪽으로 삼백 리가량 떨어진 완자산 파월동에 살고 있습니다. 저는 본시 사냥을 좋아했는데, 13년 전 어느 밤, 가동 수십 명을 데리고 사냥을 하다가 얼룩호랑이 한 마리가 잔등에 어여쁜 처자를 업고 지나치는 것을 보고 그 호랑이를 쓰러뜨리고 처자를 구해 집으로 와 아내를 삼았습니다. 아내는 두 아들을 낳고 13년을 같이 사는 동안 자신이 보상국 공주라는 말은 한 마디도 하지 않았습니다. 그런데 제 아내를 업고 왔던 그 호랑이가 알고 보니 영물로 서천으로 경을 가지러 가는 취경인을 잡아먹고 성승으로 변모하여 이곳에 왔다는 소문을 들었습니다. 저는 비로소 제 아내에게서 보상국의 셋째 공주라는 사실을 듣고, 또 당승으로 변모한 얼룩호랑이를 잡고자 여기까지 와 폐하를 뵈옵는 것입니다. 제가 폐하 옆에 있는 저 당승의 실제 모습을 보이겠습니다."

황포귀는 물 한 모금을 입에 물고 삼장에게 뿜었다. 그러자 이때까지 점잖게 앉아 있던 당승이 얼룩호랑이로 변모하여 날뛰는 것을 황포귀가 냉큼 잡아 쇠채롱에 가두어버렸다. 그러자 국왕은 그에게 성대한 잔치를 베풀었다.

황포귀는 국왕으로부터 성대한 잔칫상을 받다 보니 한나절이면 파월동으로 돌아간다는 약속을 까맣게 잊어버리고 궁궐에서 마련해 준 은안전銀安殿에 눌러앉아 열여덟 궁녀들과 더불어

풍악과 가무를 즐기며 술을 들고 마음껏 놀았다.

그러나 술은 지나치면 탈이 나는 법, 밤 삼경이 지날 무렵 그토록 예의바르던 부마는 요괴로 본모습을 나타내고 가장 가까이에서 술을 따르던 궁녀를 머리에서부터 한입에 잡아먹고 말았다. 이에 부마가 요괴라는 사실이 밝혀졌으나 궁궐 안의 어느 누구 하나 무서워 손쓸 재간이 없었다.

한편, 삼장법사가 셋째 공주를 잡아간 호랑이고, 그 호랑이를 셋째 부마가 냉큼 잡아 쇠채롱에 가두었다는 소문을 들은 마구간의 백마는 불현듯 섬뜩한 생각이 들었다. 이는 황포괴의 농간이라 생각하여 그를 응징하고 사부님을 구하고자 본모습인 용으로 변신하여 황포괴가 있는 은안전에 들어가 격전을 벌였으나 상처만 입고 연못 속에 숨어 있다가 지친 몸을 이끌고 마구간으로 돌아올 수밖에 없었다.

그때 저팔계가 터덜터덜 걸어 들어와 혼자만 살겠다고 보따리를 훔치고 백마를 타고 내빼려다 사람 말하는 백마에게 붙들려 일장 훈계를 듣고 그의 말에 따라 손오공을 부르러 화과산에 갈 수밖에 없었다.

저팔계는 수많은 원숭이들의 존경을 받으며 화려한 생활을 하고 있는 손오공을 만나자 백마가 알려 준 지혜대로 일을 꾸몄다.

"사부님이 매일같이 형님을 생각하고 그리워하시면서 나보고 데려오라고 해서 왔어."

"오느라 고생했다. 이왕 온 김에 나와 같이 천천히 즐기며 놀다 가거라."

손오공은 한시가 급해 애걸복걸하는 저팔계를 억지로 붙들어 앉히고 화과산의 경치를 한바탕 구경시켜 주었다. 저팔계는 천하제일의 명산이라며 칭찬하고는 스승께 가자고 다시 졸랐다. 그러나 손오공은 단호히 거절했다. 그동안 힘써 부흥시켜 온 화과산을 두고 중이 되고 싶지 않고, 자기 말을 믿지 않는 스승도 싫다는 것이었다.

저팔계는 어쩔 수 없이 백마에게라도 이러한 사정을 알려야 될 것만 같아 손오공과 헤어질 수밖에 없었다. 저팔계는 홀로 쓸쓸히 손오공에게 간다 온다 말 한마디 없이 보상국으로 가기 위해 터덜터덜 발걸음을 옮기며 씨부렁거렸다.

"그래, 너 혼자 잘 처먹고 실컷 즐겨라! 사오정이 황포괴에게 잡혀먹고 백마가 피땀 흘려 쓰러지고 사부님은 호랑이가 되어 쇠채롱에 잡혔거늘. 그래, 너 혼자 잘 살아라! 나도 보따리나 챙겨 옛집 장인께 가련다. 이 원숭이 필마온, 퉤!"

저팔계는 혼잣말하다 흥분하여 뒤돌아서서 침을 뱉었다. 그런데 마침 손오공이 부하들과 함께 그곳에 있었다. 그는 다시 끌려들어가 손오공 어전에 꿇어 엎드렸다.

손오공은 여의봉을 치켜들고 수하 대장급 원숭이들을 배열한 채 옥황상제의 재판장처럼 엄숙히 물었다.

"네가 하는 말을 죄다 들었다. 사실대로 이실직고하라! 한마디라도 사실을 빼거나 보태어도 아니 된다. 그땐 이 여의봉이 네 대가리 위에서 춤을 출 테니 그리 알라! 이제 사실을 말해 보라!"

이쯤 되자 저팔계는 사실을 실토할 수밖에 없었다. 황포괴와 싸울 때 자기가 슬그머니 내뺀 사오정이 잡힌 일, 그 황포괴에게 삼장이 호랑이가 된 이야기, 백마가 황포괴를 잡으려 용으로 변신했다가 상처 입은 일 등등 온갖 사건을 자세히 설명하고 백마가 들려 준, "사형은 인의仁義가 있는 군자다. 군자는 구악을 생각지 않는다 했으니, 틀림없이 사부님을 구출하러 올 것이다" 라는 말까지 하고는 고개를 떨어뜨렸다.

손오공은 원숭이들을 불러모아 놓고 말했다.

"이 손오공이 당승의 제자라는 것은 천상천하에 모르는 이가 없다. 당승은 나를 아주 쫓아버린 것이 아니라 잠시 집을 돌보라는 것이었다. 너희들은 이 고을을 잘 지키고 향토의 발전에 더욱 힘써라. 이제 나는 다시 당승을 지키며 경을 얻으러 가겠노라. 공이 이루어진 뒤에는 너희와 함께 즐길 것이다."

손오공은 저팔계와 함께 구름에 올라 화과산 수렴동을 떠났다. 그리고 동양대해를 건널 적에 잠시 내려 몸을 깨끗이 씻고 돌아와 황포괴의 집, 파월동에 내려 공주를 만나 사오정의 결박을 풀어 주게 한 후, 요괴의 두 아이를 외할아버지한테 데려간다며 납치하여 저팔계와 사오정에게 주며 계략을 말했다.

"너희 둘은 보상국 금란전으로 가 문무백관들이 배열한 백옥계에 이 두 아이들을 내던져 죽여버리고, '황포괴의 두 아들, 요괴의 아들이니라!' 하고 외치면 황포괴가 사실인지 확인코자 이곳으로 돌아올 것이다. 그러면 그때 내가 처치하고 공주를 데려 갈 테니 그리 알라!"

저팔계와 사오정은 손오공의 명대로 아이들을 데리고 성을 향해 떠났고, 손오공은 탑문으로 걸어 들어가 공주를 설득하여 달래고 숨어 있게 한 뒤, 자신이 공주로 변했다.

한편, 보상국에 온 저팔계와 사오정은 구름 위에서 두 아이를 내동댕이쳐버렸다.

"이 두 아이는 황포괴의 아들들이다. 나 저팔계와 사오정 둘이서 잡아왔다. 황포괴야, 들리느냐?"

황포괴는 술에 취해 은안전에서 잠자고 있다가 자신을 부르는 소리에 깨어 일어나 구름 위를 보니 저팔계와 사오정이었다.

'사오정은 분명 집에 묶어 두었는데 어떻게 저길 왔는가? 아들들은 또 무슨 이야기인가? 일단 집으로 돌아가 형편을 알아보고 다시 와도 늦지 않을 것이다. 분명 내 아들들인지도 확인할 일이다.'

그렇게 생각한 황포괴는 즉시 완자산 파월동 집으로 돌아왔다.

동굴 안에서 공주로 변신한 손오공은 요괴가 돌아오자 눈물을 흘리고, 저팔계가 사오정을 구출하러 왔다가 우리 아이들까지 데려갔는데, 살았는지 죽었는지 몰라 가슴이 답답해 죽겠다며 고통을 호소했다.

황포괴는 보상국에서 하룻밤 자고 온 것을 후회하는 한편, 공주를 달래기에 여념이 없었다.

"울지 마시오. 아들들은 이미 죽었지만 당신이 있으니 다행이 구려. 아픈 가슴은 내가 지니고 있는 보배로 문지르면 금방 나을 것이오."

황포괴는 입속에 숨겨 둔 보배를 토해냈다. 그것은 달걀 크기의 사리舍利로서 영생불멸, 상처를 입지 않는 천상의 내단內丹이었다.

손오공은 그것을 받아들자 아픈 가슴을 문지르는 체하면서 재빨리 입속에 넣고 꿀떡 삼켜버렸다. 요괴가 격분하여 칼을 집어들려 하자 자기의 본상을 드러내고 여의봉을 휘둘렀다.

"이 천하에 고얀 요괴놈, 나를 똑똑히 보아라! 내가 당승의 수제자 손오공이니라, 이놈아!"

둘은 구름 위에 올라 오십여 합을 싸우고, 손오공이 결정적으로 기회를 잡아 황포괴의 정수리를 정통으로 내리쳤다. 그러자 그 순간 요괴는 흔적도 없이 사라졌다. 이에 손오공은 그자가 천계에서 내려온 요정이라 단정하고 천궁에 올라 옥황상제를 뵈었다.

옥황상제는 황포괴가 이십팔수 중의 하나인 규성奎星임을 밝히고, 금패를 빼앗고 도솔궁으로 내쫓아 태상노군의 불을 때는 심부름꾼으로 삼았다.

손오공은 옥황상제의 처리에 만족하고 완자산 파월동으로 내려왔다. 그리고 그때까지 골방에 숨어 있던 백화공주를 찾아내어 보상국의 왕에게로 나아가 전말을 보고하고, 얼룩호랑이로 변한 스승님을 만나 진언을 외우고 물을 뿌려 다시 사람으로 되돌아오게 하였다.

　보상국의 국왕은 크게 잔치를 열고 많은 예물을 내렸으나 삼
장 일행은 그 모두를 사양하고 사제가 다시 애틋한 정을 나누
며 서천을 향하여 힘차게 나아갔다.

금각대왕과
은각대왕

어느덧 세월은 흘러 또 봄이 되었다. 삼장 일행은 평정산平頂
山 연화동蓮花洞에 이르렀는데, 그곳에는 천궁의 태상노군의 동
자 두 놈이 보배를 훔쳐와 하계에서 금각대왕金角大王과 은각대
왕銀角大王 노릇을 하며 온갖 악행을 저지르다가 삼장법사 일행
에 대한 소식을 듣고, 그들을 잡으려고 계획을 세우고 있었다.

그 첫 번째로 걸려든 화상이 저팔계였는데 저팔계는 자진하

여 평정산을 살펴보러 갔다가 은각대왕에게 잡혀 털이 뽑히고 젓갈을 담그는 정수지淨水池의 물속에 던져졌다.

삼장 일행은 저팔계가 어느 숲속에서 잠자고 있으리라 생각하여 길을 재촉하다가 다리를 다친 노인으로 변한 은각대왕에게 걸려들었다. 삼장은 숲속에서 살려달라는 노인의 소리를 듣고 그를 구제하기에 이른다.

"거기서 난을 만난 분은 누구시오? 이리 나오십시오!"

그러자 한 노인이 풀숲에서 기어 나와 머리를 꾸벅하며 절을 하였다. 삼장은 재빨리 말에서 내려 그를 부축해 일으켰다. 노인은 몸을 움직일 때마다 비명을 지르며 피가 주르륵 흐르는 다친 다리를 내보였다. 그리고 자신은 산 서쪽의 관우觀宇에 있는 도사인데 호랑이에게 잡혀가다 가까스로 도망쳤노라 했다. 이 가짜 도사의 말을 삼장은 진심으로 받아들였으나 손오공은 그 자가 요괴임을 알았다. 그러나 스승님이 지극 정성으로 호의를 베푸니 뭐라 말을 할 수도 없어 가만히 지켜보기로 하였다.

그자는 말에 탈 수도 없고 사오정의 험악한 인상은 무서워하며 유독 손오공에게 업히고자 하였다.

"오공아! 네가 이분을 업어다 모셔라."

"네, 그렇게 하겠습니다. 제가 업고 가지요."

그 산은 기복이 심하고 골짜기와 언덕이 많았다. 손오공은 천천히 걸어 스승과 사오정을 먼저 보낸 후 적당한 곳에서 요괴를 죽이고자 기회를 엿보고 있었다. 그러나 등에 업힌 은각대왕 또한 손오공의 심사를 꿰뚫어보고 먼저 선수를 쳐 산을 옮기는 법술을 쓰기로 마음먹었다.

우선 손오공의 등에 업힌 채 진언을 외워 수미산須彌山을 불러왔다. 그리고 그것을 공중으로부터 곧장 내려 눌러 손오공을 그 밑에다 깔아버리려고 했다. 손오공은 순간 머리를 피하고 내려오는 수미산을 왼쪽 어깨로 받으며 빈정댔다.

"요런 망할 자식! 네놈이 중신법重身法으로 이 손오공을 눌러 죽일 작정인가 보구나. 좋다, 내가 메어 줄 테다."

은각대왕은 산 하나로는 안 되겠다 싶어 또 진언을 외어 아미산峨彌山을 불러왔다. 손오공은 그것마저 머리를 피하고 오른쪽 어깨로 받아버리고 달음질치듯이 앞서간 삼장을 쫓아갔다.

당황한 은각대왕은 최후로 태산泰山을 불러 손오공의 머리를 향해 힘껏 내던졌다. 손오공은 이번에는 미처 피하질 못하고 주저앉고 말았다.

손오공을 잡아둔 은각대왕은 바로 삼장을 뒤쫓아가 구름 위에서 손을 뻗쳐 말과 함께 삼장을 낚아챈 후, 사오정마저 한쪽 겨드랑이에 끼고는 일진 바람을 일으켜 연화동으로 돌아갔다.

"형님, 이 중놈들을 몽땅 쓸어왔소!"

상좌에 앉아 있던 금각대왕은 일행을 한번 쓱 보고는 고개를 흔들었다.

"손오공을 잡지 않고는 당승을 먹을 수 없다는 것을 모르는 것이냐?"

"원, 형님도! 그 자식이라면 이미 잡아 붙들어 놓았지요. 큰 산을 세 개나 불러다가 눌러 놓았으니 우리의 보배, 자금홍호로와 양지옥정병을 작은 요괴 두 놈에게 주어 담아 오라 하면 되지 않겠소?"

"그래, 그게 좋겠다. 얘들아, 주안상을 마련하고 물에 담가둔 저팔계 놈도 끌어 내와라! 아주 잘 불렸을 것이다."

그리고 금각대왕은 가장 믿음직한 두 작은 요괴, 정세령과 귀리충을 불러 자금홍호로와 양지옥정병을 내어주며 명했다.

"너희 둘은 이 보배를 가지고 태산과 수미산, 아미산에 눌려 있는 손오공에게 가 거꾸로 잡고 '손오공!' 하고 불러라. 그자가 대답을 하기만 하면 보배 속으로 흡수될 것이니, 곧바로 태상노군의 급급여율령 봉칙첩奉勅帖을 입구에 붙이도록 하라. 그러면 그놈도 한 시간 정도 지나면 녹아서 물이 될 것이다."

두 요괴는 명령을 받자 보배를 집어 들고 손오공 있는 곳으로 달려갔다.

한편, 손오공은 은각대왕의 마법에 걸려 산더미에 눌린 채 사부님을 생각하고 괴로운 나머지 "동토의 대당 삼장법사님, 어디 계십니까? 제천대성 이 손오공 태산에 눌려 움직일 수 없나이다. 취경인이여, 어찌하오리까?" 하고 소리쳐 울부짖었다.

그 소리에 깜짝 놀란 산신과 토지신, 오방게체 및 여러 신들이 달려왔다. 그들은 이미 천궁을 어지럽혔던 제천대성 손오공이 정과에 귀의하여 당승의 제자가 되었다는 것을 알고 있었기에 아무리 은각대왕의 명이라 해도 그대로 있을 수 없어 산을 제각기 원래의 장소로 돌려놓고 손오공 앞에 꿇어 죄를 빌었다.

풀려난 손오공은 여의봉을 늘려 잡고 누구 맘대로 산을 움직이는가 하고 호통쳤다. 그러자 여러 신들은 부들부들 떨며 손이 발이 되게 빌면서 말했다.

"저 연화동의 요괴 둘은 금각대왕, 은각대왕이라 불리는데, 신통광대하기 그지없고 법술 또한 세고 강하여 진언의 주어를 외워 저희들을 종 부리듯 합니다."

그 말에 손오공은 하늘을 우러러 분통을 터뜨렸다.

"하늘이시여! 천지개벽 이후로 이 손오공 하나만 화과산에 낳았으리라 믿고 있었건만 어찌 요괴들에게도 큰 재주를 주시어 산신, 토지신들을 불러 제 종으로 삼게 하시나이까? 하늘이시여, 이 손오공 이외에 어찌 또 이런 놈을 낳았나이까?"

이처럼 탄식하노라니 저 멀리 산모퉁이에서 붉은 연기가 피어오르며 이쪽으로 다가서는 자들이 있었다. 그러자 산신과 토지신이 말했다.

"저것은 요괴의 보배에서 나오는 빛입니다. 아마도 보배로 대성님을 잡아들이려 하나 봅니다."

손오공은 그들로부터 연화동의 동정을 자세히 듣고 돌려보낸 후 일신 진인도인眞人道人으로 변했다.

손오공은 길가에 앉아 있다가 여의봉을 갑자기 내밀어 작은 요괴 두 놈을 벌렁 넘어뜨리고 '노인에게 하는 인삿돈'이라 했다. 그리고 '봉래산에서 온 신선'이라며 자신을 소개했다. 그러자 두 놈은 무릎을 꿇어 엎드리며 몰라 뵈어 죄송하다고 용서를 청했다.

"이제라도 알았으면 됐다. 내가 오늘 이 산에 온 것은 내가 지닌 도를 전수해 줄 마땅한 인재를 구하기 위함이니라. 누구 내 제자가 될 사람은 없겠느냐?"

"사부님, 제가 됩지요."

두 놈은 다투어 서로가 신선의 제자가 되고자 하였다.

"그런데 너희들은 연화동에서 온 듯한데 그 호로와 정병을 들고 어딜 가느냐?"

"대왕의 명으로 손오공을 잡으러 갑니다. 이 보배를 거꾸로 쳐들고 그자의 이름을 불러 그자가 대답하면 이 속으로 흡수되어 버립니다. 그런 후 태상노군의 첩지를 붙여 놓으면 그자는 이 속에서 물이 되어 버립니다."

손오공은 내심 놀랐으나 그까짓 것은 별게 아니라며 자신은 하늘을 넣을 수 있는 호로가 있다 했다. 그들이 보여 줄 수 있느냐 하자 손오공은 뒤꽁무니 털을 뽑아 저들이 가지고 있는 호로보다 조금 큰 자금홍호로를 만들어 보여 주었다.

그들은 이리저리 살펴보고는 매우 신기한 듯 여겼다. 그리고 자신들 앞에서 실험해 보이면 자신들 것과 바꿀 수 있다고 했다.

손오공은 그들의 요구대로 실험해 보이기로 하여 일유신·야유신·오방게체 등을 불러 천계로 올라가 옥황상제에게 잠시 하늘을 빌려달라고 청하게 했다. 옥황상제는 일월성신을 잠시 가려 놓는 정도로 손오공의 요구에 응했다.

손오공이 호로를 하늘을 향해 받쳐 들고 주문을 외우는 척하자 갑자기 천지가 깜깜해졌다. 요괴들은 그 보배의 엄청난 가치를 완전히 믿어 서슴지 않고 자신들의 것과 바꿨다.

손오공은 진짜 호로와 정병을 받아 쥐고 자신의 것을 내주었다. 그리고는 남천문에 달려 올라가 도와준 데 대한 감사의 인사를 올리고 구름 위에 서서 작은 요괴들의 행동거지를 살폈다.

두 작은 요괴는 손오공의 가짜 호로를 귀한 보물로 여겨 여기저기 살펴보느라 방금까지 있던 신선이 없어진 것도 눈치 채지 못하였다.

"형님, 신선이 없어졌네!"

"그러게. 어디 갔을까? 보배를 바꾸고 우리를 제자로 받아들이기로 해놓고서 왜 사라졌을까?"

두 요괴는 이상한 생각이 들어 하늘을 담았던 호로를 직접 실험해 보기로 하여 하늘을 향하여 주문을 외워 보았다. 그러나 하늘은 멀쩡했다. 그래서 이번에는 사람을 바꾸어 신선이 가르쳐 준 주문을 외우고 호로를 하늘로 던져 보았으나 그대로 뚝 떨어져 내려왔다. 몇 번이고 이리저리 해보아도 모두가 허탕이었다. 그때 손오공이 구름 위에서 그들의 하는 짓을 모두 보다가 이쯤에서 호로의 털을 거두어 제자리에 꽂아버렸다.

"어, 이게 어떻게 된 거야? 네가 가져갔냐? 방금 전까지 있던 것이 왜 보이지 않지?"

작은 요괴 두 놈은 어찌할 바를 몰라 땅바닥을 두드려 보고, 풀숲을 헤쳐 보고 옷을 모두 벗어서 일일이 뒤집어 보았으나 모두가 허사였다.

그들은 도망친들 갈 곳이 없고 맞아 죽는 한이 있더라도 연화동으로 돌아갈 수밖에 없었다. 그리하여 무거운 발걸음을 옮기기 시작했다. 공중에서 이를 지켜보던 손오공은 파리로 변신하여 그들 뒤를 쫓았다.

얼마를 가자니 연화동의 동문을 들어섰다. 두 대왕은 술을 마시다가 두 작은 요괴 정세령과 귀리충이 들어오는 걸 보았다.

"수고했다. 그래, 손오공은 잡아왔느냐?"

둘은 할 말을 잃고 땅바닥에 넓죽 꿇어 엎드렸다. 손오공은 재빨리 창문으로 날아가 모서리에 붙어 앉아 상황을 지켜보았다.

"저희들을 죽여 주십시오. 입이 있어도 할 말이 없습니다."

하지만 대왕의 성화에 그들은 신선을 만난 일, 하늘을 담은 호로, 대왕들의 호로와 정병을 바꾼 일, 사라진 신선 등을 소상히 아뢴 후 죽을죄를 빌었다.

두 대왕은 손오공이 신선으로 변신하여 보배를 맞바꿔 갔다는 것을 알았다. 은각대왕이 분격하며 자기가 그놈을 다시 잡겠다고 큰소리를 탕탕 쳤다.

"어떻게 잡겠단 말인가?"

금각대왕이 물었다.

"형님, 우리 보배 다섯 가지 중에 세 가지가 아직 남아 있습니다. 칠성검과 파초선芭蕉扇은 이곳에 있고, 황금승은 압룡동의 어머니에게 맡겨 두었습니다. 마침 어머니에게 당승의 고기 맛도 보시게 할 겸 황금승도 가져오시게 하여 손오공을 잡겠습니다."

은각대왕은 작은 요괴 두 놈을 쫓아버리고 항상 자기를 수행하는 파산호와 의해룡 두 놈을 불러 단단히 주의를 주고 압룡동 어머니께 보냈다.

손오공도 성큼 날아 파산호의 어깨 위에 앉았다. 그렇게 십여 리를 갔을 즈음 눈앞에 검은 숲으로 둘러싸인 집이 나타났다.

이곳이 목적지임을 안 손오공은 변신하여 여의봉으로 두 놈을 눈 깜짝할 사이에 묵사발을 만들어 풀숲 깊은 곳에 감춰 놓고 자기 몸털 한 가닥을 뽑아 방금 자기가 죽인 파산호로 변신시켰다. 그리고 자신은 의해룡으로 변하여 은각대왕의 어머니, 늙은 노마님을 뵈었다.

"마님, 그간 편안하셨습니까? 저희는 연화동 두 분 대왕님의 분부를 받잡고 마님을 모시러 왔습니다. 마님께 당승의 고기 맛도 보시게 하고, 손오공을 잡기 위해 황금승을 가지고 오십사 하셨습니다."

"저런 착하기도 하지. 과연 효성스러운 아들들이로다!"

노괴는 기뻐 소리치고 가마를 준비케 했다. 명이 떨어지기 무섭게 여괴 둘이서 향등교를 문 밖에 대령하고 황금승을 든 노괴가 가마에 오르자 가마를 메고 빠른 걸음으로 걷기 시작했다.

한 오 리쯤 왔을 무렵, 여괴 둘이 잠시 쉬기 위해 가마를 내려 놓았다. 이 기회에 손오공은 여의봉을 꺼내들고 여괴 둘을 번개

같이 없애버렸다. 그리고 가마를 들치고 노괴마저 박살낸 후 황금승을 소매 속에 잘 간수했다.

노괴의 시체를 끌어내고 보니 그것은 꼬리가 아홉 개 달린 여우, 구미호九尾狐였다. 손오공은 그 시체들을 풀숲 깊숙이 처박은 후, 털 두 가닥을 뽑아 파산호와 의해룡을 만들고, 또 두 가닥으로는 가마꾼 둘을 만들고 자신은 노마님으로 변신하여 가마에 도사리고 앉았다. 얼마 후 연화동에 도착한 노마님은 두 아들의 영접을 받으며 상좌에 앉았다.

그런데 대들보에 매달려 있던 저팔계가 갑자기 껄껄 웃었다. 사오정이 깜짝 놀라 말했다.

"곧 삶아 죽을 판에 웬 웃음이야!"

"어미 노괴가 오면 곧장 삶아 먹혀 죽는가 했더니, 어머니가 아니고 사형이 왔어!"

"그것을 어떻게 알아?"

"허리를 굽힐 때 뒤에서 원숭이 꼬리가 꿈틀거렸거든. 내가 너보다 높이 매달려 있기 때문에 자세히 볼 수 있었단 말이야!"

"어쨌든 잠자코 있어. 무슨 말을 하나 잘 들어봐!"

노마님으로 변한 손오공은 상좌에 자리잡고 앉아 말했다.

"애야, 내가 아까 들으니 당승의 고기 맛을 보인다고 하던데 듣기엔 당승의 고기보다 저팔계란 놈의 귀가 제일 맛있다고 하더라. 먼저 그것을 도려내어 술안주로 삶아 주지 않겠니?"

그 말에 저팔계는 깜짝 놀랐다. 대들보에 매달린 채 펄쩍펄쩍 뛰면서 이를 부드득 갈고 중얼거렸다.

"저런 염병할, 썩어 문드러질 놈 좀 보소. 그래, 원숭이새끼 네 놈이 내 귀를 도려내러 왔단 말이지. 허 참, 미치겠네. 그렇다고 여기서 소리치고 떠들어 댈 수도 없으니."

밑에 매달려 있는 사오정이 제발 좀 진정하라며 속삭였다.

이때 산을 순찰 돌던 작은 요괴와 문을 지키던 여러 요괴들이 가쁜 숨을 몰아쉬며 와르르 달려 들어왔다. 그들은 숨도 제대로 쉬지 못하고 너무나 흥분해 말도 잘 나오지 않았다.

"저, 저…… 저놈이, 대왕! 소…… 손오공이 노마님을 죽이고 제 스스로 노마님이 되어 저기…… 저기 있……."

이에 눈이 뒤집힌 은각대왕이 불문곡직하고 칠성검을 찾아 휘두르려는 순간, 손오공은 몸을 한번 획 젖히고 동굴 안을 붉은 빛으로 가득 차게 한 후 허공으로 날아올랐다.

가까스로 정신을 차린 은각대왕은 갑옷과 투구를 내오라 하여 단단히 떨쳐입고, 보검을 손에 쥔 채 구름을 타고 올라 손오공과 맞서 싸웠다.

은각대왕은 보검을 휘두르고 손오공은 여의봉으로 이를 받으며 삼십 합이나 싸웠으나 좀처럼 승부가 나지 않았다.

손오공은 문득 '내가 저놈의 보배를 세 개나 가지고 있는데 이렇게 힘들여 싸울 필요가 없지. 황금승으로 저놈의 머리를 채워버리는 것이 좋을 것이다'라고 생각했다.

손오공은 여의봉으로 적의 보검을 가로막으면서 한 손으로 황금승을 꺼내들고 은각대왕의 머리를 향해 정조준하여 힘껏 던졌다. 그것은 정통으로 은각대왕의 머리를 걸어버렸다.

그러나 이 황금승을 쓰는 데는 금줄로 목을 얽는 긴승주緊繩
呪와 얽힌 줄이 풀리는 송승주鬆繩呪의 주문이 있다는 것을 손
오공은 미처 몰랐다. 남에게 걸 때는 긴승주를 외워서 풀리지
않도록 하고, 자기가 걸렸을 때에는 송승주를 외워 몸이 상하
지 않도록 해야 한다.

은각대왕은 자기의 보배이므로 송승주를 외워 즉시 빠져 나
와 이번에는 손오공에게 던져 긴승주를 외워 단단히 옭아버
렸다. 손오공은 온갖 변화를 부려 몸을 빼내려고 했으나 소용이
없었다.

은각대왕은 손오공의 몸을 뒤져서 호로와 정병을 찾아내고
그를 끌고 동문에 들어서며 큰소리쳤다.

"형님, 이놈 실력도 별 게 아니던데. 형님은 뭐 그리 신통광대
하다고 벌벌 떨고 그러시오."

금각대왕도 손오공이 잡힌 것을 보자 기뻐서 어쩔 줄 몰라
했다.

"장하다, 아우야! 그놈을 기둥에 묶어 두고 축하연을 벌이자!
이제는 아무 근심 걱정 없이 참말로 신나는 일만 남았다."

두 대왕은 작은 요괴들에게 손오공을 기둥에 묶어 두라 이르
고 안으로 들어가 승리에 찬 환담을 나누며 왁자하게 술을 마
시기 시작했다.

대들보에 매달린 저팔계는 손오공이 붙잡혀 기둥에 묶이는
것을 보고 낄낄 웃으면서 말을 건넸다.

"형님, 내 귀 삶은 것이 술안주로 맛있다고 하더니 영영 못 잡

숫게 됐수다!"

"미련 맞은 소리 작작하고 잠자코 있어. 내가 곧 나가서 구해 줄 테니, 요괴놈들이 나타나는지 망이나 잘 보도록 해."

손오공은 안팎으로 술 마시기에 여념이 없는 요괴들의 왕래가 뜸해지자 몸을 이리저리 뒤척이다 간신히 두 팔을 자유롭게 움직일 수 있게 되었다. 손오공은 먼저 여의봉을 귓속에서 꺼내어 강철의 줄칼로 변화시켰다. 그리고 자기 목을 조르고 있는 금줄에 칼질을 하여 가까스로 황금승에서 빠져 나왔다. 물론 가짜 손오공을 만들어 놔두는 것도 잊지 않았다. 그리고는 은각대왕을 수발드는 작은 요괴로 변신하여 대왕들의 술좌석으로 가서 알렸다.

"대왕님, 저 기둥에 묶인 손오공이 사지를 흔들고 비틀며 황금승을 끊어버리려 하고 있습니다. 좀더 튼튼한 줄로 바꿔야 되겠습니다."

그러자 금각대왕이 허리에 두르고 있던 사만대獅蠻帶를 풀어서 주었다. 이에 손오공은 미소를 지으며 가짜 손오공을 사만대로 묶어 두고 또 하나의 가짜 황금승을 만들어서 대왕에게 갖다 주고 진짜는 자기 소매 속에 보관했다. 그리고는 밖으로 빠져 나와 요괴들에게 버럭 소리치며 "자행손者行孫이 형님을 구하러 왔노라!" 하고 호령했다.

술을 마시던 대왕들은 깜짝 놀라 서로 쳐다보며 의아하게 여겼다.

"형님, 겁낼 것 없소. 내 당장 나가서 호로 속에 그놈을 잡아

넣어 오겠소."

은각대왕이 호로를 챙겨들고 달려 나와 자행손을 불렀다. 하지만 가짜 이름이니 괜찮을 거라 생각하고 대답한 손오공은 그만 호로 속으로 흡수되는 꼴이 되었다.

손오공은 일전도 치러보지 못하고 또다시 잡혀 한 시각만 되면 물이 되어버린다는 호로 속에 갇히는 신세가 되었다.

은각대왕은 의기양양하게 호로를 가지고 와 식탁 위 한 편에 놓고 금각대왕과 희희낙락하며 술을 마셨다. 손오공은 골똘히 생각하다가 가짜 자행손을 만들어 놓고 자신은 조그만 하루살이로 변신하여 뚜껑에 붙어 있었다.

얼마 후 두 대왕이 시시덕거리며 뚜껑을 열고 들여다보는 순간, 휙 하고 밖으로 날아 나왔다.

금각대왕은 아직 덜 녹았으니 조금 더 기다리자며 술잔을 기울였다. 이때 손오공은 대왕이 신임하는 요괴, 의해룡으로 변신하여 시중드는 체하면서 가짜 호로를 만들어 그 자리에 놓고 진짜는 자신의 소매 속에 넣으면서 그들 곁을 슬며시 피해 나왔다. 그리고 동굴 밖으로 빠져 나와 본래의 모습을 드러내고 또다시 요괴들에게 소리쳤다.

"이 괴물들아! 문을 열어라! 여기 행자손이 왔노라!"

보고를 받은 금각대왕은 매우 놀라 들던 술잔을 놓쳐 버렸다.

"아우, 이게 어찌된 일인가? 손오공은 황금승으로 잡아 사만대로 묶여 있고, 그 아우라는 자행손은 호로 속에서 녹고 있는데, 또 행자손이란 놈은 누구란 말인가?"

"누구건 간에 걱정할 필요 없습니다. 내 이 호로는 천 명이라도 담을 수 있습니다. 행자손쯤 무얼 겁내십니까? 제가 나가서 그놈도 함께 담아 가지고 오겠습니다."

은각대왕은 상 위에 놓여 있던 가짜 호로를 집어 들고 으쓱대며 밖으로 달려나갔다.

"네놈은 누구이기에 이렇게 소란을 피우느냐?"

"나는 천궁을 소란케 한 화과산 수렴동의 행자손 어른이시다. 지난날의 잘못을 뉘우치고 동토 당승의 수제자로서 서천으로 경을 얻으러 가는 길이다. 네놈이 잘못을 빌고 우리 사부님과 아우들을 순순히 내놓는다면 용서해 주겠지만, 대항한다면 내가 가지고 있는 호로 속에 너를 가둘 것이다!"

손오공이 호로를 번쩍 들어보이고는 다시 소매 속에 집어넣자 은각대왕은 눈을 휘둥그레 뜨고 정색을 하며 물었다.

"그 호로는 어디서 난 것이냐? 어떻게 내가 가지고 있는 호로와 똑같단 말이냐?"

손오공은 호로의 내력을 알 까닭이 없어 이참에 그 내력을 알기 위해 선수를 쳤다.

"네가 가진 호로의 내력부터 말하라!"

은각대왕은 공연히 우쭐해서 순순히 호로의 내력을 말하기 시작했다.

"이 호로는 하늘과 땅이 처음 열리던 천지개벽 때에 태상노조太上老祖라는 어른이 여와女媧라는 이름으로 다시 태어나 돌을 빚고, 또한 하늘의 미진함을 보태시어 인간세계를 구하고자 하셨을 때, 하늘에 이르는 곤륜산 기슭에서 선등仙藤나무에 달려 있는 자금홍호로를 발견하셨다. 그때부터 태상노군께서 오늘날까지 지녀 오신 것이다."

이 말을 듣자 손오공은 좋은 꾀가 떠올랐다.

"내 호로도 네가 가진 것과 같은 것이다. 다만, 네가 모르는 게 하나 있다. 본디 선등나무에는 두 개의 호로가 달려 있었다. 내가 얻은 것은 수컷이고, 네가 가진 것은 암컷이니라. 이놈아!"

"암컷이든 수컷이든 중요한 것이 아니다. 누가 먼저 호로 속에 잡아넣느냐에 따라서 보배의 진가가 밝혀질 것이다."

은각대왕은 솟구쳐 올라 먼저 "행자손!" 하고 이름을 크게 부르니, 손오공은 일고여덟 번도 더 대답을 해주었다.

은각대왕은 호로를 이리저리 흔들기도 하고 발을 동동 구르며 "이럴 수가! 보배도 암컷이 수컷 앞에서는 꼼짝 못하는 것인가……" 하며 의아해하였다.

이에 손오공이 피식 웃으면서 근두운으로 허공에 올라 "은각대왕!" 하고 부르니, 은각대왕은 설마 하면서 얼떨결에 대답을 해버렸다. 그러자 은각대왕은 손오공의 호로 속으로 빨려 들어가고 말았다. 이에 손오공이 태상노군의 봉칙첩마저 붙여 요괴 은각대왕의 운명은 거기서 끝이었다.

손오공은 흐뭇한 미소를 지으며 구름에서 내려섰다. 호로를 이리저리 흔들며 살펴보니 물소리 같은 것이 들려오는 듯했다.

동문 안에서 그것을 지켜보던 작은 요괴 한 놈이 부리나케 금각대왕에게 급보를 전했다. 금각대왕은 안절부절못하다가 정신을 되찾고 아직 우리에게 있는 보배가 무엇이냐고 물었다.

"칠성검과 파초선, 그리고 정병이 있습니다."

"정병은 필요 없으니 내버려 두고 칠성검과 파초선을 내오너라."

금각대왕은 파초선을 허리띠 뒤에 꽂고 칠성검을 손에 들었다. 그리고 대소 요괴 삼백여 명에게 창이며 칼, 몽둥이 등 무기를 들게 하고 진세를 벌여 밖으로 나왔다.

"이 천하의 못된 원숭이놈! 우리 어머니와 아우를 죽이다니 참으로 원수로구나."

금각대왕은 격분하여 칠성검을 휘두르며 이십 합을 싸웠으나 힘이 달려 부하들에게 일시에 달려들라고 호령했다.

삼백여 작은 요괴들이 일시에 달려들자 손오공은 자신의 털을 한 주먹 뽑아 입에 넣고 잘강잘강 씹어서는 훅 뿜어 똑같은 손오공을 만들었다. 제각각 손에는 여의봉을 들고 요괴들을 철저히 응징했다.

금각대왕이 칠성검을 옮겨 쥐고 허리띠에 꽂아둔 파초선을 꺼내 동남쪽의 병정화丙丁火를 바라보며 휘익 부채질을 연거푸하니 천지에 시뻘건 불길이 맹렬히 타올랐다.

손오공은 재빨리 몸을 한 번 꿈틀하여 털을 모두 몸으로 거둬들였다. 그리고 한 가닥 털을 뽑아 가짜 손오공 하나를 만들어서 불길을 피해 달아나도록 꾸미고 자신은 근두운을 타고 솟구쳐 올라 스승 일행을 구하기 위해 연화동으로 갔다.

동문 안에는 패잔병 요괴 백여 명이 남아 있었다. 이에 그들을 모두 박살내버리고 안으로 들어서자니 금빛을 발하는 정병을 발견하여 소매 속에 간직했다.

손오공은 기쁜 나머지 스승 일행을 구하는 일은 잊어버리고 금각을 잡기 위해 동문을 나서다 칠성검과 파초선을 들고 오는 금각대왕과 딱 마주쳤다. 금각대왕은 다짜고짜 칠성검을 휘두르며 달려들었다. 당황한 손오공은 급히 근두운에 올라 사라졌다.

금각대왕이 안으로 들어와 보니 자기의 부하들이 모두 죽어 널브러져 있었다. 금각대왕은 그 자리에 주저앉아 땅을 치며 통곡했다. 조금 전까지만 해도 잔치를 벌이며 흥청망청 즐겁게 웃음꽃을 피웠건만 지금은 찬바람만 횡횡 불어왔다. 금각대왕은 혼자 앉아 있다가 돌침대에 기댄 채 그만 잠들어버렸다.

한편, 얼마간 시간이 흐른 뒤 손오공은 근두운에서 내려 동문을 들어섰다. 문은 활짝 열린 채 쥐죽은 듯 적막했다. 조금 더 안으로 들어서니 금각대왕이 돌침대에 기대어 쓰러져서 쿨쿨 코를 골고 있었다. 칠성검은 돌침대에 기대놓고 파초선은 어깨에서 떨어져 내려가려 하였다.

이에 손오공은 파초선을 낚아채어 밖으로 내달았다. 깜짝 놀라 깨어난 금각대왕은 칠성검을 집어 들고 손오공과 삼십여 합을 싸우다 지쳐 여자 요괴들이 있는 압룡동으로 도망쳤다. 손오공 또한 구름에서 내려 연화동으로 돌아가 스승과 저팔계, 사오정 등을 풀어 주고 서로가 얼싸안았다. 그리고 밥을 지어먹고 오랜만에 편한 잠을 잘 수 있었다.

다음 날 일찍 금각대왕은 압룡동의 대소 요괴들과 외삼촌 되는 호아칠대왕까지 대동하여 몰려왔다. 손오공은 보배를 품속 깊이 간직하고 사오정에게 사부님을 지키라 당부한 후 저팔계와 함께 동문을 나섰다.

손오공이 큰소리치며 덤벼드는 호아칠대왕을 맞이하여 오륙합을 대적하니 호아칠대왕은 꽁무니를 뺐다. 다시 달려드는 금각대왕과 결투를 벌이는 동안 저팔계가 뒷걸음질치는 호아칠대왕의 등짝을 쇠갈퀴로 내려쳐 잡았다. 그는 쇠갈퀴에 맞아 아홉 군데에서 피를 흘리며 죽어 나자빠졌는데 이리의 요괴였다.

그 광경을 바라본 금각대왕이 칠성검을 거두고 내빼려 하는 순간 손오공이 재빨리 구름을 타고 정병을 그에게 조준하여 "금각대왕!" 하고 외쳤다. 금각대왕은 살아남은 부하 요괴들이 부르는가 하고 얼핏 뒤를 돌아보며 대답을 해버렸고 순식간에 정병으로 흡수되어 버렸다. 이에 손오공이 태상노군의 첩지를 철썩 붙이는 것으로 상황은 끝이었다. 땅에 떨어진 칠성검 또한 손오공 차지가 되었다.

이로써 요괴 무리들을 완전히 소탕한 삼장법사 일행은 늦은 아침밥을 해먹고 행리와 백마를 수습하여 서천 길을 떠났다. 그들 일행이 사오 마장쯤 갔을 때 태상노군이 손오공을 구름 위에서 불렀다.

"손오공, 잘도 싸워 이겼구나! 이제는 내 보배를 내놓아라."

"무슨 보배를 말씀하시는 겁니까?"

"호로는 내 단을 담는 그릇이고, 정병은 물을 뜨는 그릇이며,

칠성검은 마魔를 단련시키는 것이다. 또한 파초선은 불을 붙이는 것이고, 황금승은 내 도포를 졸라매는 허리띠니라. 두 요괴 중 하나는 금로를 지키는 동자이고, 또 하나는 은로를 지키는 동자였느니라. 이 일은 모두 해상보살이 시킨 일로 그대들 사제 일행이 겪어야 할 시련이었도다."

이쯤 되자 손오공은 다섯 가지 보배 모두를 내주었다. 태상노군은 호로와 정병의 마개를 떼어 선기를 쏟아버리고 두 동자를 살려 자신의 좌우에 시립해 있도록 하고는 천궁으로 돌아갔다. 손오공은 구름에서 내려 스승에게 자세한 이야기를 들려주었다.

삼장은 감격해 마지않으며 더욱 경건한 몸가짐으로 말에 올라 서천을 향해 걷기 시작했다.

오계국 왕을
구제하다

손오공은 앞장서서 여의봉으로 길을 열고 사오정은 옆에서 백마를 몰고 저팔계는 행리 보따리를 어깨에 짊어지고 행군하면서 풍찬노숙의 고통을 인내했다. 그들은 몇 날을 걸어서 보림사 寶林寺라는 절에 이르렀다.

"사부님, 누가 들어가서 자게 해달라고 부탁할까요?"

"너희들은 생김새도 험악하고 예의도 차리지 못해 충돌할까

염려되니 내가 들어가는 게 좋을 듯하구나. 너희는 여기서 기다리려무나."

삼장은 말에서 내려 합장하고 나서 산문으로 들어갔다. 나란히 선 금강역사와 사대천왕의 상을 지나니 매우 크고 우람한 소나무 네 그루가 우뚝 솟아 있었다. 조금 더 들어가자 대웅보전이 나타났다. 삼장이 합장하여 정성껏 절을 하는데 도인 한 사람이 나와 물었다.

"어떻게 오셨습니까?"

"소승은 동토 대당에서 서천으로 경을 얻으러 가는 중이올습니다. 날이 저물었기로 하룻밤 머물고자 청하옵니다."

"그러시면 여기서 잠시 기다리십시오. 절을 관장하는 노사부님께 여쭙고 모시러 오겠습니다."

그렇게 말하고 도인은 방장으로 건너갔다.

"사부님, 바깥에 손님이 오셨습니다."

방장승은 즉시 일어서서 의복을 바꿔 입고 가사를 걸친 다음, 문을 열고 영접코자 하였다.

"어디서 누가 왔단 말이냐?"

"저기 정전 뒤에 서 계시는 저 분입니다."

도인은 손을 들어 그쪽을 가리켰다. 그때 삼장은 문에 기대고 서 있었는데 꼴이 말이 아니었다. 머리만 번쩍번쩍 빛나고 옷은 스물다섯 갈래로 해어진 달마의達磨衣를 입었고, 발에는 흙과 먼지투성이인 달공혜達公鞋를 신고 있었다.

방장승인 승관은 삼장을 한 번 흘끗 보고는 화를 내면서 도인을 나무랐다.

"네놈은 정신이 있는 놈이냐? 이 절은 향불을 받들러 오는 사대부들만 영접하기로 한 것을 모른단 말이냐? 저 따위 떠돌이중을 영접하라는 거냐? 꼴을 보니 날이 저물어 잠자리를 달라는 모양인데 우리 방장에 저런 자를 들여놓을 수는 없다. 자고 싶다면 밖으로 나가서 처마 밑에서라도 쉬었다 가라 하거라!"

승관은 큰소리로 호통치고는 휙 돌아서서 들어가버렸다. 삼장은 그 말을 듣자니 불현듯 눈물이 솟구쳐 그냥 갈까 하다가 다시 한 번 사정해 보고자 승관이 들어간 방장의 문을 열고 들어섰다. 허리를 굽히고 절을 하며 그간의 사정을 소상히 알리고자 했으나 역시나 떠돌이중 소리만 들을 뿐이었다.

"서천으로 경을 얻으러 가신다면서 어찌 그렇게 지리를 모르시오. 여기서 서쪽으로 오 리 정도 가면 삼십리점店이란 곳이 있소. 그곳에 가면 음식점도 있고 잠을 잘 수도 있을 거요. 이곳에 당신 같은 떠돌이중을 머물게 할 수 없으니 썩 나가시오, 어서!"

승관은 삼장을 문 밖으로 내몰고는 방장 문을 덜컹 닫아걸었다.

삼장은 와락 눈시울이 뜨거워지며 눈물이 비 오듯 흘렀다. 제자들에게 들키지 않으려고 옷소매로 눈물을 닦고자 했으나 계속해서 눈물이 흐르는 바람에 손오공에게 들키고 말았다.

"사부님! 안에서 중놈이 욕하고 때리던가요?"

"아니다, 오공아. 허나 아무래도 이곳에서는 잠을 잘 수 없을 것 같구나."

삼장은 다른 잠자리를 구하기로 하였다. 그러나 손오공은 여의봉을 늘려 잡고 이미 산문으로 성큼성큼 들어서고 있었다.

방장 문 앞에 턱 버티고 있는 돌사자가 눈에 들어온 손오공은 불문곡직하고 여의봉을 추켜들어 후려쳤다. 돌사자는 가루가 되어 우수수 쏟아져 내렸다. 그리고는 닫힌 방장 문짝을 후려쳐 부숴버리고는 큰소리로 호령했다.

"어느 놈이냐? 우리 사부님, 대당승 삼장법사님을 울린 놈이! 어서 빨리 방을 깨끗이 치워서 우리 일행을 잠재우도록 하라!"

깜짝 놀라 벌러덩 자빠진 것은 방장승 승관이었다.

"네놈이 여기 우두머리 중놈이냐? 여기 있는 중놈들 모두 나와서 우리 사부님을 모셔 들여라!"

손오공이 여의봉을 늘려 쇠기둥을 만들고 마룻바닥을 쿵하고 내리꽂으니 마루청이 쫙 갈라졌다. 근처에 있던 모든 화상들이 종을 치고 북을 쳐 이백여든다섯의 승방에 있던 화상들을 모두 불러 모으니 오백여 명이나 되었다. 그들은 손오공의 명령 한마디에 자기의 석차에 따라 열을 지어 산문 밖으로 삼장 일행을 영접하러 나갔다. 승관이 먼저 삼장 앞에 꿇어 엎드리며 소리 높여 말했다.

"대당승 삼장법사님! 어서 방장으로 들어가시옵소서!"

"여러분, 제발 일어나십시오."

삼장은 모두가 자기를 향해 꿇어 엎드려 머리를 조아리는 것이 매우 민망하고 가엾게 생각되었다. 그러나 여러 중들은 머리를 들지 못하고 이렇게 애원했다.

"만일 법사님의 제자께옵서 좋다고 하시고, 그 무서운 쇠방 망이만 아니 움직이신다면 백날인들 이렇게 꿇어 엎드려도 좋 습니다."

삼장은 손오공을 불러 조용히 타이르고 그들을 일으켜 세우 라 했다. 중들은 그제야 일어서서 삼장을 가마에 태워 메어 가 고, 저팔계는 말에 태우고 사오정은 어깨에 메어가는 등 부산스 럽게 일행을 안으로 모셔 들였다.

방장에 든 삼장 일행이 자리를 정하고 앉자 여러 중들이 예배 를 올리고 식사를 준비하고 탁자를 늘어놓는 등 극진히 대접을 했다.

승관은 도인을 불러 삼간선당三間禪堂을 깨끗이 치우고 잠자 리를 보아 삼장 일행을 편히 쉬게 하라고 명했다.

명을 받은 도인들은 재빨리 움직여 말을 먹일 자는 말을 먹이 고, 선당에 잠자리를 볼 자는 잠자리를 정리하여 삼장 일행을 그리로 모셨다.

또한 손오공의 요구로 백마도 말구유와 함께 선당으로 옮겨 여물을 먹이도록 했다. 그리고 온갖 친절을 베풀려는 중들을 물 러가게 한 후, 비로소 휴식을 취할 수 있었다.

고즈넉한 절 풍광이 궁금하여 삼장이 선당 문을 열고 밖으 로 나가 보니 달이 무척 밝고 아름다웠다. 달에 취해 한참을 서 성이다가 선당에 들어오니 제자들은 모두가 고단했던지 잠들어 있었다.

삼장은 선당 한쪽으로 가 불을 돋우고 오랜만에 경문을 읽고 싶은 생각이 들었다. 경문을 펼치고 조용히 읽기 시작하여 어느덧 삼경이 되었는데 갑자기 졸음이 쏟아져 경안經案에 엎드린 채 잠을 자기 시작했다.

그런데 이상하게도 눈은 감겨 몽롱하나 마음속은 분명 깨어 있는 듯했다. 그때 묘한 음성으로 "스님, 스님!" 부르는 소리에 꿈속에서 머리를 쳐들고 바라보니 전신이 물에 흠뻑 젖고, 눈물을 흘리며 "스님, 스님!" 하고 가냘픈 목소리로 자신을 부르는 이가 있었다.

그는 비록 물에 흠뻑 젖어 있긴 했으나 머리에 충천관을 쓰고 자황포를 입었으며 허리에는 벽옥대를 매고 있었다. 삼장은 크게 놀라 몸을 굽히며 물었다.

"어느 곳의 황제시오? 무슨 사연으로 저를 찾아오셨는지요?"

왕은 눈물을 거두고 자기의 이야기를 시작했다.

"스님! 나는 여기서 서쪽으로 사십 리가량 떨어진 오계국烏雞國의 왕이었소. 오 년 전에 가뭄이 심하여 풀은 말라 죽고 백성들은 모두 굶어 죽는 참혹한 날들이 이어졌소. 이렇게 하기를 삼 년, 강물과 우물은 마르고 참으로 죽음의 순간에 이르렀을 때 종남산에서 진인 한 분이 나타났소. 그분은 바람과 비를 부르는 힘을 지녔을 뿐만 아니라 돌을 만져서 금을 만들 수도 있었소. 짐은 그에게 부탁하여 가뭄을 해결한 후, 그가 의로움을 중히 여길 줄 아는 사람으로 여기고 그를 형제로 맺어 함께 생활하기를 이 년이었소. 꽃피는 어느 좋은 시절, 꽃놀이를 즐기다가 문무백관들은 관사로 돌아가고 궁녀들 또한 저마다 제 방으로 돌아갔소. 짐이 그 전진과 다정히 유유히 거닐며 어화원御花園에 이르렀을 때 그는 유리정이라는 우물에 보배가 있다고 들여다보게 하고는 우물 속으로 과인을 밀어버렸소. 그리고 돌판으로 우물을 덮은 다음, 그 위에다 흙을 덮고 한 그루의 파초를 심었소. 그리하여 나는 죽은 지 삼 년, 우물에 떨어져 목숨을 잃은 원귀가 되었소."

"폐하가 죽은 지 삼 년이면 문무대신이라든가 성궁의 황후들은 왜 아직껏 폐하를 찾지 않는 것입니까?"

"그 진인의 재주는 신통광대하여 나를 죽인 다음, 즉시 나로 변신하여 내가 누렸던 모든 것을 감쪽같이 차지해버렸소."

"하오나 어찌하여 저에게 원혼을 풀어달라는 것입니까? 저는 아무런 힘도 능력도 없사온데……."

"내 힘으로 어찌 여기에 나타날 수 있었겠소? 다행히 삼 년의 수재水災가 다 차서 그 만기가 오는지라, 야유신이 일진의 신풍에 태워서 나를 이곳으로 보냈소. 그분 말에 의하면 스님의 수하에 제천대성이라는 큰 제자가 요괴를 잡고 요마를 굴복시키기를 잘하므로 스님을 뵙고 간청하라 했소."

"허나 아무런 증거도 없이 무작정 왕궁에 가 요괴를 때려잡는 데는 무리가 있을 듯합니다."

"내일 아침, 내 아들 태자가 삼천 인마를 거느리고 사냥을 나갈 것이니 태자를 불러 아비의 이야기를 전하고, 나만이 지니고 있는 이 백옥규白玉珪를 전해 주시오. 그러면 태자와 황후는 믿을 것이오."

그러면서 손에 쥔 백옥규를 내놓았다.

"제가 제자들과 의논하는 동안 폐하께서는 어디에 계시겠습니까?"

"나는 지체할 수가 없소. 또 한 번 야유신에게 청하여 황궁으로 돌아가서 황후의 꿈속에 나타나 모자가 뜻을 합하여 스님의 제자를 돕도록 해야 하오."

삼장이 잘 알겠노라며 머리를 조아리고 고개를 드니 왕은 이미 사라지고 없었다. 삼장 또한 퍼뜩 잠에서 깨어났다.

삼장은 곧바로 손오공을 깨웠다. 그리고는 꿈에서 본 오계국왕의 이야기를 전하며 왕에게 받은 백옥규를 보여 주었다. 손오공은 사부님의 꿈 이야기를 모두 듣고 나서 웃으며 말했다.

"그러니까 그 왕이 사부님의 꿈에 나타난 것은 이 손오공의 솜씨를 빌리자는 것이었군요. 필시 진인이라는 요괴가 변신하여 왕위를 빼앗고 나라를 차지한 것이겠지요. 그놈이 진짜인가 가짜인가 알아보는 것은 간단합니다. 여의봉을 딱 한 번 휘두르면 금방 판가름이 납니다."

"그의 말에 의하면 그 요괴는 신통광대하다더구나."

"그까짓 것은 문제없는데, 태자를 이곳으로 끌어들여 어떻게 확신을 주느냐 하는 게 문제입니다."

손오공은 한참을 서성이며 골똘하다가 무릎을 치더니 진지한 표정으로 삼장 앞에 앉았다. 그리고는 한 가닥의 털을 뽑아 선기를 훅 불어넣어 황금칠갑으로 변화시키고는 백옥규를 그 안에 넣었다.

"사부님, 날이 밝으면 이것을 손에 받들고 금란가사를 입으시고 정전에 나가 앉으셔서 제가 돌아오면 경을 읽으십시오. 저는 오계국에 가서 사냥 나오는 태자를 이곳으로 유인하여 데려 오겠습니다. 태자가 아는 체하더라도 거들떠보지도 말고 경만 읽으십시오. 그리고 '어디서 온 중이냐?'고 묻거든 동토에서 서천으로 부처님을 만나 뵙고 보물을 바치고 경을 가지러 가는 화상이라고 하십시오. '무슨 보물이냐?'고 하면 우선 삼등 보물로 금란가사를 보여 주고, 이등 보물은 천오백 년의 과거와 현재, 미래의 일을 훤히 아는 보물이라며 황금칠갑에서 저를 꺼내 놓으십시오. 그러면 제가 꿈속의 이야기를 태자에게 들려줄 것입니다. 그가 제 말을 믿는다면 요괴를 잡는 데 도와달라고 하고, 제 말을 믿지 않으면 백옥규를 내보이는 것입니다."

삼장은 손오공의 말을 듣더니 크게 기뻐하였다. 날이 밝기를 기다려 손오공은 근두운에 올라 오계국 성을 찾았다.

성지는 꿈속의 황제가 말한 대로 서쪽 사십 리쯤에 있었다. 손오공이 구름에 올라 자세히 살펴보니 요괴의 안개와 구름이 막막하고, 요풍과 원괴가 분분하였다.

그때 한 대의 포성이 울리며 동문이 열리더니 삼천의 인마가 힘차게 달려 나왔다. 손오공은 이십 리가량 따라가다가 구름에서 내려 조그만 산토끼로 변하여 태자의 말 앞에서 심사가 뒤틀릴 만큼 제멋대로 날뛰고 다녔다. 화가 치밀어 오른 태자가 허리의 활과 화살을 뽑아들고 토끼를 향해 시위를 힘껏 잡아당겼다. 화살은 분명 토끼에게 명중했으나 토끼로 변한 손오공이 화살을 받아 쥐고 도망쳐 달아났다. 태자도 약이 올라 토끼를 뒤쫓았다.

말이 빨리 달리면 빨리 도망치고, 말이 천천히 쫓으면 천천히 도망치고, 일정한 간격을 두고 쫓고 쫓기는 식으로 삼장 일행이 머무는 보림사까지 끌어오는 데 성공했다. 손오공은 여기서 본 모습으로 변한 후, 화살을 문틈에 꽂아 두고 산문 안으로 들어섰다.

"사부님, 데려왔습니다. 태자가 왔어요!"

손오공은 기다리던 삼장에게 알리고 자신은 작은 화상으로 변하여 황금칠갑 속으로 숨어들었다.

산토끼를 뒤쫓아 보림사 산문까지 온 태자는 산토끼는 보이지 않고 자신의 화살이 문틈에 꽂혀 있는 것을 발견하고는 이상한 생각이 들었다.

태자는 화살을 뽑아 이리저리 살펴보다가 자신의 화살임을 확인한 후, 여기까지 온 김에 불상을 참배하고자 산문에 들어섰다. 뒤따르던 경호장병 삼천 인마가 함께 들이닥치니 놀란 것은 보림사의 대소 승려들이었다.

태자가 대웅전에 들어 불상을 참배하고 고개를 드니, 그 중간에 도사리고 앉아 자기를 무시한 채 경을 읽고 있는 화상 하나가 눈에 띄었다. 화가 난 태자가 소리쳤다.

"이런 무례한 화상을 봤나! 이 나라 태자가 왔거늘 모른 체 하다니 저놈을 잡아 내쳐라!"

이때 손오공은 주어를 외워 호법제천과 육정육갑들을 불러 삼장을 보호하게 했다. 태자의 교위들은 그를 묶기는커녕 그의 옆에 접근조차 할 수 없었다. 태자가 다시 큰소리로 물었다.

"너는 어디서 온 중놈인데 은신법으로 나를 속이느냐?"

"빈승은 동토에서 온 당승으로 석가여래께 경을 얻고, 보배를 바치러 서천으로 가는 화상이올시다."

"그대가 가진 보배가 무엇이냐?"

"빈승이 입고 있는 이 금란가사가 세 번째 보배이옵고, 두 번째 보배는 천오백 년 전후 과거와 미래의 일을 알고 있는 손오공이라는 화상으로 이 안에 있나이다."

"그 과거와 미래를 안다는 보배를 내어 보여라!"

삼장이 황금칠갑 속에서 이 촌가량의 화상을 꺼내 보이니 가소롭다는 듯 모두가 웃었다.

"이렇게 작은 원숭이놈이 무얼 안다는 말인가?"

태자는 믿지 못하겠다는 듯 코웃음을 쳤다. 그러자 손오공이 허리를 펴고는 삼 척하고도 사오 척으로 대뜸 커졌다. 그제야 사람들이 놀라고 태자 또한 오계국 궁중에 대해서 묻기 시작했다.

손오공은 예언자인 척하며 삼장이 꿈속에서 경험한 오계국 왕의 호소를 하나도 남김없이 들려주었다. 태자가 좀처럼 믿으려 하지 않자 손오공은 그제야 백옥규를 내주고, 자신이 산토끼로 변하여 태자를 이곳으로 데려온 까닭을 밝혔다. 그래도 태자는 반신반의하는 표정을 지었다.

"태자 전하, 의심할 것도 없습니다. 궁으로 은밀히 돌아가 모후를 뵙고, 부부의 정이 삼 년 전과 어떠한지를 물어보십시오. 그것으로 진부가 가려지리이다."

손오공은 태자가 성중으로 달려가려고 하자 이 일은 아무도 모르게 진상을 밝혀야 한다고 충고했다.

태자는 군사들을 머물게 하고 자기 혼자서 성중으로 달려 아무도 모르게 황후를 만났다.

"어머님, 소자가 외람된 말을 여쭙더라도 용서해 주십시오. 밝혀야 될 일이 있사오니 사실대로 말씀해 주셔야 합니다. 삼 년 전과 비하여 부부의 애정이 어떠하오니까? 그때와 같사옵니까? 부부의 금실에 이상한 점이 없나이까?"

태자가 진지하게 몇 번이나 되묻자 황후는 마침내 얼굴빛이 창백하게 변하며 말했다.

"삼 년 전에는 온화하고 따사롭더니, 그 후에는 얼음처럼 차가워졌구나. 베갯머리에서 캐어 물어도 그는 몸이 늙어 흥이 나지 않는다고 하더구나."

이에 태자가 소매 속에서 백옥규를 꺼내 보이자 황후는 그것이 국왕의 어보임을 곧 알아보았다. 태자는 삼장에게서 들은 이야기를 들려주었다. 울음을 터뜨린 황후는 잠시 후 울음을 삼키며 말했다.

"오늘 새벽, 꿈결에 네 부왕께서 전신이 물에 젖어 나타나 '나는 이미 죽었도다. 혼이 당승을 만나 뵙고 자신의 전신을 구해 달라고 부탁했다'고 하셨다. 이 백옥규는 내가 간직하마. 너는 어서 성승에게 고마움을 표하고 요괴를 처단하여 부왕의 원수를 갚게 해달라고 청하거라! 어서 가거라. 요괴의 눈에 뜨지 않게 빨리 빠져 나가거라!"

태자는 보림사로 돌아와 손오공 앞에 넓죽 꿇어 엎드리며 절을 했다. 그리고 황후와 나눈 이야기를 들려주었다.

"그렇게 차갑다면 무언가 얼음 같은 것이 변했는지도 모르지요. 그러나 문제없소. 이 손오공이 깨끗이 처리해 줄 테니. 오늘은 이미 늦었고 내일 처리하도록 합시다. 태자는 돌아가시구려."

"스님, 저도 여기 머물다 내일 같이 가면 안 되겠습니까?"

"아니오. 그건 좋은 생각이 아니오. 우리가 같이 성문에 들어간다면 요괴가 대번에 의심할 것이오. 내가 산신과 토지신을 불러 돌아가는 길가에 꿩이며 사슴·노루·토끼 등을 많이 늘어놓았으니 주위들고 가시오."

태자를 보낸 손오공은 이리저리 머리를 굴리며 묘안을 짜내고 있었다.

"사부님, 아까 태자에게 큰소리치긴 했지만 문제가 있습니다. 그 요괴를 잡는다 하더라도 증거가 있어야 하는데, 아무래도 오늘밤 저팔계와 같이 궁에 가서 어화원의 유리정을 파헤치고 국왕의 시체를 가져와야 되겠습니다."

삼장도 명안이라 칭찬하고 저팔계와 함께 다녀오라 일렀다.

저팔계가 한사코 안 가겠다고 하는 것을 손오공이 어화원 유리정 속에 기가 막힌 보배가 있는데 그것을 줄 테니 가자고 꾀어 둘은 궁중으로 날아 어화원에 들어 한 그루의 파초나무를 찾아냈다.

"팔계야, 여기다. 보배는 이 파초나무 아래에 묻혀 있다고
했다. 여기를 파 보자."

저팔계는 쇠갈퀴를 휘둘러 파초나무를 파기 시작했다. 주둥
아리로 북북 흙을 파헤치다 보니 넓적한 돌판 하나가 깔려 있
었다. 저팔계는 기뻐 소리쳤다.

"과연 보배가 있소. 그런데 돌판으로 뚜껑을 덮었네. 분명 보
배는 항아리나 궤짝 속에 넣어두었을 거야."

"그 뚜껑을 들어내고 살펴봐."

저팔계는 신이 나서 주둥이로 그 돌을 힘껏 밀어젖혔다. 그러
자 넓은 구멍 하나가 퀑하니 뚫리면서 눈같이 희고 환한 빛이
눈부시게 퍼져 나갔다.

"조화로다, 조화 속이야! 보배가 빛을 뿌리네."

바싹 다가가 자세히 살펴보니 그것은 우물 속의 물이 하늘의
별과 달빛에 의해 반짝반짝 빛을 내는 것이었다.

"형님, 이건 우물이오. 진작 우물 속에 보배가 있다고 말했으
면 밧줄을 가지고 왔을 텐데……. 어떻게 우물 안의 보배를 건
져 올린단 말이오?"

"걱정 말고 옷이나 벗어라."

손오공이 여의봉을 꺼내어 "길어져라!" 하고 외치니 여의봉은
칠팔 척쯤 길어졌다.

"자, 팔계야! 이 끝을 잡아라. 내가 우물 속으로 내려보내 줄
테니까."

"형님, 우물 속에 들어가도 꽉 붙잡고 있어야 합니다."

"걱정하지 마라. 내가 다 알아서 할 테니."

저팔계는 우물 속으로 들어갔다. 얼마 후 물에 닿자 저팔계가 그만 내리라고 소리쳤으나 손오공은 못 들은 체하며 여의봉을 더 늘려 쑥 들이밀었다가 번쩍 뽑아 올렸다. 저팔계는 어쩔 수 없이 물 밑으로 더듬어 들어갔다. 원래 그는 물에 대해서 잘 알고 있기 때문에 겁낼 것은 없었다. 그러나 우물은 의외로 깊어 내려갈수록 또 한없이 넓었다. 이토록 풍부한 수량과 깊이와 넓이에 놀라면서 점점 더 내려가자니 얼핏 누각이 보이는데 거기에는 '수정궁'이라는 세 글자가 쓰여 있었다.

저팔계는 더욱 놀라면서 혼잣말을 했다.

"수정궁이 바다에 있지, 우물에 있을 리가 있나? 어째서 내가 바닷속으로 왔을까? 참으로 괴이한 일이네……."

저팔계는 이것이 정룡왕井龍王(우물의 왕)의 수정궁임을 몰랐다. 저팔계가 이렇게 중얼거리고 있을 때 마침 물속을 순찰 중이던 야차가 저팔계를 보고는 크게 놀라 안으로 뛰어 들어가 용왕에게 급히 보고했다.

"대왕마마! 저기 문 밖에 귀가 크고 주둥이가 긴 중이 빠져 죽지도 않고 뭔가 중얼거리고 있습니다."

정룡왕은 내심 크게 놀라며 말했다.

"천봉원수님이 오신 모양이구나. 어젯밤에 야유신이 찾아와 오계국 왕의 혼령을 찾아가지고 당승을 만나서 제천대성을 청하여 요괴를 항복시킨다 하셨다. 그것은 틀림없이 제천대성

인 손오공과 천봉원수인 저팔계일 것이다. 어서 가서 영접해야
겠다."

정룡왕은 의관을 바로하고 많은 수족들을 거느리고 밖으로
나갔다.

"천봉원수님, 어서 오십시오. 오실 줄 알고 있었습니다."

"아, 알 만한 친구가 살고 있었군 그래."

둘은 반가운 인사를 나누고 수정궁 안으로 들어갔다. 저팔계
는 물이 뚝뚝 떨어지는 알몸뚱이로 점잖게 윗자리에 턱 앉았다.
그리고는 시간이 없어 바쁘다면서 가지고 있는 보배를 내놓으
라 하였다. 이에 정룡왕은 삼 년 전 수정궁 안의 일과 어젯밤 야
유신이 다녀간 까닭을 소상히 말하고 오계국 왕의 시체를 보여
주었다. 오계국 왕은 충천관을 썼고 자황포를 입었으며 벽옥대
를 띠었다.

저팔계는 막대기처럼 뻗어 있는 황제의 시체를 보고, 또 정룡
왕의 말을 듣고는 픽 하고 웃었다.

보배가 있으니 찾으면 가지라 하며 자신을 꾀어 저 시체를 건
져 올리게 한 손오공의 처사에 그만 헛웃음이 나온 것이다.

저팔계는 더 이상 머무를 수 없어 '어디 두고 보자!' 다짐하면
서 묵묵히 시체를 메고 우물 밖으로 나왔다. 수고했다며 어깨를
치는 손오공을 저팔계는 입을 앙 다물고 한참 노려보다가 보림
사로 돌아와 삼장법사 앞에 시체를 내려놓았다. 그리고는 정룡
왕으로부터 들은 '오계국 왕의 시체는 우물로 떨어졌을 때 정안
주定顔珠를 찔러 놓았기 때문에 조금도 상하지 않았다'는 말도

전해 주었다.

그뿐만 아니라 이 시체를 살릴 수 있는 사람은 오로지 손오공 뿐이라며 삼장에게 손오공으로 하여금 오계국 왕을 빨리 살리게 하라고 재촉했다.

삼장은 한 가닥 희망을 얻어 손오공에게 명했다.

"시간이 급하구나! 어서 황제의 시체를 살리도록 하거라!"

"사부님, 어찌 미련한 저팔계의 말을 믿고 그런 말씀을 하십니까? 이미 죽은 지 삼 년이나 된 사람을 무슨 수로 살린단 말씀입니까?"

그러자 저팔계가 한마디 더 보태어 염장을 질렀다.

"사부님, 형님의 말에 속아 넘어가서는 안 됩니다. 긴고아주를 서너 번 외우십시오. 그러면 반드시 시체를 살려 놓을 것입니다."

삼장은 황제를 살리고 싶은 마음에 저팔계의 말을 철석같이 믿고 긴고아주를 두세 차례 외웠다. 손오공은 두 눈이 휙 뒤집어지고 머리가 터질 듯이 아파 몸뚱이를 떼굴떼굴 구르며 고통을 참지 못하고 비명을 질렀다. 손오공은 눈물을 줄줄 흘리고 삼장의 무릎을 끌어안으며 애원했다.

"사부님, 제발 그만하십시오. 죽은 왕을 살려 놓겠습니다. 살리겠습니다!"

저팔계는 옆에서 히죽 웃으며 이것으로 자기를 꾀어 오계국 왕의 시체를 메어 오게 한 손오공에게 충분한 복수를 했다고 생각했다.

삼장이 손오공에게 물었다.

"어떻게 살리겠다는 말이냐?"

"근두운을 타고 남천문으로 달려가 삼십삼천에 이르러 이한천 도솔궁으로 태상노군을 찾아가서 환혼단還魂丹 한 알을 얻어 국왕을 살리겠습니다."

삼장은 매우 기뻐하며 빨리 다녀오라고 했다. 손오공은 저팔계를 한 번 쓱 훑어보고는 말했다.

"사부님! 지금 삼경이니 그곳을 다녀 오면 날이 밝을 때쯤 될 것입니다. 하온데 그때까지 이 시체를 이렇게 그냥 혼자 뉘어두면 너무 쓸쓸해 보기가 안됐습니다. 누군가 상주를 세워서 그동안 곡이라도 하고 있어야 좋을 것입니다."

저팔계는 자기한테 상주 노릇을 시켜 밤샘을 시키려는 것을 눈치챘다. 하여 속 시원히 답해 주었다.

"형님! 어서 다녀오십시오. 제가 곡을 하고 있겠습니다."

"아우야! 곡에도 여러 가지가 있느니라. 눈물은 나지 않고 입으로만 악을 쓰는 곡은 호嚎라 하고, 한두 방울의 눈물을 찔끔찔끔 쥐어짜면서 우는 곡은 도啕라고 한다. 눈물이 나고 진심으로 우는 곡이어야만 비로소 호도통곡嚎啕痛哭이라 할 수 있는 것이다. 잘 알아들었느냐?"

저팔계는 두리번거리더니 종잇조각을 손에 쥐고 비비꼬아 심지를 만들어 양쪽 콧구멍을 쿡 찔러 재치기를 두어 번 하더니 두 눈에서 눈물이 주르륵 쏟아져 내렸다.

이와 동시에 입을 열어 곡을 하기 시작했다. 그 울음소리와 표정이 가엾고 슬퍼서 삼장도 옆에서 함께 울었다. 사오정도 향을 몇 개비 얻어다가 시체 앞에 피웠다.

손오공은 그제야 근두운에 뛰어올랐다. 곧장 남천문으로 들어선 손오공은 한눈팔지 않고 그대로 이한천 도솔궁으로 직행했다.

이때 태상노군은 단방丹房에 앉아 여러 선동들과 함께 금단金丹을 만들고 있었다. 그는 손오공이 들어서는 것을 보고 금단을 지키는 동자에게 큰 소리로 외쳤다.

"조심들 하라! 오백 년 전의 금단도둑이 왔다. 금단을 잘 지켜라!"

"태상노군, 저는 이제 그런 짓을 않기로 손 씻었습니다!"

손오공은 삼장법사와 함께 서천으로 불경을 얻으러 가는 일과 오계국에서의 일 등을 진지하게 말해 주어 태상노군을 감화시키고 환혼단 한 알을 얻었다.

손오공이 환혼단을 받아 턱 밑 밥주머니 속에 집어넣고 정중히 인사한 다음, 도솔천궁을 떠나 보림사로 돌아오니 해가 떠오르고 있었다.

손오공이 구름에서 내려 산문 밖에 이르니, 아직도 저팔계의 곡하는 소리가 들려왔다. 손오공은 "사부님!" 하고 힘차게 외쳤다. 삼장은 놀라고 기뻐했다.

"돌아왔구나. 그래, 단약을 얻어 왔느냐?"

"네, 얻어 왔습니다."

이때까지 옆에서 곡을 하고 있던 저팔계가 한마디 거들었다.

"당연히 구해 왔겠죠. 형님은 훔쳐서라도 가져왔을 것입니다."

"자네는 이제 필요 없으니 비켜주게."

손오공은 저팔계를 밀쳐내고 사오정에게 깨끗한 물을 떠오라 일렀다. 사오정이 재빠르게 바리때를 꺼내들고 우물에 가 물을 떠가지고 손오공에게 건네주었다. 손오공은 물 한 모금을 입 속에 넣고 우물우물 입을 움직이더니 단약을 토해냈다. 그리고 죽은 국왕의 입을 벌려 그것을 물과 함께 목구멍으로 들어가게 했다.

얼마나 시간이 흘렀을까? 뱃속에서 '꾸르륵' 하는 소리가 요란스럽게 났으나 국왕의 몸은 살아나지 않았다. 손오공이 시체 앞에 앉아 있다가 머리를 갸웃하고는 국왕의 머리를 두 손으로 받쳐들고 숨을 가눠 입에 대고 '후!' 하고 불어넣었다. 숨은 구멍의 뻣뻣한 기관을 거쳐 양미간에 있는 천문을 돌아서 혈관의 용천으로부터 이원궁으로 되돌기 시작했다.

잠시 후, 국왕의 몸속에서 무언가 소리가 나는 듯하더니, '푸후!' 하고 정신이 되살아나서 몸을 훌쩍 뒤집는가 하더니 주먹을 불끈 쥐고 큰소리로 외쳤다.

"스님!"

그리고 그는 바닥에 엎드리며 말했다.

"어젯밤에는 귀신의 혼으로 찾아뵈었는데 오늘 아침에는 이렇게 살아서 돌아오게 되었습니다. 감사합니다, 스님!"

삼장은 놀라 당황하며 그를 잡아 일으켰다.

"소승이 한 일이 아니옵니다. 감사하시려면 소승의 제자 손오공에게 하십시오."

손오공은 빙그레 웃으며 말했다.

"사부님도 참, 별 말씀을 다하십니다. 사부님께서 하신 일이나 마찬가지입니다. 사부님께서 절을 받으시는 걸로 족합니다."

삼장 일행은 국왕을 호위하여 선당 안으로 들어가서 차례로 절을 올렸다. 이때 아침밥을 내오려던 보림사의 승려들이 이 사실을 알고는 놀라서 웅성거리기 시작했다. 이에 손오공이 그들 앞으로 나아가 일장의 훈시를 했다.

"그렇게 놀랄 필요 없다. 이 분이 바로 진짜 너희들의 국왕이시다. 삼 년 전에 요괴에게 죽임을 당하셨으나 오늘 아침에 이 손오공이 살려드렸다. 이제 곧 성으로 가 요괴를 처단하고 옳고 그름을 밝힐 것이니 모두들 그때까지 자중하고 어서 음식을 올려라!"

여러 중들은 바삐 움직였다. 더운 물로 국왕의 몸을 씻게 하고 새 옷으로 갈아입게 했다. 국왕은 자황포를 벗고 무명으로 지은 승려복을 입고, 한 켤레의 낡은 승혜를 신었다.

이렇게 준비가 끝나자 손오공은 출발을 서둘렀다. 짐보따리를 두 개로 만들어 국왕과 같이 메고 가라고 하자 저팔계는 매우 기뻐했다. 그리고 어젯밤 국왕을 업어 온 품삯과 곡 값까지 합하여 톡톡히 받아내겠다고 속으로 별렀다. 저팔계는 짐을 갈라 일부러 무거운 쪽을 국왕에게 주었다.

삼장 일행은 반나절도 채 안 되어 오계국 성문에 다다랐다. 삼장이 말에서 내리고 손오공이 조문朝門에 다가가 문지기에게 말했다.

"우리는 동토 대당에서 서천으로 부처님을 뵙고 경을 얻으러 가는 길이오. 오늘 오계국에 이르러 통관문첩에 사증을 받고자 하오니 이 뜻을 전달해 주시오."

문지기 황문관은 즉시 안으로 들어가 알렸다.

"조문 밖에 다섯 명의 중들이 관문에 사증을 받고자 합니다."

요괴왕이 그 자리에서 승낙하자 문지기는 삼장 일행을 조문 안으로 들여보내 주었다. 되살아난 국왕도 뒤따라 들어왔다. 일행이 금란전에 이르렀을 때는 문무대신들이 으리으리하게 위엄을 떨치며 늘어서 있었다.

손오공이 일행을 이끌고 앞장서서 백옥계 앞에 이르러 우뚝 선 채 몸을 굽히려 하지 않자 조관들이 저마다 화를 내기 시작했다.

"저런 못된 중놈들을 보았나. 어째서 우리 국왕께 절도 하지 않고 뻣뻣이 서 있는가? 참으로 무례한 놈들이다."

요괴왕이 기다리다 못해 몇 마디 묻고자 했다.

"너희들은 어디서 온 화상인가?"

"저희는 동토 대당에서 칙명을 받들고 서역 천축국 대뇌음사로 불경을 구하러 가는 자들입니다. 이제 오계국에 이르러 통관문첩에 사증을 받고자 합니다. 어서 해주시기 바랍니다."

손오공의 말투에 격분한 요괴왕은 "저 무례한 화상들을 포박하라!"며 소리쳤다. 무관들이 우르르 달려드는 것을 손오공이 정신법을 써서 꼼짝 못하게 하였다. 이에 요괴왕이 격분하여 용상에서 뛰어내리는 것을 태자가 어의를 붙잡고 막아섰다.

"아바마마, 진정하소서."

태자는 삼장 일행이 다칠까봐 염려하여 막아섰다. 그러나 손오공은 요괴왕이 달려들면 여의봉을 내리쳐 잡으려 했는데 태자 때문에 기회를 놓치고 말았다.

"너희 화상 다섯 놈이 누구누구인지 소상히 밝혀라!"

그러자 손오공이 기다렸다는 듯이 더욱 오만하게 굴며 불경을 구하러 가는 사제들을 간단히 소개한 후, 마지막 한 사람에 있어서는 태도와 음성을 달리하여 시의 구절을 외우듯 말했다.

"이 도인은 본시 이 고장 사람으로 오 년 전에는 날이 가물어 먹을 것이 없었다. 종남산에서 요술로 바람과 비를 불러일으키는 전진괴全眞怪가 나타나 그를 어화원의 우물, 유리정에 빠뜨려 죽여버린 다음 자신이 보위를 차지한 지 삼 년이로다. 마침 내가 우물에서 건져 기사회생시켰으니 이 도인이야말로 진정 오계국 국왕이니라!"

이쯤 되자 요괴왕은 진전장군의 보도 한 자루를 빼어들고 구름에 올라 도망쳤다. 이에 손오공이 허공으로 솟아올라 도망치는 요괴왕을 멈춰 세우고 여의봉을 휘둘렀다. 요괴왕은 보도로 맞서 몇 합 싸우다가 재빨리 몸을 돌려 궁중으로 돌아와 삼장 옆에 또 하나의 삼장으로 변하여 서 있었다.

손오공은 요괴왕을 뒤쫓아와 여의봉을 내리치려다 멈출 수밖에 없었다. 똑같은 삼장법사가 둘이니 기가 막힐 노릇이었다. 방금 전까지 같이 서 있던 저팔계와 사오정에게 가짜를 찾아내라 했으나 눈 깜짝할 사이에 벌어진 일이기 때문에 그들 역시 전혀 알 수 없어 고개를 흔들었다. 그때 저팔계가 손뼉을 치며 한참 웃다가 묘한 표정을 지으며 말했다.

"형님! 방법을 찾아냈소! 형님이 머리 아픈 것을 조금 참고 긴고아주를 외어 보라 하면 될 것 아니오? 나와 사오정이 한 사람씩 붙들고 있을 테니 말이야!"

저팔계는 신이 나서 웃어젖히고 손오공은 결국 저팔계의 말대로 하기로 했다. 아닌 게 아니라 진짜 삼장이 아니라면 긴고아주를 알 리가 없는 일이었다.

그때 탄로가 날 것 같은 요괴왕이 허공으로 삼십육계 줄행랑을 쳤다. 이에 손오공과 저팔계, 사오정까지 하늘로 올라 요괴왕을 잡으려는 순간, 문수보살文殊菩薩이 별안간 나타나 요괴왕을 먼저 잡았다.

문수보살은 손오공 일행에게, 요괴왕은 자신의 청모사자로서 석가여래의 뜻에 따라 오계국 왕을 잠시 벌주려 했던 일이었음을 알려 주었다. 그리고 주문을 외워 푸른 털사자로 변모시켜서 오대산으로 데리고 가버렸다.

문수보살이 말하는 오계국 왕의 잘못은 이러했다.

"본래 오계국의 왕은 중에게 시주하기를 즐겨 했다. 그것을 알고 있는 부처님께서 문수보살을 보내어 그를 서쪽 땅 금신나한金身羅漢으로 만들고자 하셨다. 하여 문수보살이 보통 중으로 변해서 국왕에게 시주를 구하면서 몇 마디 싫은 소리를 했더니, 국왕은 문수보살을 결박하여 어수하御水河에 사흘 동안 빠뜨려 두었다. 이 일을 부처님께서 아시고 그를 우물 속에 밀어 넣어 삼 년 동안 담가 두라는 명을 내려 문수보살의 보복을 해주신 것이다."

손오공 삼형제가 구름에서 내려 궁중으로 돌아와 문수보살의 이야기를 자세히 전해 주자, 국왕·태자·황후 그리고 문무대신들이 몇 번이고 하늘에 절을 하며 잘못을 빌었다. 또한 삼장 일행의 은혜에 감사해 마지않았다. 이렇게 모두 감격에 겨워 기쁨을 나눌 때 보림사의 중들이 국왕이 벗어 놓았던 충천관과 벽옥대, 자황포 등속을 가져왔다. 그리하여 승려복을 벗기고 만승천자 국왕의 의복관대로 갈아입히고 왕을 칭송하게 했다.

국왕은 삼장 일행을 위해서 잔치를 베풀고, 또 그림쟁이를 불러서 그들 사제 네 사람과 백마의 초상을 그려 금란전에 걸어 두고 언제나 공양토록 했다.

삼장은 국왕의 청을 만사 물리치고 통관의 문첩에 사증을 받자, 제자들을 재촉하여 길을 서둘렀다.

홍해아의
무서운 불

오계국을 떠난 삼장 일행은 반달가량 아무 일 없이 걷고 또 걸었다. 어느덧 초겨울의 차가운 날씨가 되었다.

언제나 그렇듯 또다시 하늘에 맞닿을 듯한 산이 그들의 길을 가로막았다. 그들이 내심 걱정하며 산중턱까지 왔으나 산이 매우 험준하여 가기가 어려웠다. 문득 손오공이 이상한 듯하여 고개를 들고 보니 저편 움푹 팬 골짜기에서 한 점 불기운이 이는

듯싶더니 뭉게뭉게 피어올라 삽시간에 하늘을 삼킬 듯한 불기
둥으로 변해버렸다.

이를 본 손오공이 놀라서 재빨리 삼장을 말에서 안아 내리며
소리쳤다.

"아우들은 더 이상 가지 말고 사부님을 지켜라!"

두 사람은 으스스한 분위기에 놀라서 저팔계는 쇠갈퀴를, 사
오정은 보장을 각각 고쳐잡고 삼장을 에워쌌다.

저편 불기둥 속에는 요괴가 살고 있었는데, 그 요괴는 오래
전부터 동토 당승이 십세를 수행한 금선장로金禪長老로서 그
의 살코기 한 점만 먹어도 천지와 한몸이 되어 영원히 죽지 않
는다는 소리를 들어왔다.

그 요괴는 삼장을 잡기 위해 그 길목을 지키고 있는 중이었다.

'옳거니, 저 허여멀건하게 생긴 중이 당승이로군. 과연 먹음직
스럽구나! 그런데 호위하고 있는 화상들이 심상치 않구나. 누군
가 나를 알아보는 자가 있는 모양인데 꾀를 써서 정신을 흩뜨려
야 되겠다.'

요괴는 즉시 붉은 구름을 거두고 산비탈에 내려 일곱 살 먹
은 어린아이로 변했다. 그리고는 자신의 몸뚱이를 밧줄로 꽁꽁
묶은 다음, 높은 소나무 가지 끝에 매달려 소리 질렀다.

"사람 살려요! 사람 살려!"

손오공이 고개를 들고 바라보니 어느새 붉은 구름은 흩어져
불기운마저 없어지고 어린아이 소리가 들려왔다.

"사부님, 어서 말을 타고 가시지요!"

"요괴가 나타났다고 하더니 금세 길을 떠나자는 것이냐?"

"네, 사부님! 어쨌든 빨리 이 산골짜기를 벗어나야 되겠습니다. 아우들도 서둘러 어서 가자!"

손오공은 삼장이 어린아이 소리를 듣지 않기를 바랐다. 이때 또다시 아까보다 더 큰소리가 가까이에서 들려왔다.

"사람 살려요! 사람 살려!"

"얘들아, 살려달라는 소리가 안 들리느냐? 봉변을 당한 사람의 비명소리 같구나. 어서 찾아가서 구해 주도록 하자!"

"사부님, 그대로 가십시오. 아는 체하실 필요 없습니다. 어서 가시지요."

"이 매정한 원숭이놈! 저기 나뭇가지에 어린아이가 매달려 있는 것이 네 눈에는 보이지 않느냐?"

손오공은 할 말이 없었다. 그저 삼장이 말에서 내리는 것을 물끄러미 바라만 볼 뿐이었다. 삼장은 가련하게 생각하여 저팔계에게 밧줄을 풀어 주라고 일렀다. 저팔계가 어린아이를 땅바닥에 내리자 삼장이 물었다.

"어느 집의 아이인데 여기에 매달려 있느냐?"

"스님, 여기서 서쪽으로 가면 고송간枯松澗이라는 냇물이 있는데 그곳에 저희 집이 있습니다. 아버지는 강도들에게 죽었고, 강도들이 저의 어머니를 납치해 가면서 저를 여기서 죽게 매달아 놓았습니다. 제 이름은 홍해아紅孩兒라고 합니다. 고송간까지만 데려다 주시면 저를 돌봐줄 친척들이 있습니다."

아이로 변한 요괴는 삼장 앞에 무릎을 꿇고 눈물을 흘리며
애원했다.

"얘야, 울지 말아라. 너를 말 위에 태워다 주마."

삼장이 동정하여 이렇게 말하자 아이는 말은 무서워서 못 타
고 손오공의 등에 업히기를 바랐다. 손오공은 한바탕 헛웃음을
치고는 오히려 잘됐다며 어린아이를 냉큼 업었다. 그리고 속으
로 생각했다.

'이 요사스런 괴물아! 감히 누굴 속이려느냐. 오늘 네가 죽고
싶어 환장했구나!'

손오공은 일행과 일정한 거리를 두고 걸으며 저 산모퉁이를
돌아 일행이 안 보이면 요괴를 내동댕이쳐 죽이기로 작정했다.
그러나 요괴 또한 손오공의 생각을 이미 간파하고 신통력을
썼다. 요괴는 입김을 크게 들이마신 후 손오공의 등에 확 뿜어
천 근쯤 무겁게 만들었다.

"이놈이 중신법을 써서 나를 눌러 보겠다는 거로군. 어림도
없다, 이놈아!"

손오공의 말을 들은 요괴는 등 위에 껍질만 남겨 놓은 채 원
신元身은 빠져 나와 하늘 높이 솟구쳤다.

손오공은 등이 더욱 무거워지자 요괴를 길 옆에 있는 바윗덩
어리에 냅다 내동댕이쳤다. 그리고 살아나지 못하도록 사지를
갈기갈기 찢어 길가에 내버렸다.

그러나 괴물의 원신은 구름 위에서 그 광경을 다 내려다보고
당승을 채가기로 결심했다. 요괴는 곧 일진의 광풍을 일으켜 저

팔계와 사오정이 정신을 못 차리게 만들어 놓고, 말 위의 삼장을 낚아채 고송간 화운동火雲洞으로 돌아갔다.

손오공은 요괴가 바람을 일으키자 걸음을 빨리하여 앞으로 달려갔다. 그러나 이미 일이 끝난 후였다.

세 제자는 어이가 없어 서로 얼굴을 바라보다가 짐보따리를 말에다 싣고 스승을 찾아 나섰다. 그러나 아무리 산을 더듬고 동굴을 뒤져 보아도 삼장의 행방은 알 수가 없었다.

손오공은 격분하여 산신과 토지신을 불러 모았다. 그들은 삽시간에 몇십 명이나 달려왔다. "왜 이렇게 많으냐?"고 묻자 그들은 한결같이 벌벌 떨면서 대답했다.

"이 산은 육백 리 찬두호산으로 십 리마다 산신과 토지신이 각각 맡고 있습니다. 이 산의 고송간 시냇물가 화운동이라는 동굴에 아주 무서운 요괴가 살고 있는데, 그 신통력이 대단하여 우리들을 잡아다가 일까지 시킵니다. 그 마왕은 우마왕牛魔王의 아들로서 나찰녀羅刹女가 키웠다고 합니다. 그는 일찍이 화염산火焰山에서 삼백 년간 수양했고, 삼매진화三昧眞火까지 단련하여 그 신통력이 대단합니다. 본시 우마왕이 그를 시켜서 이 산을 지키게 했습니다. 그의 아명은 홍해아, 호는 성영대왕입니다."

손오공은 여기서 옛날의 일을 생각하고 매우 기뻐하며 토지신과 산신을 돌려보냈다. 우선 이 산에 있는 요괴가 우마왕의 아들이라는 데 안심이 되었다. 지난날 손오공이 천궁을 어지럽히기 전 세상을 유람할 때 칠형제가 결의를 맺었는데, 그중 맏이가 우마왕이었던 것이다. 그 아래로 교마왕, 붕마왕, 사타왕,

미후왕, 우융왕, 그리고 끝으로 막내가 손오공이었다.

어쨌든 손오공 일행은 몇백십 리 더 가서야 고송간 화운동 동부洞府를 찾아냈다. 손오공은 사오정에게는 말과 짐을 지키라 하고 저팔계와 함께 동부 앞에 서서 작은 요괴들에게 점잖게 호령했다.

"이놈들! 너희 동주洞主에게 알려라. 우리 사부님을 돌려주면 너희 정령놈들의 생명을 해치지는 않겠다고 말이야! 그렇지 않으면 이 동부를 박살낼 것이라고 어서 알려라!"

여러 명의 졸개 요괴들은 크게 당황하여 달려 들어가고 동부의 돌문을 쾅 닫아버렸다.

한편, 삼장을 잡아온 요괴는 삼장의 옷을 모두 벗기고 몸통을 깨끗하게 닦아서 뒤뜰에 매어 놓으라 일렀다. 그리고는 채롱 부처를 만들어 삶아서 먹으려는 판에 귀찮은 일거리가 생긴 셈이었다.

보고를 받은 마왕은 코웃음부터 쳤다. 즉시 부하 요괴들에게 수레를 내어가라고 명하자, 그들은 무기창고에 보관되어 있던 다섯 대의 수레를 밀고 나가 앞문을 열어젖혔다. 그리고는 오행을 모방해서 배열했다. 마왕은 일장팔척이나 되는 화첨창을 집어 들고 허리에 비단실로 싼 치마만 둘렀을 뿐 무장도 하지 않은 채 맨발로 달려나왔다.

얼굴에는 흰 분가루를 바르고 입술은 붉게 칠하고 귀밑머리는 푸른 구름을 만 것 같고 눈썹은 초승달 같았다.

요괴 홍해아는 문을 나서자 우선 큰소리부터 쳤다.

"어느 놈이 나의 문전에 와서 소란을 피우느냐!"

"이보게, 조카! 자네 춘부장과 나 이 손공은 형제의 의를 맺었노라! 좋게 말할 때 우리 사부님을 내놓으라. 피차간 미안한 짓을 해서 얼굴을 들기 어렵다든가, 의리를 상한다면 좋지 않으니 말이다."

"이 간특한 원숭이놈! 내가 네놈과 무슨 친척 관계가 된단 말인가? 대체 네 조카가 어디에 있단 말이냐? 이 창이나 받아라! 에잇!"

홍해아는 화첨창을 높이 추켜들며 무섭게 달려나왔고, 손오공은 여의봉으로 맞섰다.

"이 짐승 놈의 새끼! 위아래도 몰라본단 말인가?"

손오공과 홍해아는 이십여 합이나 싸웠으나 승부가 나지 않았다. 이때 저팔계가 쇠갈퀴를 꼬나잡고 허공에 솟아올라 요괴의 머리를 향해 힘껏 내리치려 했으나 요괴는 재빨리 돌아서서 창을 끌며 도망쳐 달아났다.

손오공과 저팔계는 그를 뒤쫓아 동문 앞까지 왔다. 그러자 요괴는 처음부터 배열해 놓았던 다섯 수레 중 가운데 수레에 뛰어올라 자기 코를 주먹으로 두어 번 치고는 코피를 내어 주문을 외우니 화염이 일제히 터져 나왔다. 나머지 수레에서도 똑같이 불꽃이 피어올랐다.

요괴가 한 차례 더 숨을 몰아쉬자 붉은 화염은 무섭게 타올라 화운동 전체를 불바다로 만들어버렸다. 그 광경을 바라보던 저팔계가 소리쳤다.

"형님, 이 불 속에 있다가는 절대로 살아남지 못할 것 같소. 이 몸 저공이 불고기라도 되는 날이면 양념에 버무려 요괴놈들의 맛있는 안줏감이 될 것 아니겠소. 어서 도망칩시다!"

저팔계는 그렇게 소리치면서 시냇물을 뛰어 넘어 도망쳐버렸다.

요괴를 찾고자 불 속을 헤맬수록 불길은 더욱 거세게 타올라 손오공 역시 삼십육계 줄행랑을 칠 수밖에 없었다. 수레 위에 우뚝 선 요괴는 저팔계와 손오공의 모습을 지켜보다 쾌재를 부르며 화구를 거두어 동굴 안으로 들어갔다.

손오공은 깊은 상념에 빠졌다. 이러지도 못하고 저러지도 못해 서성이는 그에게 사오정이 상생상극相生相剋이라는 철학의 원리를 말하였다. 손오공은 무릎을 쳤다.

"그래, 불은 물로 끄는 거야. 너희들은 여기 가만히 있거라. 동양대해로 가서 물을 가져와야겠다!"

손오공은 그렇게 말하고 구름 위에 올라 순식간에 동양대해 수정궁에 뛰어들었다.

노 용왕은 손오공의 요구에 난색을 표했다.

"잘못 오셨소이다. 우수雨水가 필요한 일은 제 소관이 아니올시다."

"당신은 사해용왕으로 비를 관장하고 있지 않은가?"

"내 비록 비를 관장한다 하더라도 옥황상제의 허락이 있어야 하옵니다. 그리고 여러 가지 수속이 필요하고 뇌공雷公(천둥),

전모電母(번개), 풍백風伯(바람), 운동雲童(구름)을 집합시켜야 하오이다."

"뇌전, 풍운 따위는 필요치 않소. 약간의 빗물로 불을 끄기만 하면 되는 일이오."

"그렇다면 동생들과 함께 도와보겠소."

노 용왕은 남해·북해·서해의 각 용왕들을 불러들여 손오공을 따라 고송간 화운동으로 왔다. 손오공은 이들을 공중에 있게 하고 자신은 동문으로 가 요괴와 격전을 벌였다. 요괴는 싸움으로는 승산이 없자 불을 뿜었다. 이때 구름 위에 있던 용왕이 물을 붓듯이 비를 뿌렸다. 그러나 용왕의 비는 일반의 보통 불을 끌 수 있을 뿐, 요괴의 삼매진화에는 아무런 효험이 없었을 뿐만 아니라 오히려 기름을 붓는 것처럼 불길이 더욱 힘차게 타오르는 것이었다. 그 바람에 손오공은 거센 불 속에서 상처를 입고 시냇물로 후퇴할 수밖에 없었다.

사해용왕들 또한 할 수 없이 돌아가고 손오공 삼형제는 낙심하여 고민을 거듭하다가 관음보살을 데려오기로 했다.

손오공의 상처가 깊어 근두운에 오를 수 없었기에 저팔계가 나서 자기가 모셔오겠다고 하였다. 저팔계는 성큼 구름에 뛰어올라 남쪽을 향해 날기 시작했다. 그때 요괴가 승리의 환희에 도취되어 공중에 높이 올라 상황을 살펴보다가 남쪽을 향해 가는 저팔계를 발견하고는 작은 요괴들과 함께 달려들어 가죽자루에 집어넣고 화운동으로 돌아왔다. 그 소식을 들은 사오정은 손오공의 상처 낫기만 기다렸다.

손오공은 몸을 추스르는 대로 남해의 보타낙가산에 도착하여 관음보살을 만났다. 그는 불에 탄 자신의 상처를 보여 주며 홍해아 요괴에 대한 이야기를 자세히 설명했다.

관음보살은 이야기를 다 듣고 난 후 바닷물을 쓸어 담는 정병을 들고 탁탑이천왕의 서른여섯 자루로 된 천강도를 빌려와 천엽千葉의 연대連臺를 만들어 중간에 단좌하고 앉아 손오공과 혜안행자를 데리고 화운동으로 날아왔다. 관음보살은 먼저 산신과 토지신을 불러 모아 마왕을 잡으러 왔다는 말을 하고, 여기 나쁜 요괴들을 쓸어버릴 것이니 삼백 리 안에 있는 온갖 작은 짐승이라든가 벌레들을 산꼭대기로 옮겨 무사하게 하라고 명했다. 그 후 정병을 기울여서 물을 쏟으니 콸콸 소리를 내며 쏟아지는데 마치 천둥소리와도 같았다.

"오공아, 왼쪽 손을 이리 내놓아라!"

손오공이 손을 내밀자 관음보살은 버드나무 가지로 병 속의 감로를 축여 그 손바닥에 '미迷' 자를 쓰고는 이렇게 말했다.

"이 글자를 보이면서 요괴와 싸워라. 싸우되 이기려 하지 말고 이곳으로 유인해 오면 내가 그를 법력으로 잡으리라."

손오공은 즉시 요괴의 동굴로 달려가 돌문을 부수며 싸움을 걸었다. 요괴도 격분하여 긴 창을 휘두르며 달려나왔다.

손오공은 관음보살의 지시대로 요괴를 놓았다 풀었다 하면서 패한 체하고 유인했다. 손오공이 '迷' 자를 쓴 손바닥을 펼치면 요괴는 완전히 혼미한 상태에 빠져서 전후의 분간도 없이 추격해 오는 것이었다.

얼마 후 관음보살이 있는 곳에 이르러 손오공은 재빨리 관음보살의 신광神光 뒤로 숨었다. 그러자 요괴는 관음보살에게 눈을 부릅뜨고 호령했다.

"네놈은 손오공이 불러들인 한패거리인가?"

관음보살은 아무런 대답도 하지 않은 채 자리를 피하듯 금빛으로 화하여 하늘 높이 솟아올랐다. 그러자 요괴는 의기양양하여 통쾌하게 웃어젖히고는 덩그렇게 남아 있는 연화대蓮花臺에 관음보살의 흉내를 내면서 팔짱을 끼고 다리를 틀어 단정히 올라앉았다.

그 모습을 지켜보던 관음보살이 버들가지로 연화대를 가리키면서 "물러서라!" 외치니, 연화대는 간 곳 없이 사라지고 요괴는 서른여섯 자루의 천강도 칼날 위에 앉아 있을 뿐이었다. 요괴는 칼날에 넓적다리가 꿰뚫려 피가 강물처럼 흘러내렸다. 관음보살은 혜안행자를 시켜 강요저降妖杵 절굿공이로 칼자루를 두드려 박게 했다.

요괴는 더 이상 참지 못하고 관음보살에게 애원했다.

"관음보살님, 제가 눈이 멀어 관음보살님의 높은 술법을 몰라뵈었습니다. 부디 자비를 베푸시어 살려 주십시오. 이제부터 불문에 들어 착하게 살겠습니다."

관음보살은 그에게 불문에 드는 마정수계를 하여 선재동자善財童子로 삼기로 했다. 그리고 요괴의 몸에서 천강도를 모두 뽑고 상처를 회복시킨 후, 천강도를 혜안행자에게 주어 천궁의 탁탑이천왕에게 돌려주고 오라고 일렀다.

그러나 요괴는 몸이 회복되자 반항심을 일으켜 창을 집어 들고 공격하려 하였다. 이에 관음보살이 소맷자락에서 금고아를 내어 요괴의 머리와 손, 다리에 각각 집어던져 다섯 개의 둥그런 고리로 씌워버렸다. 그리고 금고아주를 외우자 요괴는 손오공이 그랬듯이 금방 죽을 것처럼 땅바닥에 나동그라졌다.

관음보살은 몇 번인가 주문을 외고 나서 입을 다물었다. 아픔이 멈춘 요괴가 자신의 몸을 살펴보니 목과 좌우의 손목, 발목에 다섯 개의 금고리가 채워져 있었다. 이를 본 요괴는 체념했다.

이번에는 관음보살이 버들가지로 감로수를 찍은 후, 그것을 뿌리면서 "합쳐져라!" 하고 소리치자, 동자로 변한 요괴는 창을 내동댕이치고 두 손을 모아 가슴에 얹더니 두 번 다시 움직이지 못했다. 그제야 요괴는 법력의 힘을 깨닫고 진정으로 관음보살에게 배례했다. 마지막으로 관음보살은 진언을 외우고 정병을 기울이더니 바닷물을 처음과 같이 거두어들이고 손오공에게 말했다.

"오공아, 이제 이 요괴가 항복했다. 또다시 엉뚱한 생각을 할 수 있으니 내가 일보일배一步一拜를 가르쳐 낙가산까지 배례하며 이르도록 한 다음에 법을 거두어들이겠다. 이제 너는 동굴로 가서 사부님을 구하거라!"

이에 손오공은 관음보살과 작별을 고했다.

한편, 사오정은 손오공을 기다리다 지쳐 행리를 말잔등에 얹고 한 손에는 보장을 쥐고 또 한 손으로는 말고삐를 잡으면서 걷기 시작했다. 가까스로 소나무숲을 헤쳐 나오는데 남쪽에서 손오공이 달려오고 있는 것이 보였다.

"형님, 어떻게 된 일이오? 보살님을 모시러 간 사람이 이제야 나타나니 누굴 속 태워 죽일 작정이오?"

"너는 아직 꿈을 꾸고 있구나! 이미 관음보살을 모셔다가 요괴를 항복시켰느니라."

손오공은 자세한 이야기를 들려주며 시냇물을 건너 동굴의 문 앞에 이르렀다. 두 사람은 병장을 휘두르며 작은 요괴들을 싹 쓸어버리고, 가죽자루 속에 갇힌 저팔계를 먼저 구하고 후원으로 달려가서 삼장을 구했다.

삼장은 일행을 보자 반가워했다. 그리고 관음보살에 대한 이야기를 듣자 감격하여 남쪽을 향해서 예배를 했다.

그들은 곡식을 찾아내어 밥을 지어서 배불리 먹은 후, 서쪽을 향해 다시 길을 나섰다.

흑수하와
경도멸승의 나라

그렇게 걸은 지 한 달이 지나서 삼장 일행은 흑수하黑水河에
당도했다.

"이 물이 왜 이렇게 검은 것이냐?"

말에서 내린 삼장이 이상스럽게 여겨 묻자 저팔계가 나섰다.

"누군가 푸른 항아리를 쏟아버린 거군요."

"아냐! 붓과 벼루를 씻은 거야."

사오정이 반론을 제기하자 손오공이 점잖게 타일렀다.

"공연히 농담할 때가 아니다. 어떻게든 방법을 찾아 사부님을 건너시도록 해야 하지 않겠는가?"

"얘들아, 이 강은 거리가 얼마나 되겠느냐?"

삼장이 또 묻자 저팔계가 알은 체했다.

"거의 십 리 너비는 될 것 같은데요."

그때 상류에서 누군가 상앗대로 작은 배를 저어 내려오고 있었다. 삼장은 그것을 보고 매우 기뻐했다.

"저 배를 불러서 건너달라고 부탁을 해보자꾸나!"

사오정이 큰소리로 뱃사공을 부르자 뱃사공은 서서히 다가와 언덕에 배를 대고 나서 말했다.

"스님, 배가 작은데 어떻게 건너지요?"

배는 통나무를 움푹 파서 만든 것으로 중간에 두 사람이 겨우 앉을 정도의 자리밖에 없었다.

"배가 이렇게 작으니 어떡하면 좋으냐?"

삼장이 한숨을 내쉬며 말했다. 그러자 사오정이 두 번으로 나눠서 건너자고 제안했다. 저팔계가 삼장을 모시고 먼저 건너겠다고 자청해 나섰다. 이리하여 삼장과 저팔계가 먼저 통나무 배에 올랐다. 손오공과 사오정, 백마는 언덕에 남아 멀어져 가는 배를 물끄러미 바라보았다.

뱃사람은 부지런히 상앗대를 저어 물 가운데로 나아갔다. 거의 중간쯤 갔을 때 느닷없이 굉음과 함께 물이 끓어오르는가 싶더니 배가 뒤집히고 하늘의 해도 까맣게 가려졌다. 참으로 무서운 광풍이 순식간에 일어나 삼장과 저팔계, 뱃사공과 배가 흔적 없이 사라졌다.

이는 뱃사람으로 변한 흑수하 괴물의 농간이었다. 삼장과 저팔계를 보자 구미가 동해 물속으로 낚아채 간 것이었다. 강가 언덕에 남아 있던 손오공과 사오정은 걱정이 되어 견딜 수가 없었다.

"배가 뒤집힌 것 아냐?"

"그렇지 않아! 설령 배가 뒤집혔다 하더라도 저팔계가 물을 잘 아니까 사부님을 업고 헤엄쳐 나올 수 있을 텐데, 종적이 없단 말이야! 그 뱃놈이 바람을 일으켜서 사부님을 물속으로 채어간 것일 거야."

"형님, 내가 물속을 찾아보고 올 테니까 여기서 기다리고 있어."

사오정은 손발을 한두 번 휘휘 저어보고는 보장을 집어 들고 물속으로 뛰어들었다. 물속을 얼마쯤 들어가자 사람 소리가 들리고 높이 솟은 정대亭臺가 보였다. 그 문루에는 '형양욕 흑수하 신부神府'라는 현판이 걸려 있었다. 안에서는 요괴가 상좌에 앉아 매우 흡족한 듯 큰 소리로 지껄이고 있었다.

"지금까지 기다려 온 보람이 있었어. 이 당승은 십세나 수행을 쌓았기에 그 고기 한 점만 먹어도 장생불로한다고 했겠다!"

그는 부하 요괴들을 불러 쇠채롱을 메어오게 했다. 거기다가 당승 사제를 삶아서 둘째 외삼촌을 불러서 생일잔치를 하겠다는 것이었다.

이런 말들을 듣자니 사오정은 화가 벌컥 치밀어 올랐다. 그는 보장을 휘둘러 문부터 쳐부수고 무섭게 호통쳤다.

"이 간특한 괴물놈! 어서 빨리 우리 사부님과 팔계 형님을 내놓아라!"

요괴는 갑옷과 투구를 가져오라 하여 단단히 무장을 하고 죽절강 채찍을 들고 밖으로 달려 나왔다.

"어느 놈이 남의 집 문을 부순단 말인가?"

"이 괴물놈아! 뱃사공으로 얕은꾀를 내어 우리 사부님과 형님을 채간단 말인가. 빨리 내놓아라!"

그러자 요괴는 껄껄 소리 내어 웃으며 죽절강 채찍을 휘두르고 사오정은 보장으로 맞서 싸웠다. 둘은 삼십여 합을 싸웠으나 승부를 낼 수 없었다. 사오정은 요괴를 물 밖으로 유인하고자 슬슬 뒷걸음을 쳤지만 요괴는 쫓아올 생각을 하지 않았다.

"너는 갈 테면 가거라! 나는 네놈과 싸울 마음이 없다. 이제 손님을 초대해 잔치나 벌여야겠다."

사오정은 다시 싸울 수도 없어서 가쁜 숨을 몰아쉬며 물 밖으로 뛰쳐나왔다. 그리고는 손오공에게 자세히 설명했다. 그때 아래쪽의 물굽이에서 별안간 노인 하나가 튀어나와 손오공 앞에 꿇어 엎드리며 말했다.

"제천대성님! 흑수하의 하신河神이 인사드립니다."

"아니, 너는 아까 그 뱃사공이 아닌가?"

"저는 요괴가 아니오라 이 강의 진짜 신입니다. 그 요괴는 지난해 5월, 서양해에서 큰 밀물을 타고 이곳에 와서 소신과 싸웠으나 그를 당해낼 수가 없었습니다. 저는 흑수하 신부마저 빼앗기고 쫓겨났습니다. 서해용왕에게 가서 사정했으나 서해용왕은 그 요괴의 외숙인지라 오히려 그자에게 집을 내주라 했습니다. 대성께서 저를 위하여 제발 원수를 갚아 주십시오."

"그렇다면 오히려 잘되었다. 내가 서해용왕을 끌어다가 그 괴물을 잡으라 할 것이다."

손오공은 지체할 수 없어 구름에 올라 서양대해로 날아갔다. 물결을 가르고 수정궁을 향해 달리던 중 까만 물고기 요정 한 놈과 마주쳤다. 그자는 초대장을 들고 있었다. 손오공은 여의봉을 들어 그자를 박살내고 초대장을 빼앗아 보았는데, 그 내용은 다름 아닌 흑수하의 요괴가 용왕을 청하여 당승을 삶아놓고 생일잔치를 하겠다는 것이었다.

손오공은 수정궁으로 가 용왕의 영접이며 인사도 필요 없이 초대장부터 들이밀었다. 용왕은 그것을 보자 혼비백산하여 황망히 꿇어 엎드리고 잘못을 빌었다.

"제천대성님! 제발 용서해 주십시오. 그 애는 내 누이의 아홉 번째 아들이옵니다. 매부와 누이가 죽어 오갈 데 없다기에 흑수하로 보내어 착한 품성을 기르고 참된 진리를 닦도록 한 것인데, 이토록 고약한 짓을 하리라고는 꿈에도 생각지 못했습니다. 가만히 계십시오. 제가 사람을 보내어 그놈을 잡아 바치리이다."

용왕은 즉시 태자 마앙을 불러 장병 오백을 이끌고 가서 타룡을 잡아오라 명했다. 그리고 술잔치를 벌여 손오공을 대접하고자 했으나 손오공은 모든 것을 거절하고 태자 마앙을 따라 흑수하로 돌아왔다.

손오공은 타룡을 잡는 일은 태자에게 맡겨 두고 자신은 물에서 뛰쳐나와 강변에서 기다리고 있는 사오정과 하신에게로 갔다.

"형님, 갈 때는 하늘로 가더니 어째서 물속에서 나오십니까?"

사오정이 의아스러운 듯 물었다. 손오공이 태자와 같이 오게 된 이야기를 죽 들려주니 사오정은 기뻐했다.

한편, 마앙 태자는 오백의 군사를 신부 문전에 배치한 후 타룡을 만나 당승을 내어 주라 했으나 타룡은 강하게 반항했다. 이렇게 하여 둘이 싸움을 벌였으나 타룡은 손쉽게 묶이는 꼴이 되었다. 태자는 쇠줄로 타룡의 비파골을 꿰어서 물 바깥 언덕으로 끌어올렸다.

"대성님, 이 무례한 요괴 타룡을 잡아왔사오니 마음대로 처분하십시오."

손오공이 말을 부드럽게 하여 스승과 저팔계를 내어놓으라고 요구하니, 타룡은 그들을 묶어 둔 장소를 가르쳐 주었다. 이에 사오정이 수부水府로 달려 들어가 스승과 저팔계를 구해 왔다. 물 밖으로 나온 저팔계는 요괴 타룡이 묶여 있는 것을 보자 쇠갈퀴를 들어 그를 죽이려 하였다. 손오공이 재빨리 그의 팔을 잡으며 타일렀다.

"아우는 진정하게. 사해용왕 부자의 얼굴을 봐서라도 죽음만은 면케 하자꾸나."

"대성님, 더 이상 머물 수 없어 저놈을 끌고 부왕께 가겠습니다. 대성께서는 죽음을 면하게 해주셨지만 부왕께서는 아마도 용서치 않으실 것입니다."

작별 인사를 하는 태자에게 손오공은 감사하다고 인사했다.

태자가 서양대해로 돌아가자 흑수하의 하신이 손오공에게 수부를 되찾아 준 것에 감사 인사를 했다. 그리고 저수의 법술을 써서 흐르는 물길을 막고 한 가닥 큰길을 열어 주었다.

이렇게 삼장 일행은 반대편 언덕에 올라 하신에게 인사하고 길을 걸었다.

세월은 흘러 어느새 이른 봄이 되었다. 아름다운 이국의 봄 경치를 감상하면서 걷고 있노라니 어디선가 사람들의 고함인지 아우성인지 모를 소리가 들려왔다.

"오공아! 이 웅성거리는 소리는 어디서 들려오는 거냐?"

"제가 가서 살펴보고 오겠습니다. 스승님은 저쪽 나무 그늘에서 쉬고 계십시오."

손오공은 근두운으로 성큼 뛰어올라 공중으로 올라섰다. 두 눈을 크게 뜨고 사방을 살펴보니 저 멀리 성곽이 보이고, 성문 밖 모래사장의 넓은 빈터에서 아우성이 들려왔다.

좀 더 가까이 가서 보니 수많은 중들이 수레를 끌고 있는 것이었다. 수레에 벽돌이라든가 기와·나무·흙덩이를 가득 싣고 가파른 언덕을 오르내리며 목도소리와 같은 우렁찬 함성을 지르는 것이었다.

그런데 그들의 모습은 말로 형언하기 어려울 정도였다. 비록 따뜻한 봄철이라고는 하지만 의복은 모두 해어져 남루하기 짝이 없었다.

손오공이 어쩐 일인지 알 수 없어 하는데 성문으로 젊은 도사 둘이 어깨를 좌우로 흔들고 어슬렁거리며 걸어 나왔다. 그러자 수레를 밀던 중들은 안간힘을 써 수레를 더 힘차게 밀었다.

'저 중들은 젊은 도사를 겁내는구나. 서방으로 가는 도중에 경도멸승敬道滅僧의 곳이 있다는 말을 들었는데 이 고장이 그러한가 보다. 좀 더 자세히 알아봐야겠다.'

구름에서 내려 성벽 밑으로 간 손오공은 도사로 변신하여 성문 쪽으로 가 젊은 도사에게 말을 붙였다.

"도사님, 저 중들은 왜 저 모양으로 일을 하는 것입니까?"

"당신은 외방에서 온 모양이구려. 이 나라에는 이십 년 전 아주 무서운 가뭄이 있었습니다. 그런데 홀연히 하늘에서 세 사람의 도사가 내려와 비를 내려 이 나라를 살렸습니다. 반면 저 중들은 잿밥에만 눈이 멀어 곡식을 축내므로 일을 시키는 것입니다."

손오공은 자세한 내막을 알기 위해 사라진 작은아버지를 찾는 척하며 노예처럼 일하는 중들을 만나 사정 이야기를 들었다.

"이 나라 군왕께옵서는 오직 도교에만 힘쓰시고 우리 불자들은 매우 엄하게 다스리시옵니다. 어느 날 바람과 비를 불러일으키는 도사 셋이 이 나라에 나타난 후, 우리들을 내쫓아 노예처럼 부리고 있습니다. 우리는 초근목피로 연명하며 모래사장에서 잠을 자고 있습니다. 그래도 우리에게는 한 가지 희망이 있는데 그것은 매일 밤 꿈에서 '죽어서는 안 된다, 좀 더 참고 견디면 동토 대당의 성승 제자가 나타나 도사를 토멸하고 너희들을 구제할 것이라'고 들리는 말씀입니다."

이 말을 듣고 우쭐해진 손오공은 우선 젊은 두 도사를 한 방에 쳐죽이고 오백 명의 중들을 모두 풀어 해방시켜 주었다.

그리고 손오공은 아무 일 없었던 듯 삼장에게 가 노예에서 해방된 중들의 주선으로 성내에 있는 지연사智淵寺로 안내되어 잠시 머무르기로 하였다.

밤 이경쯤 되어 주변을 둘러본 손오공은 사오정과 저팔계를 이끌고 도사들이 제사 지내는 삼청관에 들어 그들이 떠받드는 세 개의 상, 원시천존·영보도군·태상노군으로 변하여 그들이 차려놓은 제상의 음식을 모두 먹어치웠다.

삼청관에서 사람 소리가 난다는 얘기를 듣고 초저녁에 제사드렸던 도사들이 다시금 와 보니, 제물이 모두 없어졌다. 도사들은 이는 필시 천존께서 강림하시어 잡수신 것이라 여기고 장수 영생할 성수금단星水金丹을 내려 주십사 기도했다.

그리고 그들 중 호력대선虎力大仙은 크고 단단한 항아리를 메어 왔고 녹력대선鹿力大仙은 동이를 메어 왔고, 양력대선羊力大仙은 꽃병의 꽃을 뽑아버리고 그것을 중간에 옮겨 왔다. 이에 손오공은 그들에게 엄숙히 명했다.

"그대들은 모두 밖으로 나가 문을 닫아라. 천기가 새나가면

아니 되므로 문을 단단히 닫고 멀리 가 있거라. 그러면 성수금
단을 특별히 내릴 것이다."

그러자 세 도사는 일제히 밖으로 나가 문을 닫았고 손오공,
저팔계, 사오정은 제각기 일어나 몸을 풀며 자신들 앞에 놓인
그릇에 참았던 오줌을 쌌다. 저팔계가 가장 통쾌해하며 말했다.

"형님, 이거 신나는 놀음이오. 아까 제사상의 음식을 하도 많
이 털어먹어 오줌을 쌀 지경이었는데, 아무튼 시원합니다."

세 사람은 옷을 단정히 매만지고 다시 제자리에 앉았다. 사오
정이 엄숙히 소리쳤다.

"자, 이제 성수금단을 받아가라!"

도사들은 안으로 들어와 넓죽 꿇어 엎드렸다가 감동과 환희
에 휩싸여 항아리와 동이, 꽃병을 들고 나갔다. 그리고 찻잔을
가져오라 하여 호력대선이 먼저 한 잔 그득 떠서 벌컥벌컥 마셨
는데 그는 묘한 표정을 지으며 자꾸만 입맛을 다셨다. 녹력대선
이 맛이 어떠한지 묻자 그는 '들쩍지근하고 찝찔하면서 이상한
맛'이라 하였다.

"어디 내가 한 번 맛을 볼까?"

양력대선이 냉큼 한 잔을 떠서 들었다. 그는 단숨에 벌떡 마
시고는 말했다.

"어쩐지 돼지오줌 냄새가 나는 듯한데?"

손오공은 더 이상 속일 수 없겠다 싶어 저팔계와 사오정을 이
끌고 슬그머니 삼청관을 빠져 나왔다.

이튿날, 지연사의 방장에서 편안히 잠을 자고 일어난 삼장이

관문에 사증을 받기 위해 제자들을 깨웠다. 제자들은 삼청관에서 도사들을 골탕먹이고 새벽녘에 돌아왔기에 늦잠을 자고 있었다.

"얘들아! 그만 일어나거라. 사증을 받으러 가자!"

삼장은 금란가사를 내어 몸에 걸쳤다. 손오공은 통관문첩을 챙겨들고 사오정은 바리때를, 저팔계는 석장을 각각 들었다. 행낭과 백마는 지연사의 중들에게 맡겨 두었다.

삼장 일행은 성문에 들어 황문관에게 알리고 금란전에 들어 통관문첩을 국왕에게 바쳤다.

이때 황문관이 세 분 국사國師께서 오셨다고 상주해 왔다. 국왕은 그 말을 듣기 무섭게 통관문첩을 걷어치우고 용좌에서 급히 뛰어내려가 몸을 굽실거리며 그들을 영접하는 것이었다. 그들은 다름 아닌 호력·녹력·양력의 세 대선이었다.

"국사들께서 무슨 까닭으로 오늘 이렇게 왕림하시었소?"

"한 가지 아뢸 일이 있어 왔소이다. 저 화상들은 어디서 왔답니까?"

"동토 대당에서 서천으로 경을 얻으러 간다며 통관문첩에 사증을 받으러 온 자들입니다."

그러자 세 대선은 손뼉을 치며 좋아했다.

"잘됐다! 벌써 줄행랑을 친 줄 알았더니 이곳에 와 있었군!"

"국사, 무슨 일이 있소이까?"

국왕은 영문을 몰라 어리둥절해 물었다.

"저자들은 어제 동문 밖에서 우리 제자 둘을 죽였고, 오백이나 되는 죄수 중들을 모두 풀어 주었소. 그리고 밤에는 우리 삼청관에 들어와 삼청의 성상을 때려 부수고 어사하신 공양제물을 몽땅 먹어치웠을 뿐만 아니라 항아리에 오줌을 누어 그것을 성수금단이라며 우리를 속이고 도망친 놈들이외다."

국왕이 격분하여 당장 네 사람을 끌어내어 죽이라고 불같이 호령했다.

이때 손오공이 점잖게 합장하고 큰소리로 외쳤다.

"우리는 동토에서 온 외국인이오. 우리가 어제 성 밖에서 두 제자를 죽이고 죄수 중들을 풀어 주었다는데 증인이 있습니까? 또한 삼청관에 들어가 소란을 피웠다 하시지만 이 성내의 거리조차 모르는 우리가 어떻게 깜깜한 어둠 속에서 삼청관을 안단 말이오? 또한 항아리에 성수인가 금단인가 하며 오줌을 누었다면 그 자리에서 잡아버릴 일이지, 이런 데서 엄한 사람을 잡는단 말이오. 불원천리 멀리서 온 외국인을 이렇게 대접할 수는 없소이다. 폐하, 진정하옵시고 사실을 정확히 성찰해 주십시오!"

원래가 단순한 국왕이 좀처럼 단안을 내리지 못하고 있으려니까, 황문관이 다시 한 번 급히 상주해 왔다. 사오십여 명의 향로鄕老들이 궁전 앞에 모여들어 날이 너무 가물어서 농사를 망친다며 국사에게 청하여 비를 내리게 해주십사 한다는 것이었다.

국왕은 그 소리를 듣고 의미심장한 미소를 짓고 삼장 일행을 돌아보며 말했다.

"당승들이여! 짐이 경도멸승하는 까닭을 아시오? 이십 년 전심한 가뭄이 들었을 때 승려들은 밥만 축내고 비를 내리지 못하였소. 그러나 다행히 하늘이 국사를 내려 주시어 백성들을 도탄에서 구했던 것이오. 그대들이 우리 국사와 비를 비는 내기를 하여 이기면 서천에 가게 할 것이나, 한 방울의 비도 내리지 못한다면 처형될 것이오.”

국왕은 비를 불러올 준비를 갖추게 하고 자신은 세 도사와 함께 문무조신들을 이끌고 오봉루五鳳樓에 올라가 이를 관람하기로 했다. 삼장 일행은 누 아래에서 시립하여 기다렸다.

얼마 후 관원 하나가 말을 몰고 달려와 기우제 지낼 준비가 다 되었으니 국사더러 등단해 달라고 청하였다. 호력대선이 오봉루에서 내려왔다. 손오공이 그를 막아서며 다짐해 둘 것이 있다고 외쳤다.

“비가 내리는 것을 보고 네 비니 내 비니 시비가 있을 수 있으니 분명히 밝혀 놓고 하는 것이 좋겠소.”

“그것은 걱정할 것 없다. 내가 먼저 단에 올라 내 영패令牌로 신호를 할 테다. 처음 신호에 바람이 오고, 두 번 신호에 구름이 일어나고, 세 번 신호에 뇌성벽력이 울리고, 네 번 신호에 비가 오며, 다섯 번 신호에 구름과 비가 깨끗이 걷혀버릴 것이다.”

“좋다! 그럼 네가 먼저 가서 단에 올라라!”

삼장 일행도 그의 뒤를 따라 단 있는 데까지 와 보았다. 단이라는 것은 삼 장 높이의 대臺로 되어 있고 대의 좌우에는 이십팔수의 깃발이 꽂혀 있고 대상의 탁자 위에는 향로가 놓여 있는데, 그 향로에서 향기로운 연기가 피어오르고 있었다.

이때 손오공은 털을 한 가닥 뽑아 가짜 손오공을 만들어서 삼장 옆에 세워 놓고 자신은 원신만 빠져서 공중에 솟구쳐 올라 바람을 관장하는 풍파파風婆婆와 손이랑巽二郎, 구름을 관장하는 추운동자推雲童子와 포무낭군佈霧郎君, 우레를 관장하는 등천군鄧天君과 뇌공, 전모, 비를 내리는 사해용왕, 오광·오순·오흠·오윤 등을 차례로 불러서 도사에게 협력하지 말고 자기에게 협력하도록 엄명을 내렸다.

손오공은 이들에게 다짐을 받고 아래로 내려왔다. 그는 도사의 영패 대신 여의봉으로 신호를 하기로 했다.

도사는 단 위에서 자신의 영패로 이쪽저쪽 여남은 번을 흔들어 대었으나 하늘은 쨍쨍 볕이 나고 있을 뿐이었다.

손오공이 도사에게 헛짓거리 말고 단에서 내려오라고 소리치자, 도사는 입맛을 다시며 단에서 내려왔다. 그리고 오봉루의 국왕 옆으로 가 오늘 용신들은 모두 자리에 없다고 얼버무렸다.

이에 손오공은 용신은 모두 집에 있으며 자신은 비를 내릴 수 있다고 자신 넘치게 단에 올랐다. 손오공은 형식을 갖추기 위해 삼장에게 대에 올라 '밀다심경'이라도 조금 외우라 했다. 그것이 끝나자 손오공이 여의봉을 꺼내들고 커다랗게 늘려서 허공을 획획 내리치는 대로 바람이 오고, 구름이 끼고, 천둥이 치고, 비가 쏟아졌다.

잠시 후 국왕은 비가 만족하게 왔으니 그만 내리라는 신호를 보냈다. 하여 손오공이 여의봉으로 한 번 허공을 가르니 비가 그쳤다. 이쯤 되고 보니 놀라지 않는 사람이 없었다.

도사는 온갖 분노와 질투와 증오가 끓어올라 집을 비웠던 용왕이 자기의 부름에 의해 뒤늦게 달려와 비를 내린 것이라고 우겨댔다.

국왕은 손오공의 법력을 보고 감동하면서 즉시 관문에 보인을 찍어 삼장에게 주었다. 그러자 세 사람의 도사들은 재빨리 반대하고 나서며 내기를 다시 하자고 억지를 부렸다.

"이번에는 저들과 좌선을 가지고 내기해 보리다."

또다시 호력대선이 도전했다. 그들은 백 개의 탁자를 오십 개씩 나눠 쌓아올려 두 개의 선대를 만들고 구름을 타고 올라가 꼼짝 않고 있는 운제현성雲梯顯聖의 좌선을 말하였다.

모두가 손오공에게 시선을 집중하고 있으나 손오공은 꿀 먹은 벙어리처럼 묵묵부답이었다.

"좌선이라면 내가 할 줄 안다!"

삼장이 불쑥 말하자 손오공이 제일 기뻐했다. 선대 위에 올리는 것은 손오공이 하기로 했다.

선대 두 개가 마련되자 호력대선은 펄쩍 뛰어 구름을 말면서 서쪽의 대로 올라가 조심스럽게 내려앉았다. 손오공은 또 어느새 가짜를 만들어 저팔계와 사오정 옆에 세워놓고 그 자신은 오색의 상운으로 변하여 삼장을 번쩍 들어 동쪽의 대에 앉혀놓았다. 그리고 상운을 거둔 후 작은 사마귀로 변하여 저팔계의 귓전으로 날아가 속삭였다.

"사부님을 잘 지키고 있어, 네 옆에 있는 가짜에게 말을 붙이지도 말고."

"알았소."

저팔계는 고개를 끄덕이면서 대답했다.

호력대선과 삼장의 좌선 내기는 지켜보는 사람도 지겨웠다. 가만히 지켜보던 녹력대선이 꾀를 쓰고자 마음먹었다. 자신의 머리 한 가닥을 뽑아 손가락으로 돌돌 비벼 말아서 위로 톡하고 튕겼다. 그러자 그것은 한 마리의 빈대로 변하여 삼장의 머리 위에 앉아 물기 시작했다. 삼장은 처음에는 근질근질했으나 나중에는 아파왔다. 삼장은 목을 움찔하고 머리를 좌우로 틀며 얼굴이 마구 일그러졌다. 이를 저팔계가 먼저 발견했다.

"큰일났다! 사부님이 간질병에 걸린 모양이다."

"아냐, 머리가 아파서 그러시는 거야."

손오공이 이 말을 듣고 삼장의 머리 위에 날아 앉고 보니 콩알만 한 큰 빈대가 삼장의 머리를 물어뜯고 있는 게 아닌가? 손오공은 그것을 재빨리 눌러 죽이고 삼장의 아픈 곳을 이리저리 어루만져 주었다. 삼장은 아픔과 가려움이 나아 원래대로 단좌할 수 있었다.

손오공이 가만히 생각해 보니 이것은 필시 저 도사놈들의 농간임에 틀림없었다. 그래서 횡하고 호력대선에게 날아가서 한 마리 지네로 변하여 좌선하고 있는 도사의 콧구멍으로 기어들어가 코의 안벽을 힘차게 쏘아 주었다.

이쯤 되자 제아무리 좌선에 능한 호력대선이라도 견딜 수 없어 재치기를 하면서 앞으로 굴러 떨어져 버렸다. 다행히 대소관원들이 우르르 달려들어 붙잡았기에 목숨만은 건질 수 있었다.

손오공은 다시금 상운에 올라 스승님을 붙잡아 안아서 내려 주고 자신의 가짜 몸을 거두었다.

국왕이 삼장 일행을 보내려고 하자 이번에는 녹력대선이 급히 아뢰었다.

"폐하, 사형이 중풍기가 있는데 천풍을 쐬었기 때문에 그 병이 재발한 것입니다. 이번에는 제가 격판시매隔板猜枚의 술법으로 내기를 하겠사오니 저들을 잠시 잡아두십시오."

"격판시매가 무엇이오?"

"상자 안에 있는 물건을 알아내는 술법이옵니다. 폐하, 우리 형제들의 원한을 풀어 주소서! 이십 년 동안이나 나라를 보전해 온 은혜를 더럽히지 않게 해주십시오."

국왕은 다시 한 번 도사들의 말을 들어 주기로 하여 붉은 칠을 한 궤짝을 황후에게 보내어 보배를 하나 넣도록 명했다. 얼마 후 궤짝이 메어져 나왔다. 손오공이 파리로 변하여 삼장의 어깨 위로 날아가 속삭였다.

"사부님, 제가 알아보고 올 테니 걱정 마십시오."

손오공이 궤 밑바닥 틈새로 들어가 보니 한 벌의 궁의宮衣가 있었다. 손오공은 그것을 집어 들고 마구 구겨서 지저분하기 짝이 없는, 종을 씌우는 걸레쪽으로 만들어 놓고 궤짝을 빠져 나와 삼장에게 날아가 걸레라고 속삭였다. 그러자 삼장이 의아하게 여겨 되물었다.

"보배라고 그랬는데, 걸레가 보배일 수는 없지 않느냐?"

"상관없어요. 알아맞히기만 하면 되니까요."

녹력대선이 앞장서 맞히겠다고 하였다.

"저 궤짝 속에는 아름다운 치마저고리가 들어 있습니다."

"아니오. 종을 씌우는 헌 걸레쪽이 들어 있소이다."

국왕이 벌컥 화를 내며 호령했다.

"저 무례한 화상놈을 보았나! 우리나라에 보배가 없다고 비웃는 것인가? 궤를 열어 보아라!"

그러나 거기에서 나온 것은 종을 씌우는 헌 걸레쪽이었다. 국왕은 어이가 없어 화를 낼 수도 없었다. 그래서 이번에는 자신이 직접 어화원의 선도나무에서 커다란 복숭아 하나를 따 가지고 궤짝 속에 넣고 밖으로 메어 나가게 했다. 이번에도 손오공이 재주껏 움직여 복숭아를 깨끗이 먹어치우고 씨만 덩그러니 남겨 놓고 나왔다.

"사부님, 복숭아씨라고 하십시오."

이번에도 녹력대선에게 선수를 빼앗겼다.

"빈도가 먼저 맞히리이다. 저 속에는 한 개의 선도가 있소."

"아니오. 복숭아가 아니라 복숭아씨만 있소."

그러자 국왕이 직접 궤 앞으로 와서 말했다.

"짐이 친히 선도를 넣었도다. 씨는 무슨 씨인가!"

그러나 직접 궤를 열어 보고는 당황하여 탄식했다.

"국사, 아무래도 안 되겠소. 아마도 귀신이 저들을 돕는 것 같소!"

이때 정신을 차린 호력대선이 부리나케 달려나와 국왕과 녹력대선을 불렀다.

"저 화상들이 물건을 움직이고 바꾸는 술법을 알겠소이다. 그러니 살아 있는 작은 도동道童을 넣어 내가 저들의 술법을 감쪽같이 깨쳐 버리겠습니다."

그들은 작은 동자를 숨긴 채 또 궤짝을 메어 왔다. 그러나 손오공은 궤 속에 들어가 호력대선으로 변하여 동자를 변모시켰다.

우선 동자의 머리를 순식간에 깨끗이 밀어버리고 동자가 입고 있는 노란색의 학창의를 누런 법복으로 바꾸고 목탁을 만들어서 그의 손에 들려주며 "도동이라고 부르면 나오지 말고, 화상이라고 부르면 뚜껑을 박차고 목탁을 두드리며 나무아미타불 불경을 외우면서 나오라"고 가르쳤다. 손오공은 다시 파리로 변해 궤짝을 나와서 삼장의 귓전에 앉아 가르쳐 주었다.

국왕이 알아맞히라 하자, 호력대선은 "도동이오!" 하고, 삼장은 "화상이오!" 하였다. 옆에 있던 저팔계도 신이 나 큰 소리로 "화상아!" 하고 소리쳤다.

그 소리에 궤짝 속의 동자가 뚜껑을 '탁' 치고 일어서며 목탁을 두드리고 나무아미타불을 외치면서 걸어 나왔다. 거기에 늘어선 문무조신들도 손뼉을 치며 감격해 마지않았다.

세 사람의 도사는 입을 꽉 다문 채 말이 없다가 무예로서 결판을 내고자 하였다.

"종남산에서 배웠다면 어떠한 무예요?"

"우리 형제 셋은 모두가 신통력을 가지고 있습니다. 머리를 끊어도 붙일 수가 있고, 배를 가르고 염통을 도려내도 원래대로 회복할 수 있고, 끓는 기름 가마 속에서도 목욕을 할 수가 있습니다."

"그 세 가지는 모두 죽음을 재촉하는 것이나 마찬가지 아니오?"

국왕은 놀라서 소리쳤다. 그러나 손오공은 이 말을 듣자 매우 기뻐했다. 지금까지는 작은 벌레로 변해서 부지런히 왔다갔다했으나 이제는 자신의 능력이 햇빛을 보게 되었으니 회심의 미소를 지었다.

"폐하, 이 작은 화상도 머리를 벨 줄 압니다."

이렇게 해서 호력대선과 머리를 베기로 내기를 하게 되었다. 그러나 신통광대한 손오공을 호력대선은 이길 수가 없었다. 이기지 못할 뿐만 아니라 목숨을 잃었다.

그가 머리를 베었을 때, 손오공은 털을 뽑아 누런 사냥개를 만들어서 그의 잘린 머리를 물어다가 어수하御水河 깊숙이 내버리게 하였다. 알고 보니 호력대선은 누런 호랑이였다.

이번에는 녹력대선이 성큼 일어서서 손오공에게 도전했다. 그는 배를 가르는 내기를 요구했다. 그가 배를 갈랐을 때 손오공은 몸털을 하나 뽑아 한 마리 굶주린 새매로 변화시켜 뱃속의 내장을 모두 한꺼번에 채 가지고 어디론가 사라지게 했다. 녹력대선은 알고 보니 하얀 수사슴이었다.

마지막 양력대선이 기름 가마에 들어가는 내기를 제의해 왔다. 여기서도 손오공은 공중으로 날아가서 그를 돕고 있는 북해용왕의 협력을 중단시키고 기름 가마에 들어 있는 냉룡冷龍

을 거둬서 바다로 돌아가게 했다. 냉룡이 없는 기름 가마는 부글부글 끓기 시작했고 양력대선은 흐물흐물 기름에 튀겨져 살도 뼈도 추릴 수 없었다.

이렇게 해서 세 도사가 본래의 몸을 드러내고 모두 죽어버리자 국왕은 손으로 어안을 치며 통곡해 마지않았다. 손오공이 앞으로 나서며 큰소리로 깨우쳤다.

"저자들은 원래 산 짐승의 요괴로 하나는 호랑이, 또 하나는 사슴, 그리고 기름 가마에 있는 것은 산양이외다. 당신을 해치고 당신의 강산을 뺏으러 온 것인데, 다만 아직까지 당신의 운수가 강하여 잠시 보류한 것뿐이오."

"성승께 감사할 따름이오. 오늘은 날이 저물었으니 태사께서는 성승을 지연사로 모십시오. 내일 동각을 크게 열고 잔치를 베풀도록 합시다!"

이렇게 해서 삼장 일행은 지연사로 돌아와 편히 쉬었다.

다음 날, 국왕은 조회에 나와 승려들을 부르는 방문을 써 붙이도록 하고, 국왕이 직접 조신들을 이끌고 지연사로 와 삼장 일행을 모셔 갔다.

전날 손오공이 풀어 주었던 죄수 중들은 소문을 듣고 모두 몰려와 길에 엎드려 삼장 일행을 전송해 주었다.

통천하의
팔백 리 물길

어느 사이 여름도 지나 가을로 접어든 어느 날, 해는 어둑어둑 저무는데 인가는 보이지 않았다. 삼장은 걱정이 되어 제자들을 불렀다.

"애들아, 오늘은 또 어디서 쉬어야 한단 말이냐?"

손오공이 재빨리 응수했다.

"사부님, 출가인이란 재가인在家人의 말을 않는 법입니다."

"재가인은 어떻고 출가인은 어떻다는 것이냐?"

"재가인은 저녁이 되면 따뜻한 구들의 이불 속에 들어가 앞에는 아이, 뒤에는 마누라, 이런 식으로 껴안고 즐거운 잠을 잡니다. 그러나 우리 출가인은 달을 지고 별을 이고 풍찬노숙을하며, 길이 있으면 가고 길이 없으면 멈출 뿐입니다. 달빛이 좋으니 조금만 더 걷다가 인가가 나타나면 쉬기로 하시죠, 사부님!"

손오공이 앞장서 걷고 일행은 그 뒤를 따랐다. 얼마 가량 걷자니 갑자기 요란스러운 물소리가 들리더니 큰 강물이 가로막고있었다. 손오공은 잠시 근두운을 일으켜 공중으로 솟아올랐다가 내려왔다.

"사부님, 강물이 대단히 넓습니다. 제 화안금정은 밤에도 사오백 리 안팎을 살필 수 있는데 끝이 안 보입니다. 그런데 저기물가에 무언가 물체가 있습니다."

그들이 가보니 '통천하通天河'라고 새겨진 큼직한 돌비석이 하나 서 있고, 그 밑에는 작은 글씨로 '건너가는 길 팔백 리, 예로부터 가는 사람 적었다'고 새겨져 있었다.

삼장이 이를 보고 "서천의 길이 이다지도 멀고 어려울 수 있느냐?"고 탄식하는데, 저팔계가 소리쳤다.

"사부님, 들어보십시오. 어디선가 북소리가 들립니다. 아마도어느 집에서 재를 올리고 있나 봅니다. 우리도 가서 잿밥이나얻어먹고 내일 떠나기로 합시다!"

아니나 다를까 북소리를 따라 강둑을 걷노라니 큰 마을이 나타났다. 그중 마을 한가운데 깃발이 나부끼는 집이 제일 크고 등촉이 휘황하게 밝으며 향기로운 연기가 가득히 서려 있었다.

삼장이 말에서 내리며 희망을 되찾은 듯이 제자들을 돌아보았다.

"내가 저 불 밝은 집에 가서 잠자리를 부탁해 볼 테니 너희들은 여기서 잠시 기다리고 있거라."

삼장은 옷매무새를 단정히 하고는 깃발이 나부끼는 집 대문에서 서성였다. 그때 노인 한 사람이 목에 염주를 늘이고 염불을 외며 문으로 다가왔다. 삼장은 재빨리 합장을 하고 커다란 소리로 말했다.

"노 시주님! 잠시 빈승이 문안드립니다."

노인은 삼장을 건너다보더니 체념 섞인 소리로 말했다.

"스님은 너무 늦게 오셨구려. 재도 끝나고 음식상도 다 치웠는데……"

"노 시주님, 빈승은 동냥하러 다니는 중이 아닙니다. 동토 대당에서 어명을 받들고 서천으로 경을 얻으러 가는 당승입니다. 날이 저물어 하룻밤 신세를 지고자 이렇게 찾아왔습니다."

"허어, 스님! 출가인도 거짓말을 합니까? 동토 대당이라 하면 이곳까지는 오만사천 리 길인데, 어찌 혼자서 오실 수 있단 말입니까?"

"저에게는 제자가 셋이 있어서 여기까지 오는 동안 산을 만나면 길을 열고, 요괴를 만나면 요괴를 물리치는 식으로 저를 보호하여 왔답니다."

노인은 그제야 삼장의 말을 믿어 주며 제자들을 부르라 하였다. 삼장은 제자들을 보고 놀라지 않게 하기 위해 제자들의 흉한 모습을 미리 들려주었다. 그리고 용과 호랑이를 항복시키는 무예를 지녔으며 마음은 착하다고 언질하고 제자들을 불렀다.

그러나 미리 언질하였음에도 노인은 제자들을 보고 기겁하여 입을 다물 줄 몰랐다.

"시주님, 안심하십시오. 요괴가 아니고 제 제자들입니다."

그제야 노인은 삼장을 데리고 안으로 들어가 대청에 자리를 정하고 앉아 집안 식구들과 인사를 하였다.

그 마을은 진가장陳家莊이라는 마을이었다. 그 집에는 노인 두 형제가 살고 있었는데 진징陳澄 노인에게는 여덟 살 어린 딸 일칭금一秤金이 있고, 진청陳請 노인에게는 일곱 살 난 아들 진관보陳關保가 있었다.

삼장은 같은 진씨로서 서로 반갑게 인사하고 배불리 식사를 마친 후, 그 동네의 사연을 들을 수 있었다.

진가장에서 한 장쯤 올라가면 영감대왕묘가 있는데 거기에 해마다 무서운 요괴가 나타나 마을에서 바치는 동남동녀를 잡아먹고 제물을 받아먹는다는 것이었다. 그런데 오늘이 마침 진가장의 차례가 되어 두 노인의 아들과 딸을 영감대왕묘에 바칠 준비를 하고, 다음 세상에서라도 잘 태어나도록 방금 전에 예수망재豫修亡齋를 올렸다는 것이었다.

손오공이 여기까지 듣고 노인들의 어린 자녀 진관보와 일칭금을 데려오라 했다. 아이들이 오자 손오공은 진관보로 변하고,

저팔계는 일칭금으로 변화시켜 자신들이 대신 영감대왕묘에 가기로 했다. 그 요괴는 동남을 먼저 먹고 동녀는 나중에 먹는다 하므로 저팔계는 다소 안심하고 따라가기로 하였다.

그때 바깥에서 징소리, 북소리가 요란스럽게 울리며 "동남농녀를 메어 오라!"고 소리쳤다. 이내 젊은 사람 넷이 들어와 동남동녀로 변한 손오공과 저팔계를 떠메고 나갔다. 그들은 영감대왕묘에 이르러 제물을 펼쳐 놓더니 동남동녀를 위쪽으로 받쳐 올려놓았다.

손오공이 고개를 돌려 이리저리 살펴보니 제상 위에는 향화와 촛불이 있고, 중간에 '영감대왕지신'이라고 쓴 위패가 하나 세워져 있었다. 젊은이들은 제물을 늘어놓고 나란히 늘어서 위를 향해 절을 올렸다.

"대왕나리! 금년은 진가장에서 동남 진관보와 동녀 진일칭금, 그리고 돼지, 양의 제물을 바치오니 마음껏 드시고 풍우 순조롭고 오곡이 풍성하게 해주십시오!"

그들은 지전을 불사르고 각자 집으로 돌아갔다. 잠시 후 '획획' 묘한 바람 소리가 들려왔다. 저팔계는 깜짝 놀라 소리쳤다.

"이크, 큰일 났다. 필경 그놈이 왔나 보네!"

"쉿! 가만히 있어. 내가 상대할 테니까!"

얼마 후 묘문 밖으로 요괴 한 놈이 나타나 떡 버티고서는 굵다란 음성으로 물었다.

"금년의 제사는 뉘 집에서 지내는 거냐?"

"금년의 제주祭主는 진징, 진청입니다."

손오공이 생글생글 웃으며 대답하자 요괴는 의심이 났다.

'다른 아이들은 대답도 못하고 벌벌 떨고 있었는데 저놈은 두 눈을 동그랗게 뜨고 웃기까지 하고 있네.'

요괴는 이름이며 나이 등을 묻고는 한마디 일갈했다.

"지금까지는 동남부터 먹어왔는데 올해에는 동녀부터 먹어야겠다."

그러자 저팔계가 당황하여 재빨리 입을 놀렸다.

"대왕! 예년대로 하십시오. 지금까지의 예를 깨서야 되겠습니까?"

요괴는 더 이상 말을 들으려 하지 않고 손을 뻗쳐 동녀로 변한 저팔계를 덥석 잡아 쥐려 했다. 저팔계가 당황하여 펄쩍 뛰어내리기 무섭게 본상을 나타내어 쇠갈퀴를 휘두르며 괴물을 향해 힘껏 내리쳤다. 갑자기 들어온 공격에 기겁을 한 괴물은 내밀었던 손을 거두면서 '뎅그렁' 소리를 남겨 놓고 도망쳐 버렸다.

손오공도 본모습으로 돌아와 여의봉을 늘려 잡았으나 이미 괴물은 사라지고 쟁반만큼이나 큰 비늘이 두 개 떨어져 있었다. 손오공과 저팔계가 소리를 지르며 뒤를 쫓아 공중으로 날아오르니 괴물은 구름 끝에 서서 물었다.

"어디서 온 중놈들인가?"

이에 손오공이 호통을 치며 말했다.

"서천으로 경을 얻으러 가는 동토 대당의 성승 삼장법사의 제자니라!"

괴물을 그 말을 듣고 재빨리 통천하 물속으로 들어가버렸다. 손오공과 저팔계가 하릴없이 영감대왕묘로 돌아가 잘 차려진 제물과 제상을 들고 진가장으로 돌아오니 삼장과 사오정, 진 노인 형제와 온 집안 식구들이 반가워했다.

한편, 통천하의 깊은 물속 궁중으로 돌아간 요괴는 시무룩하게 있다가 대소 부하들에게 영감대왕묘에서 당한 수모를 자세히 들려주고 "당승 삼장법사를 잡을 꾀를 내라!"고 명했다. 그 중에 명석한 꾀를 가진 자가 말했다.

"대왕, 당승을 잡기는 쉬운 일입니다. 대왕은 눈을 내리고 얼음이 얼게 할 수 있지 않습니까? 통천하를 꽁꽁 얼려버리시고 그들이 서천으로 가기 위해 강 중간쯤 왔을 때 얼음을 깨쳐 물속으로 끌어들이면 되는 일입니다."

요괴는 무릎을 치며 칭찬하고는 수부에서 나가 허공에 올라 찬바람을 일으키고 눈을 내려 강을 얼리기 시작했다.

한편, 진가장에서 편안한 잠을 자게 된 삼장 일행은 새벽녘이 되어 별안간 춥고 다리가 얼어붙는 것 같아서 도저히 잠을 잘 수 없었다. 삼장을 비롯한 일행은 모두 일어나 옷을 주워 입었다. 문을 열고 밖을 보니, 산하는 온통 눈이 덮인 은세계였다.

진 노인이 다가와 하인들에게 눈 덮인 길을 쓸게 하고, 뜨거운 세숫물을 내어 오게 했다. 노인이 이 고장에서는 매년 8월 이맘쯤이 되면 서리와 눈이 내린다고 하자 삼장은 깜짝 놀랐다.

"우리 동토와는 매우 큰 차이가 있군요. 우리 당나라에서는

12월 동지가 돼야 서리라든가 눈이 내린답니다."

시간이 지나도 눈은 멈추지 않고 새벽보다 더욱 줄기차게 퍼부었다. 매서운 바람은 콧등을 얼게 할 정도로 추웠다. 삼장은 눈이 계속 이렇게 내리면 언제 강을 건너고 서천까지 갔다가 고국에 가겠는가 하는 걱정이 태산 같았다.

"스님, 걱정 마십시오. 먹을 것은 얼마든지 있으니 편히 쉬십시오. 날이 들고 얼음이 녹으면 돈이 얼마가 들든 배를 마련하여 강을 건널 수 있게 하겠습니다."

그들이 하릴없이 밥을 먹고 화원의 설경을 구경하다가 또 밥을 먹고 무료하게 앉아 있는데 길 가는 사람들의 말소리가 들려왔다.

"아, 정말 춥구먼! 팔백 리 통천하 강물이 꽁꽁 얼어붙어 사람들이 짐수레를 끌고 왔다갔다한다네. 장삿길이 배를 타고 건너는 것보다 이문이 많이 남는다나 봐. 그리고 훨씬 빨리 다녀올 수 있다고 하더군."

아니나 다를까 강물은 생각보다 훨씬 더 꽁꽁 얼어 많은 사람들이 오가고 있었다. 그러나 그것조차 통천하 수부 요괴들이 벌이는 농간이었다.

삼장은 진 노인에게 물었다.

"시주님, 저 사람들은 이 강을 건너 어디로 가는 겁니까?"

"강 저편은 서량여국西梁女國입니다. 저들은 모두 장사하는 사람들로 이쪽에서 천 원 하는 물건을 저쪽으로 가져가면 만 원을 받지요. 저쪽에서 오는 물건도 그렇고요. 보통 때는 오륙 명,

혹은 십여 명이 배 한 척을 빌려 강을 건넙니다만 지금은 강이 얼어붙었으니 목숨을 걸고 저렇게 걸어서 강을 건너고 있는 것입니다."

이튿날 삼장은 결단을 내려 아침 일찍 식사를 마치고 떠날 준비를 했다. 진 노인 형제는 그대로 떠나보내는 것이 섭섭하여 마른 양식과 구운 떡, 찐빵° 등 이것저것을 장만해 내놓고 노자에 보태 쓰라고 금은 한 쟁반을 내놓았다. 삼장은 그것을 한사코 받지 않았으나 손오공은 긴히 쓰일 곳이 있으리라 생각하여 한 움큼 집어 주머니에 넣었다.

진가장 식구들과 작별한 삼장 일행은 강 한복판을 향해 걸어 들어갔다. 시장하면 마른 양식으로 공복을 채우며 부지런히 걸었다.

어느덧 하루 낮밤이 지나고 새벽녘이 되어 날이 훤히 밝아 올랐다. 통천하는 팔백 리에 달하는 한없이 넓은 강인지라 끝이 안 보였다.

그때 별안간 얼음 밑에서 '으드득, 쩡쩡' 하고 무언가 갈라지는 소리가 났다.

"얘들아, 이게 무슨 소리냐?"

"얼음 속 밑바닥까지 얼어붙느라고 쩡쩡 소리가 나는 것입니다."

저팔계가 제법 아는 체를 했다. 삼장은 놀란 가슴을 진정시키고 계속 앞으로 말을 몰았다. 그러나 그것은 얼음 속에서 삼장 일행을 기다리고 있던 요괴가 말발굽 소리가 나자 신통력을 써서 얼음장을 크게 깨뜨려 버리는 소리였다.

얼음이 깨지자 깜짝 놀란 손오공은 허공으로 솟구쳐 올라갔으나, 세 사람은 백마와 함께 그만 물속에 빠지고 말았다. 손쉽게 삼장을 잡게 된 요괴는 삼장만 덥석 거머쥐고 여러 부하들을 이끌고 수부로 돌아와 삼장을 궁전 뒤뜰의 석갑 속에 넣고 뚜껑을 단단히 덮어 놓으라 일렀다. 그리고 이번 일에 꾀를 낸 부하와 장사꾼 노릇을 한 여러 부하들의 수고를 치하하기 위해 잔치를 성대히 베풀었다.

저팔계와 사오정은 물속에서 짐짝과 말을 건져내고 물을 차면서 위로 올라왔다. 본래 저팔계는 천봉원수로서 팔만 수병을 다스렸고, 사오정은 유사하 강물의 신이며, 백마는 서해 용손인지라 쉽게 헤엄쳐 나올 수 있었다. 그러나 공중에서 지키고 있던 손오공이 스승의 행방을 물었으나 그것을 알 길은 없었다.

삼형제는 백마를 이끌고 할 수 없이 터덜터덜 다시금 진가장으로 돌아갔다. 진가장 노인 형제는 매우 놀라 눈물을 흘리면서 자신들의 탓으로 돌렸다. 손오공은 사부님은 절대 죽지 않는다는 확신에 찬 말을 하고 강변으로 나왔다.

삼형제는 의논 끝에 수부를 공격하기로 하였다. 손오공은 물에서 물고기로 변한다든가 하는 피수법避水法밖에 쓸 수 없고 여의봉을 휘둘러 싸울 수도 없지만 수부를 정탐하기 위해서 저팔계의 등에 올라 물속으로 들어가기로 했다.

통천하의 물속을 백여 리쯤 갔을 때, 저팔계는 지난날 자기를 바보 천치로 업신여기며 거들먹대던 손오공의 괘씸한 행동들이 떠올라 골탕 먹이기로 작정하고 등에 업힌 손오공을 패대기 쳤다. 그러나 손오공은 이를 먼저 간파하여 돼지벼룩으로 변하 여 저팔계의 귓속에 붙어버렸다.

사오정이 깜짝 놀라 큰형님이 사라졌다고 하자, 저팔계는 오 히려 속 시원히 여기며 아무렇지 않다는 듯이 대꾸했다.

"그 눈꼴시게 잘난 체하던 원숭이놈! 내가 발을 헛디뎌 뒹구 니까 없어졌군. 까짓것 상관할 것 없어. 그 자식이 죽든지 말든 지 우리끼리 가서 사부님을 찾아보자!"

"우리들은 몸뚱이로 싸우는 것밖에 모르잖아! 손오공 형님의 술수를 빌려야 된다고. 손오공 형님은 물속에서 싸울 수는 없지 만 영리한 꾀를 쓸 수 있단 말이야. 손오공 형님이 없으면 나도 안 갈 테야. 우리 둘이서는 절대 사부님을 구할 수 없어."

저팔계의 귓속에 착 붙어 있던 손오공은 웃음을 참지 못하고 큰 소리로 사오정을 불렀다.

"오정아, 네 말이 맞다. 그러나 걱정하지 마라. 손공이 예 있느 니라. 빨리 요괴가 있을 수부나 찾도록 하자꾸나."

사오정은 놀라며, "그러면 그렇지. 형님이 이렇게 쉽게 죽을 리야 없지!" 하였으나 전세가 역전된 저팔계는 얼굴을 붉히며 싹싹 빌었다.

그러는 사이 통천하의 수부가 보였다. 그들은 문 앞에 다가가 저팔계와 사오정은 숨어 있기로 하고 손오공은 저팔계의 귓속 에서 뛰쳐나와 조그만 새우로 변하여 문 안으로 들어갔다.

수부의 궁전은 꽤 으리으리해 보였다. 들어가 보니 영감대왕이라는 요괴는 정전 높이 앉아 있고, 여러 수족들이 그 좌우로 열을 지어 술판을 벌이면서 당승을 어찌 요리해 먹을까 의논 중에 있었다. 그중 꽤 영리한 부하가 있어 며칠 동안 기다렸다가 당승의 제자들이 조용해질 때 느긋하게 채롱에 삶아 먹자고 하니 모두 동의하며 왁자지껄했다.

손오공은 삼장이 어디 있는지 몰라 여기저기를 살펴보다가 뒤뜰 석갑을 발견하고 근처로 가니 삼장이 울부짖으며 한탄하고 있었다. 손오공은 먼저 삼장을 안심시키기로 하여 석갑의 틈새에 대고 속삭였다.

"사부님, 손오공입니다. 조금만 참고 기다리십시오. 요괴를 잡고 사부님을 구하겠습니다!"

"오공아! 하루만 더 있어도 답답해 죽을 것 같다."

"조금만 더 참으십시오. 저희가 곧 돌아와 구해 드리겠습니다."

손오공은 수문 밖으로 나와 저팔계와 사오정에게 상황을 알리고 적당히 싸우다 안 되겠거든 밖으로 끌고 나오라 일렀다. 그리고 피수법을 써서 물 밖으로 나왔다. 저팔계와 사오정은 굳게 닫힌 수부 문부터 들이쳐 깨부수려 했다. 그러나 문은 철옹성처럼 끄떡없었다.

요란한 소리에 요괴가 부하 일백여 명을 이끌고 나타났다. 손에는 한 자루의 크고 묵직한 붉은 쇠몽둥이를 쥐고 있었다. 먼저 저팔계에게 달려들어 서로가 광기 어린 호통을 쳐가며 십여 합을 싸울 때쯤 사오정이 보장을 쳐들고 달려들었다. 그러나 요괴는 두 식경이 지나도록 싸워도 끄떡없었다.

저팔계와 사오정은 서로 눈짓을 하고 패한 척 무기를 질질 끌고 달아나기 시작했다. 이때 손오공은 강 언덕에 서서 강물이 요란스럽게 뒤집혀 오르는 것을 보고는 여의봉을 꼬나잡았다. 저팔계가 먼저 물 위에 떠오르고 사오정이 뒤따라 나타나 언덕으로 뛰어오르자 시커먼 괴물이 머리를 나타냈다.

손오공이 재빨리 "이거나 받아랏!" 하고 소리치며 여의봉을 휘둘렀으나 그 요괴는 두세 번 받아 넘기는 듯하더니 깊은 물속으로 아예 숨어버렸다.

삼형제는 또다시 막막했다. 가쁜 숨을 고르던 저팔계가 제법 지혜로운 방안을 냈다.

다시 그놈을 끌어낼 테니 손오공이 공중에 떠 있다가 무조건 머리통을 내리치고 그가 맞아 죽지 않는다면 자신이 옆에 있다가 쇠갈퀴로 후려치겠다는 작전이었다. 그러나 사오정과 저팔계가 다시 수부에 들어가 아무리 소리치고 문을 후려쳐도 수부에서는 흙더미와 돌무더기로 아예 문을 닫아걸고 자신들을 상대도 하지 않고 있었다. 요괴의 부하 중 손오공의 내력을 알고 있는 자가 신경 쓰지 않는 것이 상책이라는 의견을 내어, 수부 문밖에서 일어나는 일은 상관치 않기로 정하였기 때문이다. 저팔계와 사오정은 수부 문짝만 후려치다 힘이 빠져 결국 물 밖으로 나오고 말았다. 손오공은 이야기를 다 듣고 나서 두 사람에게 타일렀다.

"두 아우들은 이 강물을 잘 지키고 있어라. 그놈이 다른 곳으로 도망쳐서는 안 되니라. 나는 보타암으로 가서 관음보살을 만나보고 올 테다!"

손오공은 구름에 올라 남해로 가서 관음보살과 함께 통천하로 돌아왔다. 관음보살은 평상복 그대로 왔는데, 다만 자줏빛 대나무로 만든 채롱 하나를 손에 들고 있었다. 그리고 저고리 옷고름에 채롱을 묶어 물속에 넣고는 간단한 주문을 외웠다.

"이미 죽었던 자는 제자리로 돌아가고 산 자는 이 속으로 오라!"

주문을 일곱 번을 외운 다음 채롱을 번쩍 들어 올리니 그 속에는 반짝반짝 금빛 나는 금붕어 한 마리가 들어 있었다.

관음보살은 손오공에게 이제 가서 스승을 구하라고 하였다.

"아직 요괴도 잡지 못했는데 어찌 사부님을 구한단 말입니까?"

"이 채롱 속에 든 금붕어가 요괴니라. 본래 이 금붕어는 우리 보타암 연화지蓮花池에서 자랐는데 매일 머리를 내놓고 경을 들어 도가 텄느니라. 이 자가 들고 있던 아홉 가닥 붉은 동추는 연의 꽃봉오리를 무기로 만든 것이다. 어느 날인가 바닷물을 타고 이곳에 온 모양인데 오늘 아침에서야 보이지 않는 것을 알고 살펴보다, 이곳에 와서 요괴가 되어 그대의 스승을 가둔 것을 알았노라. 그래서 급히 대나무 초롱을 엮어 가지고 이 자를 잡으러 온 것이다."

손오공은 진가장의 사람들에게 관음보살을 보이고 참배토록 하였다. 마침 그곳에 그림 그리는 자가 있어 관음보살의 모습을 그렸는데, 그것이 후세에 전해지는 어람관음魚籃觀音의 현신現身

이다.

관음보살은 돌아가고 저팔계와 사오정은 수부에 들어가 삼장을 구해 왔다. 그들이 수부에 갔을 적에는 요괴의 부하 노릇을 하던 수많은 작은 물고기의 요정들이 모두 죽어 있었다.

삼장 일행이 떠나려 할 때 수부의 원주인이었던 늙은 자라가 물속에서 나와 집을 찾게 된 은혜를 갚기 위해 통천하 팔백 리 물길을 하루 만에 건너게 해주며, 삼장에게 석가여래를 만나게 되면 자신의 앞일에 대해 물어봐 달라는 부탁을 하였다.

태상노군의
금강탁

늙은 자라 등에 앉아 편안히 통천하를 건넌 삼장 일행은 큰 길을 따라 또다시 부지런히 서쪽을 향해 걸었다. 날씨는 이미 추운 겨울이었다. 눈 덮인 산길을 헤치고 준령 하나를 넘어서니 움푹 팬 골짜기 사이로 높이 솟은 누대 하나가 보였다. 삼장이 기쁜 얼굴로 입을 열었다.

"얘들아, 오늘 하루는 아무것도 먹지 못해 배도 고프고 날씨도 엄청 춥구나! 저기 산골짜기에 누대와 집이 보인다. 아마도 사원이거나 암자일 듯하니, 오늘은 저기에 가서 몸을 녹이고 밥을 얻어먹기로 하자!"

이에 손오공이 눈을 크게 뜨고 반공중에 올라 자세히 살펴보더니 내려와 말했다.

"사부님, 저곳은 상서롭지 못한 구름과 기분 나쁜 기운이 퍼져 있어 갈 곳이 못되옵니다."

"집도 크고 아름다운데 왜 갈 곳이 못 된다 하느냐?"

"누대와 정자가 있다고 해서 반드시 좋은 곳은 아닙니다. 요괴가 사람을 속이기 위해 평화로운 마을처럼 꾸며 놓은 것에 불과합니다. 저편 집은 기색이 아주 흉악하니 결코 들어가서는 안 됩니다."

"그러면 이 배고픔을 어찌 해결해야 된단 말이냐?"

"잠시 말에서 내려 쉬고 계십시오. 제가 어디든지 가서 음식을 좀 얻어 오겠습니다."

삼장이 말에서 내리자 사오정은 보따리를 풀고 바리때를 꺼내어 손오공에게 주었다.

"내가 음식을 좀 구해 올 동안 사부님을 잘 모시고 있어야 한다!"

사오정은 고개를 크게 끄덕였다. 손오공은 뒤돌아서서 몇 걸음 걷다가 다시 돌아와 삼장에게 다시금 다짐했다.

"사부님, 이 길은 대단히 흉하옵니다. 제가 돌아올 때까지 자리를 뜨시면 안 됩니다. 아무래도 마음이 놓이질 않으니 안신법

安身法을 써서 표해 놓고 가겠습니다."

손오공은 여의봉을 휘휘 돌려서 평지 위에다 동그라미를 크게 그려 놓고는 삼장을 그 속에 들어가 앉게 하였다. 그리고 저 팔계와 사오정을 좌우 양쪽에 서 있게 한 후, 삼장을 향해 합장하고는 이렇게 말했다.

"제가 그린 이 동그라미는 어떤 벽보다도 철통같이 튼튼합니다. 이 속에 있으면 요괴며 요물이며 하는 잡다한 것들이 접근치 못합니다. 만약 사부님께서 이 동그라미 밖으로 나오신다면 반드시 독수毒手에 걸려들 것이오니 부디 제 말을 들으셔야 합니다."

"알았다, 알았어! 빨리 갔다 오기나 하거라!"

손오공이 그제야 안심하고 근두운에 올라 남쪽으로 가노라니 매우 경치 좋은 마을이 보였다. 그는 마을 입구의 길목에 내려 가장 큰 집으로 향했다. 그러자 대문이 열리면서 한 노인이 지팡이를 짚고 걸어 나왔다. 손오공은 그 앞으로 가 합장한 후 바리때를 손에 든 채 말을 건넸다.

"노 시주님, 소승은 동토 대당에서 서천으로 경을 구하러 가는 삼장법사의 제자이옵니다. 우리 사부님께서 매우 시장하시다 하여 음식을 좀 얻고자 합니다."

노인은 손오공의 행동거지를 물끄러미 바라보더니, 동토 대당이 여기서 얼마나 먼 곳에 있으며 서천은 북쪽인데 말도 안 되는 소리를 한다며 "원숭이 도깨비다!" 소리치고는 마을 쪽으로 달아났다.

손오공이 그곳에 우두커니 서 있다가 노인집 부엌으로 들어가 솥뚜껑을 열어 보니 따뜻한 밥이 있었다. 바리때에 밥을 가득 퍼담는데 개 한 마리가 나타나더니 무섭게 짖어댔다. 손오공은 바리때의 밥을 챙기고 쫓아오는 개를 따돌리기 위해 마을을 몇 바퀴 도느라 시간을 빼앗겼다.

한편, 삼장은 밥 얻으러 간 손오공을 기다리다 지쳐 손오공을 원망했다.

"대체 어디까지 간 것이야. 아니면 어디에 나자빠져 있는가?"

그러자 저팔계가 옆에서 의미심장한 미소를 지으며 스승에게 말했다.

"어디 나뭇가지에 올라 열매나 따먹으며 놀고 있는지 누가 압니까? 공연히 우리만 감옥살이 시키는 것입니다."

"감옥살이라니, 그게 무슨 말이냐?"

"옛사람들은 땅에다 금을 그어 감옥을 만들었다고 합니다. 이 동그라미가 철벽처럼 튼튼하다 하지만 찬바람도 막지 못하고 호랑이가 달려들면 우리는 앉은 채로 짐승의 밥이 되고 말 것입니다."

"그럼 어찌했으면 좋겠느냐?"

"이 저팔계의 생각은 그냥 서쪽 길로 가는 것이 좋겠습니다. 형님은 구름으로 왔다갔다하시니 우리를 금방 따라올 것입니다. 사부님, 추위에 발이 얼음장 같아서 견딜 수가 없습니다."

삼장은 저팔계의 말이 그럴 듯해 손오공이 그어 놓은 동그라미에서 나와 길을 떠났다. 그들은 얼마 가지 않아 문제의 누각에 당도했다.

누각은 남향으로 나앉은 집이어서 햇볕이 가득 들었다. 문 밖에는 여덟 팔八자로 벌려진 하얀 담장이 있었고 연꽃을 늘어뜨린 것 같은 문루가 있는데 모두가 오색으로 채색되어 있고 문은 절반쯤 열려 있었다.

저팔계는 우선 말을 기둥에 매었다. 삼장은 바람을 피해 문설주에 기대앉고 사오정은 짐을 내려놓았다. 저팔계가 삼장을 돌아보며 말문을 열었다.

"사부님! 이곳은 무슨 공후公侯나 재상쯤 되는 이의 집인가 봅니다. 사람들이 집안에 있을 것이니 제가 들어갔다 오겠습니다. 여기서 사오정과 함께 기다리고 계십시오."

"공연히 남한테 폐가 되지 않도록 조심하거라!"

"예, 저도 예의범절 같은 것은 잘 알고 있습니다. 걱정하지 마십시오."

저팔계는 우쭐해서 말한 다음, 쇠갈퀴를 허리에 차고 점잖게 '에헴!' 하며 안으로 들어갔다. 삼 칸 정도의 대청에는 발만 길게 늘어져 있고 조용하니 사람은 보이지 않았다. 탁자라든가 살림살이도 전혀 없었다. 안으로 더 들어가니 큰 누각이 있는데 누상으로 성큼 올라가 방장을 슬쩍 젖히고 들여다본 순간, 저팔계는 놀라 자빠질 뻔했다.

그곳에는 상아로 만든 침대 위에 하얀 해골들이 놓여 있었는데 그 해골은 물통만큼이나 크고 넓적다리 뼈다귀도 사오 척이나 되는 길이었다.

방장 뒤의 햇빛이 비치는 곳으로 가 보니 채색을 한 상 위에 수놓은 비단옷 몇 벌이 아무렇게나 흐트러져 있었다. 그쪽으로 걸어가서 집어 들고 살펴보니 그것은 똑같은 비단을 누벼서 만든 배자褙子 세 벌이었다. 저팔계는 이를 보고 한겨울 추위에 이보다 더한 보배가 없다고 생각하여 냉큼 걷어쥐고 밖으로 나왔다.

"사부님, 이 집에는 사람이 하나도 없습니다. 다만 죽은 영혼들이 살고 있을 뿐입니다."

저팔계는 자기가 살펴본 바를 설명해 주었다. 그리고는 들고 온 세 벌의 비단옷을 보이며 추운데 이것이라도 입자고 했다.

그러자 삼장은 "안 된다!"고 큰 소리로 호통을 쳤다.

"팔계야, 어서 그 옷을 원래 장소에 놓고 오너라. 출가인이 남의 물건에 탐을 내서는 안 되느니라! 우리는 예서 잠시 바람이나 피하며 앉아 있다가 손오공이 오면 길을 떠나자꾸나."

그러나 저팔계는 아무도 본 사람도 없고 주인도 없는데 무슨 상관이냐며 고집을 부리고 그것을 냉큼 입었다. 그러자 사오정도 승복을 벗어버리고 배자를 걸쳤다.

그러자 다음 순간, 비단옷 배자는 몸에 착 달라붙으며 몸을 죄여 왔다. 저팔계와 사오정은 고통을 못 이겨 비실대더니 쿵 하고 땅바닥에 쓰러져 버렸다.

삼장이 놀라서 달려들어 배자를 벗기려 애썼으나 아무리 해도 벗겨지지 않았다. 그것은 사람의 손으로는 어쩔 수 없는 마법의 배자였기에 사람을 줄 수 있는 몇 갑절의 힘으로 순식간에 두 사람을 꼼짝할 수 없게 졸라매어 버린 것이다.

삼장은 발만 동동 굴렀다. 세 사람은 구원을 요청하기 위해 큰 소리로 고함을 질러댔다. 그 바람에 잠들어 있던 요괴를 깨우고 말았다.

사실 그 누각과 집들은 손오공의 짐작대로 요괴가 변화시켜 놓은 것이었다. 요괴는 자기가 파놓은 함정에 사람이 걸려들어 신음 소리가 나자 가짜 누각들을 깨끗이 걷어치웠다. 그리고는 작은 요괴들을 시켜서 삼장을 잡고 저팔계와 사오정, 말과 짐을 싹 쓸어 동굴 안으로 끌어들여 갔다.

요괴 마왕이 높은 윗자리에 앉으니, 작은 요괴들이 삼장 일행을 그 앞에 꿇어앉게 했다. 마왕이 위엄 있는 음성으로 물었다.

"너는 어느 곳 화상인데 남의 옷을 훔쳤는가?"

삼장은 벌벌 떨면서 동녘 땅 대당에서 떠난 이유와 이곳에 이르러 쉬게 된 일을 이야기하며 제자들이 저지른 잘못을 용서해 주십사, 사정을 했다.

그러나 요괴는 삼장의 이름을 듣더니 더욱 잘되었다면서 '언제 구워 먹을까, 어떻게 쪄 먹을까' 생각하고는 입맛을 쩍쩍 다시기까지 했다. 그는 하나 더 있는 제자가 누구냐고 물었다. 그러자 저팔계가 스승보다 먼저 우쭐해서 소리쳤다.

"우리 형님은 바로 오백 년 전에 천궁을 어지럽혔던 제천대성 손오공이시다!"

마왕은 손오공을 익히 아는 듯 잠시 망설이더니 삼장 일행을 뒤뜰에 결박해 두도록 명했다. 손오공마저 잡겠다는 뜻이었다.

한편, 손오공은 바리때에 밥을 가득 담아 가지고 돌아왔으나 일행이 보이지 않았다. 그 자리에는 자기가 그려놓았던 동그라미만 남아 있을 뿐이었다. 사방을 둘러보니 아까 바라다보이던 깊은 산골짜기의 누대도 감쪽같이 사라지고 없었다.

손오공은 순간 모든 것을 간파했다. 백마의 발자국을 따라 조심스럽게 걸어가노라니 그곳의 토지신과 산신이 어린 동자와 노인으로 변하여 자신을 찾아왔다. 삼장 일행의 행방을 가르쳐 주기 위함이었다.

이곳은 금두산에는 금두동이란 곳이 있는데 그곳에는 독각시대왕獨角兕大王(외뿔대왕)이 살고 있다는 것이었다. 그리고 삼장 일행은 스스로 잡혀 들어갔다는 사실도 알게 되었다.

손오공은 바리때의 밥을 토지신과 산신에게 맡겨 두고 여의봉을 늘려 잡고는 금두동으로 달려갔다.

마왕은 기다란 점강창을 들고 나왔는데 손오공의 여의봉과 좋은 맞수가 되었다. 손오공은 삼십 합이나 싸웠으나 승부가 나지 않자 여의봉을 공중으로 던져 몇천 개의 여의봉으로 상대하고자 하였다. 그런데 그만 마왕이 소매 속에서 꺼내어 던진 하얗고 둥그런 테 속으로 여의봉이 몽땅 빨려 들어가버렸다.

손오공은 어이없이 여의봉을 빼앗긴 채 빈손으로 도망칠 수밖에 없었다. 손오공은 금두산 뒤편으로 와서 망연자실한 채 앉아 있다가 독각시대왕이 누구인지 알아보기 위해 천궁 상계에 올랐다. 남천문 영소전에 이르러 옥황상제를 우러러 뵈옵고 정중한 태도로 읍한 후 입을 열었다.

"소승이 당승 삼장을 보호하며 서천으로 경을 가지러 가옵는데 흉凶이 많고 길吉이 적어 그동안 고생이 이만저만 아니었습니다. 여하간 지금은 금두산의 금두동에 있는 독각시대왕이라는 요괴에게 스승 삼장과 두 아우가 잡혀갔습니다. 제가 뒤늦게 찾아가 겨뤄 보았으나 제 여의봉마저 빼앗기고 패주했나이다. 지금은 스승과 아우들이 구워졌는지, 삶아졌는지, 말려졌는지 알 수가 없습니다. 부디 천상에서 하계한 자가 없나 살펴 주시고, 천군을 내어 요괴를 잡고 스승을 구출하게 해주십시오."

손오공은 또 한 번 깊이 절을 하고 사정을 했다. 옥황상제는 손오공의 상주를 받아들이고 가한사可韓司에게 전지傳旨를 내려 이렇게 분부했다.

"천궁의 모든 성두星斗와 각수各宿의 신왕 중에 하계한 자가 있는가 조사하여 즉시 복주하라!"

가한장인진군은 성지를 받들어 손오공과 함께 조사에 나섰다. 우선 사천문에서 신왕관리들을 조사하고, 삼미원에 있는 크고 작은 군진들을 조사하는 등 천상의 온갖 별과 성두들을 점검해 보았으나 그러한 자는 없었다.

가한장인진군이 조사 결과를 옥황상제에게 아뢰자, 옥황상제는 손오공이 원하는 천장天將들을 뽑아 주어 하계로 내려가 요괴를 잡도록 하라고 분부했다. 손오공은 탁탑이천왕과 나타태자, 그리고 구천부의 등화와 장번 두 뇌공과 함께 남천문을 빠져 금두산으로 왔다.

첫 번째 싸움은 나타태자였다. 그러나 힘 한 번 제대로 써보지 못하고 삼두육비의 병장, 작요검·참요도·박요삭·항마오·수구·화륜아 등을 모두 빼앗기고 패하여 돌아올 수밖에 없었다. 그러자 손오공은 천궁에 다시 올라가 마왕이 가지고 있는 둥근 테를 아예 불살라버리고자 불을 다스리는 화덕성군을 데려왔다. 그러나 마왕의 둥근 테는 화룡·화마·화아·화서·화도·화궁·화전 등등 화덕성군의 온갖 불의 도구를 모두 깨끗이 삼켜버리고 말았다.

그 외에도 천궁에서 뽑혀온 천신들은 모두 자기의 무기를 빼앗긴 채 패잔병의 모습으로 한숨만 쉬고 있었다.

이때 모두의 의견이 마왕의 둥근 테를 훔쳐오는 수밖에 없다는 결론에 도달하여 손오공이 뽑혔다.

손오공은 파리로 변하여 동굴로 들어갔다. 여러 대소의 요괴들은 승리감에 도취되어 술에 찌들었고, 마왕은 잠을 자기 위해 침상에 누웠는데 문제의 둥근 금속 테는 그의 팔뚝에 끼여 있었다. 손오공이 벼룩으로 변하여 그의 팔뚝을 깨물었으나 마왕은 오히려 둥근 테를 끌어올리며 아예 팔짱을 끼고 잠을 잤다.

손오공은 할 수 없이 그곳을 물러나면서 자기 몸털로 만들어낸 원숭이 사오십 명을 동원하여 불길을 일으키며 이전의 싸움에서 빼앗겼던 나타태자의 육반병기, 화덕성군의 무기들을 들고 빠져 나왔다. 뒤늦게 보고를 받은 마왕은 금속 테를 꺼내 동으로 한 번, 서로 한 번 휘저으며 불길을 껐다.

날이 밝자 천신과 손오공은 되찾은 무기를 들고 모두 함께 마왕과 대적했으나 또다시 마왕의 둥근 테에 온갖 무기를 빼앗기고 빈손으로 후퇴할 수밖에 없었다.

이쯤 되자 손오공이 천신들보다 석가여래에게 의지하고자 근두운에 올라 영산을 향해 가니 석가여래는 이한천의 도솔궁으로 태상노군을 찾아가서 괴물의 정체를 알아보고 잡으라고 일러 주었다. 그 요괴는 그곳 외양간에 매어둔 청우靑牛였는데 태상노군의 금강탁金剛琢을 훔쳐 하계로 내려온 것이었다.

손오공의 설명을 들은 태상노군은 또 하나의 보배, 파초선을 집어 들고 금두산으로 내려와 요괴에게 한두 번 훨훨 파초선을 부쳤다. 그러자 요괴는 힘을 잃고 무릎을 꿇으며 태상노군에게 둥근 테를 빼내어 바쳤다.

태상노군이 또 한 번 파초선을 부치자 요괴는 본상으로 돌아가 청우가 되었다. 이에 태상노군은 금강탁에 선기를 불어넣어 청우로 돌아온 요괴의 코에 코뚜레를 꿰어 그의 등에 올라타고는 도솔천궁으로 돌아갔다.

이에 손오공과 모든 천신들은 동굴에 들어가 남아 있는 요괴들을 모두 죽이고 잃었던 무기들을 되찾았다. 그들은 하늘로 돌아가고 손오공은 삼장 일행을 구출하여 다시 길을 떠나고자 하는데 길옆에서 토지신과 산신이 바리때의 밥을 바치며 드시고 가시라 권하였다. 바로 손오공이 구해온 밥이었다.

삼장은 자신의 잘못된 판단을 인정하고 저팔계는 꿀 먹은 벙어리가 되어 고개를 숙인 채 아무 말이 없었다. 삼장 일행은 산신과 토지신이 가져온 바리때의 밥을 나누어 먹고 천천히 길을 떠났다.

여난에 휩싸인
삼장법사

어느덧 이른 봄이 되었다. 삼장 일행의 앞길을 맑은 물이 흘러 내리는 작은 강물이 가로막고 있었다. 강 저편 언덕으로는 푸른 버드나무 가지가 늘어져 있고 그 사이로 몇 채의 집이 보였다. 강에는 나룻배도 묶어져 있었다. 손오공이 그것을 가리키며 말 했다.

"저 집은 틀림없이 이곳 나루지기의 집일 것입니다."

그러자 저팔계가 짐을 내려놓고 건너편에다 대고 큰 소리로 불렀다.

"여보시오, 나루지기! 뱃사공! 배를 이리 대시오."

몇 번을 소리치자 뱃사공이 배를 저어 왔는데, 허술한 차림의 늙은 여자였다. 여자는 말없이 연신 미소를 지었다. 얼마 가지 않아 배는 서쪽 강변에 다다랐고 일행은 배를 내려 언덕으로 올라갔다. 삼장은 사오정에게 돈 몇 푼을 꺼내어 뱃삯을 내게 했다. 여인은 아무 말 없이 그것을 받고는 집으로 들어가버렸다.

건너온 강물을 바라보니 물이 너무나 맑고 깨끗하여 마시고 싶은 생각이 들었다. 삼장은 저팔계에게 물을 떠오라 일렀다.

저팔계는 곧 주발을 꺼내어 물을 떠서 삼장에게 주었다. 삼장이 절반쯤 마시자 저팔계 또한 그 그릇을 받아서 단숨에 다 마셔버렸다.

큰길을 따라 서쪽으로 반 시각쯤 갔을 때 삼장과 저팔계는 갑자기 배를 끌어안고 뒹굴며 마구 소리쳤다.

"아이구, 배야. 나 좀 살려다오!"

"아이구, 정말 미치겠네. 형님, 이 팔계 좀 살려 주시오."

삼장과 저팔계는 배를 쥐어뜯으며 비명을 질렀다.

두 사람의 배는 점점 불러오기 시작했다. 손으로 문질러 보니 흡사 피 뭉치나 고깃덩어리가 뱃속에 들어가 쉴 새 없이 꿈틀거리는 것 같았다.

손오공이 주막집을 발견하고는 삼장과 팔계를 부축하여 집안으로 들어갔다. 마침 노파 하나가 짚방석 위에 앉아 길쌈을 하고 있었다.

"할머니, 우리는 동녘 땅 당나라에서 서천으로 경을 구하러 가는 사람들입니다. 사부님과 제 아우가 목이 말라 강물을 마셨는데 복통이 났습니다. 무슨 처방약이 없겠습니까?"

노파는 눈을 동그랗게 뜨고 놀라더니 갑자기 한바탕 깔깔대고 웃었다. 그 바람에 방안에 있던 중년부인 서너 명이 우르르 몰려나오다 그들을 보고 놀란 표정을 지었다. 노파가 입을 열었다.

"여기는 서량여국으로 모두가 여자들뿐입니다. 그 강은 자모하子母河이고, 국왕이 사시는 성문 밖에는 영양관이라는 역사가 있는데, 그 관문 밖에는 조태천이라는 샘물이 있습죠. 이 고장 여자들은 나이 이십 세가 넘으면 그 강의 물을 마시는데 그 물을 먹은 후 복통이 일고 아기를 배게 됩니다. 그리고 사흘 후 조태천에게 가서 물에 비추어 보아서 그림자가 한 쌍으로 비추면 곧 출산하게 됩니다. 그러니 무슨 처방약이 있겠습니까?"

삼장은 그 말을 듣더니 소스라치게 놀라 어쩔 줄 몰라 했다.

"오공아, 이제 어찌해야 좋으냐?"

저팔계 또한 넓적다리를 벌리고 허리를 틀었다.

"아이구, 맙소사! 애를 낳게 되다니. 어느 곳에 해산 구멍이 있단 말인가?"

손오공도 기가 막힌 듯 웃으며 한마디했다.

"허 참! 희한한 일도 다 있군. 옛말에 외가 익으면 저절로 떨어진다 했습니다. 해산 때가 되면 겨드랑이 밑에 구멍이 뚫려 아기가 빠져 나올 것입니다. 하하하!"

삼장과 저팔계는 그 말을 듣고 더욱 쩔쩔 맸다. 아픔 역시 점점 심해져 견딜 수가 없을 지경이었다.

"할머니, 이곳에 낙태시키는 약을 지어 파는 의원은 없습니까?"

손오공이 노파에게 묻자, 노파는 전설 같은 이야기를 하였다.

"그런 약은 아무 소용이 없습니다. 다만 남쪽으로 삼천 리 길, 해양산에 파아동이라는 동굴이 있는데, 그 동굴 안에 낙태천이라는 샘물이 있습니다. 그 물을 마셔야만 태기가 풀어진답니다. 그런데 거기에는 여의진선如意眞仙이라는 도인이 그 파아동을 취선암이라 고치고, 낙태천을 지키면서 선물을 엄청 요구한답니다. 그러나 스님이 무슨 돈과 재물이 있겠습니까? 그저 운명이라 생각하시고 때를 기다렸다가 아이를 낳을 수밖에 없습니다."

손오공은 손뼉을 치며 기뻐했다.

"됐습니다, 사부님! 조금만 참고 계십시오. 이 손오공이 당장 가서 그 물을 구해 오겠습니다."

노파는 그 말을 듣더니 부엌으로 들어가 큰 물통을 내주었다. 손오공은 물통을 받아들고 근두운에 올라 해양산을 향해 날았다.

노파는 하늘을 나는 손오공을 보고 감탄했다. 그리고 중년부인들과 함께 삼장 앞에 엎드려 공경스러운 절을 올렸다.

손오공은 얼마 가지 않아 해양산에 당도했다. 그 집 문 앞에 가니 늙은 도인 하나가 풀밭에 앉아 있었는데, 여의진선의 제자라 했다.

손오공은 물통을 내려놓고 찾아온 이유를 자세히 설명한 후, 물 좀 달라고 청했다. 도인은 대뜸 선물을 가져왔냐고 반문했다. 손오공은 인정으로 보아달라고 간청하며 자신의 이름 석 자를 밝혔다. 그래도 통하지 않자 여의봉을 꺼내 늘려 잡고 겁을 주었다. 그러자 도인이 안으로 들어가 여의진선에게 사실을 고했다. 여의진선은 손오공이란 말을 듣기 무섭게 무기를 집어 들고 미친 듯이 소리치며 달려나왔다.

"네놈이 손오공인가? 네놈은 여기까지 오는 도중에 성영대왕을 만났겠다!"

"그것은 화운동의 홍해아라는 요괴의 별명인데 진선이 그것은 왜 물으시오?"

여의진선은 자기는 홍해아의 삼촌이며, 우마왕의 동생이라고 말했다. 그리고 복수하기 위해 손오공 일행을 기다리고 있었노라며 무섭게 호통쳤다.

이 말에 손오공은 오히려 자기 덕분에 홍해아가 개과천선하여 관음보살의 선재동자 노릇을 한다고 일러 주었다. 그런데도 여의진선은 격분하여 무기를 휘둘렀다. 그러나 손오공의 여의봉을 당할 수는 없어 열 합도 싸우지 못하고 뒷산으로 도망쳐버렸다. 이에 손오공이 문을 부수고 들어가서 낙태천의 우물물을 뜨려고 했으나 늙은 도인이 지키고 있었다. 손오공이 여의봉으로 후려쳐 늙은 도인을 쫓아버리고 물을 푸려는데 산 위로 도망쳤던 여의진선이 또다시 달려들어 훼방을 놓았다. 그 바람에 물통마저 우물 속에 빠뜨리고 말았다.

손오공은 아무래도 혼자서는 어렵겠다 싶어 마을에 다시 돌아와 사오정과 동행했다. 사오정은 물통에 새끼줄을 얽어매었다. 손오공이 여의진선을 끌어내어 싸우는 동안 사오정은 가만히 숨어 있다가 물을 퍼 가기로 정했다. 손오공과 여의진선은 문전에서 시작하여 점점 산 언덕까지 밀려가며 싸웠다.

이때 사오정은 보장을 휘둘러 자기를 가로막는 늙은 도인의 왼쪽 어깨와 팔을 아예 분질러버렸다. 그리고 마음 놓고 한 통 가득히 물을 떠가지고 구름에 올랐다.

"형님! 저는 먼저 물을 길어 갑니다. 그 자식을 살살 구슬려서 달래 주십시오!"

손오공도 목적을 이루었으니 더 이상 지체할 필요가 없었다.

"이놈아, 잘 듣거라! 네 형 우마왕의 얼굴을 봐서 살려 둔다."

손오공은 껄껄 웃으며 구름으로 뛰어올라 사오정을 뒤따랐다.

손오공과 사오정은 구름에서 내려 물을 가져왔노라 삼장에게 아뢰었다. 삼장은 무한 고통을 참고 있다가 몸을 벌떡 일으켰다.

"수고가 많았구나!"

옆에 있던 노파와 중년 부인들도 덩달아 기뻐하며 손오공에게 엎드려 절을 했다.

"참으로 어려운 일을 해내셨습니다. 두고두고 우리 동네의 경사입니다, 보살님!"

노파는 손오공을 극구 칭찬한 후 조그만 찻잔을 내어 조심스럽게 한 잔을 떠 삼장에게 바치며 말했다.

"천천히 드십시오. 한 모금만 마셔도 태기가 풀어질 것입니다."

그 말을 들은 저팔계는 찻잔은 필요 없고 물통째 마시겠다고 우겨댔다. 그러자 노파가 헤벌쭉 웃으며 깨우침을 주었다.

"분수없이 나대며 욕심 많은 줄은 이미 알았지만, 이 물은 한 바가지만 마셔도 오장육부가 몽땅 녹아내릴 것입니다!"

저팔계는 그 말에 기겁을 하여 한 잔만 마시고 더 이상 달라고 하지 않았다.

잠시 뒤 두 사람은 뱃속이 뒤집히듯 아파하더니 창자에서 꾸르륵꾸르륵 하는 소리가 네댓 번 들려왔다. 순간 저팔계는 똥오줌을 싸버렸다. 삼장도 참을 수 없었던지 뒷간에 가려는 것을 손오공과 노파가 말렸다.

"사부님, 사나운 바깥 공기를 쐬이면 산후에 병이라도 생길지 모릅니다."

노파가 대소변을 보는 변기통 두 개를 가져다 두 사람에게 내주었다.

삼장과 저팔계는 잠시 동안 대변과 소변을 가득 보고 난 후에야 복통이 멎었고, 불렀던 배가 가라앉았으며, 고깃덩어리 같은 것도 거짓말처럼 죄다 녹아내린 듯한 느낌이었다.

노파와 집안 여인네들은 산후조리를 위해 따뜻한 물을 데워 들여와 뒷물을 하게 하고 흰죽을 쑤어 빈 배를 채워 주었다. 저팔계는 열 그릇도 더 먹었다.

물통에 남은 물은 보배인 양 노파가 항아리에 옮겨 집 뒤쪽

땅 속에 잘 보관하였다.

"이 항아리의 물은 두고두고 우리 집안의 보배로 삼겠습니다."

그 말에 여러 식구들은 모두 찬성하고 삼장 일행에게 감사의 절을 올렸다. 삼장 일행은 그날 밤, 푸짐한 잔칫상을 받아 즐거운 가운데 편히 쉬고 날이 밝자 작별하여 서쪽으로 길을 떠났다.

그렇게 사십여 리 갔을 무렵, 여인들만이 산다는 문제의 서량여국에 당도했다. 삼장을 비롯하여 모두 긴장하지 않을 수 없었다.

"제자들아! 이제부터 행동과 몸가짐을 조심하고, 여자들만 있는 곳이라 하여 방탕한 생각을 품거나 우리 법문의 교지를 문란케 하는 일이 있어서는 아니 된다."

세 제자는 그 말을 따르겠다고 맹세했다.

동쪽 한쪽 거리에 이르러 보니 모두 긴 치마에 짧은 저고리를 입었고, 얼굴에는 흰 분을 바르고 머리에는 기름을 발라 아름답게 화장을 한 모습이었다. 노소를 가리지 않고 모두가 여인들뿐이었다. 그들은 거리에서 물건을 사고팔고 있다가 삼장 일행을 보고는 박수를 친다, 옷매무새를 고친다 하며 허리를 배배 꼬며 모여들어 소리쳤다.

"인간의 종자가 왔다! 사람의 종자가 왔다!"

별안간 거리가 미어터지도록 여자들이 밀려들며 소동을 피우자, 삼장 일행은 앞으로 나아갈 수 없을 지경이 되었다.

"나는 돼지다. 노린내 나는 돼지다!"

저팔계가 길쭉한 주둥이를 마구 흔들며 돼지처럼 괴음을 지르자 여자들이 놀라 자빠지고 야단들을 치며 양쪽으로 피해 달아났다. 이제 그들은 얼마간 사이를 두고 허리를 비틀거나 손가락을 빨며, 전전긍긍 사로잡힌 욕망의 열정으로 백마에 올라탄 삼장만 응시하고 있었다.

이때 여관女官 하나가 나타나 그들을 역관驛館으로 안내했다. 역관에서 일하는 자들도 모두 여자들이었다. 곱게 땋은 머리에 윤기가 흘렀고 옷 또한 맵시 있고 아름다웠다. 차를 가져온 여자도 일행을 보자 묘한 미소를 지으며 눈을 껌벅이고 환심을 사려 하였다.

여관이 공손한 태도로 물었다.

"손님들은 어디서 오셨습니까?"

손오공이 삼장보다 앞서 나서서 답해 주었다.

"우리들은 동녘 땅 대당에서 어명을 받들어 서천으로 부처님을 뵙고 경을 구하러 가는 자들입니다. 우리 사부님은 대당 황제의 어제이신 삼장법사이십니다. 저는 사부님의 큰 제자 손오공이라 하옵고, 이 둘은 제 사제로 저팔계, 사오정이랍니다. 여기 통관문첩에 사증을 받아주십시오!"

여관은 몇 자 기록할 것을 기록한 후 자리에서 내려섰다.

"소관은 이 영양역의 역승驛丞입니다. 제가 성중에 들어가 여왕께 계주하여 관증에 사증을 받고 모든 수속을 마쳐서 곧 떠날 수 있게 하겠습니다. 잠시 기다려 주십시오."

역승은 공손히 절을 하고 일어서며 "식사를 준비해 대접하라!" 이르고는 밖으로 나갔다.

역승은 곧 성중으로 들어가 오봉루 앞에서 황문관을 접견한 후 여왕을 배알했다. 여왕은 역승의 말을 듣고 나서 기쁨을 감추지 못한 채 문무백관들에게 이렇게 말했다.

"짐이 지난밤 꾼 꿈속에서 금병풍의 색채가 찬란했으며 옥경玉鏡에 광명이 환하게 펼쳐졌도다. 이는 바로 오늘의 기쁜 조짐을 예시한 것임이 분명하도다."

"주공마마, 어찌하여 그 꿈을 오늘의 기쁜 조짐이라 여기시는 것입니까?"

"동녘 땅에서 왔다는 그 당승은 당나라 황제의 어제이시다. 건국 이래로 역대의 많은 제왕들이 이 자리를 거쳤으나 남자가 찾아온 예는 없었다. 이는 오늘날 하늘이 내리신 행운이다. 짐은 곧 당승을 불러들여 왕으로 삼고, 나는 왕후가 되어 자손만대로 제업을 전하고자 한다. 이 어찌 오늘의 좋은 조짐이 아니겠는가?"

문무백관 모두 그 말을 듣고 춤추며 기뻐했으나 역승이 걱정스런 뜻을 계주했다.

"주공마마의 뜻은 지극히 당연한 것이오나, 그 어제의 제자들은 아주 흉악한 몰골을 하고 있어 차마 제대로 바라볼 수가 없나이다."

여왕은 그 말은 아랑곳없이 삼장의 모습만을 물었다. 역승은 자신이 기억할 수 있는 한 자세히 상주했다.

"어제의 얼굴은 대단히 준수하고 하얀 피부, 아리따운 품격에 당당하옵니다. 실로 천조상국天朝上國의 대장부 남아이시며 위엄을 갖춘 인물입니다. 그러나 제자들의 생김새는 무서울 정도로 추악한 요괴와 같습니다."

"그렇다면 그 제자들에겐 관문에 사증을 해주어 서천으로 떠나게 하고 어제만을 머무르게 하면 될 것이 아닌가?"

모두 지당한 분부라 찬동한 후 궁내 대신을 중매자로 서게 하고 영양역승을 주혼主婚으로 삼아 어제에게 구혼하도록 했다. 그리고 자신은 승낙하기를 기다려 영접하기로 정하였다.

그 무렵, 삼장 일행은 역청에서 식사 중이었는데 밖에서 궁내 대신 당가태사와 역승이 돌아왔다고 알려왔다. 삼장이 의아스러운 듯이 제자들을 둘러보며 물었다.

"당가태사가 무엇 때문에 왔을까?"

"아마 여왕마마께서 음식을 가득 차려놓고 우리를 청하는 것이겠지요."

저팔계가 자기 식대로 대답하자 손오공이 삼장에게 속삭였다.

"혼인을 청하러 중매인으로 왔을 것입니다. 이 혼사는 피할 수 없습니다. 제가 알아서 처리할 테니 청혼을 승낙하십시오. 적당히 꾀를 내어 잔칫상을 받은 후 서천으로 떠나면 되옵니다."

여기까지 말했을 때 역승과 당가태사가 안으로 들어왔다. 그리고 삼장에게 정중히 절을 올렸다. 삼장도 그들에게 답례를 했다.

"빈승은 출가인이옵니다. 무슨 덕망이 있기로 대인들의 정중한 절을 받겠습니까?"

그러는 사이 태사는 삼장의 인물됨을 간파하여, '우리 서량여
국에 참으로 행운이 깃들었구나' 하고 생각했다. 그리고 궁전에
서 여왕과 나눈 이야기며, 서량여국의 지난 역사와 미래를 밝히
는 한편, 나라의 부富를 모두 바치는 이런 혼사는 세상에 매우
드문 일이라며 허락할 것을 종용했다. 삼장은 마음의 혼란이 절
정에 올라 할 말을 찾지 못하고 있었다.

이때 무거운 침묵을 깨고 저팔계가 시근덕거리며 삼장을 대
신하여 태사에게 새로운 제안을 냈다.

"태사님! 그럴 것이 아니라 돌아가서서 여왕께 이렇게 회주回
奏하는 것이 어떻겠소. 우리 사부님은 오랫동안 도를 닦으신 나
한이시라 일국의 부든, 왕의 자리든 조금도 탐내시지 않으신다
고 전해 주십시오. 그러니 어서 관문에 사증을 해주어 서천으
로 떠나게 하시고, 대신 이 저팔계가 힘도 세고 먹성도 좋으니
남아서 장가들면 어떨까요?"

갑자기 튀어나온 저팔계의 말에 모두 어안이 벙벙했고, 태사
는 저팔계의 끔찍한 용모에 완전히 질려버려 벌벌 떨면서 할 말
을 잃었다.

역승이 간신히 용기를 내어 말했다.

"저공께서 비록 대장부다운 남자라 할지라도 그토록 무서운
용모라면 우리 여왕마마의 마음에 드실 리 없으십니다."

"당신은 이 세상 모든 여자는 번지르르한 모습보다는 밤일을
만족시킬 수 있는 남자를 사랑하게 된다는 것을 모르시는군요."

손오공이 저팔계의 말을 듣다못해 그의 귀를 잡아끌어 몇 걸음 뒤로 물러나게 했다.

"이 멍청이 바보 놈아! 허튼수작 말고 저리 가 있어! 이 문제는 사부님이 정하실 일입니다. 그렇게 우물쭈물하실 것은 없지 않습니까?"

"오공아, 어떻게 하는 것이 좋겠느냐?"

"저희들은 사부님께서 여왕의 남편이 되고 국왕이 되길 바랍니다. 그리고 혼삿날 잔치를 베풀고 저희가 서천에 갈 수 있도록 관문에 사증을 해주시고 저희를 서문까지 배웅해 주신다면 그것으로 만족하겠습니다."

삼장이 두 눈을 질끈 감고 가만히 있자 태사와 역승은 손오공에게 진심으로 감사하며 궁중으로 물러났다.

그러자 손오공이 삼장에게 설명을 했다.

"저들은 오늘 혼사를 정했으니 황제가 어가를 갖춰 사부님을 맞이하러 올 것입니다. 사부님은 사양 마시고 여왕이 권하는 대로 보전에 오르셔서 남면南面을 하고 앉으십시오. 그리고 여왕에게 어보를 내오게 하시어서, 우리 형제들이 가지고 있는 통관문첩에다 도장을 찍으시는 것입니다. 그런 후 잔치를 베풀고 여왕과 함께 우리를 성 밖까지 배웅해 주고 돌아와서 여왕과 짝이 된다고 하십시오. 성 밖까지 나오신 다음 얼른 백마에 올라타시면 저는 정신법을 써서 그들 모두를 우뚝 세워 손발 하나까딱 못하게 해버릴 것입니다. 그리고 우리는 하룻밤 서천길로 떠나고 다음 날 아침 무렵, 정신법의 술법을 풀어주어 성으로 돌아가게 하는 것입니다. 그러면 그 여자들의 생명을 하나도 해칠 것 없고, 사부님의 원신도 더럽힐 것 없이 깨끗이 끝나는 것입니다."

삼장은 그제야 마음속의 모든 번민을 털어버릴 수 있었다.

그즈음, 여왕은 혼사의 여러 주선이라든지, 잔치 준비, 궁중의 청결과 단장, 신방을 꾸미는 일 등 삼장을 남편으로 맞이해 왕으로 모시는 절차 일체에 필요한 일을 시켜놓고 대가大鴛를 준비하여 친히 영양역관으로 삼장법사를 맞이하러 왔다.

모든 일은 손오공의 계획대로 차질 없이 진행되어 갔다. 다만 저팔계의 심술이 사나워져 술과 음식을 내오라 소리치는 것만 빼고는 손오공 일행은 즐거운 가운데 성대한 환송연을 받으며 서문 밖으로 나갔다. 물론 사증으로 받은 통관문첩은 행리 보따리 깊숙이 들어 있었다.

손오공은 마지막 관문인 서문 밖 끄트머리에 오자 삼장을 용거龍車에서 내리며 여왕과 작별하게 했다.

"폐하, 이제 돌아가시옵소서. 빈승은 경을 가지러 서천으로 가겠나이다. 그동안 고마웠소이다!"

여왕과 함께 무리지어 따라온 여왕국 조신들은 깜짝 놀라 경악했으나, 손오공이 구태여 정신법을 쓸 필요도 없이 소동은 일지 않았다.

손오공 삼형제는 삼장을 말에 태우고 길을 재촉했다. 그때 또 저팔계가 심사가 사나워져 "왜들 울고 난리냐!"고 여인국 사람들에게 욕지거리를 해대며 때릴 듯이 달려들었다.

손오공이 서둘러 그를 잡아끌고 오는 동안 참으로 어이없는 일이 벌어졌다.

"동토 당승이시여! 이제 오시나이까? 나와 사랑을 나누며 살아갑시다!"

길가 숲속에서 한 여인이 나타나더니 무서운 회오리바람, 선풍旋風을 일으켜 삼장을 낚아채서 가버렸다. 사오정 또한 보장 한 번 휘둘러보지 못하고 사부님을 잃어버렸다.

"우리 사부님을 채간 놈이 어느 놈이냐?"

손오공이 깜짝 놀라 소리치며 사오정을 바라보았다.

"웬 여자가 회오리바람을 일으키며 사부님을 순식간에 채어 가버렸어!"

사오정은 스승이 채여간 쪽을 멍하니 바라보며 말했다.

손오공은 재빨리 허공에 솟구쳐 올랐다. 한 손을 이마에 대고 해를 가리며 자세히 살펴보니 서북쪽에 한바탕 뿌연 먼지가 바람에 말리면서 사라지는 것이 보였다.

손오공이 급히 아래를 내려다보며 소리쳤다.

"모두 구름을 타라. 사부님을 쫓아가자!"

저팔계와 사오정은 행리를 말에 붙들어 매고 말과 함께 휭 하고 허공을 갈랐다.

이를 지켜보던 서량여국의 여왕을 비롯한 여러 군신들은 크게 놀라고 감격했다. 여러 제신들이 꿇어 엎드려 여왕에게 아뢰었다.

"저분들은 대낮에도 하늘을 나는 나한이옵고, 어제님 역시 도를 통한 선승이셨나이다. 그런 분에게 우리가 욕심만 부려 마음을 헛되이 쓰고 만 격이 되었습니다. 여왕마마, 이제 모든 것을 잊으시고 궁중으로 돌아가시옵소서."

여왕 자신도 부끄러워 아무 말 없이 모처럼 일으켰던 헛된 욕망을 버리고 지난 일을 반성하면서 돌아갔다.

한편, 손오공 일행이 뿌연 회오리바람을 뒤쫓아 날다 보니 발밑에 높은 산 하나가 보였다. 회오리바람은 거기서 갑자기 종적을 감췄으나 손오공의 눈에 띄는 것이 있었다.

언덕 아래로 푸른 돌이 병풍처럼 둘러쳐져 있고, 병풍 뒤에는 두 개의 돌문이 있으며, 문 위에는 독적산 비파동이란 글자가 쓰여 있었다.

손오공은 저팔계가 달려들어 돌문을 때려 부수려는 것을 말리고 상황을 알아보기 위해 꿀벌로 변신하여 안으로 들어갔다. 둘째 문까지 들어가니 안뜰 가운데 화정花亭에 요괴가 앉아 있고, 좌우에는 울긋불긋 수놓은 옷을 단정히 차려입은 여동들이 늘어서서 색정을 자극하는 담소를 나누고 있었다.

손오공은 화정의 격자창 문틈에 찰싹 붙어 앉아 귀를 기울였다. 그때 여동 둘이 김이 모락모락 나는 만두를 하나씩 쟁반에 받쳐 들고 정자로 왔다.

"마마, 이것은 사람 고기로 속을 넣은 고기만두이옵고, 또 이것은 팥으로 속을 넣은 절 음식의 만두이옵니다."

여괴는 만족한 듯한 미소를 띠며 당승을 끌고 오라 했다. 그녀는 당승 생각만 해도 요염하고 색정적인 빛을 발산하는 듯했다. 누구든 그 욕망 속에 끌려 들어가면 결코 헤어날 수 없을 듯하였다.

여동들에 의해 끌려온 삼장은 얼굴이 누렇게 뜨고 입술은 타들어 하얗게 죽어 있고 충혈된 눈에서는 눈물이 뚝뚝 떨어지고 있었다. 손오공은 사부님의 모습에 가슴이 미어지는 듯하여 당장 여의봉을 휘둘러 비파동을 엎어버리고 싶었으나 꾹 눌러 참았다.

여괴는 정자에서 내려와 미끈하고 새하얀 손으로 삼장을 부여잡고 고운 목소리로 말했다.

"어제님, 마음을 편히 가지십시오. 이곳은 서량여국의 궁전보다 호화스럽지는 않지만 깨끗하고 한적하여 나무랄 데 없는 곳입니다. 염불하고 경을 외기에는 이보다 더 좋은 곳이 없을 정도입니다. 저는 어제님의 짝이 되어 백년해로하고 싶습니다."

삼장은 그저 묵묵히 있을 뿐이고 여괴는 더욱 친절을 베풀었다.

"저는 어제님이 여왕이 베푼 연회에서 음식을 전혀 드시지 않은 것을 알고 있습니다. 여기 사람고기 만두와 팥으로 속을 넣은 팥만두가 있으니 골라 드십시오."

여괴는 요염한 미소를 흘리며 삼장이 만두와 함께 마실 따뜻한 차를 내오라고 일렀다.

삼장은 여러 가지 생각을 접고 팥으로 만든 만두를 택하여

먹기로 했다. 여괴는 쟁반에서 팥만두를 두 쪽으로 갈라서 삼
장에게 내주었다. 삼장도 호의를 베풀어야 이로울 것 같아 고기
만두를 집어서 여괴에게 건네주었다.

여괴는 생긋 웃으며 물었다.

"어제님, 왜 만두를 쪼개지도 않고 그대로 주시죠?"

"우리 출가인은 고기 음식을 쪼갤 수 없소이다."

손오공은 삼장과 여괴가 주고받는 이야기를 듣고 있다가 스승
의 진성眞性이 흔들릴까봐 걱정이 되어 본상으로 돌아왔다. 그
리고 여의봉을 휘두르며 호통을 쳤다.

"이 간특한 요괴년! 무례하게 굴지 말라!"

여괴는 한 가닥 연광煙光을 입으로 내뿜더니 화정을 감싸버리
고 "어제를 안으로 모셔들이라!"고 명했다. 그리고 자신은 세 갈
래로 갈라진 창을 집어 들고 정문亭門을 뛰쳐나왔다.

"이 못된 원숭이놈! 여기가 어디라고 감히 숨어들어! 나를 훔
쳐본 죄, 이 삼고강차로 벌하겠다!"

두 사람은 동문 밖으로 옮겨 나가며 싸웠다. 삼고강차를 휘두
르며 손오공의 여의봉과 맞서는 여괴는 만만치 않은 존재였다.

놀란 것은 돌병풍 앞에서 이제나저제나 소식을 기다리던 저
팔계와 사오정이었다. 저팔계는 불을 뿜듯이 정신없이 싸우는
소리를 듣자, 백마와 행리를 사오정에게 맡기고 쇠갈퀴를 휘두
르며 싸움 속으로 끼어들었다.

"형님, 뒤로 물러서십시오. 이 여우 같은 여괴는 제가 처리하
겠습니다."

그러나 여괴는 조금도 주저하는 빛 없이 술법을 쓰기 시작했다. '쉬익' 하는 묘한 소리와 함께 콧구멍으로 불을 뿜고 입으로는 연기를 내뿜는 것이었다. 그리고는 몸을 크게 떨더니 삼고강차를 춤추듯 휘두르며 덤벼드는 것이었다.

여괴는 손이 몇 개인지 얼굴이 어디 있는지 알 수 없을 정도로 휘몰아치며 반격해 왔다. 손오공과 저팔계는 가까스로 협공을 하며 겨우 막아내고 있을 뿐이었다. 이에 여괴가 날카롭게 호통을 쳤다.

"이 원숭이놈, 나갈 곳과 들어갈 곳도 분간하지 못하는구나! 나는 네놈의 근본을 알고 있다. 그러나 너는 나를 모르겠지. 저 뇌음사의 부처, 석가여래도 나를 두려운 존재로 여기고 있다. 네놈들은 석가여래에게로 가는 놈들이지? 자, 한꺼번에 덤벼라. 모두 죽여 주겠다."

셋의 싸움은 좀처럼 승부가 나지 않았다. 여괴는 최후의 결전을 각오한 듯, 몸을 한 번 솟구쳐 올리더니 말마저 거꾸러뜨릴 수 있다는 말뚝인 도마독장倒馬毒仗을 손오공의 머리를 향해 후려쳤다.

"어이쿠!"

손오공은 그만 그것에 얻어맞고는 비명을 지르며 멀리 달아나 버렸다. 이렇게 되자 저팔계 역시 쇠갈퀴를 휙 잡아끌고는 도망칠 수밖에 없었다. 여괴는 최후의 승리를 확신하자 삼고강차를 거두고 동굴로 들어가 돌문을 굳게 닫았다.

멀리 도망친 손오공은 여전히 머리를 감싸 쥐고 아프다며 울부짖고 있었다. 저팔계는 눈치 없게도 뒤쫓아와 물었다.

"형님은 어째서 신나게 싸우는 판인데 비명을 지르고 도망쳤소?"

손오공은 머리에서 손을 떼지 못하고 연거푸 비명을 질렀다.

"아이쿠, 아프다! 너무 아파서 죽겠다."

사오정도 걱정이 되어 다가와 물었다.

"형님, 지금껏 한 번도 부상당한 적이 없고, 형님 머리는 잘 구워지고 단련되어서 조금도 다칠 리 없다고 장담해 오지 않았소. 그런데 머리가 아프다니 무슨 일이오?"

"말도 마라. 나도 뭐가 뭔지 모르겠다. 느닷없이 무슨 병기가 내 머리에 콱 꽂혔는데 아파서 견딜 수가 없구나. 특히 내 머리는 수련으로 성진成眞한 데다 천궁의 반도와 선주, 금단을 훔쳐 먹어 신장들의 칼·도끼·망치·벼락 따위도 나에겐 소용없었고, 태상노군의 팔괘로 속에서도 끄떡없던 머리였는데……. 그 요괴년이 쓴 병기가 무엇인지 모르겠구나. 머리가 터진 것도 아닌데 왜 이리 아픈지, 참말로 지독해!"

세 사람은 우선 백마를 단단하게 옆에 매어두고 행리를 지키면서 언덕 밑 아늑한 곳을 택하여 하룻밤 쉬기로 했다.

한편, 싸움에서 승리하여 동굴로 돌아간 여괴는 미소를 띠며 여동에게 명했다.

"침실을 깨끗이 정돈하고 촛불과 향을 피워라. 그리고 당승을 모셔 오너라. 오늘밤 나는 그와 함께 침소에 들 것이다!"

이윽고 삼장이 여동들의 부축을 받으며 침실로 들어왔다. 여괴는 요염한 미소를 지으며 삼장을 부여잡았다.

"이제 부부가 되었으니 구름이 모여 비가 내리듯, 뜨거운 육체의 정으로 긴긴 밤을 즐기도록 합시다."

그러나 삼장은 비단결같이 고운 이 여인을 한 줌의 흙으로 여기고 옥구슬처럼 아름다운 음성과 용모를 진세의 먼지나 재처럼 여겼다. 여인은 거침없는 춘정이 한없이 일어나건만 삼장은 참선만 할 뿐이었다.

여괴는 옷을 모두 풀어헤치고 향내 나는 보드라운 흰 살결로 유혹하려 했지만, 삼장은 옷깃을 더욱 단단히 여미고 피부를 감추어버렸다.

이렇게 밤이 깊도록 여괴가 삼장을 잡아당기고 부여잡고 놓아주지 않아도 삼장은 끝까지 자신을 지켰다. 여괴는 마침내 지치고 약이 바짝 올라 크게 소리쳤다.

"얘들아! 어서 밧줄을 가져오너라!"

여동이 밧줄을 가져오자, 격분한 여괴는 악랄하게도 사랑하고픈 사람을 마치 짐승 묶듯 밧줄로 꽁꽁 묶어서 바깥 복도로 끌어가게 했다. 그런 다음 자신은 은촛대의 불을 꺼버리고 이불을 머리 위까지 덮어쓰더니 잠을 청했다.

어느새 새벽을 알리는 닭이 세 번 울었다. 산 아래 언덕 밑에서 잠을 자던 손오공이 기지개를 켜며 중얼댔다.

"거 참 희한하다! 깨질 듯이 아프던 머리가 이제는 조금 근질근질 가려울 정도로 다 낳았으니 신통하다."

어느새 눈을 뜬 저팔계가 농담을 건넸다.

"형님, 가렵다면 또 한 번 쳐달라고 하면 어때?"

손오공은 혀끝을 차며 말했다.

"말도 마라!"

"우리 사부님은 간밤에 재미 많이 보셨을까?"

저팔계가 싱거운 소리를 하자 사오정이 점잖게 말했다.

"쓸데없는 농담 그만하고 빨리 가서 여괴를 잡도록 합시다, 형님들!"

그러나 손오공은 사오정에게 말과 행리를 지키라 하고 저팔계와 함께 여괴의 동굴로 접근해 갔다. 그리고 또다시 꿀벌로 변해 동굴 내부의 사정을 탐지했다.

모두가 잠을 자고 있는 중이어서 손오공은 복도 끝에 묶여 있는 삼장으로부터 지난밤 이야기를 모두 들었다. 그러자 여괴가 삼장의 말소리를 듣고 깨어 일어나 밖으로 나왔다.

"부부의 정도 맺지 않은 채 무슨 경을 가지러 간단 말이오?"

여괴는 어제와는 달리 무척 부드러운 음성이었다. 손오공은 급히 밖으로 나와 저팔계에게 이 사실을 알렸다.

저팔계는 쇠갈퀴로 돌문을 부수며 싸움을 청했다. 화가 머리 끝까지 치솟은 여괴가 삼고강차를 휘두르며 달려나왔다. 여괴는 또다시 괴이한 병기를 꺼내어 허공에 올랐다가 이번에는 저팔계의 긴 주둥이를 찔렀다. 저팔계는 멀리 도망쳐 나와 아픈 입을 부여잡고 눈물을 펑펑 쏟으며 끙끙 앓았다. 손오공도 어쩔 수 없이 저팔계의 뒤를 따라 도망쳤다.

이때 노파로 변한 관음보살이 상운을 타고 나타나 여괴의 진상을 알려 주었다. 여괴는 전갈의 정精으로 꼬리에 달린 도마독장이라는 갈고리로 찌른다는 것이었다. 석가여래도 그것에 왼손 엄지손가락을 다친 일이 있다는 것이었다. 그를 항복시킬 수 있는 자는 동천문 안 광명궁의 묘일성관昴日星官뿐이라고 했다.

손오공은 즉시 관음보살의 이야기를 하며 묘일성관을 모셔왔다. 묘일성관은 우선 저팔계의 아픈 입을 만져 고쳐 주었다. 손오공의 머리도 한두 번 어루만지고 입김을 불자 순식간에 가렵던 것이 깨끗이 나았다. 이에 감격한 저팔계가 앞장서 돌문을 부수고 싸움을 걸어 여괴를 유인해 왔다.

묘일성관이 산비탈에서 본상을 나타내고 이를 맞이하니 그는 다름 아닌 화려하고 아름다운 깃털과 쌍벼슬을 가진 커다란 수탉이었다. 그가 여괴에게 무어라 소리치자 여괴는 비파만큼이나 큰 전갈의 요정으로 변해 있었다.

저팔계는 쇠갈퀴를 휘둘러 꼼짝 못하는 이 전갈을 형체도 없이 짓이겨 버렸다. 그리고 손오공 일행은 묘일성관과 헤어져 동굴로 달려가서 삼장을 구했다.

여괴에게 종사하던 여동들은 서량여국에서 잡혀온 여자들이어서 모두 돌려보냈다. 그리고 동굴에 불을 질러 깨끗이 태워버린 후 일행은 또다시 서쪽을 향해 길을 떠났다. 삼장은 지난밤의 충격에 말을 잊은 듯 한동안 묵묵히 있었다.

가짜 손오공의 출현으로
시련을 겪다

세월은 흘러 어느덧 화창한 초여름의 계절이 되었다.

해가 중천에 걸려 있을 무렵, 또 하나의 높은 산이 앞길을 가로막았다. 말을 멈춘 삼장이 고개를 돌리며 걱정스러운 듯이 말했다.

"오공아, 산세가 깊어 요괴가 또 나올 듯하니 조심해야겠다."

"사부님, 저희가 목숨을 내놓고 함께 가는데 요괴가 나온들 무얼 걱정하십니까?"

세 제자가 합창하듯 함께 답하자 삼장은 안심이 되었다. 드디어 산꼭대기를 넘어서서 서쪽 비탈길을 나서니 비로소 평지가 나타났다.

저팔계는 우쭐하고 싶어져 짐을 사오정에게 맡기고 몇 걸음 달려나가 말을 몰아댔다. 그러나 말은 저팔계를 두려워하지 않고 뚜벅뚜벅 걸음을 옮길 뿐이었다. 저팔계는 답답하다는 듯 다시 말을 몰아댔지만 말은 여전히 조급한 빛이 없었다.

"아우는 왜 자꾸 말을 몰아대는 거야? 천천히 가게 내버려 두지 않고."

"날이 저물지 않았소. 빨리 인가를 찾아서 밥을 얻어먹어야 할 게 아니오?"

"그래? 그렇다면 내가 빨리 가게 해주지."

손오공은 여의봉으로 허공을 가르며 "이랴!" 하고 소리쳤다. 그러자 백마는 화살처럼 무섭게 달리기 시작했다. 이렇게 백마가 저팔계는 무서워하지 않으면서 손오공을 겁내는 까닭은, 오백 년 전 어마감에서 말을 길러온 필마온이라는 직함과 경험 때문이었다.

저팔계는 체면을 잃어 얼굴을 붉혔다. 삼장은 고삐를 부여잡고 안장에 찰싹 붙어서 이십 리의 산야를 정신없이 달리지 않으면 아니 되었다.

말은 이십 리나 가서야 겨우 겁이 풀려 평상시의 걸음이 되었다. 그때 별안간 징소리가 울리며 좌우 숲속에서 삼십여 명의 장정들이 우르르 몰려나왔다. 그들은 저마다 창이며 칼이며 곤봉 따위를 들고 길을 막으며 소리쳤다.

"이봐! 중놈! 어딜 가는가? 가진 것을 다 내어놓아라!"

삼장은 이들이 도적떼라는 것을 알고 사정을 말하기로 하여 두 손을 합장하며 말했다.

"빈승은 동토 당나라 황제의 어명으로 서천으로 경을 가지러 가는 사람입니다. 장안을 떠난 지 오래되어 가졌던 노자도 다 써버리고 출가인이 동냥이나 해서 얻어먹을 뿐, 무슨 재물이 있겠습니까? 사정을 이해해 주시옵고 빈승이 갈 수 있도록 선처해 주십시오."

도적떼 두목은 코웃음을 치며 부하들과 가까이 다가왔다.

"돈도 뭣도 없다면 옷이라도 벗고 말이라도 두고 가라! 그러면 통과시켜 주겠다."

"아미타불! 빈승의 옷은 이집 저집에서 동냥으로 헝겊조각을 모으고 바늘을 얻어서 만든 것이옵니다. 이 옷을 벗겨 가신다면 죽으라는 것과 같습니다. 그리고 이런 짓을 하다가 저 세상에 가면 짐승으로 태어날 것입니다."

그 말을 들은 도둑은 벌컥 화를 내며 몽둥이로 삼장을 때리려 했다. 삼장은 당황하여 평생을 두고 처음으로 거짓말을 했다.

"잠시 기다려 주십시오. 제 제자가 곧 올 것입니다. 그가 은자를 보관하고 있으니 그때 드리기로 하겠습니다."

"이 중놈도 죽기는 싫은 모양이구나. 이놈을 묶어라!"

부하들이 달려들어 삼장을 결박 짓고 나뭇가지에 대롱대롱 매달아 놓았다. 멀리서 이 광경을 저팔계가 먼저 보았으나 손오공이 살펴본 후, 두 아우에게 천천히 오라 일렀다.

그리고 자신은 열대여섯 살가량의 젊은 중으로 변하여 남빛 무명의 보따리를 어깨에 걸치고 나타나 보따리를 내려놓으며 말했다.

"이 속에 금 스무 닢, 은 서른 닢이 있다. 사부님을 풀어 준다면 달라는 대로 다 주겠다."

그들이 삼장의 결박을 풀어 주자 삼장은 재빨리 말에 뛰어올라 손오공을 쳐다보지도 않고 말에 힘껏 채찍을 가했다.

"사부님, 사부님! 그 길이 아닙니다."

손오공이 급히 불렀으나 삼장은 혼자 살겠다고 오던 길을 쏜살같이 달려 나갈 뿐이었다. 손오공이 보따리를 들고 뒤를 쫓으려 했으나 도둑들이 앞을 가로막았다. 그러나 본시 노잣돈 같은 것을 가지고 있을 리 없었다. 오히려 손오공은 도둑들이 빼앗은 금은을 나누자고 하여 싸움 아닌 싸움을 하게 되었다.

손오공은 자신의 머리를 내밀어 치고 싶으면 치라 했다. 몇 놈이 대들어 등나무 곤봉으로 손오공의 머리를 후려치다가 자신들이 지쳐 나가떨어졌다.

이제는 손오공 차례였다. 손오공은 귓속에서 바늘만 한 여의봉을 꺼내어 휘휘 휘둘러 제법 큼직한 몽둥이를 만들어 땅바닥에 떡 받쳐 세웠다.

"이 보배를 움직일 수 있다면 곱게 드리리다!"

두 놈의 두목이 가소롭다는 듯이 앞으로 나와 뽑으려 했지만 마치 잠자리가 돌기둥에 집적거리듯 만삼천오백 근의 여의봉은 털끝만큼도 움직이지 않았다.

손오공은 더 이상 지체할 수 없어 한 걸음 다가가 여의봉을 가볍게 번쩍 집어 들고 휘둘러 눈 깜짝할 사이에 두 두목을 처치해 버렸다. 이를 본 다른 부하 도둑들이 질겁하여 손에 들고 있던 무기를 모두 내던지고 뿔뿔이 흩어져 도망쳤다.

한편, 삼장은 동쪽으로 정신없이 달아났는데 저팔계와 사오정이 앞을 가로막았다.

"사부님! 길을 잘못 드셨습니다."

삼장은 그제야 겨우 말을 멈춰 세우고 가쁜 숨을 몰아쉬었다.

"얘들아, 빨리 너희 사형에게 가서 인정을 베풀어 그 강도들을 때려죽이지 말라고 하거라!"

"제가 다녀오겠습니다."

저팔계는 공명심에 들떠 정신없이 달리며 큰 소리로 외쳤다.

"사형, 사부님께서 사람을 때려죽이지 말라고 하십니다."

"누가 사람을 죽인다던가?"

손오공은 시치미를 뚝 떼며 응시했다.

"도적들은 어디 있소?"

"다른 놈들은 모두 달아나고 두목 두 놈만 여기서 잠을 자네."

저팔계는 땅바닥에 처박혀 죽은 도둑들을 살펴보았다.

"내가 골통을 한 대씩 안기니 이리 엎어져 뻗어버렸네."

저팔계는 삼장에게 이실직고하여 삼장을 화나게 하여 손오공을 골탕먹이려 애를 썼다. 삼장은 저팔계, 사오정과 함께 급히 달려와 사실을 확인했다. 그러나 이미 죽은 자를 어찌하랴! 삼장은 손오공을 벌주기 위해 몇 번이고 긴고아주를 외고 싶었으나 꾹 눌러 참고 그 대신 죽은 두 도둑들을 저팔계더러 묻게 하고, 그들의 명복을 빌기 위해 도두경倒頭經을 외었다. 이리하여 저팔계가 은근히 바랐던 기대는 허사가 되어버리고 말았다.

장례를 마친 삼장 일행은 하룻밤 묵을 집을 찾아 걸었다. 얼마 후 농가 하나를 발견하고 삼장이 그 집에 들러 자초지종을 설명하자 노인과 노파가 친절히 대해 주었다.

양楊씨 성의 집주인이 도둑의 무리에 든 외아들놈 때문에 하루도 편안한 날이 없다고 하자, 손오공이 끼어들어 그런 자는 자식으로 두어보아야 소용이 없으니 자기가 찾아서 죽여 주겠노라고 제의했다.

"나 역시 때로는 아예 죽어버렸으면 합니다만, 어찌합니까? 자식이라곤 그놈 하나뿐인 걸. 사람은 되지 못했어도 이 늙은 것이 죽으면 그래도 흙이라도 덮어 주게 해야 하지 않겠소?"

그날 밤, 일행은 새로 지은 저녁밥을 잘 얻어먹고 노인 내외가 후원에 짚으로 잠자리를 봐준 곳에서 편히 쉬었다.

그런데 손오공에게 두목 둘을 잃은 도둑떼 중에는 양 노인의 외아들도 섞여 있었다. 도둑떼는 낮에는 손오공에게 혼이 나 뿔뿔이 흩어졌으나 한밤중이 되어 주린 배를 채우기 위해 모두 양 노인의 집으로 몰려왔다.

노인의 아들은 자기의 아내를 깨워 밥을 짓게 하고 야단법석을 떨다가 후원에 매어둔 백마를 보고 삼장 일행을 알아보았다.

그들은 우선 주린 배를 채우고 기운을 회복한 후 깊은 밤을 택하여 손오공에게 죽은 두목의 원수를 갚고자 하였다.

이를 눈치 챈 양 노인이 후원으로 몰래 달려가서 삼장 일행을 깨우고 뒷문으로 슬그머니 빠져 나가게 했다. 얼마 후 도둑들이 병장기를 단단히 준비하여 등불을 밝히고 후원을 에워싸 공격했으나 허사였다.

"뒷문으로 달아났다. 쫓아라!"

그들은 해가 동녘에 솟을 때까지 쫓아서야 삼장 일행을 발견할 수 있었다. 홀연 고함소리에 삼장이 돌아보니 이삼십 명의 도둑들이 창칼을 들고 무더기로 달려들었다.

"얘들아, 도둑떼가 몰려오니 어쩌면 좋으냐?"

"걱정 마십시오. 이 손오공이 끝장을 내겠습니다. 사부님은 아우들과 가던 길을 계속 가십시오. 곧 처치하고 따라가겠습니다."

"오공아, 쫓아버리기만 하고 절대 사람을 죽여서는 아니 된다."

손오공은 그 자리에 여의봉을 늘려 잡고 우뚝 섰다. 도둑들은 일제히 손오공을 빙 둘러 포위했다.

"괘씸한 땡중놈아! 살고 싶으면 무릎을 꿇어라!"

그들은 손오공이 벙글벙글 웃기만 하자 분통이 터졌는지 일시에 칼과 창으로 함부로 치고 찌르고 야단이었다. 이에 손오공이 여의봉을 늘려 잡고 번쩍 휘둘러 별똥이 떨어지듯, 구름이 흩어지듯 도둑들을 때려눕히니, 거의가 염라대왕을 만나보게 되었다. 손오공은 문득 생각이 나 부상당한 놈들에게 선심 쓰듯 물었다.

"어느 놈이 양 노인의 아들이냐?"

"저 누런 옷을 입은 놈입니다."

손오공이 가서 보니 그는 정강이가 부러져 있을 뿐 다른 곳은 멀쩡했다. 손오공은 생각할 것도 없이 칼을 빼앗아 그의 목을 뎅겅 잘라 손에 들고 여의봉을 거두었다.

그리고는 삼장을 따라잡고는 양가의 머리를 쳐들어 보이며 말했다.

"사부님, 이것이 바로 양 노인의 못된 아들놈입니다. 그놈의 머리를 베어 왔습니다. 어찌할까요?"

삼장은 아연실색, 너무 놀라 말에서 떨어졌다.

"이 못된 원숭이놈! 기어이 나를 놀라 죽게 하는구나! 저 머리를 썩 치워라, 어서!"

저팔계가 앞으로 나서 쇠갈퀴로 흙을 파더니 그곳에 머리를 묻고 작은 봉분을 만들어 주었다.

사오정이 삼장을 부축해 일으키려 했으나 삼장은 앉은 채로 성정을 바로잡더니 긴고아주를 외기 시작했다. 손오공은 얼굴과 귀가 새빨개지더니 눈이 튀어나올 듯하고 머리가 어질어질하여 땅바닥에 데굴데굴 버둥질을 쳤다.

"외지 마십시오, 제발. 사부님!"

삼장은 십여 차례를 연거푸 외고 나서도 입을 다물지 않았다. 손오공은 엎치락뒤치락 사지를 쭉 뻗으며 소리쳤다.

"사부님, 용서하십시오. 무슨 일이든 다 할 테니, 주어만은 그쳐 주십시오. 제발!"

그제야 삼장이 주어를 그치고 일갈했다.

"이제 너와는 끝이다. 따라오지 말고 돌아가거라! 더 이상의 말은 필요 없다."

손오공은 그곳에서 머뭇거리다가는 삼장이 또 주어를 외울까 봐 할 수 없이 근두운에 올랐다. 그러나 솟구쳐 날지 않고 한참을 고민에 잠겨 있었다.

화과산 수렴동으로 돌아갈까도 생각해 봤지만 자꾸 왔다 갔다, 이랬다저랬다 한다고 부하들에게 웃음거리가 될 것 같았다. 또 천궁에 투신한대도 오래 머무를 수 있을 것 같지 않았다. 해도海島에 가 볼까 했으나 삼도三島의 여러 신선들 보기가 부끄러웠다. 용궁으로 가볼까도 하였지만 몸을 굽혀 청하기가 싫었다.

생각할수록 아무 데도 의지할 곳이 없었다. 사부님을 쫓아가는 것만이 정과를 얻을 수 있는 길이었다.

이렇게 자신을 타이른 손오공은 즉시 구름을 내려서 삼장의 말 앞에 시립했다.

"사부님, 한 번만 이 제자를 용서해 주십시오. 이후로는 무엇이든 사부님의 가르침에 따를 것이며, 어떠한 난관이 있더라도 사부님을 모시고 서천까지 가겠습니다."

삼장은 아무런 대꾸도 없이 한 번 흘긋 돌아보더니, 말을 세우고는 긴고아주를 다시 외기 시작했다. 손오공은 또다시 땅바닥에 쓰러져 두 손으로 머리를 부여안고는 죽는다고 악을 쓰며 뒹굴었다. 삼장의 가혹한 형벌은 이십여 회나 되풀이되었다.

"더 이상 나를 귀찮게 하지 마라. 사람을 아무렇지 않게 죽이는 놈은 필요없다!"

"제발, 제발! 그만 외십시오. 제가 갈 곳이 없는 것은 아닙니다만 제가 없으면 사부님은 서천에 가실 수…… 아악!"

그 말에 삼장의 분노는 더욱 커졌다.

"내가 서천에 가건 못 가건 네놈이 관여할 바 아니다. 나는 네가 정말 필요 없다. 빨리 가거라! 어물어물하다가는 네 해골이 삐어져 나올 때까지 진언을 멈추지 않을 것이다. 어서 가라!"

손오공은 할 수 없이 근두운에 올라 눈물을 주르륵 흘렸다.

'저토록 나의 마음을 몰라준단 말인가? 좋다. 그렇다면 보타암으로 가서 관음보살에게 호소해 볼 일이다.'

손오공은 즉시 남양대해로 날았다. 낙가산의 자죽림紫竹林으로 들어가니 혜안행자와 선재동자가 반가이 맞이하며 보련대寶蓮臺로 그를 인도했다.

손오공은 넓죽 꿇어 엎드려 눈물을 비 오듯 쏟으며 엉엉 소리내어 마구 울었다.

"무슨 슬픈 일이 있었던고? 숨김없이 말해 보라! 내 그대의 괴로움을 구제하고 재앙을 없애 주리라!"

손오공은 다시금 눈물을 뿌리며 또 한 번 깊숙이 절을 했다. 그리고 서서히 입을 열어 그동안의 전후사, 곧 보살님의 덕분으로 천재天災를 해탈하고 사문沙門에 오른 후, 당승을 보호하며 서천으로 가는 고난의 길에서의 일 등을 낱낱이 고했다. 그뿐만 아니라 문제의 산적들을 죽이게 된 전말의 일들을 소상히 들려

주었다. 삼장이 자기를 이해하려 하지 않고 긴고아주를 외워 무서운 고통의 벌을 주고 결국은 내쫓겼기에 호소하노라고 덧붙였다. 그러자 보살이 말했다.

"당 삼장은 성지를 받들고 서천으로 가는 길이거니와 선행을 일삼고 인간 생명을 중히 여기시는 분이시다. 네 아무리 신통방통해도 산적이라 한들 마음대로 죽여서는 아니 되느니라. 금수·요괴·귀신·마귀 따위를 죽였다면 그대의 공적이 될 것으로되 인간을 죽인 것은 잘못된 일이다. 그대는 얼마든지 위용을 발휘하고 호통을 쳐서 물리치는 정도로도 충분히 스승을 구제할 수 있었거늘, 그대의 수양이 덜 되고 착하지 못함이다."

그러자 손오공이 말했다.

"허나 그동안의 공을 생각하여 그 정도의 죄쯤은 덜 수 있는 게 아닙니까? 굳이 쫓아버리기까지 할 필요가 있겠습니까?"

보살은 미소를 지어 보이고 희망적인 말을 전하였다.

"너의 스승도 머지않아 목숨이 위태로워져 그대를 찾으러 올 것이다. 네가 여기서 머물고 있으면 당승에게 잘 말하여 다시 너를 데리고 가서 정과를 이루도록 해주겠노라!"

손오공은 오직 귀의하여 그 말에 따르기로 하고 그 시각 이후 보련대 아래 시립했다.

한편, 손오공을 내쫓은 삼장은 저팔계에게 말을 끌게 하고 사오정에게는 짐을 메게 하여 길을 걸었다. 한 오십 리쯤 갔을까, 삼장은 말을 멈춰 세웠다.

"애들아, 오늘은 아침 일찍부터 길을 떠난 데다가 손오공에게 화를 내다 보니 배가 고프고 목이 말라 죽을 지경이구나. 누가 가서 음식을 좀 얻어 오너라."

"사부님, 말을 내려 기다리십시오. 제가 가까운 동네에 가서 음식을 얻어 오겠습니다."

저팔계는 손오공의 흉내를 내어 구름을 타고 나직한 공중으로 솟아올라 사방을 살펴보았다. 그러나 들쑥날쑥 솟은 험한 산뿐이고, 인가는 전혀 찾을 수 없었다. 저팔계는 구름에서 내려 삼장에게 말했다.

"인가가 전혀 없어 음식을 구할 곳이 없습니다."

"그렇다면 어디 가서 물이라도 구해 다오."

저팔계는 산 남쪽 골짜기로 가서 물을 떠오겠다고 했다. 삼장은 길가에 앉아 저팔계가 물을 떠오기를 기다렸으나 한식경이 지나도록 돌아오지 않았다. 삼장은 점점 더 목이 타서 견딜 수가 없었다. 옆에서 지켜보기 민망한 사오정이 행리를 적당히 감춰 놓고 백마를 단단히 매었다.

"사부님, 잠깐 동안만 혼자 계십시오. 제가 가서 저팔계를 찾아보겠습니다."

삼장은 아무 말 없이 눈을 감고 앉아서 고개만 끄덕였다. 사오정은 운광을 타고 남쪽을 향해 사라졌다.

삼장이 홀로 있는데 어디선가 요란한 소리가 울리더니 손오공이 나타나 무릎을 꿇고 사기그릇을 두 손으로 공손히 올리는 것이었다.

"사부님, 이 손오공이 없으니 물조차 마시기 힘드시죠? 우선 이 시원한 물로 목을 축이십시오. 그러면 또 제가 음식을 얻어 오겠습니다."

"네가 주는 물은 마시지 않겠다!"

삼장은 처음에는 두려움을 느꼈으나 손오공임을 알자 발끈 화를 내며 소리쳤다.

"목이 말라 죽는 한이 있더라도 네가 가져온 것은 일체 먹고 마시지 않을 테다. 이제 너는 나에게 필요 없는 사람이니 어서 가거라!"

"제가 없으면 서천에 못 가십니다."

"가고 못 가고는 네놈이 상관할 바가 아니다. 귀찮게 하지 말고 사라져라! 이 발칙한 원숭이, 필마온놈아!"

그러자 손오공이 격분하였다.

"이 빈대머리 중놈의 자식이 나를 업신여기다니!"

손오공은 시원한 물이 들어 있는 사기그릇을 내동댕이치고 여의봉을 휘둘러 삼장의 등짝을 한 대 내리쳤다. 이에 삼장은 땅바닥에 고꾸라져 끽소리도 못하고 엎어졌다. 손오공은 쓰러진 삼장을 흘깃 보고는 보따리 두 개를 챙겨들고 근두운을 타고 어디론가 사라졌다.

한편, 저팔계는 물을 떠오기 위해 바리때를 들고 산 남쪽으로 날아갔다. 그러자 조금 전에는 보이지 않던 초가집 한 채가 산골짜기에서 보였다. 저팔계는 매우 기뻐하며 구름에서 내렸다.

저팔계는 자기의 몰골이 흉악함을 알고 손오공의 흉내를 내어 늙은 중으로 변신했다.

"시주님, 소승은 동녘 땅에서 서천으로 경을 가지러 가는 길입니다. 우리 스승님께서 기갈이 심하시니 찬밥 덩어리나 솥에 남은 누룽지라도 있으면 좀 주시어 사람을 구제해 주십시오."

그 집의 여인들은 밥을 지어 밭으로 내가려던 것을 잠시 중단하고, 남은 밥과 누룽지 등을 바리때에 가득 담아 주었다.

그것을 받아든 저팔계는 본래 모습으로 돌아와 오던 길로 돌아가다가 사오정과 마주쳤다. 그래서 밥은 사오정의 옷자락을 펼쳐서 싸도록 하고 바리때에는 산골짜기의 맑은 물을 가득 떴다. 저팔계는 삼장의 칭찬을 받을 생각에 기쁨을 감추지 못하며 길을 재촉했다.

그러나 그러한 기대는 완전히 물거품이 되고 말았다. 자기들을 애타게 기다려 주리라고 믿었던 삼장은 길바닥의 흙속에 얼굴을 처박고 쓰러져 있었다. 아니 쓰러져 있다기보다는 거의 죽어 있는 것이었다. 백마는 고삐를 풀어 젖힌 채 길가에서 마구 날뛰며 울고 있고, 행리 보따리는 보이지 않았다. 당황한 저팔계가 발을 구르고 가슴을 두드리며 떠들어댔다.

"이건 틀림없이 사형이 쫓아버린 그 산적의 잔당들이 한 짓이야. 분명 그놈들이 우리 사부님을 때려죽이고 행리를 가져간 게야!"

"일단 사형은 말부터 붙들어!"

사오정은 삼장에게 달려들어 절망적인 비명과 함께 쓰러진 삼장의 몸을 반듯이 누이고 고개를 받쳐들고 뺨을 비볐다.

"사부님, 사부님!"

그러자 삼장의 입과 코에서 뜨거운 기운이 토해지고 앞가슴이 따뜻하게 느껴졌다. 사오정이 기쁨을 감추지 못하며 큰 소리로 외쳤다.

"팔계 형, 사부님이 살아나셨어! 빨리 이리 와 보라구!"

저팔계도 기뻐서 달려들었다. 두 사람은 삼장의 손발을 주무르고 물을 떠 넣고 열심히 간호했다. 얼마 후 삼장은 의식을 회복했다.

"그 괘씸한 원숭이놈이 나를 때려눕혔다."

"어느 원숭이 말씀입니까?"

두 제자가 삼장에게 묻자 삼장은 탄식만 할 뿐, 몇 모금 물을 마시고서야 입을 열었다.

"너희가 밥을 얻으러 가고 얼마 뒤 손오공이 나타나 나를 귀찮게 하기에 거절하였더니 나를 여의봉으로 쳐서 쓰러뜨리고는 보따리를 가져갔다. 그놈이 나를 때려죽이려고까지 했으니 어찌하면 좋으냐?"

저팔계가 이를 부드득 갈며 말했다.

"그 못된 놈의 원숭이가 감히 어찌 이런 끔찍한 짓을 저질렀을까? 사오정, 너는 사부님을 잘 모시고 있거라. 내가 그 자식 집에 가서 보따리를 찾아올 테니까."

"형님, 그렇게 서두를 게 아니라 우선 저 산속의 인가에서 더운 국물과 찬물을 얻어 아까 그 밥을 데워 사부님이 잡수시도록 하고 나서 찾으러 가십시다.”

그 말이 그럴 듯하여 저팔계는 삼장을 부축해 말 위에 오르게 하고 곧장 산속의 인가로 향하였다.

어느 집에 도착하니 그 집안 식구들이 저팔계와 사오정의 형상에 놀라 꽁무니를 빼는 것을 삼장이 잘 설득하여 지극한 동정심과 친절을 얻을 수 있었다.

저팔계가 또다시 보따리를 찾으러 가겠다고 나서는 것을 삼장이 반대하고 사오정을 가게 했다. 저팔계는 손오공과 사이도 나쁜데다가 말씨도 곱지 못하다는 이유에서였다.

삼장은 사오정을 보내면서 주의를 시켰다. 손오공과 싸울 생각은 결코 하지 말고 보따리를 선선히 내어 주면 고맙게 가져오고, 아니 주더라도 소란 피우지 말고 슬쩍 빠져서 남해로 달려가 관음보살께 호소하도록 일렀다.

사오정은 동승신주를 향해 구름을 달렸다. 손오공의 고향인 동승신주 오래국 화과산 수렴동까지 꼬박 사흘 밤낮을 걸려서 갔다.

사오정이 가까이 가서 보니 손오공은 원숭이들에게 둘러싸여 높은 돌 대에 앉아 쩌렁쩌렁한 음성으로 보따리 속의 통관문첩을 꺼내어 읽고 있었다. 사오정은 도저히 참을 수 없어 앞으로 썩 나서며 소리쳤다.

“사형, 우리 사부님의 통관문첩을 왜 함부로 읽는 것이오?”

그 소리를 들은 손오공은 고개를 들었으나 사오정을 보고도 알아보지 못하고 원숭이들에게 잡아들이라 했다. 사오정은 원숭이들에게 둘러싸여 손오공 앞으로 끌려갔다.

"네놈은 누구인데 감히 내 앞에서 소리치는 것이냐?"

사오정은 손오공이 일부러 모르는 체하는 것으로 생각했다. 그래서 다시금 정중히 찾아온 이유를 말하고 행리를 돌려달라고 사정했다. 그러나 손오공은 귓등으로도 듣지 않았다.

"현제賢弟여, 나에게도 당승이 있고 백마가 있다. 한 번 보여 주지. 애들아, 서천으로 경을 가지러 갈 노사부님과 그 일행을 모셔 오너라."

작은 원숭이들이 안으로 들어가더니 삼장을 위시하여 한 필의 백마를 끌고 왔다. 거기에는 행리를 멘 저팔계도 있고 사오정인 자신도 석장을 짚고 있는 게 아닌가? 사오정은 격분했다.

"이 사오정이 성과 이름을 갈아본 일이 없는데 어찌 또 다른 사오정이 있단 말이냐? 이 보장을 받아라!"

사오정이 가짜 사오정을 향해 힘껏 내리치자 그 자리에서 쭉 뻗어 버렸는데 원숭이의 요괴였다. 사오정은 원숭이들에게 둘러싸여 치고받고 하면서 가까스로 포위를 뚫고 도망쳐 나와 구름에 올랐다.

"괘씸한 원숭이놈! 내 당장 남해 관음보살님께 고하겠다."

사오정은 지체 없이 남해를 향해 날았다. 혜안행자가 그를 관음보살 앞으로 인도해 주었는데 거기에도 손오공이 또 하나 있는 게 아닌가? 그 손오공은 자기가 관음보살에게 절을 하고 있는 옆에 서서 약 올리는 듯 싱글싱글 웃고 있었다.

사오정은 그의 눈과 마주친 순간 보장을 휘두르며 달려들었다. 그러나 손오공은 피하기만 할 뿐 대들 생각도 하지 않았다. 사오정이 식식거리며 외쳤다.

"이 온갖 죄악을 저지른 원숭이놈! 그래, 이곳에 또 나타나 관음보살님마저 속이려 하는가?"

"사오정, 무슨 일이 있었기에 그러는가? 나에게 말해 보아라!"

관음보살이 큰 소리로 그를 제지했다. 사오정은 다시금 절을 하고는 화를 참지 못해 씨근거리며 관음보살께 그동안의 일을 자세히 설명해 주었다. 그는 손오공이 관음보살마저 속이려 든다고 몇 번이나 분개해서 소리쳤다. 그러자 관음보살이 타일렀다.

"사오정, 손오공이 여기 온 지 벌써 나흘째이고, 내가 놓아 보낸 일이 없는데 어찌 그런 일이 있을 수 있겠느냐?"

"제가 방금 수렴동에서 손오공과 일전을 벌이다 빠져 나온 길인데, 어찌 거짓을 아뢰겠습니까?"

"그렇다면 손오공과 함께 가서 진상을 알아보도록 하라. 그놈이 진짜라면 멸하기 어려울 것이고 가짜라면 쉽게 없앨 수 있을 터이니, 그곳에 가면 자연 밝혀질 것이니라."

손오공은 즉시 사오정과 함께 관음보살에게 작별 인사를 한후 화과산을 향해 길을 떠났다.

사오정은 손오공이 자신보다 걸음이 빠르므로 앞서가 또 어떤 일을 꾸밀지 모른다는 생각에 자신과 같이 움직이라고 다짐을 했다.

과연 손오공이 화과산 수렴동에 와 보니 또 하나의 자신이 원숭이들에 둘러싸여 돌 대 위에서 술을 마시고 있었다. 손오공은 그때까지 자신의 손을 잡고 있던 사오정을 바라보며 기가 막히다는 표정을 지었다. 이쪽이 황발금고면 저쪽도 황발금고요, 이쪽이 화안금정이면 저쪽도 화안금정이었다. 손에 쥔 여의봉도 똑같고 얼굴 모양이나 눈·코·입 어느 한 곳 같지 않은 곳이 없었다. 손오공은 자신의 약탈자를 보자 격분하여 사오정의 손을 뿌리치고 여의봉을 휘두르며 앞으로 달려나가 호통부터 쳤다.

"이 돼먹지 못한 자식! 대체 어디서 온 요물이기로 내 모습으로 변신하여 내 선동에서 나의 자손들에게 위세를 떨친단 말이냐?"

그러자 저쪽 손오공도 여의봉을 휘두르며 달려들었다. 그 둘이 각각 운광을 밟고 구천 구름 속에서 엉겨 싸우고 있으나, 진짜 가짜를 구별하기 어려운 사오정은 진짜를 상하게 할까 두려워 감히 도움의 칼을 뽑을 수도 없었다.

한참을 참관하던 사오정은 산비탈 밑으로 몸을 날려 여러 원숭이들을 쫓아버리고 행리 보따리를 찾으려 했으나 찾을 수가 없었다. 본래 수렴동은 폭포가 동굴문을 가리고 있어서 동굴을 알지 못했다. 사오정이 구름 위에 오르자, 손오공이 말했다.

"사오정, 자네가 나를 도울 수 없을 것이니 사부님께 돌아가 사정 이야기나 전해 주게. 결국은 남해 낙가산 보살님 앞에까지 찾아가 심판을 받을 것이라고 이 기막힌 사연을 여쭈어 주게."

한 사람이 말하고 나니 또 다른 사람도 똑같은 말을 하였다. 둘의 음성이나 모습이 조금도 다른 점이 없으니 사오정은 도무지 흑백을 가릴 수가 없는 입장이었다. 사오정은 할 수 있는 것이 없어 삼장에게로 돌아갔다.

두 사람의 손오공은 잠시도 멀어지지 않고 빙빙 돌아가며 무섭게 싸우면서 남해로 갔다. 두 사람은 싸우는 것도 똑같아서 마치 한 사람을 둘로 갈라놓은 것처럼 그 어느 한쪽이 없어도 완전을 잃을 것 같고, 영원히 승부가 나지 않을 것 같았다.

낙가산에 이르러 관음보살은 혜안행자와 선재동자에게 각각 손오공을 하나씩 붙잡게 하고 긴고아주를 외웠으나 양쪽 손오공이 똑같이 아프다고 소리치며 머리를 싸잡고 땅바닥에 쓰러져 뒹굴었다.

관음보살은 주어를 그만두고 그들을 옥황상제에게 데리고 갔다. 옥황상제는 탁탑이천왕에게 조요경을 비춰 보게 했다. 그러나 거기에서도 구별할 수 없었다.

한편, 삼장에게로 돌아온 사오정은 자기가 본 사실을 자세하게 보고했다. 보고를 받은 삼장은 길게 회한의 한숨을 내뿜으며 말했다.

"요정이 변한 가짜 손오공이었단 말이냐? 나는 손오공이 나를 때려눕히고 행리를 집어간 줄만 알았구나."

삼장은 수렴동의 지리와 형세를 잘 아는 저팔계더러 행장을 찾아오라 명했다. 삼장은 보따리만 찾아오면 손오공은 신경 쓰지 않고 서천으로 가려는 것이었다.

두 사람의 손오공은 자기들의 진짜 가짜를 밝히겠다고 유명계 염라대왕을 찾아갔으나 거기서도 가려내지 못했다. 결국 그들은 대서천 영취선산 뇌음보찰의 석가여래를 찾아가기로 했다. 이때 석가여래는 여러 대성들에게 설파하고 있었다.

"그대들은 모두 다 같이 일심一心이되, 자, 보아라! 이심二心이 다투며 오지 않는가?"

아니나 다를까 두 사람의 손오공이 천지를 진동시킬 듯이 치고받고 싸우는 통에 팔대금강도 막아낼 수 없었다.

그들은 불조 앞에 무릎을 꿇고 여기까지 오게 된 이유를 설명했다. 하나가 말하면 또 하나가 같은 말을 같은 어조로 되풀이하니 누가 진짜고 가짜인지 정말 알 수가 없었다.

적어도 여러 대성들에게는 그렇게 보였으나 여래는 이미 깨닫고 이야기하려 하니, 남해의 관음보살이 나타났다. 관음보살은 연대 아래로 내려서기가 무섭게 석가여래에게 참배를 했다.

"관음존자, 그대는 저 두 손오공을 가려낼 수 있는가?"

"전날 저에게 왔는데 분별할 수가 없었습니다. 저들은 천궁과 지부地府에도 갔으나 알아내지 못하고 마지막으로 석가여래님께 호소하러 온 것이옵니다. 제발 저들을 위해 분별해 주시기 바랍니다."

석가여래가 웃으면서 가르침을 주었다.

"그대들은 법력이 넓다지만 오직 보천普天(온 세상)의 일을 볼 뿐이요, 보천의 종류를 널리 알지도 못하고 보천의 물건을 두루 식별해 내지도 못하는구나."

관음보살이 석가여래께 좀 더 자세히 설명해 주실 것을 청하였다.

"보천 안에는 오선五仙이 있으니 천天·지地·인人·신神·귀鬼인 것이요, 다음에는 오충五蟲이 있으니 영贏·인鱗·모毛·우羽·곤昆 이로다. 또한 오선도 오충도 아니고 십 종류에도 들지 않는 사 후혼세四猴混世라는 것이 있느니라."

"사후란 무엇이옵니까?"

"첫째는 영명석후靈明石猴로서 변화에 능통하여 천지를 분간 하고 지리를 알며 성두를 옮기고 바꿀 수 있는 것이요, 둘째는 적고마후赤尻馬猴로서 일을 잘 꾀하고 음양에 밝으며 출입을 잘 하여 죽음을 피하고 오래 사느니라. 셋째는 통비원후通臂猿猴로 서 일월을 잡고 천산을 줄이며 길흉을 분별하고, 하늘과 땅을 주물러 희롱하는 줄 알도다. 넷째는 육이미후六耳獼猴로서 음 성을 잘 듣고 이치를 잘 깨달으며 전후를 알고 만물에 모두 밝 도다. 내가 보기에 가짜 손오공은 이중 육이미후로구나. 이 원숭 이는 능히 천리 밖의 일을 알고 또 한 인간의 이야기를 모두 잘 알아듣도다. 소리를 잘 듣고 이치를 잘 깨달으며 전후를 알고 만물에 모두 밝다는 말은 바로 이 때문이다. 진짜 손오공과 같 은 형상, 같은 소리를 하는 자는 육이미후임에 틀림없다."

석가여래의 선언이 떨어지자 그동안 손오공으로 변신하여 잘 견뎌 왔던 육이미후는 그만 공포를 느껴 부들부들 떨다가 재빨 리 몸을 솟구쳐 달아나려 했다. 이에 진짜 손오공이 그를 잡으 려 하자 석가여래가 말했다.

"오공아, 가만있거라! 내가 잡아 주리니 손대지 말아라!"

육이미후는 달아나기 어렵다는 것을 깨닫고 한 마리 꿀벌로 변하여 공중을 날았다. 순간 석가여래가 금주발을 내어 그것을 채어버렸다. 여러 대성들이 어디로 갔는가 떠들고 있을 때, 석가여래가 그들 앞에서 금주발을 젖혀 보였다. 거기에는 본상으로 돌아선 육이미후가 있었다. 손오공은 화를 참지 못하고 여의봉으로 그 원한의 적을 머리에서부터 아예 박살을 내버렸다.

석가여래는 그것을 보고 못마땅한 듯했으나 손오공은 이런 간악한 강도는 마땅히 죽여야 한다고 열변을 토했다. 이렇게 하여 육이미후의 일종은 이 세상에서 씨가 단절되어 버렸다.

석가여래는 손오공을 불러 삼장에게 돌아가 그를 모시고 경을 가지러 오라고 말했다. 그러자 손오공은 스승에게 쫓겨난 이야기를 하고, 송고주를 외어 머리의 금테를 벗겨 주시고 자유롭게 환속시켜 달라고 요구하였다.

석가여래는 "쓸데없는 생각, 허황된 꿈은 깨라! 그를 잘 보호하여 공이 이루어지면 자연 극락으로 돌아가고 그대 역시 연대에 앉게 되리로다!" 하였다.

손오공은 석가여래와 헤어져 관음보살과 함께 삼장에게로 왔다. 삼장이 관음보살의 충고를 듣고 감격해 있자니, 화과산으로 행장을 찾으러 간 저팔계가 돌아왔다.

저팔계는 수렴동에 있는 가짜 삼장과 가짜 자기를 죽이고 보니 원숭이더라며 자신이 겪은 일을 떠벌리면서 기뻐했다.

관음보살을 먼저 보낸 후, 삼장 일행은 모처럼 일심동체가 되어 다시 서쪽으로 길을 떠났다.

우마왕과
나찰녀

세월은 어느덧 무더운 여름도 지나고 가을의 중턱, 으스스 추운 서리의 계절이 되었다.

삼장 일행이 부지런히 걷고 있노라니 별안간 날씨가 따사롭다기보다는 숨이 턱에 찰 정도로 무더운 한여름의 열기가 느껴지기 시작했다. 삼장이 말을 멈추고 입을 열었다.

"지금은 절기상 가을도 한창인데 무슨 일로 이렇게 찌는 듯

덥단 말인가?"

"서방으로 가는 길에 해 떨어지는 곳이 있다던데 아마도 이곳인가 보옵니다."

저팔계가 제법 알은 체를 했다. 그렇게 걷고 있으려니 한 집이 나타났다. 그 집은 붉은 기와를 올렸고, 담장도 붉은 벽돌이며 문짝에도 붉은 칠을 했다. 온통 붉은 것뿐인 특이한 집이었다.

삼장이 말에서 내리며 손오공에게 왜 이리 더운가 알아보라고 일렀다. 손오공이 붉은 집에 이르러 노인에게 정중히 인사하자 그는 삼장 일행을 들어오게 했다. 삼장은 고마움을 표하고 그곳에 대하여 물었다.

"이곳은 화염산으로 봄도 없고 가을도 없고, 사시사철 이렇게 덥습니다."

"화염산은 어디쯤 있으며, 서쪽으로 가는 데는 지장이 없겠습니까?"

"서쪽으로는 갈 수가 없습니다. 화염산은 여기서 육십 리가량 떨어져 있는데 서쪽으로 가는 길목입니다. 그곳 팔백 리 길이 모두 화염이어서 풀 한 포기, 나무 한 그루 살아 있지 않습니다. 그 산을 지나가면 구리쇠로 된 머리에 강철로 된 몸이라도 모두 녹아 흔적도 없게 되어버릴 것입니다."

삼장은 너무 놀라 다시금 물어볼 마음조차 생기지 아니했다. 그때 문 밖으로 어떤 소년 하나가 붉은 칠을 한 수레를 밀고 나타나 손님을 청하고 있었다.

"떡 사세요. 떡 사세요!"

손오공이 재빨리 몸털 하나를 뽑아 동전을 만들어 떡을 샀다. 떡은 너무 뜨거워서 먹을 수가 없을 정도였다.

삼장 일행은 떡 파는 소년으로부터 철선선鐵扇仙께 잘 빌면 농사도 지을 수 있다는 말을 들었다.

"철선선이라니?"

"철선선은 파초선을 가지고 계십니다. 그 파초선을 얻어다가 한 번 부치면 불이 꺼지고, 두 번 부치면 바람이 일고, 세 번 부치면 비를 내릴 수 있습니다. 이때 씨를 뿌리고 거둬들이면 됩니다. 이렇게 해야만 곡식이 자랍니다. 그렇지 않으면 풀 한 포기도 자랄 수 없습니다."

손오공은 좋은 꾀가 생각났다. 파초선을 얻어와 불을 끄면 된다는 단순한 생각이었다. 손오공은 우선 안으로 들어가 삼장에게 떡을 드리고 주인장에게 물었다.

"철선선은 어디에 살고 있습니까?"

"예물이 없으면 그 성현은 오지 않습니다."

그리고 그동안의 일을 설명했다.

"우리 고장 사람들은 십 년에 한 번씩 돼지·양·닭·거위 등과 온갖 좋은 술, 과일 및 비단옷을 가지고 목욕재계하여 선산으로 찾아가 술법을 베푸시도록 청하여 왔습니다."

"그 산은 어디에 있습니까?"

"그 산은 서남방에 있는 취운산으로 산속에 파초동이라는 선동이 있습니다. 천사백육십 리, 왕복 한 달이 걸리는 길이옵니다."

손오공은 그 말이 끝나기 무섭게 근두운에 올라 취운산에 당도했다. 그리고 그곳 나무꾼으로부터 화염산의 불을 끌 수 있는 파초선을 가지고 있는 여인은 철선공주인데, 철선선이라는 별호가 있고 흔히 나찰녀羅刹女라 부른다는 이야기를 들었다.

그런데 '대력우마왕大力牛魔王의 마나님'이라는 데서 그만 모골이 송연해지고 말았다.

'원수를 다시 만나게 되었구나! 홍해아를 항복시켰을 때 자기 부모가 우마왕, 철선공주라고 했었다. 지난번 해양산 파아동에서 그의 작은아버지를 만났을 때도 물을 얻기 위해 얼마나 애를 먹었던가? 이번에는 진짜 부모를 만났으니 부채를 빌려 줄까? 어쨌든 한 번 부딪쳐 보자!'

파초동의 동문은 굳게 잠기어 있었다. 동굴 바깥의 경치는 수려하고 아름답기 그지없었다. 손오공은 자신도 모르게 경치를 찬미하며 문 앞으로 다가가 소리쳤다.

"우형牛兄, 큰형님! 문 좀 열어 주시오!"

삐걱 하고 문 열리는 소리가 나더니 안으로부터 귀여운 소녀가 나왔다. 손오공은 공손히 합장을 하고 물었다.

"수고스럽지만 공주님께 한 말씀 전해 주십시오. 저는 동토에서 서천으로 경을 구하러 가는 길인데, 화염산을 지나치질 못하고 있사오니 파초선을 빌려 주십사 아뢰어 주시겠습니까?"

"스님은 어느 절에서 오시었고, 성함이 무엇입니까?"

"동토 당나라에서 온 손오공이라는 화상이라고 전해 주시오."

소녀는 곧장 몸을 돌려 안으로 들어가더니 나찰녀 앞에 무릎을 꿇고 아뢰었다.

"마님, 동녘 땅에서 온 손오공이라는 화상이 마님을 뵙고 파초선을 빌려다가 화염산을 지나가는 데 쓰고 싶다 합니다."

손오공이라는 이름을 들은 나찰녀는 불에 소금을 뿌린 듯, 기름을 친 듯 펄쩍펄쩍 뛰면서 얼굴이 시뻘겋게 변하여 끔찍한 표정으로 소리쳤다.

"그 못된 원숭이놈! 이제야 나타났구나. 애들아, 내 갑옷과 투구와 병기를 가져오너라! 드디어 원수 갚을 때가 왔다!"

그녀는 순식간에 갑옷을 걸쳐 입고 청봉보검 두 자루를 집어 들더니 밖으로 뛰쳐나오며 소리를 질렀다.

"손오공은 어디 있느냐?"

손오공은 재빨리 앞에 나서서 절을 하며 말하였다.

"형수님! 이 손오공이 인사드립니다."

"누가 네놈의 형수란 말이냐? 대체 너의 절을 누가 받겠다고 하더냐?"

나찰녀는 미친 듯 소리쳤다. 그러나 손오공은 여전히 공손하며 자중했다.

"지난날 저와 우마왕은 칠형제의 결의를 한 사이온데, 공주께서는 우형의 부인이시니, 형수님이라 부르는 게 당연하지 않습니까?"

"이 발칙한 원숭이놈! 그래 우마왕과 형제 사이라면서 내 아들을 어째서 그 몹쓸 구덩이에 빠뜨렸단 말이냐?"

"아드님이 대관절 누구시온데?"

손오공은 시치미를 떼고 천연덕스럽게 물었다.

"내 아들은 호산 고송간 화운동의 성영대왕 홍해아니라. 네놈이 내 아들을 망쳐 놓았기에 원수를 갚으려고 네놈을 기다려 왔는데, 이제야 제 발로 우리 문전에 나타나 죽으려고 하는구나! 내가 너를 용서할 줄 알았더냐?"

그래도 손오공은 만면에 미소를 띠우며 오해를 풀고자 하였다.

"사실은 형수님의 아드님이 우리 사부님을 붙잡아 놓고는 삶아먹느니 쪄먹느니 하다가 관음보살께서 우리 사부님을 구해 주시고 아드님을 거두어 가셨습니다. 지금 아드님은 보살님 계신 곳에서 선재동자 노릇을 하고 있으며 보살님의 정과를 받아 불생불명, 불구부정不垢不淨, 천지일월과 수명을 같이하게 되었는데, 형수님께서는 그 은혜 갚을 생각은 아니하시고 오히려 이 손오공을 꾸짖으니 세상일이 공평치 못하옵니다."

"이 주둥아리만 까진 원숭이놈! 비록 내 아들이 죽지는 않았다지만 내 품에 언제 돌아온단 말인가? 언제 볼 수 있단 말이냐?"

"아드님이 보고 싶으시면 뭣이 두려워 못 보겠습니까? 우선 형수님의 부채를 빌려 주신다면 화염산의 불을 끄고 우리 사부님을 서천으로 보내드린 다음, 제가 곧장 남해 보살님께로 달려가 형수님의 아드님을 모셔다 만날 수 있도록 해드리고 부채도 돌려드리겠습니다."

"흥! 내 보배가 그렇게 쉽게 빌려 주는 물건인 줄 아느냐?"

"정 빌려 줄 수 없다면 이 여의봉 맛이나 보시오!"

둘은 말로 시작하여 취운산 앞턱에서 온통 아수라장을 이루며 피를 토할 듯이 무섭게 싸웠다.

나찰녀는 육박전으로는 손오공을 당해내지 못하자 비장의 무기 파초선을 꺼내들고 한 번 확 부쳤다. 그러자 무서운 음풍이 일면서 손오공은 그 바람에 한없이 날아가기만 했다. 그의 재주로도 도저히 멈춰 설 수 없고, 회오리바람에 나뭇잎이 말려오르듯, 낙화가 급류에 휩쓸리듯 하였다.

손오공은 밤새도록 날아 날이 밝을 무렵에야 어느 산꼭대기에 떨어져 간신히 돌을 부둥켜안고 버티면서 비로소 정신을 차리고 주위를 둘러보았다. 그제야 그곳이 소수미산이라는 것을 알았다. 손오공은 '휴우!' 하고 한숨을 길게 내뿜으며 혼잣말로 중얼거렸다.

"대단한 바람이구나! 이곳은 전에 황풍괴를 항복시키기 위해 영길보살을 모시러 왔던 그 산이구나. 이왕 온 김에 영길보살께 어떻게 돌아가야 하는지 알아보아야겠다."

손오공은 영길보살을 찾았다. 그리고 영길보살에게서 나찰녀의 그 바람은 팔만사천 리를 가서야 멈출 수 있다는 무서운 음풍임을 알았다. 그나마 손오공이 오만 리 떨어진 소수미산에 멈춘 것은 그가 구름을 멈출 수 있는 능력이 있기에 가능한 일이었다.

영길보살은 손오공에게 파초선의 음풍에 맞설 수 있는 정풍단定風丹 한 알을 주면서 싸울 때 먹으라고 하였다. 그리고 곧장 서북쪽으로 가면 나찰녀의 산장이 나온다고 했다. 손오공은 뜻밖의 소득을 얻고 근두운에 올라 순식간에 취운산으로 돌아왔다.

"문 열어라! 문 열어! 손오공이 다시 왔으니 부채를 꼭 빌려야겠다!"

나찰녀는 깜짝 놀랐다. 생각보다 너무 빨리 돌아온 것이다.

어쨌든 이번에는 파초선을 서너 번 부쳐서 아주 멀리 보내고자 했다. 나찰녀는 무장을 하고 밖으로 달려나와 파초선을 부쳐댔다. 그러나 손오공은 끄떡도 하지 않고 오히려 자신을 비웃고 있었다. 나찰녀는 놀라 안으로 들어가 문을 굳게 잠그고 나오지 않았다.

손오공은 하루살이로 변신하여 안으로 들어갔다. 그리고 차를 마시는 나찰녀의 찻잔에 떨어져 뱃속으로 들어가버렸다. 손오공은 그 안에서 자리잡고 앉아 여기저기를 조몰락거리고 이리저리 뛰기도 하며 파초선을 내놓으라고 협박했다. 나찰려는 고통을 이기지 못해 결국 여동을 시켜 파초선을 내주었다.

손오공이 의기양양하게 화염산으로 와서 파초선을 부쳤으나 불이 꺼지기는커녕 오히려 불길이 더욱 거세질 뿐이었다.

화염산의 토지신은 손오공에게 그것이 가짜임을 알렸다. 그리고 진짜 파초선을 얻고자 한다면 대력왕, 곧 우마왕을 찾아가라고 귀띔했다.

손오공은 화염산의 불은 손오공 자신이 오백 년 전 태상노군의 팔괘로에 안치되어 단련받다가 팔괘로를 깨뜨리고 그곳에서 나올 때 불똥이 튀어 생긴 것이라는 것도 새삼 알게 되었다.

그리고 토지신도 도솔궁에서 노를 지키던 도인이었으나, 그날 실수로 일을 저질렀다 하여 도솔궁에서 쫓겨나 화염산 토지신이 되었다는 것이었다. 그리고 그는 덧붙였다.

"나찰녀의 남편 우마왕은 요즘 나찰녀를 버리고 적뢰산 만년호왕의 딸 옥면공주와 동거하고 있습니다. 우마왕께 청을 드리신다면 진짜 파초선을 얻으실 수 있을 것입니다. 그렇게 되면 첫째, 사부님을 모시고 서천에 가실 수가 있사옵고 둘째, 이 고장 생령들을 위해 화환火患의 뿌리를 뽑으시고 셋째, 저 또한 용서를 받아 하늘로 돌아가서 태상노군의 법지를 다시 받을 수 있을 것입니다."

"적뢰산은 어디에 있으며, 거리는 얼마가 되는가?"

"남쪽으로 곧장 가면 삼천여 리 됩니다."

손오공은 사오정과 저팔계에게 사부님을 잘 모시고 있으라 당부하고, 토지신에게도 같이 스승을 모시고 있으라 일렀다. 그리고 자신은 근두운에 올라 장엄하고 아름다운 적뢰산에 내려 동굴을 찾아 걷기 시작했다.

얼마를 가자니 젊고 어여쁜 여자가 향란 한 가지를 꺾어 들고 산책하는 모습이 눈에 띄었다. 손오공은 몸을 굽혀 공손히 절하고 말을 꺼냈다.

"여보살님, 어디를 가시는 길이오?"

그녀는 갑자기 자신을 부르는 소리에 한 번 놀라고 손오공의 모습에 또 한 번 놀랐다. 생긴 것이 너무 무서웠기 때문이었다.

"감히 여기서 내게 말을 거는 당신은 누구요?"

"저는 취운산 파초동의 철선공주가 우마왕을 모셔오라고 해서 온 사람입니다."

이 말 한마디가 여자를 격분시켜 놓았다. 여자는 귀까지 빨개지면서 조금 전의 공포와 불안의 빛은 사라지고 질투의 화신이 되어 사납게 욕을 퍼부어댔다.

"에잇, 더럽고 괘씸한 년! 우왕이 우리 집에 온 지 불과 2년도 안 되었는데 벌써 모셔 가겠다고? 그동안 받아먹은 값비싼 보물, 주취금은珠翠金銀이며 능라단필綾羅緞疋이 얼마나 되는가 말이다. 어디 그뿐인가. 해마다 달마다 땔나무며 온갖 곡식을 다 대어 주고 있는데, 벌써부터 누구를 모시느니 데려가느니 한다는 거야!"

손오공은 이 여자가 만년호왕의 딸 옥면공주임을 알고 일부러 무섭게 호통쳤다.

"집안 재산을 미끼로 우마왕을 끌어들인 치사한 것! 돈으로 사내를 산 것이 아닌가? 부끄러운 줄을 모르고 감히 누구를 욕하느냐!"

이에 여자는 혼비백산하여 도망쳤다. 손오공이 재빨리 뒤를 쫓았으나 소나무가 엉겨 있어 놓쳐 버렸다.

그녀는 소나무 그늘을 지나서 마운동에 달려 들어가 동문을 꽉 닫아버렸다.

그 여자는 너무나 분하고 창피해서 땀을 비 오듯이 흘리고 쿵쾅거리는 가슴으로 우마왕이 있는 서방으로 들어가 그의 가

316

습곽에 쓰러져 소리 내어 울기 시작했다.

우마왕은 옥면공주의 갑작스런 눈물에 깜짝 놀랐다.

"대체 무슨 일로 그러는 거요?"

그녀는 우마왕의 가슴팍을 쥐어뜯다가 방바닥을 치면서 분해서 견딜 수 없다는 듯이 울며불며 발광을 하다가 우마왕에게 욕설을 퍼부었다.

"그래, 나를 내치고 철선년하고 살 거요? 나는 부모를 여읜 뒤로 의지할 사람이 없고 외로워서 내 몸을 지켜 주고 생활의 기둥이 되어 달라고 당신을 맞이한 것입니다. 강호江湖에서는 당신을 대장부라 하던데 이제 보니 한낱 여인네에게 꼼짝도 못하는 아주 형편없는 졸부시군요."

그 말을 들은 우마왕은 여자를 부둥켜안으며 무엇 때문에 그러는지, 화만 내지 말고 차분히 말하라고 가슴을 두어 번 쓰다듬어 주었다.

"내가 조금 전 바깥 나무 그늘에서 산책하고 있는데 털복숭이 원숭이 같은 화상 한 놈이 나타나 철선공주가 보내서 왔다며 우마왕, 당신을 모시러 왔다는 거예요. 제가 몇 마디 꾸짖어 주었더니 그자는 오히려 나를 욕하며 쇠몽둥이로 위협하는 거예요. 이는 곧 당신이 나를 죽이려고 하는 것이 아니고 무엇이겠어요?"

우마왕은 정색을 하며 그녀의 마음을 진정시키고 달래느라 무진 애를 썼다. 흐트러진 머리와 옷을 매만져 주고 영원히 변치 않겠노라 애정의 맹세를 몇 번이고 다짐한 끝에 여인의 마음을 겨우 가라앉힐 수 있었다. 우마왕이 조용히 설명하며 타일렀다.

"파초동은 본래 궁벽한 곳이긴 하지만 마음 편히 살 수 있는 곳이며, 철선공주는 일찍부터 도를 얻은 여선으로 바깥출입을 삼가고 일척동자도 집안에 두는 일이 없소. 그런데 그런 주둥이를 가진 화상을 심부름꾼으로 보낼 리가 있겠소? 이는 필시 그녀를 사칭하여 나를 찾으려 드는 놈이거나, 어디서 굴러들어온 요괴임이 틀림없을 것이니 내가 직접 나가봐야겠소."

우마왕은 말을 맺고 대청으로 가 갑옷과 투구로 단단히 무장한 후 혼철곤混鐵棍을 집어 들고 동문을 나서며 큰 소리로 외쳤다.

"어느 놈인가? 우리집에 와서 허튼수작을 하는 놈이 대체 어느 놈이냐?"

손오공은 옆에서 지켜보다가 우마왕이 오백 년 전과 비하여 한결 위풍이 당당해졌다고 느꼈다. 손오공은 정중한 태도로 허리를 굽히고 점잖게 입을 열었다.

"큰형님, 이 아우를 알아볼 수 있겠는지요?"

"아니 너는, 제천대성 손오공이 아닌가?"

"왜 아니겠소. 한 번 헤어진 후에 통 뵙지를 못하다가 마침 어느 여인에게 물었더니 겨우 형님을 뵙게 되었습니다. 신수가 훤해지신 게 퍽 좋으신 듯합니다."

"여전히 입만 살아서 나불대는구나! 내가 듣건대 네놈은 천궁을 시끄럽게 한 뒤로 불조에게 잡혀 오행산에 갇혀 있다가 최근 천재에서 해탈되어 당승을 보호하고 서천으로 경을 구하러 간다고 하던데. 그런데 네놈은 어째서 호산의 고송간 화운동에서 내 아들 성영대왕을 죽이려 했단 말인가? 그 일로 나는 네놈을 처치하고자 잔뜩 벼르고 있던 판인데, 또 무슨 일을 꾸미려고 이곳에 어슬렁거리며 찾아왔는가?"

"큰형님, 오해하지 마십시오."

손오공은 감정을 억제하고 절까지 하며 해명했다.

"그 당시에는 형님의 아드님이 우리 사부님을 잡아다 삶아먹느니 구워먹느니 하는 것을 다만 가로막았을 뿐입니다. 다행히 관음보살이 사부님을 구출하고 아드님을 귀정歸正케 하신 것입니다. 지금 아드님은 관음보살의 선재동자가 되어 영원한 삶을 누리고 있는데 왜 저를 꾸짖으시는 것입니까?"

"여전히 주둥이만 살아 있는 원숭이놈! 아들 문제는 그렇다치자. 허면 여기까지 쫓아와 내 애첩을 희롱한 까닭은 또 무엇이냐?"

손오공이 씩 웃으며 말했다.

"형님이 어디 계신지 알 수 없어 그 여인에게 물어본 것뿐, 제가 그분이 둘째아주머니인 것을 어찌 알았겠습니까? 저에게 마구 욕을 퍼붓고 호통치기에 그만 슬쩍 놀라게 했을 뿐입니다. 형님, 이 일은 너그러이 용서해 주십시오."

손오공은 진정으로 고개 숙여 사과했다.

"좋다. 너와 나의 옛정을 생각해서 용서해 줄 테니 어서 돌아가거라!"

우마왕은 그제야 모든 의문이 사라진 듯 나직이 말했다.

"감사합니다. 그러나 한 가지 형님께서 꼭 들어주실 청이 있습니다. 이 아우가 당승을 모시고 서천을 가는 중에 화염산을 지나가야 하는데 길이 모두 화염이어서 지나갈 수가 없습니다. 사람들의 말을 듣고 나찰녀에게 부탁했으나 거절당했습니다. 형님께서 저와 함께 형수님께 가서 그 부채를 빌려 주라고 한마디만 해주십시오. 그러면 우리는 화염산의 불을 끄고 서천으로 갈 수 있습니다. 형님, 부탁드립니다."

그 말에 우마왕은 식었던 분노가 다시금 일었다.

"그러면 그렇지. 고얀놈의 원숭이 자식! 파초선을 빌리러 왔다는 말이구나. 네놈은 틀림없이 취운산의 내 처를 속여 희롱했을 것이다. 그래도 들어주지 않으니까 나를 찾아왔겠다! 그리고 또 내 첩을 멸하려고 했으니 참으로 무례하기 짝이 없는 놈이로다. 에잇! 이 혼철곤 맛이나 보아라!"

우마왕의 혼철곤과 손오공의 여의봉은 좋은 맞수였다. 무려 백몇십 합을 싸워도 승부는 나지 않고 여전히 사납게 불꽃이 튀었다.

이때 문득 산꼭대기에서 누군가 부르는 소리가 들려왔다.

"우마왕 나으리! 저희 대왕님께서 어서 왕림해 주십사 하십니다."

우마왕은 소리 나는 곳을 힐끗 한 번 쳐다보더니 혼철곤으로 손오공의 여의봉을 밀치며 말했다.

"원숭이놈, 오늘은 약속이 있으니 이쯤해서 그만두자!"

그리고는 상대방의 대답도 기다릴 것 없이 휙 돌아서서 동굴로 들어가버렸다.

"공주! 그 뇌공의 주둥이를 한 놈은 손오공인데 다시는 오지 않을 거요. 나는 잔치 약속이 있어 다녀오겠소. 가급적 일찍 오리다."

우마왕은 무거운 갑옷을 벗고 품위 있는 도포자락으로 바꿔 입은 후, 벽수금정수에 올라타 서북쪽으로 날아갔다. 이에 손오공이 일진의 청풍으로 변하여 재빨리 그 뒤를 따랐다.

우마왕은 난석산 벽파담이란 연못 속으로 들어가 그곳 용왕과 수족들로부터 극진한 환대를 받았다. 손오공은 방게로 변하여 그 상황을 자세히 살펴본 후 꾀를 냈다.

손오공은 우마왕의 벽수금정수를 집어타고 우마왕으로 변하여 곧장 나찰녀가 있는 취운산 파초동으로 달려갔다.

나찰녀는 오매불망 기다리던 남편이 돌아오자 기뻐서 어쩔 줄을 몰라 했다. 오래간만에 남편을 만난 그녀는 발정난 고양이처럼 온갖 애교와 아양을 떨기에 정신이 없었다. 손오공은 이러한 나찰녀를 쉽게 이용할 수 있었다.

나찰녀는 손오공이 자기한테 와 파초선을 달라기에 싸움을 하다 날려 보낸 일이며, 뱃속에 들어와 고통을 주기에 가짜 파초선을 줘서 쫓아낸 일 등을 자랑했다. 우마왕이 된 손오공은 일일이 머리를 끄덕이고 잘했다며 등을 어루만져 주었다.

나찰녀는 술을 내어 오게 하며 남편에게 온갖 애정과 존경의 표시를 다해 보였다.

손오공은 일부러 술을 권하여 나찰녀를 취하게 만들고, 취한 나찰녀가 옷을 훌훌 벗어젖히고 점점 매달리고 뺨을 마구 비벼대는 것도 그대로 점잖게 내버려두고 있었다. 마침내 나찰녀가 술에 취하고 성에 굶주려 정신을 차리지 못하자 부드럽게 입을 열었다.

"부인, 진짜 부채는 어디에 두었소? 오랜만에 보고 싶구려!"

그러자 나찰녀는 깔깔깔 웃으며 입에서 살구나무 잎사귀만한 크기의 물건을 확 토해냈다.

"봐요. 이게 파초선, 보배 아니어요?"

그녀는 그것을 손오공에게 주며 혀 꼬부라진 소리로 말했다.

손오공은 그것을 받아 쥐고 요리조리 적당히 요리하여 사용법까지 알아냈다. 그녀는 정신이 없는 가운데서도 남편이 자기를 떠나 옥면공주하고 사느라 건망증이 생겼느냐고 꾸짖으면서 설명해 주었다.

"왼쪽 손의 엄지손가락으로 손잡이 근처 일곱 번째 붉은 실을 비틀고 '히허가흡희취호'하고 한마디 외치면 일장이척이나 커져요. 이 보배는 변화가 무궁하기 때문에 팔백 리의 화염일지라도 한 번 부쳐서 깨끗이 꺼버릴 수가 있잖아요."

그녀는 이제 더 이상 불타오르는 정념을 주체치 못해 실오라기 하나 걸치지 않은 채로 남편으로 변한 손오공의 허리를 잡고 늘어졌다. 방안의 분위기는 실로 가관이었지만 모든 설명을 전해 들은 손오공은 더 이상 볼일이 없다고 생각해 부채를 자기 입에 얼른 넣었다. 그리고 얼굴을 한 번 쓱 훑어 본상을 드러내고 한마디 타일렀다.

"나찰녀, 자세히 보아라! 내가 네 남편 우마왕인가? 너의 애교는 듬뿍 받았으니 나는 이제 그만 가련다. 일이 다 끝나면 파초선을 돌려주도록 하겠다. 벗은 몸뚱이나 가리고 많이 부끄러워하라. 철선공주, 홍해아의 어머니여!"

고개를 들어 상대방을 바라본 나찰녀는 대번에 술이 확 깨고 온몸에 전율이 흐르는 듯했다. 오랜만에 나타난 남편인 줄 알았던 사람이 저주스런 원숭이놈, 손오공이라니! 나찰녀는 탁자를 뒤엎고 깔아두었던 금실지락의 이불자락에 얼굴을 틀어박고 이 수치를 어떻게 수습해야 좋을지 몰라 쩔쩔맸다.

그러거나 말거나 손오공은 쾌재를 부르며 귀로에 올랐다. 오는 도중 파초선을 시험해 보고 진짜임을 재확인했다. 크게 하는 방법은 알았으나 작게 하는 방법은 듣지 못해 아쉽긴 했지만 큰 부채를 어깨에 메고 콧노래를 부르며 삼장 일행이 있는 마을로 향했다.

한편, 우마왕은 벽파담의 잔치에 참여하여 손오공의 존재를 까맣게 잊고 화기애애하게 즐겼다. 그러나 잔치가 끝나자 일대 소동이 일어났다. 우마왕이 타고 온 벽수금정수가 감쪽같이 사라졌기 때문이었다.

우마왕은 손오공의 존재를 다시 떠올리고는 허둥대기 시작했다. 그는 잔치에 참여한 자들을 안심시킨 후 황운黃雲에 올라 취운산 파초동으로 돌아왔다.

예상은 현실이 되어 있었다. 우마왕은 나찰녀를 달래놓고 나찰녀의 두 자루 청봉보검을 집어 들고 곧장 손오공을 뒤쫓아 화염산을 향해 달렸다.

우마왕은 얼마 가지 않아 손오공을 발견했다. 손오공은 기분이 매우 좋아서 파초선을 이쪽 어깨에 메었다, 저쪽 어깨에 메었다 하며 성큼성큼 뛰듯이 걷고 있었다. 우마왕은 잠시 생각했다.

'저놈에게 내놓으라 한들 들어줄 리 만무하고, 부채로 한 번 부치기라도 한다면 만팔천 리나 날아갈 테고……. 그래! 좋은 수가 있다. 저팔계로 변신하여 적당히 구슬려 빼앗을 수밖에.'

손오공을 속이기로 마음먹은 우마왕은 보검을 깊숙이 간직하고 주어를 외워 저팔계로 변신했다. 그리고 지름길로 달려가 기쁨에 겨워 파초선을 어깨에 메고 오는 손오공을 반가이 맞이했다.

"사형, 왜 이리 늦었소! 형님을 마중나왔소."

손오공은 저팔계를 보자 우쭐대고 싶은 마음에 형용할 수 없을 정도로 기뻤다.

"사부님의 걱정이 대단하오. 우마왕과 싸우느라고 파초선을 얻지 못했을 거라며, 나보고 가서 형님을 도와주라 해서 이렇게 달려온 거요."

"신경 쓰지 마라. 부채는 이미 내 손에 들어왔으니까."

손오공은 파초선을 이쪽 어깨에 메었다, 저쪽 어깨에 메었다 하면서 그동안의 경과를 자세히 설명하였다. 특히 나찰녀를 속여 넘긴 일에 대해서는 발을 구르고 손뼉을 치며 껄껄껄 웃음으로 무용담을 늘어놓았다.

"형님, 지치진 않았소? 파초선을 메고 가는 수고는 내가 할까?"

승리의 환희에 도취된 손오공은 진짜 가짜를 구별할 슬기로운 이성의 눈을 잃고 말았다. 오히려 자신을 치켜세우는 데 우쭐하여 상대방이 청하는 대로 선뜻 내주고 말았다. 그리고는 대인의 행위인 척 껄껄껄 웃었다. 손오공은 애써서 겨우 얻은 요긴한 보배를 허영심 하나 때문에 그만 어이없게 빼앗기고 말았다.

우마왕은 파초선을 늘이고 줄이는 비법까지도 알고 있었다. 그는 자기의 물건을 되찾자 주어를 외워 조그맣게 줄여 숨겨버리고 본상을 나타내어 우레같이 소리쳤다.

"손오공, 이놈! 자, 내가 누구인지 똑똑히 보아라!"

손오공은 '아뿔싸!' 자신을 꾸짖으며 성난 맹호처럼 울부짖었다. 그리고 여의봉을 휘두르면서 무찔러 들어갔다. 그는 분해서 견딜 수가 없었다.

우마왕이 부채를 꺼내어 손오공을 날려 보내고자 획 하고 부쳤으나 손오공은 영길보살이 준 정풍단을 먹었기 때문에 파초선을 아무리 부쳐도 끄떡없었다.

우마왕은 잠시 당황했으나 보배인 파초선을 다시 줄여 입 속에 넣고 나찰녀의 청봉보검을 양손에 고쳐 잡고 춤을 추듯이 달려들었다. 둘은 피를 토할 듯 격전을 벌였다. 공중에 솟아 오르내리며 싸움은 시간 가는 줄 모르고 계속되었다.

한편, 삼장은 손오공이 걱정되어 토지신에게 우마왕의 실력을 묻고는 저팔계로 하여금 손오공을 돕도록 하였다. 이에 저팔계가 정신을 바짝 차려 허리띠를 고쳐 맨 후, 쇠갈퀴를 꼬나쥐고 토지신을 따라 운무에 뛰어올랐다.

얼마쯤 가노라니 허공을 가르면서 손오공과 우마왕이 피 터지게 싸우고 있는 것을 볼 수 있었다. 저팔계가 쇠갈퀴를 번쩍 치켜잡고 큰 소리로 외쳤다.

"형님, 나요! 저팔계가 왔소."

손오공은 저팔계를 보고는 화가 치밀어 호통을 쳤다.

"미련한 자식! 네놈 때문에 내가 얼마나 골탕을 먹었는지 아느냐?"

저팔계는 어리둥절해서 물었다.

"사부님이 가라 하셔서 토지신의 안내를 받아 지금 왔을 뿐인데, 무슨 일이 있었소?"

"내가 나찰녀를 놀려서 파초선을 얻어 왔는데……, 저 간특한 놈이 글쎄, 네 모습으로 변해서 마중나온 것처럼 감쪽같이 나를 속여서 부채를 빼앗아갔단 말이다. 그러니 너 때문에 골탕을 먹은 거지 뭐냐!"

저팔계도 그 말을 듣고 보니 화가 치밀었다. 그는 다짜고짜 쇠갈퀴를 휘두르며 우마왕 앞으로 달려갔다.

"이 염병할 놈의 자식 같으니! 너 따위가 우리 사형을 속였단 말이지. 우리 형제들 사이를 이간시키려 들었단 말인가!"

저팔계는 말이 떨어지기 무섭게 쇠갈퀴를 닥치는 대로 마구 후려쳤다. 우마왕은 더 이상 막아낼 도리가 없었다.

진종일 손오공과 싸우느라 기진맥진했는데 분노의 절정에 찬 저팔계의 쇠갈퀴는 참으로 용맹스럽기 짝이 없어 우마왕은 슬그머니 도망쳐 버리고 말았다.

그러자 멀리서 바라보던 화염산의 토지신이 음병陰兵들을 이끌고 그의 앞을 가로막았다.

"우마왕, 잠깐만 멈추시오. 당나라 삼장법사가 경을 얻으러 서천으로 가는 일에 있어서는 삼계三界가 모두 알고, 십방十方이 옹호하며 모든 신들이 다 돕고 있소이다. 당신도 어서 파초선을 가져다 화염산의 불을 끄고 그로 하여금 무사히 지나갈 수 있게 해주시오. 그렇지 않으면 상천의 죄를 받고 주멸을 면치 못할 것이오."

"이 돼먹지 못한 토지신 놈!"

우마왕은 격분해서 소리치며 말을 이었다.

"저 원숭이놈이 나에게 어찌했는지 아는가? 지난날에는 내 아들 홍해아를 뺏어 갔고, 이번에는 첩을 속이고 마누라마저 능욕하는 등 가지가지 무도한 짓을 했단 말이다. 그런데 무슨 보배를 빌려주란 말이냐? 쓸데없는 소리 그만하고 저리 비켜라!"

그때 저팔계가 달려들어 쇠갈퀴를 휘둘러댔다. 우마왕은 양손의 보검으로 쇠갈퀴에 맞서 싸웠다. 그러자 손오공이 여의봉을 휘두르며 두 사람 사이에 거침없이 뛰어들었다. 이제 싸움은 2대 1이 되어 아까보다 더욱 무서운 격전이 벌어졌다.

이들은 어느새 적뢰산 마운동의 동굴 앞에 이르렀다. 그 싸움 소리는 옥면공주를 놀라게 하였다. 옥면공주는 급히 대소 두목들 백여 명에게 칼과 창을 들고 우마왕을 도우라 명하였다. 우마왕은 궁지에 몰려 쫓기던 중 원군을 얻게 되어 힘이 부쩍 솟았다.

백여 명이 넘는 대소 두목들은 저마다 병장기를 갖추고 일제히 벌떼처럼 달려들어 저팔계와 손오공과 음병들을 가운데에 몰아 철통같이 에워싸기 시작했다.

이에 저팔계가 당황하여 쇠갈퀴를 거꾸로 잡고 도망쳐 버렸다. 손오공 또한 포위망을 벗어나 근두운에 오르자 토지신과 음병들은 뿔뿔이 흩어졌다.

우마왕은 천우신조의 승리에 도취되어 동굴로 들어갔다. 그리고는 문을 꽉 닫아걸고 무슨 일이 있어도 다시는 열어 주지 말라고 엄명을 내렸다.

포위망을 벗어나 멀리 도망친 손오공과 저팔계, 토지신은 아무리 생각해도 파초선을 다시 손에 넣는 수밖에는 달리 취할 방법이 없었다.

그들은 파초선을 얻을 때까지 합심하여 싸울 것을 다짐했다. 특히 저팔계의 쇠갈퀴에서 역발산기개세의 힘이 솟구치는 듯하였다. 그들이 한마음으로 힘을 합해 순식간에 마운동의 동문을 부숴버리자 놀란 것은 우마왕이었다. 우마왕이 또다시 자신의 혼철곤을 집어 들고 무어라 지껄이며 밖으로 달려나오는 것을 저팔계가 먼저 앞으로 나서며 걸쭉하게 욕지거리를 늘어놓았다.

"네놈이 대체 얼마나 잘났다고 계집 품속을 여기저기 드나들며 까불어대냐? 이제 이 쇠갈퀴 맛이나 보아라!"

"저 겨나 처먹을 밥통놈! 원숭이놈하고 한꺼번에 덤벼라. 이제 내 혼철곤 맛을 보여줄 테다!"

셋은 무섭게 싸우기 시작했다. 백 합이 넘었지만 저팔계의 쇠갈퀴 솜씨는 여전히 매우 거칠고 힘차게 나왔다. 우마왕이 더이상 견딜 수 없어 뒷걸음질치다가 몸을 휙 돌려 동문으로 들어가려는 것을 토지신과 음병들이 막아섰다. 이에 동문 안에 있는 대소 두목들은 갇힌 꼴이 되어 나오지도 못하게 되었다.

진퇴양난이 된 우마왕은 최후 수단으로 갑옷과 투구를 벗어 버리고 혼철곤까지 내동댕이친 채 한 마리 황새로 변하여 공중으로 날아올랐다. 손오공이 재빨리 저팔계에게 소리쳤다.

"내가 저놈과 변화내기를 해볼 테니, 저팔계 너는 토지신과 함께 동굴을 깨끗이 쓸어버려라!"

손오공은 여의봉을 귓속에 넣고 주어를 외워 무서운 해동청의 독수리로 변하여 황새를 뒤쫓았다. 우마왕은 깜짝 놀라 커다란 황매로 변하여 해동청을 물고 늘어지려 했다.

이렇게 손오공과 우마왕이 서로 변화를 자랑하고 위협하며 천지를 혼란스럽게 하자, 허공을 지나던 여러 신들과 금두게체·육정육갑·십팔위 호교가람 등이 달려들어 우마왕을 둘러쌌다.

손오공이 여러 신들의 도움을 받아 정면으로 공격을 가하자 우마왕은 멀리 파초동 쪽으로 도망쳐 버렸다. 손오공과 여러 신들이 뒤쫓아 취운산 파초동을 물샐틈없이 에워싸고 동굴 안으로 공격해 들어가려고 할 때 저팔계와 토지신 음병들이 왁자지껄 떠들어대며 그곳으로 왔다.

손오공이 저팔계에게 "마운동은 어떻게 되었느냐?"고 물었다.

"그 우마왕의 계집, 옥면공주는 쇠갈퀴로 단번에 죽이고 보니 살쾡이었고, 그년의 부하 요괴들 또한 모두 그런 짐승이었소. 동굴은 아예 불을 질러버렸소. 토지신이 이곳에도 우마왕의 계집이 있다 해서 온 것인데 왜들 가만히 있는 것이오. 당장 후려쳐서 부채를 뺏어야 하지 않겠소?"

저팔계는 말하기가 무섭게 앞장서서 쇠갈퀴를 휘둘러 문을 부수었다. 우마왕은 가까스로 파초동으로 피신해 와 나찰녀에게 그동안의 경과를 설명하던 중이었다. 그는 파초선을 입에서 내어 나찰녀에게 주면서 분을 못 이겨 몸을 부르르 떨었다. 나찰녀는 눈물을 흘리면서 말했다.

"차라리 손오공에게 부채를 빌려주고 군사를 물리도록 해요."

그러나 우마왕은 한사코 싸우기를 고집하며 말했다.

"이 물건은 비록 작은 물건이지만 귀한 보배이고, 원한 또한 깊은 것이오."

그러나 고군분투하던 우마왕은 더 이상 견딜 수가 없었다. 오십여 합을 싸우다 중과부적으로 도망치려 했으나 그마저 불가능했다.

북쪽으로 달아났으나 그곳에는 오대산 비마암의 신통광대한 발법금강이 막아서 호통치고, 남쪽으로 도망치려 했으나 거기에는 아미산 청량동의 법력이 무량한 승지금강이 막아서고, 동쪽으로 달아나려 하자 거기서도 수미산 마이애의 비로사문 대력금강이 호통을 치며 막아섰다. 우마왕은 부들부들 떨며 서쪽으로 몸을 돌려 빠져 나가려 했으나 곤륜산 금하령의 불괴존왕 영주금강이 가로막아 서며 무섭게 호통을 쳤다.

"이 못된 놈아, 또 어디를 갈 참이냐? 나는 서천 대뇌음사 부처님께서 내리신 친언을 받들어 왔노라!"

우마왕은 간담이 서늘하여 후회막급이었으나 이미 때는 늦었다.

사면팔방이 모두 불병천장佛兵天將들뿐이요, 목숨이 부지될 길이 없어 당황하고 있는 판에 손오공이 공격해 왔다.

우마왕은 하늘 위로 구름을 타고 올랐다. 그러나 거기에는 탁탑이천왕과 나타태자가 어두약의, 거령신장을 거느리고 하늘을 뒤덮을 듯 가로막으며 소리쳤다.

"옥황상제의 칙지를 받들어 네놈을 기다린 지 오래다. 옥황상제께 네놈을 없애라는 칙지를 받았다. 네 이놈!"

우마왕은 최후의 발악으로 몸을 한 번 흔들더니 한 마리의 커다란 흰소로 변하였다. 그리고는 두 개의 뿔로 천왕을 들이받았으나 천왕은 피하며 칼을 들어 들이쳤다.

이때 손오공이 뒤따라오는 것을 본 나타태자가 인사했다.

"대성, 무장을 하고 있어 정식 인사를 차릴 수 없으니 양해하시오. 우리 부자가 어제 석가여래 부처님을 만나 뵈니, 석가여래님께서 당승이 경을 구하러 서천에 가는 도중에 화염산에 가로막히고 우마왕을 항복시키기 어려운 대성의 사정을 옥황상제께 계주하시었고, 옥황상제께서는 우리 부왕을 파견하시어 조력하게 된 것이오."

손오공이 감사하며 그간의 사정을 전했다.

"신통력이 대단하고 변하기를 잘하니 대체 어찌하면 좋을는지요?"

나타태자는 웃으며 걱정 말라고 이르고는 시험해 보였다.

"변해라!"

나타태자가 일순 삼두육비의 몸으로 변하여 우마왕의 등덜미로 몸을 솟구쳐 참요검을 목덜미에 한 번 휘두른 순간 소대가리가 잘려졌다. 그리고 잘려진 우마왕의 모가지에서 또 다른 모가지가 하나 불쑥 돋아나오더니 눈에서 금빛이 나고 입에서는 검은 기운을 토했다.

나타태자가 다시 단칼에 잘라버렸으나 또 다른 모가지가 돋아 나왔다. 이번에는 화륜아火輪兒를 꺼낸 나타태자가 우마왕의 뿔에다 걸고 진화眞火를 불러일으키니 우마왕의 몸은 불길에 이글이글 타올라 미친 듯이 울부짖고 대가리와 꼬리가 휘어지더니 간신히 몸을 뽑아냈다. 그러나 탁탑이천왕이 조요경으로 자신의 본상을 비추는지라 꼼짝할 수 없는 우마왕은 달아날 도리가 없어 소리만 지르고 있었다.

"목숨만 살려 주신다면 불가에 귀순하겠습니다."

"목숨이 아까우면 부채를 내놓아라."

나타태자가 호통치자 우마왕은 부채는 나찰녀에게 주었다고 고백했다. 나타태자는 우마왕을 결박했던 줄을 풀어 주고, 그

모가지에 타고 앉아 콧구멍에 줄을 꿰어 끌고 왔다.

손오공은 사대금강·육정육갑·호교가람·탁탑이천왕·거령신장들과 저팔계·토지신·음병들을 한데 모아 흰소를 둘러싸고 파초동 입구로 몰고 갔다.

나찰녀는 이러한 남편을 보자 몸을 단정히 하고 재빨리 그들 앞에 무릎을 꿇었다. 그리고 눈물을 머금고 비장한 음성으로 말했다.

"비옵니다, 보살님! 제발 우리 부부의 목숨만은 살려 주십시오. 이 부채는 손오공에게 바쳐서 공을 이루도록 하겠습니다."

손오공은 앞으로 나서서 파초선을 받아들고 여러 신들과 함께 구름에 올라 삼장이 있는 곳으로 돌아왔다. 삼장은 비로모를 바꾸어 쓰고 가사를 입고 사오정과 함께 여러 신들에게 절하며 감사의 인사를 수없이 했다.

"이처럼 여러 존성들께서 수고를 아끼지 않고 강림하시었으니 덕능德能 없는 연고로 몸 둘 곳이 없습니다."

사대금강이 입을 열었다.

"성승이시여, 십분의 공행을 완수할 날이 멀지 않았음을 축하하오! 부처님의 성지를 받들어 우리가 그대를 돕는 것이니, 온힘을 다하여 일각일시라도 태만히 굴지 말고 수행에 힘써야 하오."

삼장은 고두하며 감사했다.

부채를 손에 든 손오공이 산기슭 가까이 가서 한 번 힘껏 부치니 화염산의 불길이 꺼지고 불빛도 깨끗이 없어졌다. 그리고 한 번 더 부치니 쉬쉬 하는 소리가 들리고 맑은 바람이 불어

왔다. 세 번째 부채질에는 하늘에 구름이 막막하게 덮이고 가는 비가 부슬부슬 내리기 시작했다.

삼장은 감격하여 자기를 위해 애써 준 여러 신들에게 다시금 정중히 인사를 했다. 사대금강은 제각기 산으로 돌아가고, 육정 육갑은 하늘로 올라가서 보호 임무에 종사하고, 지나가던 여러 신들도 제각기 자기 갈 길로 흩어졌다.

탁탑이천왕과 나타태자는 코를 꿴 우마왕을 끌고 가서 석가여래에게 바쳤다. 나찰녀는 토지신에게 잡힌 채 그대로 남아 있었다. 그리고 손오공에게 이제부터는 도를 닦아 정과로 돌아가겠으니 자비를 베푸시어 부채만은 돌려 달라고 하였다. 그 요구가 간절하고 열의에 넘쳐 있는 데다, 토지신도 동정하여 돌려주는 것이 좋겠다 하여 손오공은 파초선을 나찰녀에게 돌려주었다.

그러나 화염산의 불을 영원히 끄려면 파초선을 마흔아홉 번 계속 부쳐야 된다고 해서 손오공은 부채를 주기 전에 마흔아홉 번을 부쳤다. 그러자 불은 완전히 꺼지고 비가 내려 그 지방 백성들은 풍요로운 행복을 누리게 되었다.

탑상의 보배와
구두충

백성들에게 행복한 삶을 누릴 수 있는 풍족한 환경을 만들어 주고 떠나는 삼장 일행의 발걸음은 무척이나 가벼웠다.

그로부터 팔백 리가량 갔을 무렵, 꽤 큰 성지城池가 앞에 나타났다. 삼장이 말에서 내려 성문 앞의 다리를 건너 들어서니, 거리에는 장사가 풍성하고 사람들의 옷차림도 단정해 보였다.

그런데 문득 이쪽으로 걸어오는 십여 명의 중들과 마주쳤다.

그들은 중죄인이나 사형수처럼 모두 목에는 칼을 쓰고 사슬에 묶여 있었으며 문을 두드려 동냥을 하고 있었다.

'세상에, 승려들이 무슨 죄를 지었기에 이토록 중죄인이 쓰는 칼을 쓰고 사슬에 묶여 있을까?'

삼장은 손오공을 불러 내막을 알아보게 했다. 손오공이 묻자, 자신들은 금광사의 중들로 억울한 죄를 뒤집어쓰고 있는데 절에 가서 자세히 이야기하겠노라 했다.

삼장 일행이 중들을 따라 금광사 산문에 들어서니 절간은 참으로 폐허처럼 스산하기 이를 데 없었다. 중들은 칼을 쓰고 사슬에 묶인 채 정전의 문을 열고 삼장에게 전상으로 올라가서 배불하도록 청했다.

삼장은 대전으로 나가서 세 번 고두하며 절하고 심향心香을 받들어 올린 다음 뒤로 물러서면서 한편을 보다가 또 소스라치게 놀랐다. 승방 처마 기둥에 육칠 명의 어린 화상들이 쇠사슬에 묶여 있는데 차마 눈을 뜨고 볼 수가 없었다.

승방에 이르자 여러 중들이 일제히 나와 머리를 바닥에 찧으며 물었다.

"여러 어르신들께서는 혹시 동토 대당에서 오신 것은 아니옵니까?"

"이 화상들 좀 보게, 점쟁이 같은 소리를 하네."

손오공이 신기한 듯 물었다.

"그렇소. 헌데 우리가 그곳에서 온 것을 당신들이 어떻게 알고 있소?"

"저희들은 점쟁이도 예언자도 아니옵니다. 다만 억울한 죄를 뒤집어쓰고 어디에 호소할 수조차 없는 가엾은 자들이옵니다. 그래서 날마다 하늘에 빌고 땅에 빌어 왔사온데 어젯밤에 천신이 감응하였는지 모두 똑같은 꿈을 꾸었습니다. 동토 대당에서 오신 성승이 저희들의 목숨을 구해 주시고 억울한 죄명도 씻어 주신다는 것이었습니다. 그런데 과연 오늘 이렇게 어르신들을 뵈온 것입니다."

삼장은 그 말을 듣고 크게 놀라며 물었다.

"이곳은 어떤 고장이며, 여러분들은 어떤 억울한 일이 있으십니까?"

여러 중들은 무릎을 꿇고 대답했다.

"이 성은 제새국祭賽國이라 부릅니다. 서방에서는 제법 큰 고장으로, 전에는 사방 오랑캐 나라들이 조공을 바쳐 왔습니다. 남에 있는 월타국, 북에 있는 고창국, 동에 있는 서량국, 그리고 서쪽에 있는 본발국, 이런 나라들이 해마다 아름다운 보물과 미인, 준마를 바쳤습니다. 아무런 무기를 쓰지 않고 토벌을 하지 않아도 그들이 스스로 상방上邦이라고 섬겨 왔습니다."

"상방으로 섬겼다면 스님들의 국왕께서는 도가 높으시고 문무현량들을 거느리셨나 봅니다."

그러자 한 스님이 엄숙히 말했다.

"나라의 국왕은 도를 지니지 못했고 문관도 어질지 못하고 무관도 착하지 못합니다. 다만 저희들의 이 금광사만이 보탑 위에 상운이 감돌고 상서로운 아지랑이가 높이 솟아 밤에는 하광

霞光(아름다운 빛)을 뿌리기 때문에 만 리 밖에서도 잘 볼 수 있었답니다. 그리고 낮에는 채기彩氣(여러 빛깔의 아름다운 기운)를 뿜어 사방 나라에서 골고루 보이지 않는 곳이 없었습니다. 이런 까닭으로 우리나라를 천부신경天府神京이라 하여 사방 오랑캐들이 조공을 바쳐 왔던 것입니다. 그런데 삼 년 전, 음력 7월 초하룻날이었습니다. 그날 밤 자시에 별안간 혈우血雨가 한바탕 쏟아졌습니다. 그로 인해 우리 절의 황금보탑이 더러워져서 빛을 잃고 말았습니다. 빛을 잃게 되자 외국에서는 전혀 조공을 바쳐오지 않았습니다. 국왕은 주변국 정벌길에 오르려 했으나 조신들이 반대하여 그만두었는데 그 반대 이유가 금광사의 중들이 탑상의 보배를 훔쳤기 때문에 상운서애祥雲瑞靄(상서로운 구름과 아지랑이)가 없어졌고, 외국의 조공 또한 끊어졌다는 것입니다. 그이후 부정부패만 일삼던 악덕 벼슬아치들이 우리 승려들을 잡아다가 만 가지로 고문하고 추궁하여 금품을 갈취해 갔습니다. 당시 이곳에는 세 무리의 화상이 있었사온데, 두 무리는 고문에 견디다 못해 모두 죽었고, 남은 우리들마저 이렇게 칼을 쓰고 사슬에 묶여 있는 것입니다. 만 번 바라옵건대 어르신들께서 가엾게 여기시어 저희들의 억울함을 구제하여 주십시오."

삼장은 긴 말을 들으며 몇 번이고 탄식해 마지않았다. 그리고 조용히 입을 열었다.

"소승은 장안을 떠나올 때 소원을 세운 바 있습니다. 서방으로 가면서 묘를 만나면 소향燒香을 하고, 절을 만나면 배불을 하고, 탑을 보면 소탑掃塔을 하겠노라 하는 세 가지입니다. 그런데 오늘 이곳에 이르러 형제들이 억울한 죄에 신음하는 것이 보탑 때문이라 하니, 저에게 청소할 새 비를 마련해 주십시오. 그리고 목욕물도 마련해 주십시오. 저는 우선 목욕을 끝내고 비를 가지고 탑으로 올라가 깨끗이 쓸며 그 더러워진 사실과 빛을 발하지 않는 까닭을 알아볼 것입니다. 그러면 국왕을 만나 통관문첩에 사증을 받을 때 그 모든 사정을 밝히기가 좋을 것입니다."

중들은 기뻐서 어쩔 줄을 몰라 했다. 손오공은 기둥에 묶여 있는 동자승들을 해쇄법으로 간단히 풀어 주었다. 풀려난 동자승들은 부엌으로 달려가 차와 밥을 준비하느라 야단법석을 떨었다.

삼장 일행이 식사를 마치고 났을 때는 날이 이미 저물었다. 거리로 비를 마련하러 갔던 칼 쓴 중들도 비 두 자루를 구해 가지고 돌아왔다. 또 마침 어린 화상들이 다가와 목욕물이 데워졌음을 알렸다. 어느새 밤하늘에는 달과 별들이 반짝반짝 빛나기 시작했고 성내에서는 초경을 알리는 북소리가 일제히 울렸다.

삼장은 목욕이 끝나자 소매가 짧은 적삼으로 갈아입고 띠를 두르고 간편한 신발을 신고 비를 집어 들었다. 이때 손오공이 팔짱을 끼고 한참을 서성이더니 삼장에게 다가왔다.

"탑 위는 이미 삼 년 간이나 혈우 때문에 더러워졌고, 빛을 잃은 지 오래되었으니 무언가 나쁜 물건이 있을지도 모릅니다. 더구나 밤도 고요하고 바람도 찬데 동행이 있어야 되지 않겠습니까? 이 손오공이 사부님을 모시고 가면 어떻겠습니까?"

삼장은 두말없이 허락했다. 그 둘은 각기 비 하나씩을 들고 대전에 들어 유리등에 불을 켜고 소향을 한 다음, 불전에 참배를 하면서 열의에 찬 소망을 원만하게 이루어 달라고 부처께 빌었다.

염불이 끝나자, 삼장은 손오공과 함께 탑문을 열고 아래층에서부터 시작하여 점점 위층으로 쓸며 올라갔다. 칠 층까지 쓸고 올라갔을 때는 이미 이경 때라 점점 피곤해졌다. 손오공이 이를 눈치채고 다가왔다.

"피곤하면 좀 쉬고 계십시오. 제가 사부님 대신 쓸겠습니다."

"이 탑은 몇 층이나 되느냐?"

"13층은 되는 것 같습니다."

"모두 쓸어야만 소원을 이룰 것이다."

그러나 삼장은 거기서 겨우 삼 층 더 쓸었을 뿐이었다. 그는 완전히 지쳐 허리를 펴지 못하고 그 자리에 주저앉았다. 그리고는 손오공에게 애걸하듯 말했다.

"오공아! 여기가 십 층이니 네가 나 대신 나머지 삼 층을 쓸어다오."

손오공은 정신을 차려 십일 층부터 쓸기 시작했다. 그리고 십이 층으로 쓸어 올라가려는데 탑 꼭대기에서 말소리가 들렸다. 수상하게 여긴 손오공은 그 자리에 멈춰 섰다.

'이상하다, 삼경이 되어 가는데 어떻게 사람들이 탑 꼭대기에 서 있을 수 있을까? 이것은 분명 요사한 괴물일 것이다. 어떤 놈

들인가 어디 한 번 보자!'

손오공이 빗자루를 옆구리에 끼고 옷자락을 걷어붙인 채 살금살금 앞문을 뚫고 나가 구름을 밟고 서서 살펴보니 맨 꼭대기 십삼 층 한복판에 두 마리의 요괴들이 앉아서 한 쟁반의 음식 그릇과 술 한 병을 가운데 두고 주먹을 쥐었다 폈다 내기를 하면서 술을 마시고 있었다.

손오공은 재빨리 여의봉을 꺼내들고 큰 소리로 호통을 쳤다.

"탑 위의 보배를 훔친 것이 네놈들이구나! 이놈들!"

기겁하듯 놀란 두 괴물은 몸을 일으키더니 술병과 그릇을 집어들고 닥치는 대로 공격했다. 그러나 손오공이 그런 정도로 겁을 낼 리가 없었다. 그는 여의봉을 늘려 잡고 그들이 도망치지 못하도록 한쪽 구석으로 몰고 갔다. 요괴들은 벽에 찰싹 붙어서 옴짝달싹 못하고 목숨만 살려 달라며 손을 들고 말았다.

손오공은 그들을 한손에 움켜잡고 십 층으로 내려와서 삼장 앞에 꿇어 엎드리게 했다.

"사부님, 보배를 훔친 도둑놈을 잡았습니다!"

삼장은 꾸벅꾸벅 졸고 있다가 자신을 부르는 소리에 깜짝 놀라 깨어 일어났다. 손오공은 삼장에게 요괴를 잡아온 이야기를 하고, 두 요괴에게 삼장 앞에서 자신들이 어떤 요괴이며, 또 탑 상의 보배는 누가 훔쳐서 어디에 두었는지 자세히 말하라고 여의봉으로 위협했다.

두 요괴는 공포에 질려 전신을 벌벌 떨면서 실토하기 시작했다.

"저희들은 난석산 벽파담 만성용왕의 분부로 탑을 순찰하는 자들입니다. 저 친구는 분파아패라 하고, 저는 패파아분이라 하옵고, 저 친구는 메기의 요괴이고, 저는 가물치의 요괴입니다. 우리 만성용왕께서는 따님을 한 분 두셨는데 만성공주라 하옵니다. 그 공주님은 꽃같은 얼굴에 달같은 모습으로 뛰어난 미인입니다. 또한 사위 구두부마九頭駙馬는 신통광대하기 이를 데 없는 분이십니다. 그분이 삼 년 전 용왕과 함께 이곳에 오셨을 때 대법력을 나타내시어 혈우를 내리셨습니다. 그리고 보탑 속에 있던 사리불보舍利佛寶를 훔쳐 갔습니다. 또한 공주께서는 대라천상大羅天上의 영소전靈霄殿에 올라가시어 왕모마님의 영지초靈芝草를 훔쳐 왔습니다. 그 영지초를 담 밑에서 키우고 계시온데 금광하채金光霞彩가 찬란하여 밤낮없이 휘황하게 빛나고 있습니다. 근자에 듣건대 손오공이라는 분이 서천으로 경을 가지러 간다 하옵는데 그분은 신통력이 굉장하시어 가는 곳마다 남의 잘못을 들춰내어 바로잡는다 하였습니다. 그래서 요즘은 저희들을 이곳으로 순찰시켜 그가 왔을 때를 대비하고 있는 것이옵니다."

손오공은 그들의 처사에 어이가 없어 웃었다.

"그 못된 짐승놈들, 참으로 무례하구나! 지난번에는 우마왕을 불러다가 잔치를 베풀고 하더니 이런 악괴들하고 사귀며 나쁜 짓만 일삼고 있구나!"

이때 저팔계가 젊은 화상 둘과 함께 등불을 밝혀 올라왔다. 삼장이 늦도록 돌아오지 않자 궁금하여 달려온 것이었다. 괴물을 잡았다는 말을 듣자 다짜고짜 쇠갈퀴를 휘두르며 달려드는 것을 손오공이 막으며 타일렀다.

"아우, 가만있으시게! 우선 살려 두어야 국왕을 만나서 설명하기도 좋고, 이놈들을 길 안내자로 삼아 적의 소굴을 쳐부수고 보배를 찾아오기도 수월할 것일세."

그 말에 저팔계는 쇠갈퀴를 거두고 손오공과 함께 요괴들을 하나씩 끌고 탑을 내려왔다. 젊은 화상들이 기뻐서 방장으로 달려가며 큰 소리로 외쳤다.

"보배를 훔친 요괴를 잡았다. 우리들이 무죄가 입증되었다!"

손오공은 쇠줄로 요괴들을 단단히 묶어 놓고 잘 지키도록 했다. 그날 밤은 편히 쉬고 이튿날 삼장은 손오공과 함께 궁중으로 통관문첩의 사증을 받으러 갔다.

삼장은 왕으로부터 통관문첩의 사증을 받은 다음, 탑상의 보배에 대한 이야기를 자세히 설명했다. 사건의 전모를 정확히 알게 된 국왕은 매우 기뻐하며 금의위에 명을 내려 금광사에 잡아 둔 요괴를 데려오게 했다.

얼마 후 두 놈의 요괴는 국왕 앞에 꿇어 엎드려 지난밤 손오공과 삼장 앞에서 실토한 대로 똑같은 말을 되풀이했다. 국왕은 금의위에 명하여 요괴들을 우선 옥에 가두게 했다.

그리고 전지를 내려 금광사 중들의 죄를 풀어 주는 한편, 광록시에 명하여 삼장 일행을 위한 잔치를 베풀게 했다.

이 자리에서 국왕은 요괴 두목을 어떻게 잡아야 좋은가 하는 문제를 의논했다. 그 문제는 간단히 손오공과 저팔계가 두 요괴

를 안내자로 끌고 가서 잃어버린 보배를 찾아오는 것으로 결론
을 내렸다.

제새국 국왕과 대소 공경들은 손오공과 저팔계가 구름과 안
개를 타고 두 요괴를 집어 들고 표연히 떠나가는 것을 보더니
일제히 하늘을 우러러 배례했다. 이를 전해 들은 이 나라 백성
들은 삼장법사 일행에게 존경과 찬사를 아끼지 않았다.

한편, 작은 요괴를 안내자로 삼아 날아간 손오공과 저팔계는
벽파담에 이르러 구름을 멈추었다. 그리고 가물치요괴의 귀를
자르고 메기요괴의 아랫입술을 벤 다음 물속으로 던지면서 큰
소리로 호령했다.

"가서 만성용왕에게 알려라! 금광사 탑상의 보배를 내어놓으
라고 말이다. 내놓지 않으면 이 담수를 깡그리 뒤흔들어 엎고
일문일족을 도륙할 것이라고 분명히 알려라!"

두 작은 요괴는 쇠줄에 묶인 채 죽어라 하고 물속으로 헤엄
쳐 들어갔다. 한 놈은 입술에서 피가 뚝뚝 떨어지고 또 한 놈은
귀에서 피가 줄줄 흘렀으나 그들은 그것조차 전혀 느끼지 못하
는 듯했다.

궁전에서는 만성용왕과 구두부마가 술을 마시고 있었다. 두
부하의 흉흉한 꼬락서니와 손오공의 말을 전해 들은 용왕은 공
포의 전율로 전신을 부들부들 떨면서 겁부터 먹었다. 그러나 구
두부마는 태연히 말했다.

"장인어른, 염려 마십시오. 저는 어려서부터 무예를 배웠고,

널리 사해 안에서 몇몇 호걸들과도 사귀었습니다. 겁내실 것 없습니다. 오래 싸울 필요도 없이 삼 합 정도면 귀결이 나리라 생각합니다."

그렇게 장담하고 구두부마는 월아산이라는 무기를 들고 여봐란 듯이 궁전을 걸어나갔다. 그리고 물길을 헤치고 물 위로 올라서자 호통부터 쳤다.

"제천대성이란 놈이 어느 놈이냐? 당장에 목숨을 바쳐라."

"내가 바로 제천대성, 손오공이시다!"

손오공은 여의봉을 일부러 내세워 보이며 응수했다.

"서천으로 경이나 가지러 가는 중놈이면서 어찌하여 아무런 상관없는 일에 참견하고 나선단 말인가? 네놈이 죽을 줄도 모르고 감히 싸움을 걸어왔구나."

"돼먹지 못한 도둑놈! 도무지 분간을 못하는구나. 네놈은 제새국 국왕의 보배를 훔쳤고 보탑을 더럽혔으며 몇 년을 두고 금광사 승려들을 괴롭혀 왔다. 이제 그들을 위해 너를 응징하고 그들의 죄를 풀어 주어야겠다."

손오공이 여의봉을 휘두르며 공격하자 구두부마 또한 월아산을 치켜들고 무섭게 달려들었다.

이렇게 둘은 난석산 근처가 반질반질하게 닳아 평지가 될 정도로 치열한 격전을 벌였다.

둘은 이리 치고 저리 치며 삼십여 합을 싸웠으나 승부가 나지 않았다. 저팔계는 그동안 먼발치서 둘의 격전을 지켜보다가 자신도 모르게 흥분하여 쇠갈퀴를 추켜잡고 별안간 쏜살같이 달려가 요괴의 뒤를 공격했다. 그러나 이 구두부마는 원래 머리가 아홉 개 달린 자였기 때문에 그 아홉 개의 머리에 제각기 붙은 눈들이 저마다 데굴데굴 구르면서 전후 사방을 한눈에 잘도 관찰했다.

저팔계가 등덜미로 덤벼드는 것을 본 구두부마는 즉각 월아산 한편 끝으로 쇠갈퀴를 막아내고, 앞쪽로는 여의봉을 막아내며 오륙 합을 악전고투했으나 앞뒤로 휘둘러 치는 무기를 감당해낼 길이 없어 데구루루 몸을 굴러 하늘로 솟구쳐 올라 본상을 드러내니 바로 구두충九頭蟲이었다. 그 꼴은 몹시 추악하고도 무시무시했다.

저팔계가 놀라 소리쳤다.

"형님, 저렇게 징그러운 놈이 다 있습니다. 내 평생 저런 흉물은 처음입니다. 대체 무슨 핏줄을 타고 저런 놈이 생겨났을까요?"

"아우야, 내가 쫓아가서 때려눕혀야겠다!"

손오공은 상운을 타고 공중으로 뛰어올라 여의봉을 휘두르며 정면으로 치고 들었다. 그러자 그 괴물은 커다란 몸을 흔드는 듯하더니 날개를 펼쳐 옆으로 날아서 산으로 내려섰다. 그리고 한쪽 옆구리에서 머리 하나를 쑥 내어 그 커다란 입을 벌리기가 무섭게 거기에 서 있던 저팔계의 목덜미를 꽉 물었다. 그리고는 거대한 힘을 발휘하여 저팔계를 질질 끌고 벽파담 물속 깊숙이 들어갔다.

용궁 앞에까지 온 괴물은 원래의 구두부마로 변했다. 그리고 저팔계를 땅바닥에 내동댕이치며 작은 요괴들을 불렀다.

"이놈을 단단히 묶어 두어라. 탑으로 순찰 나갔던 아이들의 원한을 톡톡히 갚을 테다."

여러 요괴들은 저팔계를 떠메고 들어갔다. 늙은 용왕은 기쁨을 감추지 못하며 부마를 열렬히 영접해 주었다.

"사위의 공이 참으로 크도다. 저 무시무시한 놈을 어찌 잡았나?"

부마는 자기의 전투담을 한바탕 설명하고 용왕은 술잔치를 베풀어 그의 공로를 축하했다.

손오공은 사부님께 돌아갈 수도 없는 처지에 한 번 용궁을 정찰해 보기로 했다. 손오공은 주어를 외워 방게로 변하여 궁전 밑까지 쑥 들어가 보았다. 용왕은 구두충과 함께 즐거운 술잔치를 벌이고 있는 중이었다.

손오공은 그곳을 피해서 동쪽 행랑 아래로 기어갔다. 거기에는 몇 마리 새우와 게의 요정들이 떠들며 즐겁게 놀고 있었다. 손오공은 그들의 주고받는 말들을 귀담아 듣고 그것을 익혀 그들에게 물었다.

"부마 나리께서 잡아온 주둥이가 긴 화상은 죽었을까?"

"아직. 저 서쪽 행랑 아래에서 꿀꿀대고 있지 않는가!"

방게로 변신한 손오공은 그쪽으로 성큼성큼 기어갔다. 과연 저팔계가 기둥에 묶여서 꿀꿀대며 울부짖고 있었다. 손오공이 가까이 가서 말을 건넸다.

"아우야, 나를 알아보겠느냐?"

저팔계는 손오공의 음성을 듣고 반가워했다.

"형님, 내가 도리어 이놈들에게 잡히고 말았소."

손오공은 사방을 돌아보아 아무도 보는 자가 없는 것을 확인하고 결박한 포승을 깨물어 끊었다.

"형님, 내 무기가 그놈의 손에 있는데 어떡하죠? 그 자식이 궁전으로 가지고 올라갔는데……."

결박에서 풀려난 저팔계가 말했다.

"너는 먼저 패루 밑에 가서 기다려라. 내가 가지고 갈 테니까."

저팔계는 그제야 안심을 하고 슬금슬금 도망쳤다. 손오공이 궁전으로 올라가보니 궁전의 왼쪽 아래편에 저팔계의 쇠갈퀴가 반짝반짝 빛나고 있었다. 손오공은 은신법을 써서 그것을 재빨리 훔쳐 패루 밑으로 달려갔다.

"자, 팔계야. 네 쇠갈퀴 받아라!"

그는 너무 기뻐서 소리칠 뻔했다.

"형님, 형님은 물 위로 먼저 나가 있으시오. 내가 저 궁전을 두들겨 부술 테니까요. 만일 내가 이긴다면 저놈들 일가를 잡아서 나갈 것이고, 만일 그렇지 못하다면 패한 체하고 밖으로 유인해 갈 테니까 형님이 기다리고 있다가 한 대 갈기란 말이오."

손오공은 한두 가지 주의를 주고 물 밖으로 나왔다.

저팔계는 손오공이 밖으로 나가자 이내 공격을 개시했다. 정공법으로 쳐들어가서 쇠갈퀴로 단숨에 문짝을 부숴버리고, 상이며 의자며 술을 마시고 있던 잔까지 모조리 두들겨 부수었다.

구두충은 놀란 공주를 안에 숨겨 놓고 급히 월아산 병기를 집어 들고 쫓아 나왔다.

저팔계는 슬슬 도망을 쳤다. 용왕은 이때서야 겨우 기운을 얻어 그 여세로 용자, 용손들을 이끌고 물 밖으로 저팔계를 추격해 나왔다. 그러자 거기서 기다리고 있던 손오공이 여의봉을 휘두르며 허공에서 처박히듯 내려와 세게 내리쳤다.

이에 용왕의 머리에서 쏟아진 피는 벽파담 물을 온통 새빨갛게 물들여 버렸다. 그의 시체는 처참하게 짓이겨져 물에 둥둥 떠다녔다. 당황한 용자와 용손은 용궁으로 달아나 숨었고, 구두부마가 용왕의 시체를 거둬 용궁으로 돌아갔다.

손오공과 저팔계는 그들을 뒤쫓지 않고 언덕에 올라서 구두충 잡을 문제를 놓고 이야기하였다.

이때 광풍이 휘몰아치는 소리가 들리더니, 안개처럼 음침하고 무시무시한 것이 동쪽에서 남쪽으로 흘러갔다. 손오공이 고개를 들어 자세히 살펴보니 바로 오백 년 전 천궁을 크게 소란케 했던 이후로 까마득히 잊었던 이랑현성二郎顯聖이었다. 그는 매산梅山 여섯 형제와 더불어 매와 사냥개들을 이끌고 제각기 활과 칼로 요란스럽게 무장을 하고 운무에 올라 어딘가를 향해 급히 지나가는 중이었다.

손오공이 저팔계에게 마침 잘되었다며 말했다.

"저들은 칠성형제七聖兄弟들인데 저들이 도와주면 구두충을 잡을 수 있을 거야. 그러니 네가 가서 제천대성이 뵙고자 한다고 한번 청해 봐. 나는 전에 항복당한 일이 있어서 나서기가 좀

쑥스럽거든. 저쪽에서 멈춰 주면 내가 만날 테니까!"

저팔계의 청에 현성 이랑진군은 반가워하며 형제들과 함께 산으로 내려서서 손오공을 만났다.

"제천대성, 자네가 큰 고난에서 벗어난 뒤로 수계受戒하고 사문에 드셨다는 소문은 이미 들었소. 머지않아서 공을 이루게 되면 연좌蓮座에 높이 올라앉게 될 것이니 정말 축하할 일이오."

"천만의 말씀입니다. 전자에도 막대한 은혜를 입고 아무런 보답도 못해 드려 죄송합니다. 이제 제새국을 지나가게 되어 화상들의 재난을 구해 주고, 요괴를 잡아서 보배를 찾고자 하는 중입니다. 마침 형님께서 행차하심을 뵙게 되었으니 저를 좀 도와 주십시오."

"실로 오늘 틈을 내어 아우들과 사냥을 갔다가 돌아가는 길이오만, 대성께서 청하신 일인데 모른 체할 수 있겠소? 대체 승재僧災라 함은 무슨 일이오?"

손오공은 금광사의 사리불보가 도난당한 일에서부터 제새국의 일을 자세히 설명하고 구두충을 잡기 위해 이랑진군의 협력을 또 한 번 청했다.

그날은 날이 저물어 서로 오랜만에 회포를 풀고 다음 날, 누구보다도 많이 먹은 저팔계가 뱃속이 든든하니 자기가 용궁에 들어가 싸움을 청하겠다고 성큼 자리에서 일어났다. 그는 쇠갈퀴를 집어 들고 분수법을 써서 벽파담 물속 깊숙이 뛰어들었다.

이때 용궁의 용자들은 상복을 입고 용왕의 시체를 지키며 울고 있었고, 용손과 사위 구두부마는 뒤에서 관을 마련하고 있었다.

저팔계는 용왕의 시체 옆에서 울고 있는 용자에게 대뜸 쇠갈퀴를 번쩍 치켜들어 그 머리를 향해 힘껏 내리쳤다. 용자는 대번에 아홉 개의 구멍이 뚫리면서 구멍마다 피를 토하며 쓰러졌다. 용 할머니와 그 밖의 무리들은 당황하여 허둥지둥 뛰어 달아나느라 야단이었다. 구두부마가 월아산 병기를 집어 들고 용손들과 함께 달려나와 저팔계를 맞이해서 싸웠다. 저팔계는 몇 번 대거리하다가 못 이기는 척 휙 돌아서서 물 밖으로 도망쳤다.

구두부마와 용손은 이를 추격해서 물 밖으로 나왔다. 밖에서 기다리고 있던 손오공과 이랑진군은 우선 용손부터 눈 깜짝할 사이에 해치웠다. 구두부마는 몸을 굴리더니 본상을 드러내어 날개를 펼치고 빙글빙글 돌아서 공중으로 날아올랐다.

이랑진군은 즉시 금궁金弓을 손에 잡고 은탄銀彈을 꽂아 힘껏 잡아당겨 공중으로 쏘았다. 요괴는 날개를 급히 움츠리더니 산기슭을 스치고 날아들어 지난번 저팔계를 낚아채 갈 때와 같이 그 옆구리에서 대가리 하나가 불쑥 빠져 나와 이랑진군을 물려고 했다. 그 순간 이랑진군의 사냥개가 재빨리 달려들어 그 옆구리의 머리를 '컹!' 하고 한입에 깨물어버리니 피가 줄줄 쏟아졌다.

그 괴물은 부상을 당하고 목숨만 건져서 북해로 도망쳐 버렸다. 저팔계가 그를 뒤쫓으려 했으나 손오공은 그를 가로막고 용궁에 들어가서 문제의 사리불보를 찾아내기로 했다.

손오공은 구두부마로 변신하여 궁전으로 들어갔다. 만성공주는 자기 남편인 줄 알고 금갑에 든 사리불보와 옥갑에 든 영지초를 갑째 내주었다.

손오공이 그 보배를 받아들기가 무섭게 얼굴을 쓱 훑으니 원래의 몸으로 나타내었다. 그것을 보고 놀라는 만성공주를 저팔계가 쇠갈퀴로 일격에 박살을 내버렸다. 또 도망치는 용 할머니도 박살내려 했으나 손오공이 증인으로 삼자 하여 생포하였다. 그리고는 물 밖으로 나왔다.

손오공과 저팔계는 이랑진군과 그 일행에게 감사함을 표하여 떠나보내고 제새국으로 돌아왔다.

국왕과 신하들, 백성들, 그리고 금광사의 승려들까지 모두 나와 맞이하는 환영의 열의는 형용할 수 없었다. 증인으로 끌려온 용 할머니의 진술로 그들의 죄상을 확인한 국왕은 삼장 일행에 대한 존경이 한층 더 높아졌다.

손오공은 영지초로 십삼 층 탑을 모조리 쓸고 나서 보배를 탑상에 안치하고 용 할머니를 탑의 기둥에 묶어 종신토록 탑을 지키게 했다. 그러자 보탑은 옛날대로 정돈되고 또 새로워져서 놀빛이 줄기줄기, 서기가 천 갈래 만 갈래로 뻗쳐 나갔으며 옛날과 같이 팔방에서도 볼 수 있고 사방에 있는 나라들이 같이 바라볼 수 있게 되었다.

탑문을 내려서면서 국왕이 고마움을 표했다.

"법사님과 세 분 보살님 덕분에 오늘의 희망을 얻었습니다."

그러자 손오공이 점잖게 가르침을 주었다.

"저 금광이란 두 글자는 좋지 못합니다. 금金은 유동하는 물건이고, 광光은 번쩍이는 기질로 오래 머물러 있는 성질이 아닙니다. 이 절 이름을 복룡사伏龍寺로 고치고 싶습니다."

국왕은 당장에 명하여 자호를 고치고 편액을 새로 걸어 '칙건 호국勅建護國 복룡사'라 하였다.

그리고 또 한 번 성대한 잔치를 베풀게 하고 그들의 공을 기념하기 위해 화공을 청해 네 사람의 모습을 그려서 이름과 함께 남겨 두도록 하였다.

제새국왕은 삼장 일행에게 보배를 찾고 괴물을 잡아 준 은혜에 대하여 감사하며 금은보화로 사례하려 하였으나 삼장 일행은 하나도 받아들이지 않았다.

그래서 국왕은 의복과 신과 버선, 허리띠 등을 각각 두 벌씩 네 짝을 만들어서 바치게 했다. 그 외에 또 그들이 고집을 부리지 않고 받을 만한 것을 생각한 끝에 길을 떠나면서 요기할 마른 음식을 잔뜩 마련해 주었다.

삼장을 향한 유혹과
소뇌음사의 요왕

때는 어느덧 겨울도 지난 이른 봄, 산 경치를 구경해 가며 길을 걷노라니 문득 끝없이 높고도 길게 뻗은 한 줄기의 산마루가 나타났다. 그들이 가야 할 길은 그 산마루로 뻗어 있었고, 산마루에는 가시덤불과 다북쑥, 담쟁이덩굴 따위가 온통 얼기설기 엉클어져 있었다.

"제자야, 길이 이러하니 어떻게 간단 말이냐?"

"문제없습니다."

저팔계가 옆에서 우쭐거리며 참견을 했다.

"이까짓 가시덤불쯤 문제없습니다. 제가 이 쇠갈퀴를 휘두르면 깨끗이 헤쳐 길을 트고 사부님을 너끈히 모실 수 있습니다."

"네가 힘깨나 쓰는 줄은 알지만 그런 힘이 오래 지속될 수야 있겠느냐? 가시덤불의 길은 한없이 뻗은 듯한데……."

"잠깐 계십시오. 제가 알아보고 오겠습니다."

손오공은 말하기가 바쁘게 성큼 허공으로 뛰어올랐다.

'아무리 끝을 찾으려 해도 끝이 보이지 않는구나.'

손오공은 한동안 눈이 아프도록 바라보다가 구름에서 내려섰다.

"사부님, 이 길은 매우 길게 뻗어 있습니다. 아마도 천리 길은 되는 듯합니다."

"그러니 어떡하면 좋으냐? 어떻게 가야 한단 말이냐?"

"역시 가시려면 제게 의지하는 수밖에 없을 겁니다."

저팔계는 여전히 우쭐대며 자기의 힘을 자랑했다. 그는 주어를 외우고 허리를 꿈틀꿈틀 하면서 "커져라!" 소리쳤다. 그러자 저팔계의 키는 이십여 가량이나 늘씬하게 커졌다. 그리고 쇠갈퀴도 삼십 장이나 되게 늘였다.

저팔계는 쇠갈퀴를 두 손으로 잡고 길 위에 얼기설기 엉킨 가시덤불을 양쪽으로 마구 갈라 헤치면서 산길을 더듬어 나가며 제법 자랑스러운 듯이 외쳤다.

"사부님, 어서 저를 따라오십시오."

삼장은 말에 올라 저팔계의 뒤를 따랐다. 사오정은 행리를 메고 그 뒤를 따랐고, 손오공 역시 여의봉으로 가시덤불을 헤치면서 나아갔다.

이렇게 가기를 꼬박 하루, 어느새 날이 어둑어둑 어두워졌다. 일행이 보니 한 군데 넓은 빈터가 보였다. 그곳에 돌비석 하나가 서 있는데 거기에는 큼직하게 '형극령荊棘嶺'이라고 쓰여 있었다. 그리고 그 아래에는 잔글씨로 이렇게 쓰여 있었다.

가시덤불이 팔백 리 뻗쳤으니 자고 이래로 길이 있지만 가는 사람이 적었도다!

저팔계가 그것을 보더니 글귀를 더 달아 보겠다며 이렇게 썼다.

이제부터 팔계가 능히 개척하니, 사방으로 곧장 길이 뚫려서 아주 명명해졌도다.

"제자들아, 정말 수고 많았다. 오늘은 여기서 쉬고 내일 날이 밝거든 다시 가도록 하자!"

삼장은 말에서 내리려 하였으나 저팔계가 "밤하늘도 청명하니 신바람 나는 대로 밤새껏 강행군합시다!" 하고 고집을 세우는 바람에 계속 길을 가기로 했다. 일행은 밤을 새워가면서 이튿날도 또 부지런히 갔다. 또다시 저녁이 되었다.

앞에는 여전히 가시덤불이 마구 엉켜 있는데, 어디선가 살랑살랑 대나무를 흔드는 바람 소리가 들려오고 소나무를 흔드는 듯한 이상한 소리가 들려왔다.

둘러보니 멀지 않은 곳에 넓은 공간과 낡은 묘가 있었다. 사당 문 밖으로는 송백이 엉키어 있고 매화와 복숭아꽃이 서로 아름다움을 자랑하고 있었다.

삼장이 말에서 내려 세 제자와 함께 바라보자니 홀연 일진 음풍이 일었다.

그때 홀연 묘 뒤에서 한 노인이 불쑥 나타났다. 머리에는 각건角巾을 썼고 엷은 빛깔의 의복을 입었으며 손에는 지팡이를 들었다. 그 뒤로는 얼굴이 푸르뎅뎅하고 뻐드렁니에 붉은 머리, 알몸뚱이를 한 귀신이 따르고 있었는데, 한 쟁반의 밀가루 떡을 머리에 이고 있었다.

노인은 삼장 일행 앞에 넓죽 엎드려 입을 열었다.

"대성님, 소신은 형극령의 토지신입니다. 대성께옵서 이곳을 지나가신다기에 찐떡 한 쟁반을 준비해 왔습니다. 이 길은 팔백 리를 가는 동안 인가라곤 전혀 구경할 수조차 없사온즉 이거라도 좀 드시고 요기나 하십시오."

저팔계는 기뻐서 앞으로 나서더니 얼른 떡을 집어 들려고 했다.

"가만! 네놈이 무슨 토지신이라고! 어디 이 손공을 속이려 하느냐! 이 여의봉 맛이나 보아라!"

그 말에 노인은 훌쩍 몸을 변하여 일진의 음풍이 되어서 '쉭'

하는 소리와 함께 삼장법사를 채 가지고 어디론가 자취를 감추고 말았다.

눈앞에서 갑자기 삼장을 잃은 세 제자는 얼굴빛이 변하여 서로 쳐다만 보고 있을 뿐이었다.

한편, 삼장을 채어 간 노인과 귀신은 노을이 자욱하게 감돌고 있는 돌집 앞에 이르러 삼장을 내려놓았다.

"성승, 겁내지 마시오. 나는 형극령의 십팔공十八公이오. 비바람이 맑고 달이 밝은 밤이기에 스님을 청해 벗이 되어 시나 읊고 정회를 풀어 보고자 함이오."

삼장은 그제야 겨우 마음을 놓을 수 있었다. 그곳은 맑고 깨끗한 선경의 인가가 있는가 하면, 매우 푸른 바위에 학이 날아드는 것을 볼 수 있고, 때로 푸른 늪에서 개구리 우는 소리가 들렸다.

삼장이 하나하나 바라보고 있노라니 점점 달이 밝아지고 별이 반짝이는 가운데 어디선가 사람들의 주고받는 말소리가 들렸다.

"십팔공이 성승을 모셔왔구려!"

그들은 세 노인들로, 앞장을 선 노인은 반백의 머리에 풍채가 준수하고, 두 번째 선 노인은 푸르스름한 귀밑털이 펄펄 날리고, 가장 뒤에 선 노인은 허심탄회한 모습에 검푸른 얼굴빛을 하고 있었다.

"머리가 반백이신 분은 고직공孤直公이라 하고, 귀밑털이 푸른

분은 능공자凌空子라 하고, 허심탄회한 모습을 한 분은 불운수
拂雲叟라 하며, 보잘것없는 이 사람은 경절勁節이라 합니다."

"네 분 노인께서는 춘추가 얼마나 되셨습니까?"

이에 고직공은 천세千歲라 하고, 능공자는 천재千載라 하고,
불운수는 천추千秋라고 했다. 이에 경절 십팔공은 아이처럼 웃
으며 자기 역시 천년이 넘는다 하였다.

그들은 삼장의 나이와 출신에 대해 몇 가지 묻고는, 그의 선
법에 대해서 알기를 청했다. 삼장은 자신의 법당에 앉아 설법하
는 듯이 설명했다.

"선禪이란 것은 정靜이요, 법法이라는 것은 도度입니다. 정 가
운데의 도라는 것은 깨달음 없이는 이루어질 수 없습니다. 깨달
음이란 마음과 생각을 깨끗이 씻고, 속세의 티끌에서 벗어나는
것을 말합니다. 대저 사람의 몸이란 얻기 어려운 것이며, 중토에
출생하기 어렵고 정법을 만나기 어려우니, 이를 골고루 지닐 수
있는 사람은 이보다 더 큰 다행함이 없습니다. 지극한 덕과 오
묘한 도는 한없이 넓고 아득하고 무색無色하여 바라볼 수 없고,
보이지도 않습니다. 육근六根(죄를 짓는 근본), 육식六識(깨달음의 여
섯 가지) 작용을 없애버릴 수도 있습니다. 보리菩提(번뇌를 잊고 불
생불멸의 진리를 깨달아 얻는 불과佛果)라는 것은 불사불생, 남는 것도
없고 모자라는 것도 없고, 공空과 색色을 망라하여 성스러운 것
과 범상한 것은 모두 쫓아버립니다. 그리하여 원시천존元始天尊
의 겸추鉗鎚(칼과 쇠몽둥이)의 참된 가치를 알고, 석가모니의 불법
을 또렷이 터득하게 되는 것입니다. 상망象罔, 무심無心을 발휘하

여 열반涅槃을 밟아 부숩니다. 반드시 각중覺中에 깨고 오중悟中에 깨달아야만 일점의 영광이라도 온전히 보호할 수 있습니다. 열렬한 불길을 열어젖혀서 날뛰고 휘감기고 하는 모든 탐욕을 비추면 법계法界는 종횡으로 홀로 밝게 나타날 것입니다. 지극히 적은 것을 더욱 굳게 지킬 것이요, 도로 들어가는 문은 입으로는 말하기 쉽지만 누가 건너갈 수 있을 것입니까? 나는 본래 대각선大覺禪을 수행한 자로서 인연이 있고 뜻이 있어야 비로소 깨닫게 되는 것입니다."

설명이 끝나자 네 노인들은 삼장을 선기禪機를 터득한 표본이라 칭찬했다. 그리고 자기들 도교道敎의 현玄과는 다르다고 말하며 한두 가지 설명을 하기도 했다.

이런 이야기가 끝나자 노인들은 삼장을 목선암木仙庵이라고 쓴 돌집으로 안내하여 복령고와 향탕을 권하였다.

이때 청사등롱을 받쳐 든 청의여동들의 인도를 받으며 선녀 하나가 들어왔다. 그 선녀는 손에 살구꽃을 한 가지 꺾어 들었는데, 미소를 지으며 문으로 걸어 들어오는 모양이 참으로 아름다웠다.

네 노인이 몸을 일으키며 여인을 맞이했다.

"행선杏仙은 무슨 일로 이렇게 오시었소?"

"가객을 맞이하여 시를 읊는다 하기로 찾아왔습니다. 그분을 뵙고 싶습니다."

십팔공이 삼장에게 말하려 하자 삼장이 먼저 입을 열었다.

"그 가객이 바로 여기 있는데 만나서 뭘 하시겠습니까?"

선녀는 삼장을 본 순간 완전히 반해버렸다. 그래서 여동들에게 차를 가져오라 하고, 시 한 수를 읊기까지 했다. 그리고 온갖 방법을 동원하여 삼장을 유혹하기 시작했다. 그럴수록 삼장은 입을 꽉 다문 채 듣지도 보지도 않으려 했다. 선녀는 오히려 그것이 더 마음에 드는 듯이 바싹 다가앉으며 침실에서나 있을 법한 고혹적인 표정으로 입을 열었다.

"이렇게 좋은 밤에 놀지 않고 어쩌겠습니까? 살아 있다는 게 몇 해나 된다고요."

그러자 네 노인들도 선녀의 편에 들어 삼장의 굳은 마음을 풀어 흩뜨리려 힘썼다. 삼장은 격분하여 소리쳤다.

"그대들은 모두 괴물의 도당들이다. 나를 유혹하려고 처음에는 교묘하게 말을 꾸미며, 현을 이야기하고, 도를 이야기하더니 이제는 미인국美人局으로 이 빈승을 속이려 든단 말인가?"

네 노인은 할 말을 잃었으나 이번에는 벌거벗은 귀신이 벼락처럼 호통을 쳤다. 그리고 자기가 주혼이 되어 무슨 일이 있어도 이 혼사를 이뤄내고야 말겠다고 을러댔다.

삼장의 눈에서 뜨거운 눈물이 주르르 흘러내리기 시작했다. 그리고 속으로 애타게 제자들을 그리워했다.

삼장이 눈물을 흘리자, 선녀는 애교 있는 웃음을 지으며 그의 앞으로 바싹 다가가 비단 손수건을 꺼내어 삼장의 눈물을 닦아 주었다. 그리고 무척 정다운 목소리로 삼장을 감싸 안으려 했다.

"그렇게 염려하실 것 없어요. 저와 같이 서로 옥향玉香에 의지하여 좋은 놀이나 하면서 재미있게 살아갑시다!"

삼장은 또다시 격분하였다. 이때 어디선가 삼장을 찾는 제자들의 소리가 들려왔다.

"사부님, 사부님! 어디 계세요? 어디서 곤욕을 당하고 계시는 것입니까?"

삼장은 반가워서 어쩔 줄을 모르며 있는 힘을 다해 잡힌 손을 뿌리치고 문을 박차고 달려나왔다. 그리고 손오공을 부르며 살려 달라고 소리쳤다. 형세가 불리해진 네 노인과 선녀, 여동과 사나운 귀신은 순식간에 자취를 감춰버렸다.

삼장 일행은 서로 부둥켜안고 반가워 어쩔 줄을 몰라 했다. 삼장은 그동안의 일을 자세히 설명하였다.

손오공이 노인과 선녀, 귀신이 있던 쪽을 바라보니 바위 언덕 위로 '목선암'이란 글자가 보이고, 한 그루의 늙은 전나무·잣나무·소나무·대나무·단풍나무 따위가 우람하게 서 있었다. 또 저편 언덕에는 살구나무·매화나무·계수나무 등이 차례로 서 있었다.

손오공은 이들을 살펴본 후 이렇게 말했다.

"저 나무들이 요정이 된 거야. 십팔공은 소나무요, 고직공은 잣나무, 능공자는 전나무, 불운수는 대나무요, 벌거벗은 귀신은 단풍나무, 행선이란 선녀는 살구나무, 그리고 여동은 매화나무와 계수나무였다네."

저팔계는 그 말을 듣자 다짜고짜 쇠갈퀴를 휘둘러 그 나무들을 모두 찍어 넘어뜨렸다. 그러자 나무들의 뿌리 밑에서 피가 줄줄 흘러내렸다.

삼장은 앞으로 나서서 저팔계를 말렸다.

"애들아, 죽이지는 말아라. 이것들은 요정이 됐다고는 하지만, 내게 해를 끼치지는 않았다."

그러자 손오공이 다짐하듯 말했다.

"사부님, 이것들을 불쌍히 여기실 것 없습니다. 후일 굉장한 괴물이 되어서 사람을 해롭게 할지도 모릅니다."

손오공의 말에 저팔계는 힘껏 쇠갈퀴를 휘둘러 나무들을 모조리 쓰러뜨렸다. 그리고 나서 그들은 삼장을 말에 태워 큰길을 더듬어 길을 떠났다.

또 겨울이 가고 따뜻한 봄이 돌아왔다. 삼장 일행은 하늘과 맞닿을 듯한 높은 산과 마주했다. 그 산은 높기도 하려니와 험하기도 형언할 수 없었다.

손오공은 여의봉을 휘두르며 호통쳐 산짐승들을 멀리 내쫓아 길을 헤치면서 숨소리조차 제대로 내지 못하는 스승을 험준한 산꼭대기로 거뜬히 모시고 올라갔다.

일행은 산을 넘어 서쪽의 평야로 내려섰다. 그쪽은 형세가 전혀 딴판으로 장엄 화려한 누대전각樓臺殿閣이 나타났다. 삼장은 반가운 듯이 말했다.

"저곳이 어디냐?"

손오공은 자세히 살펴보았다.

"저곳은 사원임에 틀림없으나 선광이 상서로운 가운데 흉한 기운이 감돌고 있는 게 이상합니다. 경치는 뇌음인 듯하지만 우리가 찾아가는 뇌음사雷音寺의 길이 아니옵니다. 그러니 저곳을 함부로 들어가서는 안 됩니다. 독수에 걸려들면 큰일입니다."

"뇌음의 경치라면 영산에 닿은 것이 아니냐?"

"아닙니다. 다릅니다. 영산 길을 몇 번 가 보았지만 이곳과는 전혀 다릅니다."

삼장은 채찍으로 말을 몰며 앞장서서 달렸다. 산문에 와보니 '뇌음사'라고 크게 쓰여 있었다.

삼장은 말에서 내려 땅바닥에 쓰러지듯 꿇어 엎드렸다. 그러나 손오공은 옆에서 빈정거리듯 말했다.

"산문 위의 글자를 자세히 보십시오."

삼장이 눈을 비비며 다시 보니 '소뇌음사小雷音寺'가 틀림없었다.

"소뇌음사라고는 하지만 불조님께서 안에 계실 것이다. 경전에도 삼천제불三千諸佛이라 했으니 한 군데만 계시지는 않을 것이다. 관음께서는 남해에, 보현普賢께서는 아미蛾眉에, 문수文殊께선 오대五臺에 계시듯이 이곳도 어느 불조님의 도량인지 모른다. 옛말에도 부처가 있으면 경이 있다고 했으니 우선 들어가 보자!"

삼장의 말에 손오공이 말렸다.

"들어가면 안 됩니다. 여기는 길함이 적고 흉함이 많습니다."

그러나 삼장은 손오공의 말을 듣지 않고 안으로 들어가겠다 고집을 피웠다.

"좋습니다. 허나 만약 무슨 화를 입으신대도 저를 탓하지 마십시오!"

"부처님을 만나면 배불한다는 것이 내 심원인데 어찌 너를 원망하겠느냐?"

삼장은 가사를 꺼내어 갈아입고 승모도 바꿔 썼다. 그리고 손오공의 충고 따위는 아랑곳없이 발걸음을 떼었다. 그러자 삼문 안에서 소리가 들려왔다.

"당승, 그대는 동토에서 우리 부처를 참배하러 온 것이 아닌가? 어찌 그다지도 태만한고?"

삼장은 그 자리에 넙죽 엎드려 절을 했다. 저팔계와 사오정도 스승을 따라 감격하여 꿇어 엎드렸다. 그러나 손오공만은 경계의 마음을 풀지 않았다.

둘째 문 안으로 들어서니 바로 석가여래의 대전이 보였다. 전문 밖 보대 아래로는 오백나한·삼천게체·사금강·팔보살·비구니·우파새, 그리고 무수한 성승 도자들이 늘어서 있었다. 또한 향기로운 꽃들이 요염할 만큼 아름다우며, 상서로운 기운이 은은히 퍼져 오르고 있었다. 감격에 압도된 삼장과 저팔계, 사오정은 한 발을 옮길 때마다 한 번씩 절을 하면서 영대靈臺 사이로 배례하고 나갔다.

그러나 손오공은 버젓이 서서 눈망울을 이리저리 굴리고 있었다. 그때 연대 위에서 날카롭게 꾸짖는 소리가 들렸다.

"손오공, 그대는 어찌하여 석가여래를 뵙고도 배례치 않는고?"

한동안 연대 위를 응시하고 가짜임을 단정한 손오공은 말과 행리를 밀쳐놓고 여의봉을 쑥 뽑아 들고 무섭게 호통을 쳤다.

"이 못된 놈! 대담하기 짝이 없구나. 감히 부처님을 사칭하여 석가여래님의 청덕淸德을 더럽힌단 말인가? 꼼짝 말고 게 있거라."

손오공은 두 손으로 여의봉을 휘두르며 사정없이 무찔러 들어갔다. 그런데 별안간 머리 위에서 덜커덩 하는 쇳소리와 함께 금으로 된 꽹과리 같은 것 두 쪽이 떨어져 내리더니 손오공의 머리에서 발끝까지 통째로 삼켜 버렸다. 그것은 마치 조개처럼 손오공을 삼키고는 완전히 붙어버렸다.

저팔계와 사오정이 당황하여 급히 쇠갈퀴와 보장을 휘두르며 달려들었으나 아무런 소용이 없었다. 그들은 오히려 여러 아라니, 게체니, 성승이니, 도자니 하는 따위들이 일제히 포위해버려 결박당하고 말았다. 삼장도 붙잡혀서 제자들과 똑같이 포박을 당하게 되었다.

사실 불조임을 가장하고 있던 자는 요왕이었다. 아라니 게체니 하던 놈들은 그의 부하 요괴들이었다.

이들은 손오공을 비롯한 삼장 일행을 잡고 나자, 원래 요괴의 몸으로 돌아가 우선 삼장과 저팔계, 사오정을 결박 지은 채 안으로 메고 들어갔다.

삼장 일행 네 사람을 모두 사로잡은 요왕은 안심을 하고 먼저 꽹과리를 보대 위에 놓고 물이 되기를 기다렸다. 그 꽹과리 속에 들어가는 것은 무엇이든지 사흘이면 녹아 물이 되기 때문이다.

요괴들은 손오공이 녹아 물이 되면 마음을 놓고 삼장 일행 세 사람을 쪄서 먹을 작정이었다. 그들은 맛좋은 음식을 포식할 수 있다는 기대에 마음이 들떠 있었다.

금꽹과리 속에 갇힌 손오공은 캄캄한 어둠 속에서 땀을 뻘뻘 흘리며 외로운 사투를 벌였으나 모두 허사였다. 자기 몸을 몇 천 장이나 되도록 늘려 보기도 하고 반대로 겨자씨만큼 줄여 보기도 하고 뒤통수 머리털로 만든 다섯 모 도래송곳으로 뚫으려 해도 별수 없었다.

꽹과리는 실로 여의자재하고 신축자재한 신비한 물건이어서 이쪽에서 늘어나면 그것도 늘어나고, 이쪽에서 줄어들면 그것도 줄어들고, 도래송곳을 대면 다만 쇳소리만 날 뿐 금강석처럼 딴딴해져 털끝만 한 흠도 나지 않았다. 참으로 완벽한 보배였다.

손오공은 어찌할 수 없어 외부의 힘을 빌리기로 했다. 오방게체와 육정육갑·십팔위 호교가람 등등을 급히 불렀다. 그들은 꽹과리 밖으로 급히 모여들어 사부님을 보호해 드리느라 오지 못했다고 변명했다.

"무슨 방법을 쓰든지 나를 먼저 꺼내 주어야 사부님의 문제를 해결할 게 아니냐? 이 속은 빛이 통하지 않을 뿐더러 덥고 답답해서 견딜 수가 없다!"

그러나 여러 신들 또한 위아래가 하나로 붙어버린 요상한 솥 단지 같은 것을 열 재간은 없었다. 오방게체는 상광에 올라 남천문에 당도하여 영소보전으로 뛰어들어가 옥황상제께 자세히 아뢰었다.

옥황상제는 즉시 전지를 내려 이십팔수의 성신들에게 내려가서 액화를 풀고 요괴들을 항복시키라 명했다. 성수들은 잠시도 지체하지 않고 오방게체와 함께 소뇌음사 산문 앞으로 왔다. 밤도 깊어가는 이경, 소뇌음사의 대소 요괴들은 삼장 일행을 잡은 승리의 축하연도 끝나 깊이 잠들어 있었다. 성수들이 금꽹과리 옆으로 가서 손오공과 통하니 손오공이 안에서 말했다.

"어서 빨리 이것을 깨부수고 나를 나가게 해달라! 답답해 죽겠구나."

"요괴들이 잠에서 깨니 두들겨 부술 수도 없고, 병기를 써서 사이를 좀 벌려 볼 터이니 별빛이 보이기만 하면 곧 뛰어나오도록 하십시오."

성수들은 제각기 특별한 무기들을 들고 열기를 시도했으나 그것은 조금도 열리지 않았다. 이때 항금룡亢金龍이 말했다.

"대성, 초조하게 생각지 마시고 그 안에서 짝이 맞아 들어간 곳을 손으로 더듬어 보시구려. 내가 여기서 뿔 끝을 그 틈으로 밀어넣어 볼 테니 조금의 틈이 생기면 무엇으로든 변하여 빠져나오십시오."

손오공은 안에서 손으로 조심조심 더듬기 시작했다. 한참만에야 겨우 맞닿은 곳을 찾아 항금룡에게 알릴 수 있었다.

항금룡은 자기의 몸을 자그맣게 줄여서 뿔을 바늘처럼 가늘고 날카롭게 만든 다음, 천 근의 힘을 다하여 그 뿔을 비비고

틀어 밀어 안에까지 꿰어 넣었다. 그리고 몸과 뿔에 술법을 써서 "길게 뻗어라! 뻗어라!" 하고 소리치자 뿔이 커져서 커다란 방망이만 하게 되었다. 그러나 그 금꽹과리는 빛조차 들어올 틈이 생기지 않고 살덩어리가 자라나서 합쳐진 것처럼 밀착되어 있었다.

손오공은 절망하였지만 항금룡의 뿔을 손으로 만지며 좋은 꾀를 하나 생각해 냈다.

손오공이 소리쳤다.

"이봐, 항금룡! 내가 당신 뿔 속으로 들어갈 테니 아프더라도 잠깐만 참아라!"

손오공은 여의봉을 작은 바늘로 변화시키고 항금룡의 뿔에 구멍을 팠다. 그리고 자기 몸을 겨자씨만큼 작게 하여 그 구멍에 앉아서 소리쳤다.

"항금룡! 뿔을 잡아끌어내!"

항금룡은 있는 힘을 다해 자기의 뿔을 힘껏 잡아끌었다. 손오공은 그제야 항금룡의 뿔 구멍에서 나와 원래의 몸으로 돌아왔다.

어둠 속에서 바깥세상으로 나오게 된 손오공은 여의봉을 귓속에서 꺼내 잡기가 무섭게 자기에게 온갖 고통과 절망을 주었던 그 맹랑한 무쇠덩어리를 향해 자신의 전력을 집중시켜 힘껏 내리쳤다. 그러자 동산銅山이 무너지듯, 금광이 폭발하듯, 참으로 상상을 초월하는 폭발음을 내며 신기한 진기는 천 조각 만 조각으로 깨져버리고 말았다.

이에 이십팔수와 오방의 게체들은 놀라움을 금치 못했다. 하지만 더욱 놀란 것은 잠들어 있던 대소의 요괴들과 늙은 요왕이었다. 그는 정신이 드는 대로 북을 쳐서 여러 부하 요괴들을 소집시켜 무기를 들게 했다.

때는 어느덧 훤하게 밝아오는 아침녘이었다.

손오공과 요왕은 좋은 적수였다. 손오공은 여의봉을 휘둘러댔고, 요왕은 한 자루의 짤막한 낭아봉으로 싸웠다.

"네놈은 무슨 괴물이기에 감히 부처님을 참칭하여 소뇌음사를 꾸며 놓았느냐? 이 엉터리 같은 요괴 놈아!"

"이 원숭이놈, 내 이름도 모르면서 선산을 침범했구나. 이곳은 소서천小西天이고, 내 이름은 황미노불黃眉老佛이시다. 네놈이 서쪽으로 간다기에 여기다 불상을 차려놓고 네놈의 사부를 유인해 들여 네놈과 한판 겨루어 볼 작정이었다. 만약 싸워서 나를 이긴다면 너희들 스승과 제자를 용서하겠지만, 만약 나를 이겨내지 못한다면 네놈들을 때려죽이고 내가 석가여래님을 찾아뵙고 경을 받아다가 중화中華에 줄 테다. 알겠느냐?"

손오공은 요왕의 말에 비웃으며 여의봉을 휘둘렀다. 요왕 또한 만만치 않은 실력으로 낭아봉으로 막아냈다. 두 사람은 오십여 합을 싸웠으나 승부가 나지 않았다.

산문의 근처에서는 여러 요괴들이 북을 친다, 징을 친다, 깃발을 흔든다 야단들이었고, 이쪽 진영에서는 이십팔수의 천병들과 오방의 게체들이 제각기 무기를 휘둘러 응원을 하면서 요왕에게 달려들었다. 요왕은 이러한 광경을 보자 한 손으로는 낭아봉을 들어 적을 막고, 또 한 손으로는 자기의 허리춤에서 한 폭의 낡은 보자기를 풀어내어, 그것을 허공에 대고 힘껏 던졌다. 그러자 그 알 수 없는 물건은 그물처럼 펼쳐지면서 손오공은 물론, 이십팔수며 오방게체 등을 모두 싹 쓸어 그 속으로 흡수해 버렸다.

요왕은 그 희한한 자루를 어깨에 메고 승리의 환희에 넘쳐서 부하들을 호령하며 안으로 들어갔다. 그리고 부하 요괴들에게 명하여 자루 속의 손오공, 이십팔수, 오방게체 모두를 끄집어내어 튼튼한 삼끈으로 몇 겹씩 꽁꽁 묶어 뒤편 땅바닥에 내던졌다. 그리고 그들은 또다시 승리를 자축하는 술잔치를 벌이고 떠들더니 밤이 꽤 깊어서야 잠자리에 들었다.

손오공은 삼끈에 묶여 땅바닥에 내던져진 채로 있었으나 한밤중에 이르자 둔신법遁身法을 써서 몸을 작게 하여 결박에서 빠져나왔다. 그리고 사부님과 저팔계, 사오정을 차례로 풀어 주고, 또 이십팔수와 오방게체들도 하나하나 결박에서 풀어 주어 먼저 빠져나가게 했다. 자신은 뒤에 남아 통관문첩이며, 금란가사, 바리때 등 여러 가지 불문의 지보가 들어 있는 행리를 찾아가지고 뒤따를 생각이었다.

손오공은 박쥐로 변하여 여기저기 둘러본 끝에 삼중루三重樓의 창문 아래서 행리를 찾았다. 그것을 집어 들어 어깨에 메고 빠져 나오려는 순간 공교롭게도 보따리의 한쪽 끝이 풀리어 그 속의 물건들이 땅바닥으로 주르르 쏟아져 내렸다.

그 요란한 소리에 잠이 깬 요왕이 부하들을 이끌고 추격하여 삼장 이하 여러 신들을 지난번과 다름없이 싹 쓸어 담았다. 잡히지 않은 것은 다만 손오공뿐이었다. 그는 위험을 보자 재빨리 근두운을 타고 높은 하늘로 피했던 것이다.

손오공은 홀로 스승과 여러 천신들을 구해야 했다. 그때 생각난 것이 남섬부주 무당산武當山이었다. 그곳의 주인인 상제조사上帝祖師에게 청하여 귀龜·사蛇 두 장군과 오대신룡五大神龍을 데리고 와서 싸움을 걸었으나 그들 또한 용왕의 자루 속에 갇히는 신세가 되고 말았다.

손오공은 잠시 상심에 빠졌으나 곧 일치공조日値功曹의 조언에 힘입어 남섬부주 우이산盱怡山에 있는 국사왕보살 수하의 소장태자小張太子와 사대신장四大神將을 모셔왔다. 그러나 싸움의 결과는 똑같았다. 아무리 싸워도 승부가 나지 않을 것을 안 요왕은 백포의 자루를 이용하여 깨끗이 전투를 끝맺어버렸다.

홀로 남은 손오공의 암담함은 말이 아니었다. 그때 서남쪽의 어두운 밤하늘에서 한 줌의 채운彩雲이 지상으로 내려서는 듯싶더니 숲이 순식간에 분분한 꽃비로 덮였다. 그리고 반가운 목소리가 들려왔다.

"오공, 내가 누군지 알겠는가?"

손오공은 재빨리 넙죽 엎드려 절을 했다.

"동쪽의 불조님, 어딜 행차하십니까? 제자가 먼저 알아뵙지 못했습니다. 용서하십시오."

손오공이 감격하여 소리치자 극락장중 제일존 나무미륵南無彌勒 소화상笑和尙은 말했다.

"내가 이곳에 온 것은 이 소뇌음사의 요괴 때문이니라."

"성덕대은에 참으로 감사드립니다. 이곳의 요괴는 어떤 괴물이옵니까? 그리고 그놈의 백포자루는 무엇이옵니까?"

불조는 손오공의 질문에 상세히 설명해 주었다.

"그놈은 내 앞에서 경磬을 맡아 치던 황미동자黃眉童子였다. 3월 3일에 내가 원시회元始會에 참석하며 집을 지키라 했더니, 몇 가지 보배를 훔쳐 가지고 이곳으로 도망쳐 와서 가짜 부처 노릇을 하고 있는 것이다. 그 자루는 나의 후천대後天袋로서 인종대人種袋라고도 부른다. 또 하나 그놈의 무기인 낭아봉은 경을 치는 경채니라."

그 말에 손오공은 걱정스럽게 말했다.

"소화상께서는 자기의 동자를 내쫓아 불조를 사칭케 하고, 이 손오공을 위험에 빠뜨려 해를 입혔으니 가법家法을 잘 단속하지 못한 허물을 면하실 수 없습니다."

"아무렴, 그렇지. 첫째는 내가 단속을 잘못해서 집안 식구를 도망치게 한 탓이고, 둘째는 너희 스승과 제자 일행에 대한 마귀의 장애가 다 끝나지 못한 까닭으로 이런 백령百靈들이 아래 세상에 내려와서 수난을 당하도록 하는 것이다. 내 이제 그놈을 수습해서 데리고 가도록 하겠다."

"그 요왕은 신통력이 대단하던데 보살께서는 아무런 병기도 없이 어떻게 수습하시렵니까?"

"이 산비탈 아래에다 초가집 한 채를 짓고 밭에는 참외를 심어 두었으니, 너는 그놈에게 싸움을 걸어 한참 싸우다가 못 이기는 척하고 그놈을 참외밭으로 유인하여 오너라. 그놈은 밭에 와서 반드시 참외를 먹겠다고 할 것이다. 내 참외는 아직 익지 않았으므로 네가 한 개 큼직하고 잘 익은 참외로 변하면, 내가 너를 그놈에게 주어서 먹도록 할 것이다. 너는 그놈의 뱃속으로 들어가서 네 맘껏 하려무나. 나는 그 틈을 이용하여 자루를 빼앗아서 그놈을 잡아넣어 돌아가겠다."

"계책이 묘하기는 합니다만 보살님께서는 어떻게 잘 익은 참외로 변한 것을 분간해 내시겠습니까? 그리고 요괴가 반드시 저를 따라온다는 장담이 있겠습니까?"

"세상을 다스리는 존자로서 너 하나를 분간해 내지 못하겠느냐? 네가 뭣으로 변하든 나는 다 알고 있다. 네 손을 이리 내밀어 보아라!"

손오공은 왼손을 펼쳐서 내밀었다.

보살은 오른손 식지로 입 속에 있는 신수神水를 찍어서 손오공의 손바닥 위에 '금禁'자 한 자를 써 주고 주먹을 쥐라 했다.

"요괴를 보거든 곧 손을 펼쳐라! 그러면 반드시 너를 따라올 것이니라."

손오공은 곧장 산문 밖에 이르러 소리치며 싸움을 걸었다.

요왕은 병사도 없이 손오공 혼자 왔다는 소리에 '이젠 아무런 계책도 없이 왔단 말인가?' 하고는 보배를 지니고 낭아봉을 둘러멘 채 문을 나섰다.

요왕은 낭아봉을 휘두르며 백포자루를 쓰는 것조차 잊은 채 열중해서 싸우며 손오공을 쫓았다.

손오공이 '禁' 자를 쓴 왼손을 들어 주먹을 펼쳐 보이면 요왕은 도망치는 손오공의 뒤를 정신없이 쫓았다.

손오공은 요왕을 참외밭까지 유인해 오자 재빨리 노랗게 잘 익은 참외로 변신하여 설익은 참외 사이에 끼어들었다.

손오공이 갑자기 사라지자 요왕은 눈을 끔뻑이며 참외밭 가장자리에 서서 숨을 몰아쉬며 이마의 땀을 닦았다. 그때 나무미륵보살이 늙은 농부로 변하여 참외밭 가 초가집에서 걸어나왔다.

요왕은 늙은 농부에게 물었다.

"이 참외는 누가 가꾸는 것인가? 마침 갈증이 나니 잘 익은 것으로 하나 따오너라! 목을 좀 축여야겠다."

나무미륵보살은 선뜻 손오공이 변신한 참외를 따서 요왕에게 건넸다. 요왕이 입을 벌리고 집어넣으려는 순간 참외는 스스로 굴러 그의 목구멍 속으로 넘어가버렸다.

요왕의 뱃속으로 들어간 손오공은 곧 치고받고, 발을 동동 구르고, 물구나무를 서고, 꼬집고, 잡아당기며 그동안 당한 분통을 한꺼번에 발산시키고 있었다.

요왕은 배를 쓸어안아 움켜쥐고 땅바닥에 쓰러져 몸을 이리 틀고 저리 틀며 단말마의 비명을 질러댔다. 그러나 손오공은 멈추지 않았다.

그 사이 나무미륵보살은 원래의 불상으로 돌아가 요왕으로부터 백포자루와 낭아봉을 빼앗았다. 요왕은 아픈 배를 움켜쥔 채 그제야 꿇어 엎드려 절을 하며 애걸했다.

"주공님! 제발 목숨만은 살려 주십시오! 다시는 나쁜 짓을 하지 않겠습니다."

나무미륵보살은 손오공을 달래어 밖으로 나오게 했다. 손오공이 밖에 나와서도 분을 삭이지 못해 여의봉을 움켜잡고 야단법석을 떠는 것을 나무미륵보살이 겨우 타일러 요왕을 자루 속에 잡아넣고 그것을 허리에 찼다. 그리고 깨어진 금쟁과리를 찾아 원래대로 복원시켜 들고, 손오공과 헤어져 상운에 올라 극락세계로 돌아갔다.

손오공은 우선 삼장과 저팔계, 사오정을 구한 다음, 여러 신들을 속박에서 풀어 주었다. 미처 도망치지 못한 요괴들은 그들의 분풀이용이 되었는데, 그들은 산정山精·수괴水怪·금수의 마귀 따위들이었다.

여러 신들이 돌아가고 나자 삼장 일행은 느긋하게 한나절가량을 쉬고 식사도 한 뒤 서서히 길을 떠나며 황미대왕이 기거하던 소뇌음사의 보각을 죄다 불태워 버렸다.

희시동의
요괴

소서천을 벗어난 삼장 일행은 다시 활기차게 길을 걷기 시작
했다. 여러 날의 고통스런 어려움에서 벗어났기 때문에 기쁘게
달포가량을 걸었다. 때는 바야흐로 꽃이 활짝 핀 봄의 계절이
었다.

저녁이 되어 산장을 발견하고 잠자리를 청하기 위해 문을 두
드렸다.

"노시주님, 빈승은 동토에서 어명을 받들고 서천으로 경을 가지러 가는 취경인입니다. 날이 저물어 하룻밤 쉬어 갈까 하고 문을 두드렸습니다. 부디 편의를 봐주시기 바랍니다."

"서쪽 길로는 가실 수가 없습니다. 이곳은 소서천이니 대서천까지 먼 것은 물론이요, 당장 이 고장도 지나가기 어려울 것입니다."

"어찌하여 그렇습니까?"

"우리 동네에서 서쪽으로 삼십 리쯤 가면 희시동稀柿洞이란 곳이 있는데 산 이름은 칠절七絶이라 합니다."

"어찌하여 칠절이라 합니까?"

"그 산은 팔백 리에 뻗쳐 있고 산에는 온통 감나무뿐입니다. 옛말에 감나무에는 칠절, 즉 일곱 가지 좋은 점이 있다 했습니다. 첫째는 익수益壽, 수명을 더할 수 있고, 둘째는 다음多陰, 그늘이 많고, 셋째는 무오소無烏巢, 까마귀 집이 없고, 넷째는 무충無蟲, 벌레가 없고, 다섯째는 상엽가완霜葉可玩이라, 서리 맞은 붉은 잎사귀가 볼 만하고, 여섯째는 가실嘉實, 열매가 맛이 있고, 일곱째는 지엽비대枝葉肥大, 즉 가지와 잎사귀가 크고 넓은 것으로, 이렇게 일곱 가지 장점이 있다 했습니다. 그래서 산 이름도 칠절이라 했답니다. 우리 고장은 땅은 넓지만 사람은 드물어서 그 깊은 산에는 예로부터 가 본 사람이 없습니다. 그러나 해마다 잘 익은 홍시들이 좁은 돌길에 떨어져 길에 가득 차고, 다시 비·이슬·눈·서리를 맞으면 썩어서 곰팡이가 나고 여름이 지나 한 번 서풍이 불면 그 썩은 것으로부터 역한 냄새가 풍겨오는데, 똥을 퍼내는 냄새도 그렇게는 독하지 않을 것입니다. 이곳 사람들은 감나무 시柹 자 대신 똥 시屎 자를 쓸 정도입니다. 그래서 갈 수 없다고 한 것입니다."

삼장은 주인의 말을 듣고 수심이 가득했으나 손오공은 쓸데없는 말로 사부님의 심성을 어지럽히고 미리 겁을 주어 내쫓으려 했다는 죄를 물었다.

특히 자기는 요괴를 잘 잡는다는 말 한마디에 그 주인은 갑자기 태도를 바꿨다. 그리고 삼장 일행에게 존경의 예와 친절을 다하여 안으로 맞이해 들였다. 주인은 자리를 권하고 차를 내오게 하며 저녁밥을 준비시켰다.

삼장 일행은 모두가 맛있게 배불리 먹었다. 특히 저팔계는 식후의 행복감에 충만해서 손오공 옆으로 와 속삭였다.

"형님, 저 늙은이가 처음에는 빳빳하게 나오더니 왜 그렇게 대접이 달라진 것이오?"

"이까짓 게 뭐 대수라고, 내일이면 더 맛있는 과일이며 음식을 내올 것이다."

손오공은 주인 곁으로 가 성이 무엇이냐고 물었다. 주인이 '이李' 가라고 대답하자 그러면 이곳이 이가장李家莊이냐고 물었다.

"이곳은 타라장馳羅莊이라 합니다. 동네에는 인가가 모두 오백이나 되지만 죄다 다른 성이고 우리 한 집만 이씨 성입니다."

"시주님께서는 우리에게 성대한 음식을 베풀어 주셨는데, 대체 무슨 연유에서 그렇게 하셨습니까?"

손오공이 정곡을 찔러 묻자 주인은 정중한 태도로 물었다.

"이곳에 요괴가 있는데 요괴를 잡아주실 수 있습니까? 잡아 주시기만 하면 후히 사례하겠습니다."

주인은 요괴 때문에 골치를 앓아온 듯했다.

"삼 년 전 6월에 홀연 일진의 무서운 바람이 일어났습니다. 그 바람과 함께 돌연 요괴가 나타나 들에 놓아먹이던 소며, 말이며, 양이며, 짐승이라는 짐승은 죄다 먹어버리고 닭·돼지·거위뿐만 아니라 사람마저 남자·여자·노인·아이 할 것 없이 닥치는 대로 잡아다 산 채로 꿀꺽꿀꺽 삼켜 버렸습니다. 이렇게 꼬박 이 년을 지냈습니다. 그러니 만약 수단이 있으시다면 그 요괴를 잡아 주십시오. 잡아서 이 고장 땅에서 안심하고 살게 해 주십시오. 그러시면 은혜를 잊지 않고 후하게 사례하겠습니다."

"그럼 먼저 동네 유지들이나 불러와 보구려."

손오공의 말에 주인이 즉시 동네 유력한 인사 팔구 명을 불러왔다. 이들은 요괴를 잡는다는 얘기를 듣고 한결같이 좋아했다. 그것도 아무런 보수도 받지 않고 한 잔의 차, 한 공기의 밥으로 충분하다는 것이었다. 그래서 피차간 아무런 부담 없이 먼저 요괴를 잡기로 했다. 그때 문득 휙 하고 괴상한 바람 소리가 들려왔다.

노인들은 그 소리를 알아듣고 벌벌 떨면서 안으로 들어가는 옆문을 열어젖히고 친척들과 동네 노인들, 삼장까지 그리로 밀어넣으며 소리쳤다.

"들어가요. 들어가! 요괴가 왔어요! 빨리 들어가!"

저팔계와 사오정도 스승의 뒤를 따라 그 문으로 뛰어들어가려는 것을 손오공이 꽉 붙잡았다.

"이 무슨 수작들이야! 꼼짝 말고 나와 같이 가서 어떤 요괴인지 살펴봐야지!"

손오공은 그들을 끌고 안마당 쪽으로 갔다.

괴상한 바람은 점점 거세고 세차게 불어왔다. 손오공에게 끌려서 어쩔 수 없이 마당에 나선 저팔계는 견디다 못해 땅바닥에 털썩 주저앉았다. 그것도 부족해 주둥이로 땅을 헤쳐 깊숙이 구덩이를 파서 그 속으로 쑤시고 들어가 앉아 꼼짝도 하지 않았다.

사오정 또한 자기 머리를 싸잡고 눈을 감고 있었다. 손오공만 눈을 딱 부릅뜨고 화안금정의 눈이 더욱 시뻘게지도록 바람이 불어오는 하늘 쪽을 응시하였다. 어느덧 바람은 지나가고 공중에서 등불 같은 것이 두 개 반짝반짝 빛나면서 오고 있었다. 손오공은 고개를 돌리며 소리쳤다.

"아우들! 바람이 지나갔으니, 어서 일어나보게!"

저팔계가 먼저 땅속으로 틀어박았던 주둥이를 뽑아들고 하늘을 올려다보았고, 사오정도 머리를 들어 불빛을 보았다.

"맙소사! 눈이 저렇게 크다면 입은 얼마나 클 것인가?"

저팔계가 공포에 졸아들어 비명에 가까운 소리를 질렀다. 그러자 손오공이 나섰다.

"모두 겁낼 것 없다. 너희들은 사부님을 잘 보호하고 있거라. 이 손오공이 올라가서 어떻게 생긴 요괴놈인지 보고 올 테니까."

손오공은 여의봉을 뽑아들고 허공으로 날아 올라갔다.

"이놈! 게 꼼짝 말고 이 여의봉 맛이나 보아라!"

요괴는 몸을 우뚝 세우며 한 자루의 기다란 창을 마구 휘두르기 시작했다. 손오공이 정체를 물었지만 아무런 대꾸도 없이 창만 휘둘러 막아낼 뿐이었다.

요괴는 겁을 내거나 당황하지 않고 자신만만하고 힘차게 그 기다란 창을 춤추듯이 이쪽의 여의봉에 맞서고 있었다. 특히 자기의 창을 휘둘러 이쪽을 막기만 할 뿐 결코 한 걸음도 적극적으로 공격하는 일이 없었다. 손오공이 정면에서 박살을 내버리려고 열중해서 노력했으나 허사였다.

그 집 마당에서 사오정과 함께 이것을 올려다보고 있던 저팔계가 용기를 내어 허공으로 솟구쳐 올라 쇠갈퀴를 휘두르며 무섭게 달려들었다. 그러나 괴물은 또 하나의 창을 쑥 내밀어 저팔계의 쇠갈퀴를 받아 싸웠다.

하나는 손오공의 여의봉, 또 하나로는 저팔계의 쇠갈퀴, 이렇게 두 자루의 창을 어찌나 빨리 쓰는지 참으로 무섭게 획획 돌아가고 있었다.

저팔계가 감탄을 하며 말했다.

"이 요괴의 창법은 대단하군! 창끝으로 우리를 막아내기만 했지, 자루는 전혀 보이지도 않는단 말이야. 연병창軟柄鎗이라도 되나 본데!"

"하긴 그럴지도 모르겠구나. 이 괴물이 말할 줄을 모르는 것을 보면 아직도 사람의 길에 들어서지는 못한 모양이야. 그나저나 저놈이 뿜는 음기가 대단해. 날을 밝으면 양기가 승할 테니까 저놈은 반드시 달아날 거야. 그때를 놓치지 말고 쫓아가야 해."

"물론이지요."

얼마 후 새벽의 동녘 하늘이 훤하게 밝아오자 요괴는 더 이상 싸울 생각이 없는지 도망치기 시작했다. 손오공과 저팔계는 놓치지 않으려고 바짝 뒤를 쫓았다.

요괴는 감 썩는 냄새가 진동하는 칠절산 희시동을 빠져나가 드디어 그 본색을 드러냈다. 그것은 커다랗고 시뻘건 비늘이 온몸을 감싼 한 마리 거대한 뱀이었다.

뱀의 두 눈은 새벽별을 쏘는 것 같고, 코는 아침 안개를 내뿜었다. 빽빽하고 다부진 이빨은 강철 창날을 늘어세운 것 같고 구부러진 발톱은 갈고리 같았다. 머리통에 하나의 뿔이 돋았는데 마치 수천 개의 마노瑪瑙가 삼투한 듯 적갈색과 백색의 무늬를 나타내고 몸에 짝 깔리게 뒤집어 쓴 붉은 비늘은 수만 개가 되는 듯하였다.

얼마나 큰가 하면 머리 쪽에 선 사람이 꼬리 쪽에 선 사람을 분간하지 못할 정도이고, 몸통이 얼마나 굵은가 하면 이편에 서면 저편에 사람이 있는지 없는지 모를 정도였다.

"이 정도의 뱀이니 삼 년 전 들에 있는 가축과 사람들을 모두 한꺼번에 삼켰다 하더라도 배부른 줄 모르겠군!"

저팔계는 놀란 입을 다물 줄을 몰랐다.

그 괴물은 대가리부터 굴속으로 들어가기 시작했다. 손오공과 저팔계는 마주 뚫린 구멍을 찾아 산을 넘어 골짜기 아래로 내려갔다. 거기에 큰 뱀이 몸을 둘둘 감고 기다리고 있었다. 저팔계는 놀라 몸을 돌려 걸음아 날 살려라 하고 도망을 쳤으나, 손오공은 앞으로 나가 여의봉을 꼬나잡고 기회를 엿보다가 뱀이 큰 아가리를 딱 벌리자 뱀의 아가리 속으로 들어가 버렸다.

저팔계는 한참을 도망치다가 손오공이 뱀에게 삼켜진 것을 알고는 가슴을 치며 통곡을 했다.

"아이구, 형님! 이제 끝장이구려. 아이구……."

그러자 요괴의 뱃속에서 손오공의 목소리가 들려왔다.

"슬퍼할 것 없네. 내 이놈으로 하여금 무지개다리를 만들게 할 테니, 두고 보게!"

손오공이 요괴의 뱃속에서 여의봉을 늘려 받치자 요괴는 고통스럽게 몸을 풀더니 구부정하게 동녘 하늘의 무지개처럼 몸을 들었다.

손오공이 요괴의 뱃속에서 여의봉으로 뱃가죽을 들이받아 뱃가죽을 땅에 깔고 머리와 꼬리를 쳐들어 물 위에 뜬 배처럼 만들기도 하고, 여의봉을 마구 늘려 뱀의 몸을 날개를 편 박쥐 꼴로 만들기도 하니 결국 요괴는 고통을 이기지 못하고 이십 리쯤 가서 먼지 구덩이에 머리를 처박고 뻗어버렸다. 그것을 본 저팔계는 헐레벌떡 쫓아와 쭉 뻗어버린 뱀의 꼬리며 몸통에 쇠갈퀴를 휘둘렀다.

한편, 산 아래 타라장에서는 이씨를 비롯한 동네 유지들이 삼장법사를 둘러싸고 근심스러운 듯 설왕설래하고 있었다.

"스님의 두 분 제자가 온밤을 지새우고도 돌아오지 않는 것을 보니 아마도 요괴에게 목숨을 잃은 게 틀림없습니다."

"아무 일 없이 돌아올 것입니다. 밖으로 나가봅시다!"

삼장은 장로들을 이끌고 장원 밖으로 나왔다. 그제야 동구 밖 언저리에 손오공과 저팔계가 붉은 비늘의 거대한 뱀을 끌고 돌아오고 있었다.

마을 사람들은 저마다 놀라며 기뻐 어쩔 줄을 몰랐다. 마을의 잔칫상에서 저팔계의 무용담은 끝이 없었고, 왕성한 식성 또한 모두를 놀라게 했다.

삼장 일행은 칠절산 희시동의 산길을 넘는 계획을 짜기 시작했다. 이 문제는 저팔계의 용기를 북돋을 수 있는 동네 사람들의 열렬한 음식 제공이 있었기에 해결할 수 있었다. 저팔계는 큰 돼지로 변해 주둥이로 북북 길을 밀면서 팔백 리 희시동 길을 열었다.

주자국왕과
요왕 새태세

삼장 일행이 서쪽을 향해 평탄한 길로 얼마를 가자니 '주자국
朱紫國'이라 쓰인 제법 그럴 듯한 성곽이 나타났다.

"주자국이라면 필경 서방의 왕국이리라. 통관의 문첩에 사증
을 받아야 하겠구나."

삼장은 성문 앞에서 말을 내리고 일행이 다함께 다리를 건너
삼층 문루를 걸어 들어갔다.

참으로 훌륭한 거리였다. 오고가는 사람들 모두 풍채가 좋고 의기가 당당하며 너그러워 인색하지 않아 보였다.

삼장 일행을 보고 길 양편에서 물건을 사고팔던 사람들이 우르르 몰려들었다.

삼장이 조용히 타일렀다.

"잘못되는 일이 생겨서는 아니 된다. 모두가 자숙하며 머리를 아래로 숙이고 걸어라!"

저팔계는 얼굴을 쳐들지도 못하고 연잎사귀 말은 것처럼 크고 둥근 주둥이를 앞가슴 속으로 쿡 처박고 걸었다. 사오정 또한 얼굴을 들려 하지 않았다. 그러나 손오공만은 이쪽저쪽을 더욱 요란스럽게 흘끔흘끔 바라보며 삼장 곁에서 걷고 있었다.

얼마 후 일행은 역관의 일종인 회동관會同館에 도착했다. 쫓아오던 구경꾼들도 그제야 떨칠 수 있었다.

마침 회동관에서는 정正·부副 두 관리가 청상에서 인부들에게 지시를 내리는 중이었다. 아마도 어딘가 누군가에게 마중 보내려는 것 같았다. 그들은 삼장 일행을 보고 깜짝 놀라며 소리쳤다.

"어떻게 오셨습니까?"

"빈승은 동토 대당에서 어명을 받들고 서천으로 경을 구하러 가는 취경인이옵니다."

삼장은 합장을 하고 정중한 태도와 어조로 말을 이었다.

"이 땅에 이르러 통관의 문첩에 사증을 해주십사 들렀습니다. 잠시 쉬어가게 해주십시오."

관리들은 삼장의 품위에 압도되어 친절히 맞이해 주었다. 삼장 일행은 관의 규칙에 따라 직접 밥을 짓고 반찬을 만들지 않으면 아니 되었다. 관에서 내어 온 것은 쌀·밀가루·채소·두부·국수·죽순·버섯 등등 극진한 대접이었다.

삼장이 고맙다고 인사를 하자 일 보는 사람들은 서쪽 방의 부엌과 그릇, 땔나무를 쓰라며 친절히 가르쳐 주고 마침 국왕께서 오랜만에 납시어 문무백관을 만나 뵙고 있으니 국왕의 사증을 받기에는 지금이 적기라 귀띔해 주었다.

"오공아, 너희들은 여기서 밥을 짓고 있거라. 내 급히 가서 관문에 사증을 받아 가지고 오겠다. 그런 다음 밥을 먹고 떠나기로 하자."

저팔계는 가사와 관문을 보따리에서 꺼내 삼장에게 주었다. 삼장은 곧 궁중으로 떠났다. 오봉루를 지나고 단문端門 밖에 이르러 주사관奏事官에게 참례할 뜻을 전했다. 이에 황문관이 즉시 옥계玉階 앞으로 나아가 계주하자 국왕이 매우 기뻐했다.

"과인이 오랫동안 등정치 못했다가 오늘 전에 올라 방문을 붙여 의원을 구하고자 했더니 마침 고명한 스님이 찾아왔구려."

국왕은 즉시 전지를 내려 삼장을 불러들이게 하였다.

삼장이 계하에 부복하자 국왕은 금전에 올라앉으라 하며 광록시에 명하여 잿밥을 준비시켰다.

삼장은 그 은혜에 감사하며 통관의 문첩을 바쳤다. 국왕은 그것을 보자 더욱 기뻐하고 반가워했다.

"법사, 그대의 당나라는 몇 대의 왕조이며 현신들이 얼마나 있소? 또 당 황제께서는 병환을 얻었다가 어떻게 다시 회생하게 되었으며, 어찌 그대로 하여금 이토록 멀리 불경을 구하도록 한 것이오?"

삼장은 몸을 숙여 합장을 하고 삼황오제에서부터 당조 이세민이 죽었다가 사흘 만에 회생하여 이십 년의 수명을 더했다는 이야기를 논하고, 위징이라는 현명한 충신이 당나라의 황제를 보필하고 있음을 고했다.

그리고 수륙대회를 베풀어 소승으로 하여금 먼 길에 파견하시어 여러 나라를 거쳐 부처님을 찾아뵙고, 억울하고 괴로운 영혼들을 구제하고 승천하게 하고자 경을 구하려 한다고 설명했다.

"진실로 천조의 대국으로서 임금은 현명하고 신하들은 올바르도다. 과인은 병을 앓은 지 오래인데도 누구 하나 이를 구해주려는 신하가 없도다."

삼장이 보기에도 국왕의 병색은 완연했다. 이때 광록시에서 잿밥 준비가 다 되었다는 전갈이 오자, 국왕은 피향전에 수랏상과 함께 차리라는 전지를 내렸다.

삼장은 감격하여 사은숙배하고 왕과 나란히 식사하는 영예로운 대접을 받았다.

한편, 회동관에 남아 있던 손오공 삼형제는 식사 준비에 여념이 없다가 손오공과 저팔계가 양념을 구하기 위해 장마당으로 나갔다. 그들이 구하고자 하는 소금·간장·기름 등 양념은 고루

鼓樓 모퉁이를 돌아 정가네 잡화점에 있다고 하였다.

그날따라 길목은 사람들로 꽉 차 있었다. 저팔계는 사람들 많은데 가기 싫다며 담장 밑에 주둥이를 푹 쑤셔 박고 앉아 있었고, 손오공은 호기심에 사람들이 모여 있는 고루 근처로 걸어갔다. 고루 아래에는 황궁에서 내려 보낸 방이 걸려 있고 사람들은 그것을 보고자 모여들어서 아우성을 치고 있었다.

손오공은 가까이 다가가 화안금정을 번쩍거리며 황방을 자세히 읽어 보았다.

짐朕, 주자국왕은 나라를 세운 이후로 사방을 평정하고 백성들을 안정시켰으나, 근래에 국사가 상서롭지 못하여 병든 몸으로 자리에 눕게 되어 쾌차하기 어렵게 되었다.

우리나라 태의원에서 여러 차례 좋은 처방을 써 보았으나 아직도 병은 완쾌되지 않았다. 이제 이 방문을 반포하여 널리 현사賢士를 초청하는 바이니, 동서남북 중화는 물론 외국을 망라하여 의술에 능한 자는 보전에 올라와 짐을 치료해 주기 바라노라. 다소라도 병의 차도가 있다면 사직을 평등하게 나누어 줄 것을 약속하노라.

이를 본 손오공은 멋진 의생 노릇을 해보리라 생각했다.

그는 흙을 한 주먹 움켜쥐고 동남쪽 손방巽方을 향해 선기를 불어넣었다. 그러자 무서운 회오리바람이 되어 마구 요란스럽게 불기 시작했다. 거기에 있던 사람들은 저마다 정신을 차리지 못하고 뿔뿔이 흩어졌다.

손오공은 은신법을 써서 아무도 모르게 방문을 뜯어 거머쥐고 저팔계가 기다리는 곳으로 왔다. 저팔계는 담장 밑에 주둥이를 처박은 채 쿨쿨 코를 골며 자고 있었다.

손오공은 방금 뜯어 거머쥔 방문을 돌돌 말아 저팔계의 품속에 집어넣고 회동관으로 돌아왔다.

저녁밥상의 양념거리 같은 문제는 저만큼 사라졌다. 얼마쯤 지나자 무섭게 불던 회오리바람도 사라지고 사람들이 하나둘 고루 밑에 다시 모여 황방을 보려 했으나 황방은 감쪽같이 사라졌다.

이 방은 원래 열두 사람의 태감과 열두 사람의 교위가 아침에 궁중에서 내어다가 그곳에 걸어 둔 것이었다. 그들은 그것이 국왕이 손수 내린 황방으로 목숨보다 더 소중한 것인지라 전전긍긍하여 사방으로 찾아 헤매기 시작했다. 그러던 중 한 사람이 저팔계의 품속에서 종이 끝이 삐죽이 나온 것을 보고 소리쳤다.

"방을 떼어 감춘 놈이 바로 너였구나!"

저팔계는 깜짝 놀라서 잠에서 깨어나 머리를 벌떡 쳐들었다. 그리고 그 기다란 주둥이를 한두 차례 흔들었다. 앞장서서 대들던 교위 몇 놈이 놀라 쓰러지고 허겁지겁하는 틈을 타 저팔계는 재빨리 일어서서 도망치려 했다. 그러나 몇 명의 영웅심과 용기 있는 자들이 낮도깨비 같은 저팔계를 꽉 끌어안았다.

"당신이 의원을 부르는 황방을 떼었다면 어서 궁중으로 들어가서 우리 국왕 폐하의 병환을 고쳐 드려야지, 어디로 꽁무니를 빼는 거요?"

"황방이라니, 그게 뭐요? 병환은 또 무슨 소리요?"

저팔계는 당황해서 고래고래 소리를 질렀다.

"당신 품속에 쑤셔 넣은 것은 뭐요? 그게 바로 황방이란 말이외다."

저팔계는 그제야 자기의 품을 들여다보고 깜짝 놀라 소리쳤다.

"이것은 우리 사형이 장난을 친 것이오. 그가 내 품속에 몰래 집어넣고 회동관으로 갔을 것이오. 내 말을 못 믿겠다면 모두 나를 따라와 보시오."

"허튼 수작 마시오. 당신이 방금 뗀 것이 분명한데 누굴 찾으러 간다는 거요? 어서 폐하께 갑시다!"

그러나 저팔계가 뿌리박은 나무나 바위처럼 꿈쩍 않고 버티자 지혜로운 늙은 대감 두 사람이 옆에서 한마디 거들었다.

"그대는 생김새도 특별하고 말소리조차 거친데 대관절 어디서 왔소?"

저팔계는 그제야 진정하고 자기와 자기 일행의 이야기를 했다. 태감과 교위들은 반신반의하면서도 그를 따라 회동관으로 가 보기로 했다.

저팔계는 회동관 문 앞까지 오자 자기를 에워싸고 따라오는 사람들에게 주의를 주었다.

"잠깐! 우리 사형은 나처럼 여러분의 놀림감이나 되는 그런 위인이 아니라 아주 딱 부러진 성격에 성미가 괄괄하니까 그분을 보게 되면 무조건 대례를 하고 '손대감, 손대감!' 하고 불러야 말을 들어줄 것입니다. 명심하시기 바랍니다."

마침 손오공은 사오정과 함께 저팔계의 이야기를 하며 즐거워하고 있었다. 그런데 저팔계가 태감, 교위들을 이끌고 자기에게 와 정중히 절을 하는 게 아닌가. 손오공은 간단명료하게 말했다.

이 황방을 뗀 것은 자신이며, 국왕의 병을 고칠 수 있는 의술이 있으니 궁궐로 돌아가서 국왕이 직접 자신을 청하도록 하고 돌려보냈다.

국왕은 즉시 문무 조신들에게 전지를 내려 '신승 손장로'라고 손오공을 부르게 하고 군신의 예의를 갖춰 그와 상면하도록 일렀다.

손오공은 궁궐에 들어 현사懸絲 진맥의 방법을 써서 국왕의 병을 보기로 했다. 손오공은 보전에 오르다가 삼장과 마주쳤는데, 삼장이 무모한 짓을 한다고 그를 꾸짖는 것을 겨우 달래어 보냈다.

손오공은 꼬리 근처에서 털 세 개를 뽑아 세 가닥의 실로 변화시켰다. 한 가닥마다 그 길이가 이장사척이나 되었다. 손오공은 그것을 금실이라 하고 환관과 함께 황궁 내원으로 들어가서 침궁 문 밖에 서서 금실 세 가닥을 환관에게 주며 이렇게 일렀다.

"비후妃后나 태감을 시켜 먼저 국왕의 옥체 왼쪽 손목, 촌寸, 관關, 척尺의 세 곳에 잘 맞추어 매놓으시오. 그리고 실머리는 창문 틈으로 꿰뚫어 내보내서 내게 주십시오."

환관은 그의 말대로 국왕을 용장에 앉히고 촌맥, 관맥, 척맥에 맞추어 금실의 한 끝을 동여매고 다른 끝은 창문 밖으로 내보냈다.

손오공은 그것을 받아 쥐자, 한 가닥은 오른손의 엄지손가락과 집게손가락 사이에 끼고 촌맥을 보고, 다른 한 가닥은 가운데손가락과 엄지손가락 사이에 끼고 관맥을 보고, 또 한 가닥은 엄지손가락과 약손가락 사이에 끼고 척맥을 보았다.

그리고 호흡을 조절하여 사기四氣와 오울五鬱·칠표七表와 팔리八裏·구도九道·부중침浮中沈·침중부沈中浮를 가려내서 허실의 원인을 규명하고, 이번에는 왼손의 실을 오른쪽 팔목의 각각 그곳에 처음과 똑같이 동여매게 했다. 그리고 좀 전과 마찬가지로 왼쪽 손의 손가락으로 처음부터 하나하나 진찰했다.

이런 일이 한차례 끝나자 손오공은 부르르 몸을 떨어 그 세 가닥의 금실을 눈 깜짝할 사이에 깨끗이 자기 몸의 원래의 자리에 되꽂고 소리 높여 분명하게 전했다.

"전하의 왼손 촌맥은 강하고 빠르며, 관맥은 가늘고 느리며, 척맥은 둔하고 무겁습니다. 오른손 촌맥은 설레어서 자리가 잡히지 않았고, 관맥은 느리고 뭉쳐 있으며, 척맥은 수가 많고 단단하옵니다. 생각건대 왼손 촌맥이 강하고 빠른 것은 몸이 허하고 마음이 아픈 것이요, 관맥이 가늘고 느린 것은 땀이 흘러서 피부의 감각이 둔해진 것이며, 척맥이 둔하고 무거운 것은 소변이 빨갛고 대변에 피가 섞여 나오는 것입니다. 오른손의 촌맥이 설레어서 자리가 잡히지 않은 것은 몸 안이 뭉치고 경經이 막혀 있는 것이며, 음식물에 체한 것이요, 척맥이 빠르고 단단한 것은 근심걱정과 몸의 허한虛寒이 서로 버티는 것입니다. 진찰해 본 결과 전하의 옥체는 놀라움과 두려움과 근심걱정으로 생긴 병이니, 이름하여 쌍조실군雙鳥失群의 증세라 하겠습니다."

국왕이 내전에서 그 말을 듣더니 감격해서 소리쳤다.

"정확히 짚었소. 바로 그 병이오! 어서 약을 지어 주도록 하시오."

손오공은 그제야 서서히 침궁을 걸어 나왔다.

그의 진단은 어느새 밖에서도 모두 알고 있었다. 대신들은 환호성을 지르며 야단들이었다. 삼장은 손오공에게 어떻게 되었느냐고 물었다.

"맥을 보았으니 이제는 진맥대로 약을 지으면 되겠지요."

손오공은 아무렇지도 않은 듯이 대답했다. 그러자 대신들이 몰려들었다.

"신승 장로님! 말씀하신 쌍조실군이란 증세는 어떤 것이옵니까?"

"원래 암수 두 마리의 새가 같이 날고 있었는데 갑자기 폭풍우를 만나 헤어지게 되어 암놈은 수놈을 볼 수 없고, 수놈은 암놈을 생각하게 되니 이것이 곧 쌍조실군이 아니고 무엇이겠습니까?"

손오공은 싱글벙글 확신에 찬 미소를 지으며, 명의다운 긍지가 엿보이는 어조로 말했다. 그러자 대신들이 저마다 "참말 신

승이요! 신의시다!"며 갈채를 보내느라 야단들이었다. 태의관이
물었다.

"병세는 분명해졌습니다만 무슨 약을 어찌 쓰려 하십니까?"

"약방문은 필요 없고 있는 약을 쓰면 됩니다."

손오공이 담담하게 답하자 태의관이 재차 물었다.

"경經에 이르기를, 약에는 팔백팔 종이 있고 사람에게는 사백
사 종의 병이 있다고 하였는데, 어찌 약을 아무 것이나 쓸 수 있
겠습니까? 있는 약을 쓰신다 함은 무슨 뜻이옵니까?"

"옛 선인이 말하기를 약에 처방은 필요치 않고 적절하게 맞추
어서 쓴다고 했소. 그러니 약을 전부 구해 가지고 적당히 가감
하여 쓸 것이오."

태의관은 더 이상 묻지 않고 당직 사관을 시켜 성안의 약방
이란 약방은 모두 뒤져서 약 한 가지에 세 근씩 달아서 손오공
에게 보내도록 일렀다.

손오공은 그것을 조제에 필요한 여러 가지 기구와 함께 회동
관으로 보내게 했다. 그리고 자신은 전상으로 올라가 삼장을 모
시고 회동관으로 가려 했으나 "법사는 원로가 모시고 문화전에
서 잠을 자도록 하라!"는 전지가 내렸다.

그것은 바로 내일 아침 약을 쓴 뒤에 병이 나으면 응분의 사
례를 하고 통관의 문첩에 사증을 해서 환송한다는 뜻이었다.

이에 삼장이 깜짝 놀라며 손오공에게 말했다.

"오공아! 이건 나를 인질로 삼겠다는 뜻이로구나. 네가 병을
고칠 수 있다면 몰라도, 고치지 못하면 내 목숨은 없는 것이다.

모름지기 신중해야 하느니라.”

“사부님, 염려 마십시오. 이곳에서 대접이나 잘 받으며 계십시오. 이 손오공이 이래뵈도 의술에는 국수國手의 솜씨를 지녔습니다.”

손오공은 스승을 안심시킨 후 회동관으로 달려왔다.

저팔계 놈이 능글맞게 웃으면서 그를 맞이했다.

“형님, 나는 이미 다 알아봤소. 경을 가지러 가는 일은 그만 때려치우고 이제는 밑천 한 푼 안 들이고 장사를 해보자 이거 아닙니까? 이곳에서 약포를 차려 한밑천 든든히 잡아보겠다는 심산이죠. 안 그렇습니까?”

“주접떨지 마! 국왕의 병을 고치면 기분 좋게 떠나는 거야. 약방은 무슨 놈의 약방이야!”

“그러면 팔백팔 종이나 되는 약을 어디다 써먹겠다는 겁니까? 그것도 한 가지에 세 근씩 전부 합하면 이천사백이십사 근이나 되는데. 한 사람의 병을 고치는 데 약이 그렇게 많이 드는 까닭이 무엇이오?”

“많기는 뭐가 많아. 그 따위 약 따위는 다 필요 없어, 조금만 있으면 돼. 태의원 의관들의 눈을 좀 속여 줄 필요가 있거든. 이렇게 약을 모두 갖다놓으면 내가 무슨 약을 쓰는지 알게 뭐람. 내가 노리는 점은 바로 이 점이야, 이 숙맥아. 이제야 알겠냐?”

그날 저녁은 정·부 관리 두 사람이 정성껏 차린 만찬으로 마음껏 즐겁게 식사를 했다. 저팔계는 여전히 식탐이 많아서 먹는 것에 열중하느라 볼일을 못 볼 지경이었다.

날이 저물자 손오공은 두 관리를 불러 명했다.

"문단속을 철통같이 하고, 등불을 넉넉히 준비해 밝혀 두어라! 그리고 이곳은 어떠한 자도 출입을 금지시켜라."

한밤중이 되었다. 사람은 물론 하늘도 땅도 모두 잠들어 사위는 고요하기 그지없는데 기다리다 지친 저팔계가 먼저 재촉했다.

"형님! 대관절 약은 언제 만드는 것입니까?"

손오공이 씩 웃더니 드디어 제일성으로 지상 최대 명약의 작업지시를 내렸다.

"대황大黃을 한 냥쭝만 달아서 맷돌에다 갈아 가루를 가져오게."

사오정이 옆에서 혼잣말처럼 중얼거렸다.

"대황은 맛이 쓰고 성질이 차며 독기가 없소. 또한 그 성질이 가라앉았고 들뜨지 않아 그 효험이 돌아다니며 한곳에 머물러 있지 않소. 모든 답답증을 빼앗아 막힘이 없게 하고 재앙과 세상의 어지러움을 평정하고 태평함을 가져오게 하니 이름을 장군將軍이라 하오. 그러나 이 약은 다른 약을 몸 안에 퍼뜨려 줄 뿐이지, 오랫동안 병들어 허약한 사람에게는 함부로 써서는 아니 되오."

손오공이 껄껄껄 웃으며 대답했다.

"아우, 모르는 소리일세. 이 약은 담을 삭이고 기를 순하게 하는 작용이 있으며, 한열寒熱을 없애 주는 것이야. 잠자코 가서 파두巴豆 한 냥쭝만 달아서 겉껍질과 속껍질을 벗기고 공이로 짓찧어서 유독油毒을 없애고 맷돌에 갈아 가루를 가져오게."

그러자 이번에는 저팔계가 혼잣말처럼 중얼거렸다.

"파두는 맛이 맵고 성질이 뜨거우며 독이 있소. 쌓여 묵어서 막힌 적체를 없애며, 폐부의 침한沈寒을 풀어 주며, 막힌 것을 통하게 하여 창자의 길을 시원하게 하지만 관문을 참탈하는 장수라서 함부로 쓰지 못하오."

손오공이 또 설명했다.

"자네도 하나밖에 모르네. 이 약은 오장육부를 헤쳐서 심장이 부은 것을 조절할 수가 있네. 어서 만들어 주게. 나는 거기에다 또 곁들여 가미해야 할 약이 있으니까."

저팔계와 사오정은 각각 두 가지 약을 맷돌에 갈아 가루를 만들었다.

"형님, 또 몇십 종의 약을 만들 작정이오?"

"더이상 필요 없어."

"팔백팔 종의 약을 꼭꼭 세 근씩 갖춰 놓게 하고 사용한 것은 이 두 가지 두 냥뿐이라면 사람을 정말 성가시게 하는 것 아니오."

저팔계가 투덜거리자 손오공은 꽃무늬가 있는 잔 하나를 집어 그에게 불쑥 내밀면서 일렀다.

"쓸데없는 소린 그만하고, 이 잔에다 솥 밑바닥에 붙은 재를 반가량 긁어 담아 가지고 오거라."

"그건 뭘 하는데 쓰는 거요?"

"약에 쓸 거야. 솥 밑바닥의 재는 백초상百草霜이라 하는데 백

가지 병을 조절하는 것이지."

저팔계가 시키는 대로 재를 반잔쯤 가지고 와 맷돌에 곱게 갈아서 가루를 만들었다.

손오공은 또 잔을 그에게 건네주면서 일렀다.

"또 한 번 가서 우리 백마의 오줌을 반잔만 담아오너라."

저팔계는 눈을 동그랗게 떴다.

"오줌을 가져다 뭘 하시게요?"

"환약을 만들려고 그래."

그러자 사오정이 웃으며 참견했다.

"형님, 이 일은 농이 아니오. 말 오줌은 지독한 냄새가 나는데 그걸로 어떻게 약을 만든단 말이오. 비위가 약한 사람은 그 냄새만 맡아도 토할 터인데, 거기다 파두며 대황이며 그런 것들을 먹이면 아래로는 설사를 하고 위로는 토를 할 거요. 이게 무슨 장난이란 말입니까?"

"우리 백마는 예사로운 말이 아닐세. 원래는 서해용왕의 아들인 용신이었네. 그의 오줌만 먹으면 누구든, 무슨 병이든 대번에 낫는다는 것을 알아야지. 다만 언제 오줌을 누는지 몰라 얻기가 힘들기는 하지만 말이야."

저팔계는 묵묵히 잔을 들고 백마가 있는 곳으로 갔다.

백마는 잠을 자고 있었다. 저팔계는 한 발로 툭 차서 말을 깨우고 그 배 밑으로 들어가 한참 동안 기다렸으나 말은 오줌을 눌 기미가 전혀 없어 되돌아왔다.

"형님, 국왕보다는 말을 먼저 고쳐야 되겠소. 바싹 말라 비틀어져서 오줌은커녕 물 한 방울도 내려고 하지 않소!"

"그럼 어디 같이 가보세."

사오정도 같이 가보겠다고 해서 일행은 말 있는 곳으로 갔다.
그러자 백마는 반가운 몸짓을 하며 사람의 말소리로 불편하다
며 넋두리를 하였다.

"사형, 어째서 나를 몰라주는 거야? 나는 이래봬도 서해의
비룡이었어. 천조天條를 범했기 때문에 벌 받는 것을 관음보살
이 구해 주어 내 뿔을 자르고 비늘을 없애고 말로 변화시켜 준
거야. 사부님을 태워서 모시고 서천으로 경을 가지러 가서 공
을 세우면 그것으로 죄를 사한다고 했단 말이야. 내가 만약 물
을 건너다가 오줌이라도 찔끔 갈기게 되면 수중의 물고기는 그
것을 먹고 용이 되고, 산을 가다가 오줌을 갈기면 산 중의 풀이
그것을 빨아 먹고 영지靈芝가 된단 말이야. 그렇거늘 내 어찌 이
런 속된 장소에서 그것을 함부로 갈기겠어. 안 될 말이지."

"여기는 서방 국왕이 계신 곳이니 속된 장소가 아냐. 또 자네
의 오줌을 함부로 내버리자는 것이 아니라 이 나라 국왕에게
주어서 그의 병을 고치기 위함이야. 국왕의 병이 나아야 우리
전부의 영광이고, 또 병이 나아야만 우리가 이곳을 떠날 수 있
단 말이야."

"그러면 가만있어 보구려."

백마는 그제야 이해가 간다는 듯 한 걸음 앞으로 내디디고는
뒤로 엉거주춤 주저앉으면서 빠드득빠드득 이빨을 갈며 전신의
힘을 다하여 겨우 몇 방울의 오줌을 짜 놓았다.

"애개개, 아무리 금테 두른 물이라도 좀 더 갈길 일이지 이게 뭐람."

저팔계가 투덜댔으나 손오공은 그 정도면 됐다고 하면서 돌아와 먼저 만들어 놓은 약가루와 반죽을 하여 환약 세 개를 빚었다. 그리고 그 환약을 조그만 갑 속에 조심스럽게 넣어 둔 후, 잠을 청했다.

이튿날 아침 식사가 끝나자 국왕의 명을 받은 대신들이 회동관으로 달려왔다.

손오공은 점잖게 저팔계를 시켜 갑을 내어 뚜껑을 열고 약을 그들에게 주었다.

"이 약의 이름을 뭐라고 합니까?"

"오금단烏金丹이라 합니다."

저팔계와 사오정은 속으로 웃으며 중얼거렸다.

'솥 밑바닥의 재로 반죽을 하였으니 오금이 맞네 그려.'

손오공은 하늘에서 떨어지되 땅에 닿기 전, 즉 땅에 떨어지기 전에 받은 물로 먹어야만 효험이 있다고 하였다. 그리고 동해용왕을 불러 주자국왕의 사정을 설명하고 비를 내릴 수 있도록 부탁하여 주자국왕을 흡족케 했다.

용왕은 자기의 할 일을 끝내자 손오공에게 인사한 후 돌아갔다. 대신들은 적기에 내린 이 단비를 서너 잔가량 받을 수가 있었다. 그것을 국왕에게 바쳐 세 번으로 나누어 세 알의 환약을 다 먹게 했다.

오금단의 효험은 즉시 나타났다. 약을 먹은 국왕의 배가 갑자기 부글부글 끓기 시작하며 몇 번인가 급한 변을 보았다. 그리고 미음과 죽을 번갈아 먹으니 얼마 가지 않아서 그의 병은 씻은 듯이 나았다.

국왕은 조복을 갖춰 입고 보전으로 나와 삼장을 찾기가 무섭게 감격해서 넓죽 엎드려 절을 했다. 그리고 원로에게 교지를 내려 법신의 세 제자들을 모셔 오도록 하고 광록시에 명하여 잔칫상을 준비하라고 명했다.

그렇게 하여 손오공, 저팔계, 사오정 세 사람은 국왕이 베푸는 동각東閣의 성대한 잔치에 참석하게 되었다. 저팔계는 국왕이 손오공에게 몇 번이나 친히 감사의 술을 권하는 것에 질투를 느껴 적당한 기회에 복수하려 하였다. 마침 국왕이 무슨 약이기에 그토록 신통한 효험이 있느냐고 물었다. 그러자 저팔계가 바로 말했다.

"그 약 속에는 말……."

다급해진 손오공이 자기의 술잔을 쑥 내밀어 저팔계의 입을 막으며, 적당한 약으로 얼버무렸다.

연회석에서 국왕은 자기가 병을 앓게 된 근본적인 이유를 설명했다.

국왕에게는 본래 정궁正宮인 금성후金聖后와 동궁東宮인 옥성후玉聖后, 서궁西宮인 은성후銀聖后의 세 황후가 있었다. 삼 년 전 단오날에 어화원 해류정에서 창포에 싼 찹쌀떡을 먹고, 창포웅황주를 마시며 용선龍船놀이를 구경하고 있을 때, 갑자기 일진광풍이 일더니 기린산 해치동에서 산다는 새태세賽太歲라는 요괴가 나타나 금성후를 낚아채 갔다는 것이었다.

이때 창포에 싼 찹쌀떡이 속에서 체했으며 주야로 근심걱정이 되어 우의증憂疑症으로 고생하다가 손오공의 오금단으로 얹힌 것이 뚫려 완쾌되었다는 것이었다.

손오공은 국왕의 이야기에 술을 몇 잔이고 연거푸 들이켰다. 그리고 새태세인가 하는 요괴를 잡고 금성후를 찾아오겠노라 확약했다. 이에 국왕은 금성후만 찾아 주면 자기는 서민이 되고 손오공에게 나라와 제위를 바치겠다고 하였다.

국왕은 새태세가 부하 요괴를 보내어 궁녀를 잡아가기 때문에 어화원 뒤에 피요루避妖樓를 만들어 요괴가 나타나면 그 속으로 숨는다고 설명했다.

손오공이 그곳으로 가서 여기저기를 살피고 있는데 마침 요괴가 무서운 바람을 일으키며 엄습해 왔다. 국왕을 비롯한 모든 사람들은 피요루로 피했으나 손오공은 저팔계와 사오정과 함께 상광을 타고 요괴가 오는 허공으로 뛰어올랐다.

손오공이 여의봉을 비껴들고 요괴를 향해 호통부터 쳤다.

"네놈은 어디서 굴러온 요사한 마귀놈인가?"

요괴도 지지 않고 코웃음을 치며 무서운 음성으로 응수했다.

"나는 기린산 대왕의 영을 받들고 금성마마의 시녀로 삼기 위해 궁녀 두 명을 데리러 왔다. 네놈은 대체 누구이기에 나를 가로막는 것이냐?"

"나는 제천대성 손오공이다. 동토 대당 스승님을 모시고 서천으로 부처님을 뵈러 가는 길에 이 나라를 들렀다가 네놈들이 국왕을 괴롭혀 왔고 지금도 못살게 굴고 있다는 사실을 알게 되었다. 네놈들을 어디로 잡으러 갈까 생각하던 중인데 마침 네 놈이 나타났으니 참으로 반가운 일이다."

그 말을 들은 요괴는 긴 창을 꼬나잡고 무섭게 돌진해 왔다. 손오공은 여의봉으로 맞서 싸웠다. 처음 한동안은 두 사람이 참으로 좋은 적수인 듯 보였으나 손오공의 결정적인 일격에 요괴는 창이 뚝 부러져 버렸다.

요괴는 당황하여 바람의 방향을 돌려 재빨리 서쪽으로 도망쳐 버렸다. 손오공은 그를 쫓지 않고 구름을 내려 피요루 안에다 소리쳤다.

"사부님, 폐하를 모시고 나오십시오. 요괴는 도망쳤습니다."

삼장은 국왕을 부축하여 함께 밖으로 나왔다. 다시금 동각의 연회석으로 돌아온 국왕은 감격해서 손수 술잔에 술을 가득 따라 손오공에게 내밀면서 고맙다는 말을 연발했다.

손오공은 잔을 받아들고 사은을 하려 했으나 미처 입을 떼기도 전에 갑자기 조문 밖이 떠들썩하며 관원이 급히 뛰어들어 왔다.

"서문에 불이 났나이다."

손오공은 이 말을 듣고 국왕에게서 받은 술잔을 허공으로 휙 던졌다. 술잔은 쳇소리를 내며 땅바닥에 떨어져서 굴렀다. 이에 누구보다도 놀란 사람은 국왕이었다. 그는 자신이 무슨 잘못을 저질렀나 보다 하고 무조건 손오공에게 용서를 청했다. 손오공이 거북한 듯이 해명하려 했으나 그때 관원의 보고가 그것을 해결해 주었다.

"공교롭게도 참된 비가 내렸습니다. 그 때문에 불은 다 꺼졌으나 어찌된 일인지 거리가 온통 술 냄새로 가득합니다."

손오공이 그제야 웃으며 말했다.

"전하, 전하께서는 제가 화가 나 술잔을 던진 줄 아셨겠지만 그런 것이 아닙니다. 그 요괴가 서쪽으로 도망쳐 달아날 때 뒤쫓지 않았더니 불을 지른 것입니다. 그것을 알고 술 한 잔으로 불을 끄고 서문 근처의 백성들을 구한 것입니다."

국왕은 그 말을 듣자 더욱더 감격해서 손오공을 존경해 마지 않았다. 하여 삼장 일행을 이끌고 보전에 올라와 왕위와 나라를 물려주겠다고 고집했다.

손오공은 우선 기린산 해치동에 가 금성황후를 구하는 일이 급선무임을 알리고 남쪽으로 삼천 리 길 해치동의 동굴을 찾았다. 그곳은 모래를 흩뿌리며 화광이 충천하고 시뻘건 불길 속에서 한 줄기의 고약한 연기가 뻗쳐오르고 있었다.

손오공은 새매로 변하여 매서운 연기와 불 속으로 날아 들어갔다. 한동안 정신없이 연기와 불의 중심으로 날아 들어가려니까 어느새 모래도 연기도 불도 저절로 꺼져 버렸다. 손오공은 재빨리 본상으로 돌아와 지상으로 내려서서 동정을 살폈다. 그런데 느닷없이 꽝 하고 징소리가 들려왔다. 본래 징소리는 연락을 맡은 포병이 울리는 소리였다.

손오공이 나무 사이에 숨어 살펴보니, 작은 요괴인 듯싶은 한 놈이 누런 깃발을 들고 등에는 문서를 짊어지고 징을 쉴 새 없이 치면서 나는 듯이 달려가고 있었다. 손오공은 다시 작은 하루살이로 변해 요괴가 짊어진 서신 보따리에 슬며시 내려앉았다.

작은 요괴는 부지런히 걸어가면서 혼잣말로 중얼거리고 있었다.

"우리 국왕은 참 지독한 분이시다. 삼 년 전 주자국에서 금성황후를 강탈해 오셨으나 신선 한 분이 황후에게 오채선의五彩仙衣 한 벌을 주고 입도록 한 뒤부터 전신에 온통 바늘 같은 가시가 돋아 대왕은 그 여자의 몸에 감히 손 한 번 대보지도 못하시고, 애꿎게 새로 잡아오는 궁녀들만 못살게 구신단 말이야. 둘을 잡아 와도 죽여 없애고 넷을 잡아와도 죽여 없애고, 그런데 이번에는 궁녀를 잡으러 갔던 선봉장군이 손오공에게 크게 망신당하고 도망쳐 온 것을 대왕이 화를 벌컥 내시어 주자국과의 전쟁을 선포한 게야. 정말 싸우기라도 하는 날이면 주자국은 국왕이건 신하건 백성이건 어느 하나도 제대로 살아남지 못할 텐데……."

작은 요괴는 걱정하는 한편 위로하면서 성실히 자신의 임무에 충실하려 했다. 그러나 전서를 빼앗기고 손오공에게 맞아죽어야만 했다. 손오공은 그 시체의 허리춤에서 아패牙牌까지 떼어냈다.

'심복의 소교小校, 유래유거有來有去, 체구는 작으며 얼굴은 얽고 수염은 없다.'

손오공이 소리 내어 웃었다.

"이자의 이름 유래유거에서 방망이 한 대에 유래무래有來無來

가 되어버렸군."

손오공은 아패를 풀어 자기의 허리에 찼다. 그리고 작은 요괴의 시체를 메고 주자국으로 돌아왔다. 손오공은 우선 삼장에게 전서를 전해 주며 국왕에게 알리지 말고 보관만 하고 있으라 일렀다.

그리고 국왕에게 자신이 국왕이 보내서 왔음을 금성황후가 믿을 수 있는 물건이 필요하다고 역설했다.

국왕은 황후의 화장갑 속에서 황후가 평소에 매우 아끼던 금팔찌를 내어 오게 하여 그것을 손오공에게 주었다. 손오공은 금팔찌를 받아들어 자기의 팔뚝에 차고 휙 허공으로 솟아올랐다. 그리고 아까 작은 요괴를 죽였던 그곳으로 달려가 깃발과 징을 찾아들고 유래유거로 변해서 새태세에게 보고한 후 황후와도 만날 수 있었다.

그는 황후를 만나 국왕으로부터 받은 팔찌를 보이고, 또 자기의 본상을 나타내어 빠져 나갈 약속을 하였다. 그리고 마왕이 언제나 품속에 깊이 보관하고 다니는 문제의 연기와 모래를 날릴 수 있는 보배, 즉 세 개의 금방울을 감쪽같이 훔쳐내는 데까지는 성공하였으나 방울의 사용법을 잘 몰라 큰 사단이 한 번 벌어지고 말았다.

새태세는 앞뒤의 문을 굳게 잠그고 혈안이 되어 손오공을 찾았으나 그는 좀처럼 보이지 않았다. 새태세는 발광을 하며 박피정剝皮亭에 올라 여러 부하 요괴들을 불러 모으고 그들에게 엄한 명령을 내렸다. 곧 각 문에 방울을 달고 호각을 불며 북과 딱따기를 치게 하는 한편, 활을 가진 자는 화살을 시위에 재어 당기고 있게 하고, 칼을 가진 자는 그 칼을 뽑아 들고 있게 하는 등 임전태세를 갖춰 이날 밤을 뜬눈으로 새우게 하였다.

손오공은 파리로 변하여 문 옆 벽에 착 달라붙어 움직이지 않고 있었다. 앞쪽은 방비가 엄중해서 빠져 나갈 수 없을 것 같았다. 그러나 뒤쪽은 비교적 경비가 심하지 않아 후궁의 문으로 날개를 슬며시 펼쳐 천장 높이 날아갔다.

금성황후는 이때 혼자서 어안에 엎드려 얼굴을 묻고 울고 있었다. 손오공은 이 광경을 엿보다가 안으로 날아 들어가 황후의 머리에 조용히 앉아 황후를 안심시켰다.

"금성마마, 놀라지 마십시오. 마마의 나라에서 보낸 신승 손오공은 아직 건재합니다. 아까는 금방울을 사용할 방법을 몰라 불타 죽는 줄 알았습니다. 하오나 마마께서 한 번 더 용기와 지혜를 발휘하시어 술자리를 마련해 마왕을 불러들이시면 제가 시비로 변하여 접대하면서 금방울을 바꿔치기 해보겠습니다."

금성황후는 눈물을 거두고 시비들을 불러 술상을 마련하라 이르고, 요왕을 부르러 박피정으로 납시었다. 이에 요왕 새태세는 감개무량하여 황후와 함께 후궁으로 들어갔다. 황후와 요왕이 가장 신임하는 시비 춘교로 변한 손오공은 시비들을 움직여 고기며 과일이며 술상을 마련하여 그들 앞에 내놓았다.

황후와 요왕은 서로 권커니 잣거니 즐겁게 술병을 기울였다. 두 사람은 행복하게 보였다.

황후는 적당한 때를 보아 시비들을 내보내고 가짜 춘교만을 옆에서 시중들도록 하였다. 요왕과 황후는 점점 더 열기를 띠어 갔으나 최후의 순간에 가서는 그녀의 몸에 손도 대보지 못했다. 황후는 이곳으로 잡혀온 이후 전신에 이상한 바늘이 돋아 몸에 손을 댈 수 없는 그저 그림의 떡에 불과했다.

그러나 요왕은 황후가 조금만 잘 대해 주어도 그녀 앞에 무릎을 꿇을 정도로 그동안 자기 것으로 만들기 위해 애를 썼다. 황후는 요왕의 욕망을 불러일으키다가 화제를 슬쩍 바꿨다.

"대왕, 금방울 보배는 어디 상한 곳이 없나요?"

"그 보배는 금을 끓여 부어서 만든 물건이라 상할 리야 없지만 손오공이란 놈이 보배의 입구를 막았던 솜마개를 빼버렸기 때문에 그것을 싼 표범가죽 보자기가 다 타버렸소."

황후가 안됐다는 듯이 걱정스런 표정으로 말했다.

"그러시면 그 보배는 어디에 간수해 두십니까?"

"간수는 뭐, 그냥 내 허리춤에 차고 있으니 걱정 없소."

이때 춘교로 변한 손오공은 두 사람의 대화를 유심히 듣고 있다가 재빨리 자기의 몸털을 한 움큼 뽑아 입에 털어 넣었다. 그리고 그것을 잘강잘강 씹어 요왕에게 다가가 선기와 함께 훅 불었다.

그것들은 이·벼룩·빈대 등등으로 변해 요왕의 몸을 공격하기 시작했다. 요왕은 몸이 근질근질하고 가려워서 가려운 곳을 벅벅 소리가 나도록 긁더니만 손끝으로 이 몇 마리를 잡아 등불 앞에 대고 가까이 들여다보았다.

황후가 옆에서 걱정스러운 듯이 말했다.

"대왕, 차라리 옷을 벗으십시오. 제가 잡아드릴 터이니 어서 속옷을 벗으시지요."

요왕은 더 이상 참지 못하고 옷을 벗었다. 세 겹째 옷자락을 들추니 살이 드러나고 금방울이 보이는데 그곳에도 이·벼룩·빈대들이 우글거려 그 수를 헤아릴 수가 없을 정도였다. 가짜 춘교가 다정스럽게 요왕 곁으로 가서 알랑거렸다.

"대왕님, 제가 이를 잡아드릴 테니 금방울 보배를 이리 주십시오. 에구머니나, 여기에도 벼룩, 빈대가 가득 들어 있네."

요왕은 부끄럽고 당황하여 진짜인지 가짜인지 분별도 못하고 가짜 춘교에게 세 개의 금방울을 건네주었다.

가짜 춘교는 그것을 받아들자, 한참을 만지작거리더니 요괴 왕이 머리를 숙여 옷을 털고 있는 사이에 자기 목털 한 가닥을 뽑아 그것으로 요왕의 금방울과 똑같은 방울 세 개를 만들었다. 그리고 이를 잡는 체하면서 진짜는 자기 품속에 집어넣고 가짜를 가지고 등불 가까이 가서 이리저리 뒤척이며 열심히 살피는 체하다가 몸을 꿈틀거리면서 거기에 흩어져 있는 이와 벼룩, 빈대 등을 깨끗이 거두었다. 그리고 가짜 금방울을 요왕에게 주니 요왕은 황후에게 주면서 당부했다.

"이번에는 조심해서 잘 간직해 두시오. 지난번처럼 되지 않도록 말이오."

황후는 금방울을 받아 옷장 깊숙이 넣고는 황금 자물쇠로 채워버렸다. 그리고 요왕에게 몇 잔의 술을 더 권하고 나서 시비에게 분부했다.

"침상을 깨끗이 정리하고 비단 이부자리를 펴거라. 오늘은 대왕마마를 모시고 같이 잘 테다."

이 말을 들은 요왕은 질겁하듯이 뒷걸음질을 치고 손을 내저었다.

"아니, 아니오. 나는 궁녀들을 데리고 서궁으로 가서 잘 테니, 황후는 혼자서 편히 쉬시구료."

이렇게 두 사람은 제각기 자기의 침전으로 갔다. 손오공 또한 진짜 금방울을 얻은지라 속으로 쾌재를 부르며 본상을 나타냈다. 그리고 진짜 춘교를 잠들게 해놓았던 갑수충을 거둬들이고 은신법과 해쇄법을 써서 문을 열고 밖으로 나서서 소리쳤다.

"이놈, 새태세! 우리 금성황후를 내어놓아라!"

진짜 금방울을 지닌 손오공은 이제 두려울 것이 없었다. 대소 부하 요괴들이 달려 들어가 요왕에게 알렸으나 요왕은 좀처럼 일어나려 하지 않았다. 오히려 문을 닫아걸고 열어 주지 말라며 호통을 쳤다.

그럴수록 손오공은 문을 탕탕 치면서 새태세를 나오라고 소리쳤다. 뿐만 아니라 문을 부수었다. 그제야 새태세는 격분해서 선화부宣化斧를 집어 들고 밖으로 나와 손오공과 오십여 합이나 싸웠다. 그러나 승부가 나지 않았다.

요왕은 싸움 방법을 바꾸기 위해 손오공에게 아침밥을 먹고 다시 싸우자며 안으로 들어갔다. 새태세는 안으로 들어가자 황후에게 달려가 어젯밤에 맡긴 금방울을 달라고 하여 챙기었다.

밖으로 나온 요왕은 자신의 것과 똑같은 방울이 손오공에게도 있는 것을 보고는 깜짝 놀랐다. 손오공은 거기에 한술 더 떠서 '네가 가진 것은 수놈이지만 내 것은 암놈'이라고 상대방을 놀리면서 시험을 하기 시작했다.

요괴왕이 먼저 방울을 세 번씩이나 흔들었으나 불은 일어나지 않았다. 그 다음 둘째 방울, 셋째 방울을 흔들어도 연기와 모래는커녕 바람 소리도 나지 않았다.

"이놈아, 손을 멈추거라. 내가 한 번 흔들어 볼 테니 감상이나 하거라."

손오공이 빈정대며 세 개의 방울을 모두 열어 연기·불·모래, 게다가 바람까지 일으키자 천지는 온통 연기와 불, 모래의 격동 속에 휩싸여 최후의 날이 온 듯했다.

새태세는 그 속에서 허둥대다가 새빨갛게 타서 재도 남지 않을 것 같았다.

이때 갑자기 무서운 목소리로 자신을 부르는 소리가 하늘에서 들려왔다.

"오공아! 멈추어라. 내가 왔다!"

손오공이 머리를 쳐들어 바라보니 왼손에는 정병을 들고 오른손에는 버들가지를 들고 감로수를 뿌려서 불을 끄려는 관음보살이었다.

손오공은 어찌할 바를 몰라 곧바로 합장하고 꿇어 엎드려 절을 하였다.

관음보살은 버들가지를 정병에 든 감로수에 적셔 몇 번 뿌렸다. 그러자 그토록 거세던 불길은 힘을 잃고 꺼져 버렸다.

새태세라고 자칭하던 요왕은 관음보살이 때때로 타고 다니는 금빛 털의 산개, 금모후였다.

어느 날 목동이 잠시 졸며 경비를 소홀히 하는 틈을 타서 쇠사슬을 끊고 도망친 것을 모르고 있다가 이제야 찾으러 온 것이었다. 그러나 이 산개는 삼 년간 주자국왕의 재앙을 막아 주는 역할을 해온 셈이었다.

주자국왕은 동궁일 때 사냥에 나가 서방불모, 공작대명왕보살님께서 낳으신 암수 한 쌍의 공작에게 화살을 날린 죄로 삼 년 동안 참회하게 하는 의미에서 홀아비로 지내게 했고 병들게 했다는 것이었다.

관음보살은 손오공에게 여러 설명을 한 후, 요왕을 원래의 산개로 변화시켜 문제의 방울을 산개의 목에 달고 몸을 날려 산개의 등에 앉더니 남해로 돌아갔다. 금성황후가 잡혀 갔을 때 그녀의 몸에 선의를 입혀 바늘을 돋게 했던 자양진인도 선의를 찾아 돌아갔다.

손오공은 그제야 해치동 동굴로 들어가서 대소 요괴들을 모두 처치한 후 금성황후를 구출하여 주자국으로 돌아왔다. 또 한 번 국왕의 후한 대접을 받고 삼장 일행은 부지런히 서쪽을 향해 길을 갔다.

거미와 지네의
요괴를 만나다

어느새 가을도 겨울도 지나 또다시 따스한 봄철이 되었다.

삼장 일행이 아름다운 봄 경치를 구경하며 가노라니 아름다운 숲에 둘러싸인 인가가 나타났다. 삼장이 먼저 발견하여 말을 멈춰 세우고 내렸다.

"사부님, 길도 평탄하여 가기도 좋은데 왜 말에서 내리십니까?"

손오공이 의아하게 여기고 물었다.

"저기 숲속에 인가가 보이는구나. 저 댁에 가서 음식을 얻어 먹어 볼 참이다. 너희들은 여기서 좀 기다리려무나."

그러자 손오공이 손사래를 치며 앞으로 나섰다.

"어떻게 사부님께서 동냥을 하시게 하겠습니까? 제가 가겠습니다."

"아니다. 집도 가깝고 하니 내가 다녀오마."

저팔계는 스승이 이렇게 나오자 이내 보따리에서 바리때를 꺼내어 삼장에게 주었다. 사오정도 손오공도 더 이상 막지 않았다.

삼장은 바리때를 들고 인가 쪽으로 걸어갔다. 막상 집안을 살펴보니 여자만 넷이 있는지라 감히 들어갈 생각을 못하고 소나무 숲 아래서 기웃거리고 있었다.

그러나 제자들에게서 음식도 못 얻어 오느냐는 핀잔을 들을게 두려워 용기를 내어 다리 위로 걸어 올라갔다. 조금 더 걸어 가니 초가집 안에 정자가 보이는데 그 정자 아래에서 세 명의 여자가 공차기를 하고 있었다.

삼장은 오랫동안 그것을 바라보고 있다가 할 수 없이 다리 있는 데를 걸어 내려가서 말을 건넸다.

"보살님, 소승은 부처님의 인연으로 동냥을 오게 되었습니다. 먹을 것이 있으면 좀 주십시오."

여자들은 그 말을 듣더니 각기 바느질하던 것도, 공차기하던 것도 집어치우고 문 밖으로 나와 맞으면서 공손히 답례했다.

"장로님, 어서 안으로 들어오십시오."

영문도 모르는 삼장은 은근히 감격했다.

삼장이 그들을 따라 목향의 정자를 지나 얼마를 가니 갑자기 석굴이 나타났다. 여자 하나가 재빨리 동굴 앞으로 다가가서 돌 문을 밀어젖히고 삼장을 그곳으로 안내했다. 거기에 놓여 있는 탁자니, 의자니 하는 것들은 모두가 돌로 된 것으로 싸늘한 냉기가 가슴을 찔렀다.

삼장은 겁이 더럭 났다. 그러나 여자들은 삼장의 기분 따위는 아랑곳없이 저희들 기분대로 이쪽과 저쪽에서 애교를 떨고 손을 잡아끄느라 야단들이었다. 그리고 대당에서 서천으로 불경을 가지러 가는 삼장법사임을 알고는 식사를 준비하는 한편, 삼장과 한마디라도 더 이야기를 나누고자 야단들이었다.

그러나 그들이 막상 내어놓은 음식은 사람의 고기를 찌고 삶고 한 것들이었다. 삼장은 깜짝 놀라 일어섰다. 그리고 두려움에 떨며 밖으로 나가고자 했으나 그들은 삼장을 동아줄로 꽁꽁 묶어서 대들보에 높직이 매달았다.

그리고 여자들은 상반신의 옷을 모두 벗어버리고 배를 내놓더니 제각기 배꼽에서 굵은 동아줄을 뽑아내고 굴문이 막히도록 쌓았다.

한편, 저팔계와 사오정은 말을 놓아 풀을 뜯기고 보따리를 지키고, 손오공은 이 나무 저 나무의 열매를 따며 놀고 있었는데 저편 나무 사이로 무언가 번쩍 빛나는 것이 보였다.

손오공은 불길한 예감을 느껴 나무에서 뛰어내리며 소리쳤다.

"큰일났다! 사부님이 또 요괴에 걸려들었다. 저 집을 보아라!"

과연 그 집은 아까와는 달리 온통 흰 눈이 뒤덮인 것처럼 반짝반짝 하얗게 빛나고 있었다.

저팔계가 빨리 가서 사부님을 구하자고 소리쳤으나 손오공이 저지하며 나섰다.

"떠들지 말고 조용히 기다리고 있어. 내가 갔다 올 테니까."

손오공은 여의봉을 뽑아들고 두서너 걸음 만에 그 집으로 달려갔다. 문 앞에 와 그 집을 들여다보니 온통 비단실의 동아줄이 백 갈래 천 갈래로 엉켜 완벽한 절벽을 이루고 있었다.

그것이 무엇인지는 전혀 알 수가 없었다. 손오공은 여의봉으로 냅다 후려치려다 잠시 생각했다. 그리고는 주문을 외워 그곳 토지신을 불러내었다.

"이곳은 대체 어떠한 곳인가?"

"저 앞에 있는 산은 반사령이라 하오며, 고개 아래에는 동굴이 있는데 그곳을 반사동이라 합니다. 동굴 안에는 일곱의 여자 요괴들이 살고 있습니다."

"그것들은 어느 정도의 신통력을 가지고 있는가?"

"소신은 힘도 없고 위엄도 없는지라 그들이 어느 정도의 능력을 가지고 있는지는 알 수 없사옵니다. 그러나 여기서 정남쪽으로 가면 탁구천이라는 온천이 있는데, 원래는 하늘나라 칠선고七仙姑가 내려와 목욕하는 욕지浴池였으나 일곱 여자 요괴들이 이곳에 와 살면서부터 이 탁구천을 차지해 버렸습니다. 선고

418

들이 요괴들과 다투거나 싸우지 않고 그대로 물러난 것을 보면 이 요괴들은 굉장한 힘을 가지고 있는 것 같습니다."

"그들은 온천을 점령해서 뭘 하는가?"

"요괴들은 하루 세 번씩 그곳으로 목욕을 하러 갑니다. 지금 오시午時가 가까워 오니 곧 목욕하러 가려고 나올 것입니다."

손오공은 토지신을 돌려보내고 자신은 한 마리의 파리로 변하여 길가의 풀 위에 앉아 그들을 기다리기로 했다.

조금 있으려니 바스락바스락 하는 소리가 났다. 그 소리는 마치 누에가 뽕을 갉아먹는 것과도 같고, 또 바닷물이 밀려오는 것과도 같았다. 어찌되었든 눈 깜짝할 사이에 무수히 얽혀 있던 동아줄이 어느새 깨끗이 없어져버리고 원래의 집이 서 있었다. 또 삐걱하고 사립문 열리는 소리가 나더니 왁자지껄 웃음소리와 함께 일곱 여자가 걸어 나왔다. 얼핏 보기만 해도 아름답고 젊은 여자들이었다.

'저 일곱 여자들이 우리 사부님을 잡아놓고 먹자고 든다면 한 끼 반찬으로 부족할 것이고, 서로 돌려가며 재미를 본다 해도 그야말로 한 차례도 다 못 돌아가 맥을 못 추고 쓰러져버릴 것이 아닌가?'

손오공은 여자들의 동정을 더 잘 살펴보기 위해 다시 날아 맨 앞에 서서 걸어가는 여자의 머리에 가서 앉았다. 그들은 자유분방하게 시시덕거리며 남쪽 탁구천에 당도했다.

탁구천 온천은 담을 둘러쌓고 문이 있는 제법 훌륭한 곳이었다. 항상 뜨거운 물이 넘쳐흐르는데 물이 깨끗하고 맑아 밑바닥까지 다 들여다보였다. 바닥에는 구름이 솟아나오듯이 사시사철 쉴 새 없이 부글부글 뜨거운 물이 솟고 있었다.

손오공은 여자들의 동정을 살피기 위해 가장 높은 옷걸이 위에 앉았다. 여자들은 김이 모락모락 피어오르는 물속으로 들어가고자 옷을 벗어 옷걸이에 걸고 물속으로 뛰어들어갔다.

손오공은 옷걸이에 높직이 앉아 그녀들의 즐거워하는 모습을 바라보며 여의봉을 휘둘러 악의 종자들을 박살내버릴까 생각했으나 상대가 여자인지라 차마 그럴 수가 없었다. 그리하여 다른 꾀를 써서 골탕 먹일 작정으로 커다란 새매로 변했다. 그리고 거기에 걸려 있는 일곱 여자들의 옷을 속옷과 겉옷 가릴 것 없이 몽땅 채어 가지고 공중으로 날아올랐다.

산고개까지 오자 그는 본상으로 변하여 거기서 기다리고 있는 저팔계와 사오정을 만났다.

여자 요괴들의 옷을 채어 가지고 온 손오공의 설명을 듣고 난 저팔계는 그들을 죽이지 않고 왔다고 투덜거리며 쇠갈퀴를 집어 들고 그 길로 곧장 탁구천으로 달려갔다.

그는 온천 문을 활짝 열어젖히고 쑥 들어갔다. 일곱 여자들은 물속 여기저기에서 자기들의 옷을 채어 간 새매를 원망하고 있었는데, 저팔계의 눈에는 오히려 새초롬하게 토라진 여자들의 얼굴이 더욱 아름답게 보일 뿐이었다.

그 자리에 돌이 된 듯 우뚝 멈춰 서서 그녀들을 바라보는 저팔계의 두 눈은 팽 돌았다.

"아이구, 보살님들!"

저팔계는 행복한 웃음을 지으며 능청스럽게 불렀다.

"예서 목욕을 하고 계시군요. 이 화상도 끼워 주십시오."

저팔계는 쇠갈퀴를 내동댕이치고 옷을 훨훨 벗고 두말없이 물속으로 뛰어 들어갔다. 그러자 탕 속에서는 한바탕 소란이 일었다. 그는 여자 요괴들의 공격을 피하느라 메기로 변해서 그녀들의 다리 사이를 요리조리 피해 다니며 심술 사납게 쿡쿡 찔렀다.

그리하여 여자들이 지쳐 넘어지자 그제야 본상을 나타내고 물 밖으로 뛰쳐나와 옷을 주워 입고 쇠갈퀴를 집어 들면서 이제야말로 몽땅 박살을 내버리려고 덤벼들었다.

여자 요괴들은 밖으로 뛰쳐나와 부끄러움도 없이 알몸으로 배꼽에서 동아줄을 뽑기 시작했다. 저팔계는 그녀들의 동아줄에 얼기설기 몇 천 겹으로 칭칭 감겨 꼼짝 못하게 되었고, 여자 요괴들은 동아줄로 햇빛을 가리며 동굴로 돌아왔다.

그녀들은 삼장의 옆을 지나면서 일부러 육체의 시위를 해보이고 나서 뒷문으로 빠져 나갔다. 거기서 그들은 헌옷을 주워 입고 각자의 양아들을 불러, 탁구천으로 가서 당승의 제자를 쫓아버리라고 명했다. 그리고 자기들은 오라버니 집에 있을 터이니 그리로 오라고 덧붙였다.

양아들들은 급히 무장을 하고 밖으로 나갔다. 그렇지만 다리도 건너기도 전에 손오공과 저팔계의 공격을 받아 모두 죽어버렸다.

여자 요괴들이 동굴로 돌아오자 동아줄을 사렸기 때문에 가까스로 풀려난 저팔계가 손오공을 만났고, 삼장을 구하기 위해 함께 동굴로 향하던 중에 여자요괴들의 양아들들을 만났던 것이다.

손오공과 저팔계는 동굴로 들어와 대들보에 매어달린 삼장을 구출했다. 일곱 여자들은 이미 그곳을 떠난 후였다. 삼장 일행은 불을 질러 동굴이고 집이고 깨끗이 태워버리고 길을 떠났다.

손오공은 삼장을 부축해서 말에 오르게 하고 저팔계, 사오정과 함께 큰길을 따라 곧장 서쪽으로 향해 걸었다.

얼마 안 가서 '황화관黃花觀'이란 석판이 박혀 있는 장엄한 누각이 나타났다.

둘째 문을 들어서니 정전은 굳게 닫혀 있고, 동쪽 행랑 아래 한 도사가 앉아 환약을 만들고 있는 중이었다.

삼장이 목소리를 높여 큰 소리로 불렀다.

"신선님, 빈승이 문안 여쭈옵니다."

도사는 번쩍 머리를 쳐들더니 놀라서 약을 떨어뜨리고 의복을 정제하여 섬돌로 내려섰다.

"스님, 영접치 못해 실례했습니다. 안으로 드시지요."

삼장은 기뻐하면서 그를 따라 전상으로 올라갔다.

문을 열고 보니 도교의 삼신인 삼청성상이 있고 제사상에는 향로와 향이 있는지라, 향을 집어 향로에 꽂아놓고 삼잡례三匝禮를 하였다. 그러고 나서 도사에게 절을 하고 손님 자리에 가서 제자들과 같이 앉았다.

도사가 선동을 불러서 차를 내어 오라고 분부했다. 그러자 어

린 동자 둘이 안으로 달려 들어가서 차를 끓인다 하며 부산을
떨었다.

그러나 반사동의 일곱 여괴들은 이곳 도사와 함께 수학한 동
문이었다. 탁구천의 소동이 있은 후 양아들을 불러 저팔계를 쫓
으라 하고 헌옷가지를 주워 입고 이곳으로 도망 온 것이었다. 그
들이 양아들들에게 오라고 한 그 오라버니 집이 바로 이 도사
의 집을 두고 한 말이었다.

여괴들은 이때 뒤에서 새옷을 지어 입으려고 부지런히 손을
움직이고 있었다. 그런데 동자들이 부엌에서 부산을 떠는 소리
를 듣고 삼장 일행이 온 것을 알았다.

"너희들은 차를 내어가 오라버니께 슬며시 눈짓을 하여 우리
가 급히 여쭐 말이 있다고 이리 오시게 해라."

선동들은 차 준비가 다 되자 쟁반에 다섯 잔을 받쳐 들고 나
갔다. 도사는 차를 공손히 받아 삼장에게 권했다. 그리고 저팔
계, 사오정, 손오공의 순서로 돌아가며 권했다. 주객은 즐겁게
이야기를 하며 차를 들었다. 그리고 동자들은 찻잔을 치우며 주
인에게 눈짓을 했다.

"잠깐만 계십시오. 잠시 안에 좀 다녀오겠습니다."

도사는 동자들에게 시중 들라 이르고 안으로 들어갔다. 그
러자 일곱 여자들이 일제히 그의 앞에 무릎을 꿇으며 하소연
했다.

"오라버니, 우리 말씀 좀 들어보십시오! 저 화상들은 당조에
서 서천으로 경을 가지러 가는 취경인들이에요. 오늘 아침에 우

리 동굴로 저 당승, 삼장법사가 음식을 얻으러 왔는데, 우리가 잡았습니다. 당승은 십세나 수행을 쌓아서 누구나 그의 고기 한 점만 먹어도 영수장생한다고 알려져 있지 않습니까. 그래서 우리가 잡아 두었는데 귀가 크고 주둥이가 길쭉한 자식이 우리가 탁구천에서 목욕하는데 달려와서는 옷을 모두 채가고 같이 목욕하자며 물속으로 들어와 날강도처럼 미쳐 날뛰더니 나중에는 쇠갈퀴를 들고 우리를 죽이려 했어요. 그래서 우리가 법을 써서 동아줄로 묶어놓고 동굴로 돌아와서 우리 애들을 보냈는데 그 애들을 다 죽였나 봐요. 우리들은 오라버니에게 도와달라고 여기에 온 것이에요. 오늘 우리 일곱 아들의 원수를 갚아 주세요."

도사는 여자들의 설명과 호소를 듣고 분노가 절정에 올랐다.

"중놈들이 그토록 무례한 수작을 했단 말인가? 괘씸한 놈들이다. 너희들은 모두 따라오너라!"

도사는 여자들을 데리고 자기 방으로 들어가자 침상 위 대들보에 보관해 둔 가죽갑 하나를 끼고 내려와 그 속에서 약 한 봉지를 꺼냈다. 그리고 여자들에게 설명했다.

"나의 이 보배는 보통 사람에게는 1리厘(1푼의 10분의 1)만 먹여도 삼키는 즉시 죽는다. 신선이라도 삼 리면 족하다. 저 밖에 온 화상들은 보기에도 다소간의 도를 닦은 듯하니 삼 리쯤 써야 할 것 같다!"

도사는 붉은 대추 열두 개를 꺼내어 손톱으로 조금씩 긁고 그 자리에 1리씩의 약을 각각 넣고, 그것을 네 개의 찻잔에 하나하나 집어넣었다.

그리고 또 따로 검은 대추 두 개를 꺼내어 그것은 다른 찻잔에 담아 쟁반에 놓았다. 그리고 여자 요괴들에게 이렇게 분부했다.

"내가 가서 물어보겠다. 당조에서 온 자들이 아니면 그만두는 것이고, 만일 당조에서 왔다면 차를 내어 오라고 할 테니까, 아이들에게 이 차를 보내란 말이다. 이걸 먹기만 하면 그땐 모두 깨끗이 뻗을 테니 너희들의 원수도 갚겠구나!"

일곱 여자들은 감격하여 절을 꾸벅했다. 도사는 우선 옷을 깨끗이 갈아입고 한두 번 기침을 점잖게 해보이고 밖으로 걸어나갔다. 그리하여 삼장 일행을 다시 전상의 객석으로 공손히 모시고 대접하기로 했다.

"스님, 죄송합니다. 시장하실 텐데, 식사 준비를 시키느라고 잠시 실례했습니다."

"아닙니다. 빈승은 맨손으로 진배進拜하였는데, 식사 준비까지 해주시고 공연히 폐를 끼치게 되어 오히려 죄송스러울 따름입니다."

"그런데 스님께서는 어느 보산寶山에 계시오며 이곳은 어쩐 일로 오시게 되었습니까?"

"빈승은 동토 대당에서 어명을 받들고 서천 대뇌음사로 경을 가지러 가는 취경인이옵니다. 마침 선궁禪宮을 지나가던 길에 과문불입過門不入(아는 사람의 문 앞을 지나면서도 들르지 않음) 할 수가 없어서 잠시 마음을 다하여 진배코자 한 것입니다."

"정말로 충성대덕忠誠大德한 부처십니다. 알아뵙지 못하고 멀리 나가 영접치 못했으니 정말 죄송하옵니다."

도사는 의미 있는 미소를 짓더니 동자에게 명했다.

"여기 차를 다시 내오고, 식사도 준비하도록 하라!"

동자가 다섯 잔의 차를 다시 내오자 도사는 얼른 붉은 대추가 든 찻잔 하나를 두 손으로 들더니 삼장에게 올렸다. 그리고 저팔계가 몸이 제일 큰지라 첫 번째로, 다음은 사오정에게, 맨 마지막으로 손오공에게 주었다. 아마도 덩치가 제일 작은 손오공을 맨 끝의 제자로 본 모양이었다.

손오공은 자신들의 찻잔에는 붉은 대추 세 개가, 도사의 찻잔에는 검은 대추 두 개가 들어 있는 것을 유심히 보았다. 자신들 것과는 분명 달랐다.

"선생, 나와 찻잔을 바꾸어 먹읍시다."

"산 구석의 빈한한 도사인지라 다과를 준비할 수가 없는 처지에 마침 붉은 대추가 열두 개밖에 없더군요. 그래서 우선 손님 잔에 놓도록 하고 저도 그냥 있기 뭣해서 좋지 못하나마 검은 대추가 두 개 있기에 그것으로 만족하였습니다."

"별 괴이한 말씀을 다 하시는구려. 우리는 행각승行脚僧이라 당신보다도 훨씬 궁하오. 좌우간 잔을 바꿉시다. 바꿔서 들어봅시다!"

"오공아!"

이때 삼장이 점잖게 불렀다.

"이 선장께서는 진심으로 우리를 위해서 하시는 말씀이신데,

426

그대로 먹지 않고 뭘 바꾸자고 하는 게냐?"

손오공은 더 이상 강요하지 않았다. 찻잔의 붉은 대추를 가만히 보기만 했다. 대추의 효력은 바로 나타났다. 식탐을 하는 저팔계가 그 자리에서 쓰러지고, 삼장과 사오정도 먹은 순서대로 쓰러졌다.

저팔계는 찻잔을 입술에서 떼기가 무섭게 얼굴이 새파랗게 변했고, 사오정은 두 눈에서 눈물이 줄줄 쏟아졌고, 삼장은 입으로 거품을 토했다. 손오공은 자기의 예상이 틀림없다고 재확인하면서 격분하여 손에 든 찻잔을 도사의 면상에 홱 뿌렸다. 도사가 재빨리 소맷자락으로 가로막지 않았다면 그의 얼굴은 문드러지고 말았을 것이다.

찻잔은 속에 든 붉은 대추와 함께 땅바닥으로 굴러 떨어지며 산산조각이 났다.

"이 짐승만도 못한 놈! 네놈은 어째서 우리 사부님과 아우들을 이 꼴로 만들어 놓았단 말인가? 우리가 네놈과 무슨 원수가 졌기에 독약을 먹여 우리를 죽인단 말인가?"

"네놈들은 반사동으로 음식을 얻으러 간 일이 있으렷다? 탁구천에서의 만행은? 또 우리 아이들까지 죽이지 않았는가?"

"탁구천? 반사동? 그 일곱 여괴들을 두고 하는 말이군. 네놈이 그 요괴들과 한통속이란 말이지! 그렇다면 이 방망이 맛부터 보아라!"

손오공은 여의봉을 뽑아들기가 무섭게 후려치기 시작했고 도사 또한 보검을 휘두르며 맞서 싸웠다. 두 사람의 싸움을 본 일곱 여자들이 안에서 부리나케 달려나와 배꼽에서 동아줄을 뽑기 시작했다.

손오공은 동아줄의 실체를 저팔계로부터 자세히 들은 바가 있기에 포위망을 벗어나 공중으로 높이 솟아올랐다.

손오공은 이 술법을 쓰는 요괴들의 실체를 알기 위해 그 고장의 토지신을 불러내고 일곱 여자는 다름 아닌 일곱 마리 거미의 정이라는 것을 알았다. 그러니까 동아줄은 거미줄이었다.

손오공은 그제야 마음을 놓고, 자기의 털을 뽑아 칠십 명의 작은 분신을 만들어서 동아줄을 파헤치고 그 속에 일곱 마리 거미의 원몸으로 돌아와 있는 여괴들을 박살내버렸다.

그는 여괴들을 모두 죽이고 나자 자신의 분신을 죄다 거두고 도사와 결판을 내기 위해 달려들었다.

그러나 도사의 양쪽 겨드랑이에 있는, 천 개나 되는 눈에서 발사되는 무서운 금빛 때문에 맥을 출 수가 없어 천산갑穿山甲의 벌레로 변해서 땅속으로 이십여 리나 도망쳐서 겨우 정신을 차렸다. 다행히 그곳을 지나치는 여산노모黎山老姆를 만나서 도사의 실체를 알게 되었다.

도사는 백안마군白眼魔君 또는 다목괴多目怪라고 부르는 요괴로서 그를 항복시키려면 자운산 천화동으로 찾아가서 비람파毘藍婆라는 성현을 모셔오는 수밖에 없다고 하였다. 그래서 손오공은 남으로 천리나 되는 자운산으로 달려가 즉시 비람파를 모셔왔다.

비람파는 바늘 하나를 쓰는 정도로 천 개의 눈에서 발사되는 금빛을 죽여버렸다. 그 바늘은 그녀의 아들인 묘일성관이 일안日眼 속에서 구워낸 것으로 기묘한 힘을 지니고 있는 물건이었다.

비람파는 자그마한 바늘을 손으로 두어 번 비벼서 도사가 금빛을 발사하고 있는 쪽 하늘을 향해 던졌다. 그러자 금빛 광선은 어디로 갔는지 사라지고 도사는 눈을 감은 채 꼼짝하지 않고 그대로 서 있었다. 손오공이 여의봉을 꺼내들고 후려치려 했으나 비람파가 붙잡으며 말렸다.

"대성, 먼저 스승님을 뵈어야지요?"

손오공이 뒤로 돌아가 안으로 들어서니 그들은 아직 땅바닥에 쓰러져 있었다. 비람파가 해독단解毒丹을 한 알씩 먹이니 독물을 토해내고는 생명을 되찾게 되었다.

비람파는 원수를 갚고야 말겠다는 손오공과 저팔계를 막아서고 도사를 원래의 몸인 지네로 환원시켜 자기집 문지기를 시키겠다고 새끼손가락 끝으로 집어 들더니 천화동으로 돌아갔다.

여기서 묘일성관이라는 것은 수탉이고 비람파는 암탉으로서 원래 닭이란 지네를 잘 잡아먹기에 요괴를 항복시킬 수 있었던 것이다.

삼장은 깊이 감동해서 몇 번이고 절을 했다. 그리고 일행은 밥을 지어먹고 황화관에 불을 질러 잿더미로 만든 다음 그곳을 떠났다.

세 마왕을
만나다

어느덧 또 여름이 다 가고 초가을의 선선한 바람이 불어왔다. 일행이 걷고 있자니 하늘을 찌를 듯한 높고 험한 산이 나타났다.

일행은 몇 리를 더 가서 한 노인과 마주쳤다. 그 노인은 백발이 성성한데다 목에는 염주를 걸었고, 옛 신선의 이야기에 나올 법한 모습으로 높직한 산언덕 위에 서서 큰 소리로 이런 충고를 했다.

"서쪽으로 가시는 장로님들! 잠시 말을 멈추고 재갈을 단단히 물리시구려. 이 산에는 한 떼의 요마가 있어 사람들을 마구 잡아먹기 때문에 앞으로 더 가지 못할 것입니다."

사오정은 노인에게 달려가 허리를 굽혀 인사하며 요괴에 대해 알고자 했으나 신통광대하다는 이야기만 듣고 왔다.

저팔계가 가서는 이 산은 팔백 리 사타령獅駝嶺이고 산 중간쯤에 사타동이란 동굴이 있으며, 그 동굴에는 요괴 셋이 있다는 것을 알아왔다. 그리고 노인으로부터 다음의 말도 들었다.

"화상들은 내 이야기를 귀담아듣지 않는 모양이군! 요괴가 셋이고 그들 모두가 신통광대하기 짝이 없소. 게다가 그들에게는 부하가 남쪽 고개에 오천, 북쪽 고개에 오천, 동쪽 길어귀에 만 명, 서쪽 길어귀에 만 명은 족히 됩니다."

저팔계는 지레 겁을 먹고 일행에게로 돌아왔다. 이번에는 손오공이 가 그 노인을 찾았으나 그는 다름 아닌 태백금성이었다. 태백금성은 그 요괴들은 보통 마왕들이 아니니 조심해야 한다고 거듭 충고했다.

손오공은 우선 산중을 살펴보기로 하여 근두운에 올라 산의 형세를 살폈다. 산은 물을 끼얹은 듯 조용하고 아무런 움직임이 없었다.

그때 산등성이에서 딱따기와 방울 소리가 울렸다. 그것은 졸개 요괴가 어깨에 영令 자 깃발을 메고 허리에는 방울, 손에는 딱따기를 들고 치며 남쪽을 향해 달려가며 내는 소리였다.

"저 녀석은 공문 연락하는 포병이로군. 저놈한테서 요괴놈들의 상황이나 알아볼까?"

손오공은 파리로 변하여 그의 모자로 날아가 앉았다. 그리하여 그 요괴의 이름이 소찬풍이며, 남산으로 마왕의 명을 전하러 간다는 것까지 알아냈다. 하여 손오공도 자기 털로 변화시킨 총찬풍이란 명패를 가지고 자신은 소찬풍들을 감독하는 역할을 맡았다고 공갈치는 데 성공했다. 그뿐만 아니라 소찬풍과 함께 남산으로 가서 거기서 순라를 돌고 있는 작은 요괴들을 속여 마왕의 정체와 실력을 파악했다.

그들의 말에 의하면 마왕은 모두 셋으로, 첫째와 둘째는 원래부터 이 사타동에 살고 있었으나 셋째는 사백 리가량 떨어진 사타국에 있던 자로 오백 년 전부터 그 나라의 국왕은 물론 백성들 모두를 잡아먹고 강산을 요괴의 나라로 만들어 버렸다. 그는 또 당승을 잡아먹으면 불로장생한다는 말을 들었으나 그의 제자 손오공이 두려워 첫째와 둘째 대왕과 의형제를 맺어 당승을 잡으려고 한다는 것이었다.

첫째와 둘째 대왕도 제각기 천궁을 시끄럽게 한 변화자재한 자이고, 하나는 키가 삼 장, 교룡 같은 코로 상대를 기절시키는 자이며, 셋째 대왕의 이름은 운정만리붕으로 빠르게 날 수 있을 뿐만 아니라, '이기병二氣瓶'이라는 보배를 가지고 있는데 거기에 한 번 잡혀 들어가면 한 시간도 못 되어 깨끗이 물이 되어버린다는 것이었다.

손오공은 이 모두를 알고는 소찬풍과 함께 돌아오는 길에 그를 죽이고 그가 가지고 있는 모든 도구, 깃발, 방울, 명패, 딱따기 등을 들고 치면서 사타동에 들어갔다.

동문 앞에는 수많은 요괴들이 군사훈련을 하고 있었다. 소찬풍으로 변한 손오공은 허풍을 떨면서 무서운 손오공 군사가 쳐들어온다는 유언비어를 퍼뜨려 요괴들이 삼십육계 줄행랑을 치게 만들었다.

사타동의 동굴은 어찌나 크고 넓은지 첫째 문을 들어서고도 칠팔 리나 걸었다. 둘째 문에 들어서니 별천지였다. 맑고 깨끗한 것이 좌우에는 기화요초가 울긋불긋하고 앞뒤로는 대나무와 푸른 숲이 우거져 시원했다.

셋째 문에 들어서니 세 명의 요괴가 문 위에 나란히 앉아 있는 것이 보였다. 중간에 앉은 자는 금수 중의 왕인 청모사자괴, 왼쪽에 앉은 자는 다년간 이를 악물고 도를 닦은 황아노상, 오른쪽에 앉은 자는 온갖 짐승들의 간담을 서늘케 하는 운정구만의 큰 붕조였다.

그리고 양편 아래쪽에는 백수십 명의 대소 두목들이 늘어섰는데 모두 갑옷으로 무장을 하고 살기가 등등하게 위풍을 세우고 있었다.

손오공은 겁 없이 뚜벅뚜벅 문 안으로 들어가 딱따기와 방울을 내려놓고 위를 향해 소리쳤다.

"대왕님!"

"소찬풍, 돌아왔는가! 그래, 손오공 소식은 좀 들었는가?"

"아뢰옵기 황공하오나 보고 들은 대로 말하자면 시냇물 바윗

돌에 웬 덩치 큰 괴물 같은 사람이 앉아 쇠몽둥이를 갈고 있었습니다. 그는 거기서 물을 퍼 올리며 대들보만 한 쇠몽둥이를 갈면서 쉴 새 없이 이런 말을 중얼거리고 있었습니다. '여기 와서 이 쇠방망이의 신통력을 발휘해 본 일이 없다. 잘만 갈려라. 이놈으로 하여금 이곳 마왕자식을 후려쳐 박살을 낼 테니까 말이야!' 하고 말입니다. 그래서 저는 '이놈이 바로 손오공이로구나' 하고 헐레벌떡 달려와 고하는 것입니다."

늙은 마왕은 별안간 부들부들 떨고 진땀을 흘리면서 소리쳤다.

"이보게, 아우! 내 그래서 당승만은 건들지 말자고 하지 않았나? 그 수제자 손오공이 신통광대한 데다 그가 가지고 있는 여의봉으로 우리를 치면 어떻게 피할 수 있겠나? 여봐라, 동굴 밖에 있는 부하들을 모두 불러들이고 문을 단단히 잠가라. 그놈이 그냥 지나가도록 하라!"

두목의 명에 사정을 아는 부하 하나가 보고했다.

"대왕님, 문 밖에 있던 놈들은 벌써 도망쳐 버렸습니다."

"뭣이라! 벌써 겁을 집어먹고 도망쳤단 말인가? 그럼 빨리 문을 닫아걸어라!"

대왕의 명령에 따라 대소 요괴들이 앞뒤로 달려가서 문을 단단히 닫아거느라 부산을 떨었다. 이쯤 되자 놀란 것은 오히려 손오공이었다.

'만약 이것저것 물어보다 탄로 날 경우 도망칠 수가 있어야 하는데…… 한 번 더 공갈을 쳐 문을 열어놓도록 해야겠다.'

"대왕님, 그놈이 또 이런 소리를 했습니다. 큰대왕님은 잡아서 가죽을 벗기고, 둘째 대왕님은 뼈를 발라내고, 셋째 대왕님은 힘줄을 뽑아낸다고 했습니다. 만약 문을 열어놓고 도망갈 길을 터놓지 않으면 그놈이 파리로 변해서 들어왔다가 우리를 칠 때 큰일나지 않겠습니까?"

늙은 마왕은 또 놀라서 옆을 돌아보며 말했다.

"여봐라! 이 동굴에는 파리가 없으니 파리만 나타나면 그놈인 줄 알아라!"

그러자 손오공이 속으로 웃으며 생각했다.

'금파리로 변해서 이놈들을 놀라게 하고 문을 열도록 해야겠다!'

그리고는 슬그머니 옆으로 비켜서고는 머리털을 한 가닥 뽑아 선기를 불어넣어 금파리로 변하게 했다. 그는 그 파리로 하여금 늙은 마왕의 얼굴을 정면으로 한 번 쿡 들이받게 했다.

"그놈이 안으로 들어왔다! 파리로 변해서 내 얼굴을 쳤다!"

이에 모든 요괴들이 놀라서 저마다 빗자루와 쇠갈퀴를 들고 파리를 쫓았다. 손오공은 그 모습을 보고 그만 웃음이 터져 나와 웃는 바람에 긴장이 풀려 자기의 본상으로 돌아왔다.

이때 셋째 대왕이 웃음소리와 손오공의 본상을 보아 덥석 움켜잡고 소리쳤다.

"형님! 큰일날 뻔했습니다. 이놈이 소찬풍을 처치하고 그 모습으로 변신하고 와서 거짓 보고를 하여 우리를 속이려 했습니다. 자, 보십시오!"

손오공은 자신의 실수를 깨닫고 순식간에 소찬풍으로 돌아
갔다. 그러나 셋째 대왕이 자기가 본 것이 틀림없다며 여러 요괴
들에게 명하여 옷을 벗기자, 털이 수북한 벌거숭이 몸에 자그마
한 꼬리까지 매달린 것이 아닌가.

늙은 마왕은 손오공을 보자 만족하여 소리쳤다.

"몸은 손오공에 얼굴은 소찬풍이라! 그놈이 틀림없다. 애들
아! 어서 잔치를 준비하거라! 셋째 대왕의 공로를 축하해야
겠다. 손오공이란 놈이 제 발로 굴러들어와 잡혔으니 이제 당승
은 입 속의 고기나 다름없게 되었다."

그러자 셋째 대왕이 손을 흔들어 막았다.

"아직 술은 좀 이릅니다. 이 손오공 놈은 변화가 많은지라 어
떻게 도망칠지 모릅니다. 음양이기陰陽二氣의 보물, 그 병을 메어
내오라고 해서 저 손오공 놈을 그 속에 집어넣은 다음 술을 마
시도록 합시다."

"옳다, 옳아! 그 말이 맞다!"

첫째 대왕은 서른여섯 명의 힘센 요괴를 뽑아 그들로 하여금
병을 메고 내오게 했다. 그 병은 두 자 네 치에 불과했지만 그것
은 음양이기의 보물로서 그 속에는 칠보七寶·팔괘八卦와 이십사
기二十四氣가 들어 있었다. 그렇기 때문에 이를 메려면 천강의 수
에 해당하는 서른여섯 명의 사람이 있어야만 겨우 들 수가 있
는 것이다.

얼마 후, 손오공의 옷을 벗기고 보배의 병 속에서 나오는 선기
를 한 번 쏘이니 손오공은 병 속으로 휩쓸려 들어갔다. 마왕들

은 뚜껑을 닫고 봉피封皮까지 붙인 후 술잔치를 열었다.

병 속에 갇힌 손오공의 심정은 착잡했다. 옷은 다 벗겨졌지, 가만히 앉아 있자니 불길이 쏟아져 내리고, 그걸 피하고 보니 이번에는 징그러운 뱀이 사십여 마리나 무서운 혀를 날름거리며 사방에서 엄습해 왔다.

손오공은 손을 재빨리 사방으로 날려서 그 하나하나를 처치했다. 그러나 시련은 또 닥쳐왔다. 세 마리의 화룡이 나타난 것이다. 그 화룡들이 몸을 칭칭 감고 트는 바람에 손오공은 가슴이 터질 것 같아 호흡하기도 어려웠다.

손오공은 문득 한 가지를 생각해 냈다. 자기 몸을 길게 키워서 병을 터뜨릴 심산이었다. 그러나 자신의 몸이 커짐에 따라 병도 따라 커지고, 몸이 작아지면 병 또한 작아졌다.

손오공은 초조, 공포, 불안으로 절망했다. 그러다 관음보살이 목숨을 구하는 털이라며 자기의 뒤통수에 심어 준 세 가닥의 털이 생각났다. 손오공은 즉시 자기의 뒤통수를 더듬었다.

'다른 털은 부드러운데 이것만은 이렇게 뻣뻣하니 바로 이것이구나! 틀림없이 내 목숨을 구해 줄 것이다!'

손오공은 아픔을 참으며 그 세 가닥을 뽑았다. 그리고 한 가닥은 금강석의 송곳, 한 가닥은 쪼개 놓은 대나무 가지, 또 한 가닥은 무명끈으로 만든 뒤, 쪼개 놓은 대나무 가지를 구부려서 무명끈으로 팽팽하게 졸라매어 활을 만들었다. 그리고 그 시위에 송곳을 꽂아 돌리기 좋게 활을 가지고 손잡이를 만들어 그 송곳을 병의 밑바닥에 대고 빙빙 돌리기 시작했다. 즉 돌리기 좋은 편리한 송곳을 만들어 구멍을 뚫기 시작한 것이다.

그러자 얼마 후 구멍 하나가 뚫려 광선이 환하게 비쳤다.

'이제 살았다, 살았어! 이젠 빠져나갈 수 있겠다.'

구멍으로 보배 속에 든 음양이기가 몽땅 빠져나가는 바람에 병 속이 선선해졌다. 손오공은 털을 거두어 제자리에 꽂고, 즉시 자그마한 하루살이로 변해 빠져나왔다. 자유의 몸이 된 손오공은 마왕들이 술을 마시고 있는 곳으로 날아가 늙은 마왕의 머리에 앉았다. 늙은 마왕은 술잔을 기울이고 호쾌하게 한마디했다.

"셋째 아우, 지금쯤 손오공은 다 녹았겠지?"

"아무렴요! 형체도 없을 것입니다."

늙은 마왕은 병을 메어 오라고 명령했다. 서른여섯 명의 힘센 요괴가 한꺼번에 힘을 써 병을 메었다. 그런데 이런 어찌된 일인가? 병은 말할 수 없이 가벼워져 손쉽게 들렸다. 그들은 놀라서 소리쳤다.

"대왕님, 병이 가벼워졌습니다."

"무슨 소리냐? 그 보배는 음양이기의 전공全功으로 된 보배다. 까닭 없이 가벼워질 수가 있는가?"

늙은 마왕이 호통치자 서른여섯 명 중의 한 놈이 병을 한 손으로 거뜬히 집어 들고 왔다.

"이걸 보십시오."

이쯤 되자 마왕들은 가만히 있을 수 없어 병의 뚜껑을 열어 보았는데 병 속에 빛이 비쳐지고 있었다. 이때 손오공이 말했다.

"이놈들아! 병이 샌 것은 손오공이 도망쳤기 때문이야."

이 말에 여러 요괴들은 펄펄 뛰며 야단들이었다.

"손오공이 도망쳤다! 달아났다!"

"도망치기 전에 문을 잠가라!"

늙은 마왕이 벽력같이 소리쳤으나 손오공은 이미 의복을 다시 거둬들이고 본색을 드러내 동굴 밖으로 뛰쳐나온 후였다.

"이 마귀 놈들아! 버르장머리 없이 까불지 마라. 병은 송곳으로 이미 구멍을 뚫어버렸으니 이제는 쓸모도 없다."

손오공은 한바탕 욕을 해놓고 나서 구름 위로 뛰어올라 삼장에게로 돌아왔다. 자기를 기다려 온 삼장 일행들에게 그동안의 일을 설명하고 저팔계와 함께 싸울 계획을 알렸다.

저팔계와 함께 사타동에 온 손오공은 늙은 마왕과 자웅을 가리기로 했다. 싸움이 한창 불을 뿜자, 더 이상 오금이 쑤셔 견딜 수가 없게 된 저팔계가 쇠갈퀴를 휘두르고 뒤에서 마왕을 향해 무섭게 돌진했다. 이렇게 되자 늙은 마왕은 할 수 없이 도망쳐 버렸다.

손오공이 쫓아갔고, 저팔계 또한 마왕을 쫓아 산비탈까지 갔으나 마왕이 휙 돌아서서 본상을 드러내고 입을 커다랗게 벌리며 집어삼키려 하자 저팔계는 기겁을 하고 돌아서서 내뺐다. 손오공은 마왕이 입을 벌려 자기를 삼키려 하자 자진해서 입속으로 뛰어들어갔다.

손오공을 삼킨 마왕이 기뻐서 어깨춤을 추며 돌아갔으니 저팔계의 놀라움은 이만저만이 아니었다. 그는 손오공이 마왕에게 잡아먹혔다고 생각하고 이제는 어쩔 수 없이 삼장과 사오정

세 마왕을 만나다 •

에게 제각각 헤어지자고 말하며 사오정과 다투었다.

손오공은 마왕의 뱃속에서 마구 발광을 하기 시작했다. 그때마다 마왕은 비명을 지르며 땅바닥에 뒹굴었다. 손오공은 마왕 뱃속을 놀이터 삼아 이것도 만지고 저것도 잡아당기며, 그네도 타고 널뛰기도 하며 아주 신이 났다. 마왕은 이제 더 이상 견딜 수 없었기에 손오공에게 사정했다.

"대자대비하신 제천대성 보살님! 무엇이든 시키는 대로 다할 것이며, 사부님께서 무사히 이 산을 넘어가실 수 있게 모셔다 드리겠으니 제발 제 목숨만은 살려 주십시오."

손오공은 애원하는 마왕의 청을 들어 주기로 하였다. 사부님을 교자에 태워 보내 주기만 하면 더 이상 바랄 것이 없었다.

그러나 셋째 마왕이 꾀를 써 속삭였다.

"형님, 놈이 나오거든 이빨로 꽉 깨물어 버리십시오. 깨물어서 자근자근 씹어 삼켜버리면 제놈이 또다시 지랄을 칠 수 있겠습니까?"

그러나 손오공은 이런 말까지 모두 듣고 있었다. 그는 시치미를 뚝 떼고 자기 대신 여의봉을 길게 늘려 불쑥 내밀어 어떻게 하는지 시험해 보았다. 늙은 마왕은 셋째 마왕이 이르는 대로 목구멍으로부터 무언가 뭉클하고 나오자 온 힘을 주어 그것을 깨물었다. 그러자 그의 이빨은 몽땅 으스러져 버렸다. 그 아픔은 말할 수가 없었다. 손오공은 여의봉을 거두어들이고 뱃속을 또 한바탕 쓸어 훑어버렸다. 이에 마왕은 또다시 몸을 뒤틀며 고통에 겨워해야 했다.

늙은 마왕은 말도 제대로 못하고 부러진 이빨 사이로 신음 소리만 내뱉었다. 셋째 마왕은 다시금 새로운 꾀를 냈다. 손오공을 추켜세워 끌어내는 전법을 쓰기로 하였다.

"손오공, 네놈은 제천대성이란 이름에 걸맞게 위력을 떨치고 서천에 가면서 온갖 요괴를 항복시키고 때려잡았다는 소문을 들었는데, 이제 알고 보니 졸장부에 불과하구나! 정정당당하게 몸을 드러내고 승부를 겨루지 못하고 남의 뱃속에 들어앉아 농간을 부린단 말인가? 그런 자식이 팔불출이요, 졸장부가 아니면 누가 졸장부란 말인가?"

그것은 주효했다. 손오공은 발끈해서 소리쳤다.

"좋다. 입을 벌려라! 내 나가서 네놈과 정면으로 겨뤄보겠다. 네놈들의 동굴은 비좁으니 널찍한 곳으로 가서 싸우자!"

셋째 마왕은 동굴 밖에 대소 요괴들 삼만 명을 모아 삼재진三才陣을 쳐놓고 손오공이 첫째 마왕의 뱃속에서 튀어나오기만 하면 단번에 에워쌀 작정이었다.

둘째 마왕은 첫째 마왕을 부축하고 동굴의 문을 나서자 크게 소리쳤다.

"손오공, 네놈이 진정 대장부라면 어서 나와라! 여기는 동굴 밖이다!"

손오공은 뱃속에서도 이미 바깥일을 알고 있었다. 새소리와 바람 소리가 들려왔기 때문이다. 그러나 손오공은 하나의 안전핀을 갖추고 나가기로 했다. 자기의 털 한 가닥을 뽑아 마왕의 간에 단단히 잡아매어 매듭을 지어놓고 그 끈을 쥐고 나가기로 하였다. 손오공은 마왕의 재채기와 함께 콧구멍으로 빠져 나왔다.

이에 마왕들은 손오공을 보자 미친 듯이 달려들었지만 손오
공은 여유 있게 한 손으로 여의봉을 휘둘러 그들을 막고 구름
을 타고 높직한 산봉우리로 도망쳤다. 거기서 그는 겨울철 연
날릴 때 쓰는 전법으로 마왕을 놀라게 했다.

그가 한번 노끈을 잡아채면 마왕은 뒤로 뒹굴어 자빠지며
아픔을 호소했다. 그럴수록 손오공은 줄을 자꾸만 낚아챘다.
늙은 마왕은 절벽을 굴러내리는 바위처럼 허공에서 지상으로
낙하하여 물레바퀴처럼 뱅뱅 돌며 떨어지다가 땅바닥으로 내리
꽂히었다.

둘째 마왕과 셋째 마왕은 첫째 마왕이 그렇게 되자 당황하여
노끈을 덥석 잡고 무릎을 꿇으며 손오공에게 애원했다.

"대성, 대성! 제발 자비를 베풀어 저희들을 용서해 주십시오.
그렇게만 하면 대성의 사부님께서 편안히 이 산을 넘어가시도
록 하겠습니다."

"아까는 나를 이빨로 깨물어 죽이려 했고, 이번에는 나를 불
러내어 진을 치고 포위하여 죽이려 들지 않았는가. 다시 한 번
묻겠다! 이 노끈을 풀어 주면 정말로 우리 사부님을 편안하게
보내주겠느냐?"

"물론입니다. 저희들을 믿어 주십시오."

그리하여 손오공은 몸을 부르르 떨며 노끈으로 변한 꼬리의
털을 제자리에 거둬들였다. 그리하여 마왕의 가슴속은 씻은 듯
이 회복되었다.

"참으로 감사하외다. 어서 돌아가셔서 떠날 채비를 차리십시오. 저희들이 교자를 메고 오겠습니다."

이렇게 해서 요괴들은 모두 동굴로 돌아가고 손오공은 삼장 일행이 있는 산비탈로 돌아섰다.

그런데 손오공이 멀리서 보니 저팔계와 사오정이 짐짝을 가운데 두고 소리치며 물건을 가르고 있는 참이었다. 손오공은 이내 저팔계의 짓이란 것을 알아차렸다.

손오공은 구름에서 내리며 소리쳤다.

"사부님, 사부님."

죽었다고 생각한 손오공이 버젓이 살아서 돌아왔으니 일행은 깜짝 놀랐다. 사오정이 소리쳤다.

"이 못된 밥통 같은 자식아! 사형이 저렇게 버젓이 살아 있는데, 죽었다고 억지를 부리며 온갖 지랄을 치다니!"

"아까 마왕에게 잡아먹히는 것을 똑똑히 보았단 말이다. 저것은 분명 원숭이의 도깨비일 거야."

손오공은 이렇게 투덜거리며 믿지 못하는 저팔계에게 달려들어 다짜고짜 따귀부터 한 대 때리고 발길로 두어 번 걷어찼다.

"이 숙맥아, 이래도 나보고 도깨비라 할 테냐? 눈이 있거든 똑똑히 보란 말이다!"

"형님은 분명 먹혔는데, 대관절 어떻게 살아왔소?"

저팔계는 여전히 퀭한 눈으로 아픈 뺨을 어루만지며 헛소리를 하고 있었다.

손오공은 그동안의 일을 삼장에게 보고하고 조금 있으면 그놈들이 교자를 메고 와서 사부님을 모시고 산을 넘어갈 것이라고 장담했다.

그러나 돌아온 것은 둘째 마왕의 도전장이었다. 그러자 체면을 살리기 위해 저팔계가 쇠갈퀴를 들고 달려갔으나 결과는 너무나 허무했다.

둘째 마왕과 칠팔 합이나 싸웠을까, 저팔계는 더 이상 견디지 못하고 뒤꽁무니를 빼다가 둘째 마왕의 코에 말려 동굴로 잡혀 들어갔다. 마왕은 우선 저팔계를 꼼짝 못하도록 결박지어 연못에 집어넣었다.

이를 멀리서 살펴본 손오공은 하루살이로 변해 저팔계를 따라가 구출해 주었다. 그리고 둘은 동굴을 빠져 나오며 많은 요괴들을 무찔렀다. 손오공은 둘째 마왕과 대적하여 그를 항복시켜 삼장에게로 와 순종의 맹세를 받았지만 둘째 마왕은 동굴로 돌아가 삼장을 납치하기 위해 다시 계책까지 짰다.

그는 교자를 멜 부하 요괴 열다섯을 고르고, 중간에 음식을 제공할 서른 명을 골랐다. 이들의 계획은 셋째 마왕의 나라까지 서쪽으로 사백 리 길을 가 적당한 곳에서 낚아채자는 것이었다.

사백 리를 가서 성문이 보이자 마왕 세 놈은 손오공 삼형제에게 각각 대들었고 교자를 멘 요괴들은 삼장을 태운 채 곧장 금란전으로 들어가버렸다.

손오공 삼형제와 마왕 셋은 산이 무너지고 땅이 꺼질 듯 살육전을 벌였다. 날이 저물자 저팔계가 먼저 도망치기 시작했다. 그러자 첫째 마왕이 뒤를 쫓아 커다란 입으로 저팔계의 덜미를 물어 성내로 들어가버렸다. 첫째 마왕은 저팔계를 내동댕이치며 요괴들에게 금란전에 묶어 두라 하고 다시 싸움터에 되돌아왔다.

사오정 또한 둘째 마왕의 코에 말려 성중으로 들어가 금란전 아래에 결박 지어졌다.

손오공은 셋째 마왕과 겨루고 있었는데 두 마왕이 합세하자 근두운에 올라 도망치긴 했으나 얼마 안 가 셋째 마왕에게 잡히고 말았다. 마왕들은 부하 요괴들에게 호령하여 손오공을 저팔계와 사오정처럼 결박 짓게 했다. 승리에 도취된 세 마왕들은 기뻐하며 보전으로 올라갔다.

첫째 마왕이 소리쳤다.

"여봐라! 너희들 다섯은 물을 긷고, 일곱은 가마솥을 닦고, 열 놈은 불을 지펴라. 그리고 스무 명은 쇠채롱을 메어다 놓고, 모두 달려들어 저 아래에 있는 네 놈을 잘 익도록 쪄라. 잘 익혀야 한다."

얼마 후 부하 요괴가 땀을 뻘뻘 흘리며 나타나 보고했다.

"대왕님, 물 끓일 준비가 다 되었습니다."

첫째 마왕이 삼장 일행을 메어 가라고 호령하자, 여러 요괴들이 우르르 달려들었다. 그들은 우선 저팔계를 메어 가 가마솥 맨 밑에다 깔았다. 다음은 사오정, 그리고 다음은 손오공이었다. 손오공은 자신의 차례가 되자 털 한 가닥을 뽑아 그것으로 또 하나의 자기를 만들었다. 그는 그 가짜를 진짜 몸을 대신해서 옭아 놓고, 자신은 바람으로 화하여 공중으로 떠올랐다. 그리고 아래를 지켜보았다.

네 번째 삼장까지 삼장 일행을 솥에 넣는 작업이 끝나자 요괴들은 나무를 나르는 자는 나무를 나르고, 불을 지피는 자는 불을 지폈다.

이때 손오공은 급히 주어를 외워 북해용왕을 불렀다.

"급한 일이 생겨서 당신의 힘을 빌려야 되겠소. 지금 우리 일행이 마왕들에게 쪄 먹히게 됐소. 저 솥 속 쇠채롱에서 익히는 중이오. 어서 빨리 돌봐주시오."

용왕은 재빨리 일진의 차디찬 바람으로 변해 가마솥 밑으로 들어갔다. 그리고 거기서 화기를 막고 솥을 보호하면서 빙빙 돌았다. 이쯤 되고 보니 요괴들이 제아무리 불을 처댄들 물이 끓을 리가 없었다.

삼경이 지났을 때 마왕들이 침궁에 든 것을 보고 손오공은 자기의 허리품을 뒤져 잠벌레를 꺼내어 불을 때고 있는 요괴들에게로 던져 버렸다. 잠시 후 요괴들이 잠들자 스승님부터 차례로 끌어내고 가짜로 만들었던 털을 거둬 제자리에 꽂았다.

그리고 사오정과 저팔계를 차례로 끄집어냈다.

용왕도 돌려보내고 백마와 짐까지 찾아낸 손오공은 성을 빠져나가기 위해 문을 찾았으나 야경꾼들 때문에 마음대로 달아날 수가 없었다. 일행은 안전한 곳을 찾아 담을 돌다가 세 마왕들에게 덜컥 붙잡히고 말았다.

손오공만 날쌔게 공중으로 솟아올라 무사히 도망칠 수 있었다. 마왕들은 이번에는 그들을 가마솥에 집어넣지 않고 저팔

계와 사오정을 각각 따로따로 떼어서 궁전 앞뒤의 기둥에 단단
히 결박해서 묶어 놓았다. 그리고 삼장은 첫째 마왕이 꼭 끌어
안고 놓지를 아니했다. 손오공에게 도둑맞지 않기 위해서였다.
그러자 셋째 마왕이 꾀를 내었다.

"우리 궁궐 안에는 금향정錦香亭이라는 정자가 있는데 그 안
에 철궤가 하나 있소. 이 당승을 그 철궤에 가두고 소문을 냅
시다. 우리가 이미 잡아먹었다고 소문을 내면 손오공도 별수 없
이 돌아갈 것이니 그때 조용해지거든 꺼내어 잡아먹읍시다."

이 말에 첫째와 둘째 마왕이 동의했다. 그래서 삼장은 철궤에
갇히게 되었고 성 안에는 삼장이 잡아먹혔다는 소문이 쫙 퍼
졌다.

한편, 손오공은 사타동으로 달려가서 그곳에 남아 있는 대소
요괴들을 모두 죽였다. 아침이 되어 성에 들어온 손오공은 삼장
의 소식을 듣고 깜짝 놀랐다. 사실을 확인하기 위해 궁중으로
들어가서 저팔계와 사오정을 만나보았으나 그들 역시 똑같은
말을 했다.

손오공은 절망한 나머지 동쪽 산 위에 올라 한없이 울다가
문득 석가여래가 생각났다. 손오공은 이 모든 비극의 원인은 바
로 부처에게 있다고 단정했다.

삼장경三藏經인지 무엇인지를 가지고 사람을 유혹하지 않았더
라면 삼장도 애당초 이런 고난의 길을 떠날 까닭이 없었다. 여
기까지 생각이 미치자 손오공은 여래를 찾아가 담판을 짓고 송

고주를 외워 달래서 머리에 쓴 금테를 벗고 자유의 몸이 되리라 결심했다.

손오공은 즉시 근두운에 올라 천축국 대뇌음사로 석가여래를 찾아갔다.

석가여래는 손오공의 말을 듣고 나서 그를 위로하였다. 그리고 명쾌한 답을 내렸다. 첫째 마왕은 오대산의 문수보살이, 둘째 마왕은 아미산의 보현보살이 각각 그들의 주인이기 때문에 그들을 청해 오면 항복시킬 수 있으므로 즉시 아난과 가섭, 두 존자에게 분부하여 그 두 보살을 청해 오도록 일렀다.

그리고 셋째 마왕은 자신이 직접 가야 항복할 수 있노라 덧붙였다. 그렇게 하여 석가여래가 친히 사타국으로 가게 되었다.

세 마왕은 제각기 주인을 만나게 되어 잡혔다. 그들은 다름 아닌 청사靑獅(사자)요, 백상白象(코끼리)이요, 대붕금시조大鵬金翅鳥(불경에 나오는 상상의 큰 새)였다.

이렇게 세 마왕이 주인을 따라 잡혀가자 손오공은 궁중으로 들어가서 저팔계, 사오정을 구출하고 마지막으로 삼장을 금향정에서 구해냈다.

그리고 일행은 밥을 마련하여 배불리 먹고 짐을 챙겨 백마와 함께 사타성을 떠나서 또다시 서쪽으로 걷기 시작했다.

비구국의
요괴를 물리치다

그로부터 몇 달이 지나 추위를 무릅쓰고 부지런히 걸어 어느 성에 도착했다. 원래는 비구국比邱國이었던 것이 삼 년 전부터 소자성小子城이라 부른다고 했다.

거리는 번화하고 아름다운 풍경이었는데 집집마다 대문 앞에 거위장이 놓여 있었다. 그것은 모두 오색의 아름다운 비단으로 깨끗이 덮개를 만들어서 씌워 놓고 있었다.

손오공이 꿀벌로 변신하여 거위장 속을 살펴보니 뜻밖에도 어린아이가 들어 있었다. 그것도 다섯 살에서 일곱 살 정도의 사내아이들뿐이었다.

그 속에서 어린아이들은 손장난을 하며 놀기도 하고 우는가 하면 어떤 아이는 음식을 먹기도 하고 꾸벅꾸벅 졸고 있기도 했다.

손오공은 삼장에게 보고했고 의문이 풀리지 않은 채 외래객을 맞이하는 금정관金亭館이란 역관에 들었다. 일행이 안으로 들어서자 역졸이 역승에게 알리고, 역승은 몸소 나와 일행을 맞이해 주었다.

"장로께서는 어디서 오시는 길입니까?"

"빈승은 동토 대당에서 서천으로 경을 가지러 가는 취경인입니다. 마침 이곳을 들르게 되어 통관문첩에 사증을 받고, 하룻밤 쉬어 갈까 하여 들렀습니다."

역승은 일행을 친절하게 대해 주었다. 그리고 저녁식사가 준비되자 함께 식사하고 객실 하나를 깨끗이 청소시켜 침구를 마련하여 주었다.

삼장은 객실로 옮겨 앉자 역승에게 궁금했던 것을 물었다. 특히 나라 이름이 바뀐 내력과 집집마다 대문 밖에 거위장을 내걸고 사내아이를 거기에 두는 사연을 듣고자 했다.

역승은 처음에는 모른다고 잡아떼다가, 수하 아전과 심부름하던 자들을 모두 밖으로 내보내고 등불의 심지까지 낮추면서 조심스럽게 털어놓았다.

"이곳은 본래 비구국이었는데 근래 백성들의 요언妖言이 하도 심하여 소자성이라고 부릅니다. 삼 년 전 어떤 도인이 열여섯 살쯤 되는 여자아이를 국왕에게 바쳤는데, 국왕이 그 미색에 홀딱 빠져 미후美后라 부르며 총애하니 얼마 뒤부터 몸이 쇠약해져 목숨이 경각에 달릴 지경이 되었습니다. 함께 온 도인은 국장國丈이라는 벼슬을 얻어 국왕에게 비방을 가르쳐 주었습니다. 그 비방은 십주삼도十州三島의 약재를 빠짐없이 채집하여 고루 갖추고 거기에다 일천열한 명의 어린아이 간을 달여 먹으면 천 년을 두고 늙지 않는 효험이 있다고 아이들을 그곳에 키우고 있는 것입니다. 부모들은 법이 무서워 울지도 못하고 요언만 퍼뜨리어 소자성이라고 불리게 되었습니다. 장로께서는 내일 조정에 나가시더라도 이 사실을 모른 척하셔야 무사하실 수 있습니다."

역승은 말을 마치고 홀연히 나가버렸다. 삼장은 가슴이 뛰고 손에 진땀이 나며 속으로 한탄할 뿐이었다.

"어리석은 국왕이여! 미색에 빠져서 병까지 들고, 그 어린 생명들마저 억울하게 죽이려 하다니 이런 천벌을 받을 일이 어디 있나. 오호, 애재라!"

손오공은 처음부터 끝까지 삼장 곁에 앉아서 골똘히 생각했다. 그리고 문득 해답을 얻어 비구국을 올바르게 살려 놓기로 작정했다. 그리고 저팔계와 사오정에게 몇 가지를 당부했다.

"아우들은 사부님을 모시고 이곳에서 꼼짝하지 말고 있거라. 음풍이 일어나거든 이 손오공이 거위장의 아이들을 안전한 곳에 놓아 둔 줄로 알게."

손오공이 문을 나서자 저팔계와 사오정, 그리고 삼장도 감격하여 중얼거렸다.

"나무구생약사불南無救生藥師佛! 나무구생약사불!"

손오공은 문을 나서기 무섭게 허공으로 솟구쳐 올라 성황·토지·사령·진관, 그리고 오방게체·사치공조·육정육갑·호교가람 등 여러 신들을 공중으로 불러모으고 위엄을 갖추어 설명했다.

"지금 우리가 비구국을 지나자니 국왕이 요마의 말을 믿고 어린아이의 간을 뽑아 약재와 다려 먹고 장수하기를 구하고자 합니다. 이에 여러분께 도움을 청합니다. 이 성안의 모든 거위장 속의 어린아이들을 신통력으로 데리고 가서 산속 깊은 곳에 이틀만 숨기고 돌보아 주십시오. 굶기거나 울리는 일 없이 내가 요마를 퇴치할 때까지만 보살펴 주십시오."

여러 신들은 즉시 신통력을 써서 움직이기 시작했다. 그러자 성중에는 온통 음풍이 꽉 들어차고 스산한 안개 또한 덮어버렸다.

때는 밤도 깊은 삼경, 여러 신들은 온 성안의 거위장을 하나도 남김없이 죄다 날라다 산속 깊숙이 감춰 버렸다.

손오공은 여러 신들의 작업을 지켜본 다음, 상광을 내려 역관으로 돌아왔다. 삼장과 저팔계, 사오정은 이때까지도 여전히 '나무구생약사불' 하고 빌고 있었다.

손오공이 경과를 설명하자 삼장은 감격하였다.

삼장이 다음 날 식사한 후 의관을 정제할 때, 역승이 들어와 궁중에 들어가거든 사증 받는 일 이외 다른 이야기를 해서는 절대 안 된다는 것을 다시 한 번 더 강조했다. 손오공도 조그마한 하루살이로 변해 삼장의 모자에 앉아 동행을 했다.

삼장은 즉시 궁중으로 들어가 국왕을 만나보고 통관의 문첩에 사증을 받았다. 국왕은 과연 역승의 말대로 피골이 상접하여 죽음이 임박한 듯이 보였다.

마침 국장이라는 늙은 도인도 어전으로 나오고 있었는데, 그는 국왕에게 전혀 예의를 차리지 않았고 오히려 그를 지배하고 있는 듯했다.

국왕은 삼장에게 어재御齋를 내리기로 약속하고 돌려보냈다. 삼장이 사은을 하고 물러서서 보전을 내려올 때 손오공이 말했다.

"사부님, 저 국장이라는 자가 요괴입니다. 국왕도 요기를 쐬어서 아무것도 할 수 없는 무능인에 불과합니다. 저는 여기서 동정을 더 살피다 갈 테니 사부님은 역관으로 돌아가십시오."

손오공은 다시 보전으로 날아가 국왕과 국장의 동정을 살폈다. 때마침 성안의 거위장이 모두 사라졌다는 보고를 받고 있었다.

그러자 국장은 국왕에게 아이들의 간보다 삼장의 간을 먹으면 만년을 장수할 수 있다고 확언했다. 이에 국왕은 우림위의 대소군관을 역관으로 보내어 삼장을 잡아오도록 엄명을 내렸다.

손오공은 즉시 역관으로 들어가 삼장으로 변하였다. 그리고 금의관에 순순히 끌려가 어전 앞에 무릎을 꿇었다. 삼장으로 변신한 손오공은 당당하게 소리쳤다.

"비구왕, 빈승을 청하여 무슨 말씀을 하고자 하는 거요?"

국왕은 가쁜 숨을 몰아쉬며 간신히 말을 이었다.

"짐은 병을 얻어 오랫동안 앓아 왔소. 마침 국장께서 특별한 약방을 내렸는데 다른 약재는 모두 갖춰졌으나 장로님의 간이 필요하게 되었소. 짐의 병이 나으면 장로를 위해 사당을 짓고 사시사철 제사를 받들어 길이 온 나라의 향화로 삼으리라!"

"소승은 출가인이라 간이라면 몇 개가 있사옵니다. 어떤 빛깔의 간을 원하시는지요?"

그러자 국장이 옆에서 손가락을 쭉 뻗어 가리키며 거의 호통에 가까운 음성으로 날카롭게 외쳤다.

"이 화상놈! 네 시커먼 간이 필요하다."

이때 손오공이 한바탕 껄껄껄 웃더니 얼굴을 휩쓸어 본상을 나타내고 국왕에게 결연한 어조로 말했다.

"폐하께서는 사람을 보실 줄 모르오. 우리 화상들은 모두가 한 가닥 호심好心의 간이 있을 뿐이지, 흑심의 간은 저 살찐 국장에게 있소이다. 내가 당장 저자의 간을 도려내어 보여 드리겠소이다."

국장은 주먹을 쥐고 자기의 두 눈을 몇 번이고 비벼대더니 고결한 삼장법사의 모습이 아니라 천궁을 놀라게 했던 손오공의 모습에 정신이 번쩍 들어 몸을 솟구쳐 재빨리 구름을 타고 꽁지가 빠져라 줄행랑을 쳤다.

손오공 또한 번개같이 근두운에 올라 그 뒤를 쫓으며 벼락처럼 호통을 쳤다.

"이 요괴놈! 어디 도망치는가?"

다급해진 국장은 반룡장蟠龍杖을 휘두르며 반격해 왔다. 두 사
람은 공중에서 치열한 격전을 벌이기 시작하여 이십여 합을 싸
웠는데 국장은 도저히 당해내지 못하고 한 가닥 한광寒光으로
변해 재빨리 방향을 바꾸더니 황궁 내원으로 사라져 버렸다.

잠시 후 요괴는 국왕에게 바쳤던 미후를 옆에 끼고 궁문을
나선 뒤, 한광으로 변하여 어딘가로 자취를 감추고 말았다.

손오공은 뒤쫓을 필요 없이 구름에서 내려 궁전으로 돌아
왔다. 그 모든 광경을 살펴본 여러 문무 조신들이 꿇어 엎드려
절을 하였다. 이에 손오공이 손을 내저으며 말했다.

"절은 그만두고 빨리 가서 당신네 국왕이 어디 있나 찾거라.
국왕이 국장이나 미후에게 채어 가게 되어선 안 된다."

대신들이 한바탕 궁궐 온갖 곳을 뒤지고 있을 때 태감 네댓
명이 국왕을 부축하여 근신전 모퉁이에서 걸어 나왔다. 여러 신
하들이 땅바닥에 꿇어 엎드리며 절을 했다.

"전하, 신승이 바로 저기 계십니다. 저 신승께서 국장의 정체
를 밝혀 주셨으니 얼마나 고마운 일입니까? 국장은 요괴였으며
미후를 끼고 사라졌습니다."

국왕은 손오공의 손을 덥석 잡고 보전에 올라 큰절을 하며 이
렇게 물었다.

"장로, 장로께서는 처음에는 훌륭하신 인품으로 보였는데 지
금은 어째서 이렇게 딴 모습으로 변하시었소?"

"폐하, 전의 모습은 당조의 어제이신 삼장법사이시고, 저는 그분의 제자 손오공입니다. 저 외에도 사제가 둘 있는데 저팔계와 사오정이옵니다. 그들은 지금 금정관역에서 사부님을 모시고 있습니다. 요괴가 우리 사부님의 간을 꺼내어 약에 넣는다 하기에 제가 사부님으로 잠시 변신한 것입니다."

국왕은 즉시 전지를 내려 삼장 일행을 모셔 오도록 분부했다. 국왕은 삼장법사의 새로운 면모를 보자 보전에서 내려와 그를 맞았다.

"법사노불法師老佛!"

국왕은 최고의 명예로운 이름으로 삼장을 불렀다. 일행은 백마를 섬돌 앞에 매어 놓고 국왕의 안내를 받으며 전상으로 올라갔다.

손오공이 국왕에게 물었다.

"폐하! 폐하께서는 그 요괴가 어디서 온 놈인지 아십니까? 아까 한광을 타고 사라지기에 쫓지 않았는데 이 손오공이 가서 그놈과 그 일당을 깨끗이 잡아 후환이 없도록 할 터이니 기억을 더듬어 자세히 일러 주십시오."

그러자 비취 병풍 뒤에서 그 말을 듣고 있던 삼궁육원三宮六院의 여러 후비와 궁녀들이 남녀의 내외나 궁중의 법도 따위는 아랑곳없이 우르르 뛰쳐나와 이렇게 아뢰었다.

"신승노불이시여! 부디 법력을 크게 베푸시어 그 요괴들을 뿌리째 뽑아 주십시오. 그러시면 이 막중한 은혜를 깊이 깨닫고 마땅히 중보하오리다."

궁중의 여인들은 그 요괴의 본고장을 어서 대라고 국왕을 채근했다. 그러자 국왕은 지난 일이 후회스럽고 부끄러운 듯 얼굴을 붉히며 말했다.

"삼 년 전 그는 남쪽 칠십 리 유림파 청화장淸華莊이란 곳에서 산다고 했소. 그리고 후처에게서 딸 하나를 낳았는데 나이는 열여섯, 그 딸을 진상하겠다는 거였소. 그녀를 궁중에 두어 총애를 하고부터 병을 얻게 되고 태의원의 약이 효험을 얻지 못하였소. 뿐만 아니라 그 국장이란 자가 해주는 선방도 효험을 얻지 못하고 어린아이를 죽여 백성의 원성만 얻었으니 짐이 잘못을 청해 사죄하는 바이오."

"어린아이의 거위장은 우리 사부님께서 자비심을 발휘하여 성화를 하시기에 이 손오공이 감춰버린 것이오. 이제 요괴를 잡아오겠소."

손오공은 말을 마치기 무섭게 성큼 일어나서 저팔계에게 자기를 따라오라고 했다.

"형님의 명을 거역할 수 없겠지만 우선 배가 고프니 배를 채우고 처치하러 갑시다!"

국왕은 즉시 광록시에 분부하여 맛있는 음식을 차려 일행을 흡족하게 대접했다. 밥을 배불리 먹고 난 저팔계는 밥숟가락을 놓고 쇠갈퀴를 집어들어 손오공을 따라 구름 위로 뛰어올랐다.

이것을 지켜보던 국왕과 후비, 궁녀, 그리고 문무 조신들은 하늘을 우러러 몇 번이고 절을 했다.

"진선眞仙이시다! 진불眞佛이시다! 그분들이 이 세상에 강림하셨다."

손오공과 저팔계는 칠십 리쯤 가서 토지신을 불러내어 청화 장이 아니라 청화동의 미로를 알게 되었다. 그 고장은 맑은 시 냇물이 흐르고 그 양쪽 물가에는 몇 천 그루인지 알 수 없을 정 도로 무수한 버드나무가 늘어서 있었다.

우선 요괴의 동굴을 찾은 두 사람은 무섭게 공격해 들어 갔다. 미후를 데리고 동굴에 와 비구국에서의 실패를 분개하며 이야기하고 있던 요괴는 갑자기 쳐들어온 손오공의 소리에 반 룡장을 집어 들고 대항해 나섰다. 그러나 또 무섭게 생긴 저팔 계의 쇠갈퀴를 보자 승산이 없다고 단정하고 한 가닥 한광으로 변해서 하늘로 솟아올랐다.

손오공과 저팔계는 그의 뒤를 쫓았다. 뜻밖에도 두 사람은 거 기서 남극노인성南極老人星을 만났다. 이 수성壽星은 어느새 요괴 를 잡아 옆에 끼고, 손오공과 저팔계에게 자기가 타고 다니는 흰 사슴이니 목숨만은 살려달라고 청해왔다. 그는 동화제군東華帝 君과 바둑을 두고 있는 사이에 이 사슴이 뛰어나가 이곳으로 와 요괴 짓을 한 것이라고 설명했다.

"그렇다면 본모습을 보여 주시오."

수성이 그 말에 싸늘한 광채를 풀어 놓으며 호통을 쳤다.

"이놈아, 본바탕을 드러내고 용서를 빌어라!"

요괴는 몸을 꼬더니 흰 사슴으로 모습을 드러냈다.

수성이 사슴을 타고 돌아가려 하자 손오공이 막으며 두 가지 일이 남아 있다고 했다.

"아직 미후라는 계집을 잡지 못했는데 무슨 괴물인지 알 수 없고, 이 요괴의 본모습을 비구국왕에게 보여 주고 경과를 보고해야겠소."

수성은 기다리겠노라 하며 청을 들어 주었다. 손오공과 저팔계가 청화동에 달려 들어가 미후를 잡고 보니 그것은 하얀 얼굴의 여우였다. 손오공은 이 여우의 시체를 저팔계에게 메게 하고 수성과 함께 공중에 올라 비구국으로 돌아왔다.

비구국의 국왕과 대신, 모든 백성들은 그 요괴의 진상을 보고는 모두 놀라워했다. 국왕은 부끄러워서 말을 못 할 정도였고 삼장은 시종일관 만족한 미소를 띠고 있었다.

수성은 오랜 병으로 쇠약해진 국왕에게 동화제군에게서 받은 대추 세 알을 주었다. 국왕은 그것을 먹고 건강을 완전히 회복했다.

수성이 그의 백록白鹿을 타고 돌아가자 국왕은 성대한 축하의 잔치를 베풀었다.

이때 여러 신들이 산속에 피신시켰던 거위장의 아이들을 모두 데려왔다. 백성들은 기뻐 어쩔 줄 모르고 삼장 일행은 한 달 정도를 더 머물다가 길을 떠났다.

탁탑이천왕의
수양딸

삼장 일행이 여행을 계속하는 동안 추운 겨울과 봄이 지나고 나무가 무성하고 꽃이 만발한 초여름에 접어들었다.

그들이 길을 재촉하고 있는데 멀리 높은 산이 우뚝 솟아 있는 것이 보였다.

"애들아, 저 산이 매우 험해 보이는데 길이나 있을지 모르겠구나."

삼장이 지레 겁을 먹고 염려하자 손오공이 문자를 썼다.

"사부님은 먼 길을 가는 사람답지가 않습니다. 마치 우물 안 개구리가 하늘을 보고 그것이 전부인 양 생각하는 것 같은 말씀만 하십니다. 옛말에 이르기를 '산불애로山不礙路요, 노자통산路自通山이라' 하였습니다. 산은 길을 막지 않으며, 길은 스스로 산으로 통한다는 말이 있는데, 사부님은 어째서 길이 있느니 없느니 하십니까?"

"산이 비록 우리의 길을 막지 않는다 해도 험준한 산속에서 괴물이 나올까 겁나고, 또한 으슥하며 어두컴컴한 곳에서 요괴가 나오지 않을까 겁나니 경계를 철저히 하자꾸나!"

"걱정하지 마십시오. 여기까지 왔으니 극락이 멀지 않습니다."

저팔계도 느긋한 말투로 말했다.

이렇게 사제지간이 오순도순 얘기를 하는 동안 어느덧 산기슭, 비탈길, 큰길, 거대한 흑송黑松의 숲길도 헤쳐 나갔다. 그러자 햇볕도 잘 들어오고 아름다운 화초도 보이기 시작했다.

"제자야, 이 숲속에 있는 화초들은 정말 아름답구나. 먼 길을 오느라 피곤하기도 하니 여기서 좀 쉬고 싶구나. 말도 좀 쉬게 하고 배도 고프니 어디 가서 먹을 것이나 얻어서 요기를 하고 기운을 차려 다시 걷자꾸나."

"그러시면 말에서 내리십시오. 제가 가서 음식을 얻어 오겠습니다."

손오공은 선뜻 나서 바리때를 받아들고 근두운에 올라 허공으로 솟구쳐 올랐다. 손오공은 공중에서 운광을 멈추고 사방을 둘러보다 삼장이 머무는 곳을 보고 자신도 모르게 소리쳤다.

"아! 참으로 아름답구나."

구름이 황홀하며 상서로운 기운이 삼장의 머리 위를 감돌고 있었다. 이는 삼장이 금선장로의 전생轉生이요, 자그마치 십세나 수행을 쌓은 지고지순한 인물이었기 때문이었다. 깊은 산중에 아름답게 피어난 한 떨기 거대한 연꽃 같았다.

스승의 영광과 결부한 자기의 영광에 도취되어 잠깐 한눈파는 사이 스승 일행이 있는 자리에서 한 무더기 시커먼 마녀의 기운이 피어올라 손오공은 깜짝 놀랐다.

한편, 삼장은 갑자기 숲속에서 "사람 살려!"라는 단말마의 비명소리를 듣고 우거진 숲을 살펴보니 젊고 아름다운 여인이 하반신이 흙 속에 묻힌 채 큰 나무에 결박되어 있는 것을 발견했다.

그 여인은 양쪽 뺨이 부풀어 오르도록 눈물을 흘리며 구해 줄 것을 청했다. 그녀는 자신의 집은 서쪽으로 이백여 리 떨어진 빈파국으로 도둑들에게 붙잡혀 왔다고 하소연했다.

삼장은 동정하며 큰 소리로 제자들을 불렀다.

"팔계야! 오정아! 빨리 이리 오너라."

저팔계와 사오정은 숲속의 꽃을 꺾고 열매를 따먹으며 놀고 있다가 스승님의 목소리를 듣고 달려왔다.

삼장과 일행은 요괴를 알아볼 수 없었지만 공중에서 살펴본 손오공은 음식보다 스승을 구하는 일이 더 급해 구름에서 내려 요괴의 결박을 풀어 주려는 저팔계를 중단시키고 삼장을 설득해 길을 갔다.

뒤에 남은 요괴는 손오공이 나타나 일을 망친 것에 분개하였다. 그러나 정면으로 싸움을 걸어서 잡을 자신도 없었다. 그래서 요괴는 삼장의 선량한 마음, 인자한 마음을 이용하였다.

"자비하신 스님! 당신은 산 사람의 목숨조차 버리시려 하십니까? 그런 마음으로 부처를 참배한들 무엇하며 무슨 놈의 경을 얻고자 합니까?"

이런 책망을 들은 삼장은 더 이상 모른 체할 수 없는 노릇이었다. 삼장은 가던 길을 멈추었다. 그리고 손오공의 반대에도 불구하고 저팔계와 사오정을 데리고 다시 여자가 있는 곳으로 되돌아와서 저팔계를 시켜 여자의 결박을 풀고 흙 속에 묻힌 여자의 하반신을 꺼내 말에 태웠다. 저팔계가 말을 끌고 손오공은 뒤에 서서 요괴를 지켜보며 걷고 있었다.

얼마 안 가서 한 사찰이 나타났다. 진해선림사, 서방의 라마사喇嘛寺였다.

삼장이 먼저 산문을 들어가서 허락을 받아 일행을 불러들였다.

절에서는 칠팔십 명이나 되는 젊은 라마승喇嘛僧들이 그들을 친절히 맞이해 주고 잿밥을 차려 배불리 먹게 했다.

손오공의 눈은 여전히 여자에게서 떨어지지 않고 지켜보고 있었다.

밤이 되어 흑송림에서 데려온 여자는 뒤채 한적한 천왕전天王
殿에서 자기로 하여 승려가 안내해 주었고 삼장 일행은 방장에
서 함께 잤다.

다음 날 아침, 별일 없이 모두 일어났으나 삼장만은 중병 환
자처럼 다 죽어가는 소리로 말했다.

"몸이 좋지 않구나. 머리가 무겁고 눈이 감기며 전신이 온통
쑤시고 아프구나! 거동조차 못하겠는데 이를 어떡하면 좋으냐?"

"몸이 불편하신 걸 어떡합니까? 며칠 늦어진들 도리가 없지
요. 아무 걱정 마시고 몸조리나 잘하십시오."

스승을 시중들다 보니 어느덧 하루가 지나고 또 하루가 지나
사흘이 후딱 지나버리고 말았다.

삼장이 누운 채 입을 열었다.

"오공아! 목이 말라 견딜 수가 없구나! 어디 가서 시원한 물
한 사발 떠다 줄 수 있겠느냐?"

"네, 그러지요. 물을 마시고 싶어 하시는 것을 보니 몸이 좋아
지신 모양입니다. 제가 가서 샘물을 떠다 드리지요."

손오공은 즉시 보따리 속에서 바리때를 꺼내들고 절 뒤채에
있는 주방으로 물을 얻으러 갔다. 그런데 그곳에는 많은 라마
승들이 모두 눈이 퉁퉁 부은 채 흐느껴 울고 있었다. 그것은 큰
소리가 나지 않을 정도로 흑흑 흐느껴 우는 울음이었다.

손오공이 캐어물으니 한 중이 나서 말해 주었다.

"어디서 왔는지는 모르나 이 절에 요괴가 있습니다. 저희들이
밤중에 젊은 두 중들을 보내서 종을 치고 북을 두드리게 했는

데, 종소리와 북소리는 들렸으나 사람은 돌아오지 않았습니다. 그 다음 날 찾아본즉, 뒤뜰에 승모와 승혜가 남아 있고 해골만 보일 뿐으로 아마 요괴가 잡아먹은 것 같습니다. 손님들이 사흘을 머무는 동안에 절간에는 여섯 명의 화상이 변을 당하였습니다. 그래서 겁도 나고 슬프기도 하나 사부님께서 몸이 편찮으시니 감히 고할 수도 없어 이렇게 남몰래 눈물을 흘리고 있는 것입니다."

손오공은 그 말을 듣고 놀라는 한편 뭔가 집히는 구석이 있었다.

"잘 알겠소. 틀림없이 요괴가 여기서 사람을 해치는 모양이니 내가 오늘밤 그놈을 잡아 없애 버리겠소! 우선 우리 사부님께 물을 갖다드리고 상의해 보겠소."

손오공은 바리때에 냉수를 가득 떠서 스승에게 갖다드렸다. 삼장은 목이 타서 견딜 수가 없을 정도였다. 물이라는 말에 얼른 몸을 일으키고 벌컥벌컥 마시기 시작했다.

"스승님! 밥을 좀……. 아니면 죽이라도 잡수시겠습니까?"

"글쎄다, 먹을 수 있을 것 같기도 하고……. 그나저나 참 물맛이 좋구나!"

손오공은 기뻐서 큰 소리로 외쳤다.

"우리 사부님께서 병이 나으셨다. 밥을 잡수시겠다고 하신다. 어서 식사를 준비하거라!"

중들은 부엌으로 방장으로 바쁘게 뛰어다니기 시작했다. 삼장은 식사가 준비되자 겨우 미음을 반 사발가량 먹었으나 나머지는 저팔계가 죄다 퍼먹었다. 손오공과 사오정은 조금 먹었을 뿐이었다.

식사가 끝나자 중들은 등불을 밝혀 놓고 제각각 물러갔다. 어느 정도 기운을 회복한 삼장이 입을 열었다.

"내가 여기서 며칠이나 묵었느냐?"

"사흘째입니다. 내일이 나흘째인데, 내일은 떠나기로 하시지요."

"그래, 떠나야지! 내 병이 다 낫지 않더라도 떠나도록 하자!"

"사부님! 오늘밤은 요괴를 잡을 것입니다. 이 절간에서 사흘을 묵는 동안 그 요괴가 여섯 명의 화상을 잡아먹었습니다."

"그런 일이 있었구나. 다만 조심해서 실수 없도록 하거라!"

손오공은 스승의 허락을 얻자 방장을 뛰쳐나갔다. 그리고 불전에 가서 열두서너 살 되는 화상으로 변해서 목탁을 치고 경을 외면서 기다렸다. 과연 이경쯤 되어서 바람 소리가 들리는 듯하더니 어여쁜 여자 하나가 불전으로 걸어 들어왔다.

손오공이 불경을 외느라고 정신이 없는 듯해 보이자 그 여자는 옆에 와 앉으면서 유혹하기 시작했다.

손오공은 화상들이 여자의 꾐에 빠져 색정으로 죽었음을 알았다. 하여 그는 본상으로 돌아와서 여의봉을 꺼내 잡고 후려치려 했으나 요괴가 먼저 낌새를 채고 대적하는 바람에 격투를 벌였다. 그러나 요괴는 손오공을 당할 수 없어 분신을 하나 만들어 대항시켜 놓고 자신은 한 줄기 바람으로 변해서 방장에 누워 있는 삼장을 채어 가지고 본집인 함공산 무저동으로 내빼버리고 말았다.

손오공은 뒤늦게 속은 것을 알고 삼장을 찾았으나 있을 턱이 없었다. 저팔계와 사오정은 세상모르고 잠들어 있었다. 손오공은 화가 나 소리를 꽥 지르고 두들겨 깨웠다. 그리고 흑송림에서 데려온 여자가 요괴임을 밝히고 토지신과 산신을 불러내 요괴의 집을 알아냈다.

저팔계는 광풍을 일으켜서 펄쩍 뛰어오르고, 그 뒤를 사오정이 쫓아서 구름을 탔다. 백마는 본래가 용이었는지라 짐짝을 실은 채 바람과 안개를 밟았다.

마지막으로 손오공은 라마승들과 작별한 후 근두운에 올라 함공산 무저동으로 날아가서 우선 저팔계에게 동정을 살피게 했다. 저팔계가 알아본 바로는 오늘밤 잔치를 베풀고 즐거운 첫날밤을 보낸다는 것이었다.

손오공은 동굴을 발견하여 두 아우를 입구에 대기시켜 놓고 자신은 구멍 안 동굴 속으로 뛰어내려갔다. 그 안에는 별천지였다. 햇빛이 반짝반짝 비치고 화초도 아름답고 열매도 탐스럽게 익고 있었다.

저편으로 지붕의 문루가 눈에 띄었다. 그 주변에만 소나무, 대나무가 꽉 들어찼고 문루 안에서는 여러 채의 집이 겹겹이 서 있었다.

손오공은 한 마리의 파리로 변하여 들어갔다. 요괴는 정자에 높직이 앉아 있었는데 예전의 모습과는 딴판으로 빼어난 몸매에 멋들어진 몸단장, 앵두 같은 입술로 방긋거리고 있었다.

"얘들아, 어서 음식을 차려 잔치를 베풀어라."

손오공은 날개를 펼쳐 다시 깊숙이 안으로 들어가 삼장이 갇힌 방을 찾아내어 삼장의 귀 가까운 어깨에 앉았다. 그리고 스승과 제자는 꾀를 써서 손오공이 빨갛게 익은 복숭아로 변해 따먹힘으로써 요괴의 뱃속으로 들어가는 데 성공했다.

손오공은 요괴의 뱃속으로 들어가기가 무섭게 활동을 개시하여 반죽음을 만들고 복종할 것을 맹세받았다.

요괴는 삼장을 등에 업고 동굴 밖으로 나왔다. 밖에서는 저팔계와 사오정이 굴 입구에 지키고 서서 뛰쳐나오는 요괴들을 박살냈다. 그들은 삼장이 나오는 것을 보고서야 공격을 멈추고 손오공의 안부를 물었다.

"손오공 형님은 어떻게 되었습니까?"

"손오공은 지금 저 요괴의 뱃속에 있느니라."

저팔계가 한바탕 웃더니 소리쳤다.

"형님, 지저분한 요괴의 뱃속에서 무얼 하고 계십니까? 빨리 밖으로 나오십시오."

"이놈의 요괴야! 입을 벌려라. 그래야 내가 나갈 것이 아니냐?"

손오공의 말이 끝나자 요괴는 입을 크게 벌렸다. 손오공은 조그맣게 몸을 변해 목구멍까지 올라왔으나 요괴가 이빨로 깨물까 싶어 여의봉으로 잇몸을 버티면서 몸을 솟구쳐 뛰어나왔다.

그리고 본래의 모습으로 변하여 여의봉을 휘두르며 요괴를 공격했다. 요괴는 두 자루의 보검을 뽑아들고 번개처럼 번쩍번쩍 날면서 이에 맞서 싸웠다. 둘은 다시 산 위에서 맹렬히 싸웠다.

저팔계와 사오정은 싸우는 것을 바라보다가 요괴에게 달려들었다. 요괴는 손오공만으로도 맞서 싸우기 힘든 판인데 저팔계와 사오정까지 함께하니 뒤를 돌아서 급히 달아났다.

"이놈의 요괴야, 게 서지 못할까?"

요괴는 손오공 삼형제가 소리치며 쫓아오는 것을 보자 오른쪽 꽃신을 벗고 선기를 불어넣어 가짜를 만든 다음, 자기와 똑같이 두 자루의 칼을 쥐여 주고 뒤를 쫓는 적들을 대항케 했다. 그리고 진짜는 일진의 청풍으로 변하여 곧장 동굴 쪽으로 도망쳐 들어가려다 패루 밑에 홀로 앉아 있는 삼장을 발견하고는 쾌재를 불렀다.

요괴는 아무런 거리낌없이 삼장과 보따리, 백마까지도 덥석 낚아채고는 깊은 동굴로 자취를 감춰버렸다.

한편, 가장 가까이서 요괴를 뒤쫓던 저팔계는 뚝심을 발휘하여 쇠갈퀴를 번쩍 쳐들어 요괴를 향해 힘껏 내리쳤다. 그러자 허울을 뒤집어 쓴 가짜 요괴가 픽 하고 쓰러졌는데 그것은 한짝의 여자 꽃신이었다.

손오공이 그것을 보고 대뜸 호통을 쳤다.

"바보 같은 자식들! 사부님이나 모시고 있을 일이지, 누가 너희들한테 쓸데없이 나를 거들라 했던가? 멍청한 놈들! 사부님이 걱정이다. 빨리 가자!"

세 사람은 급히 삼장이 있던 데로 돌아왔으나 삼장이 있을 리 없었다. 짐과 백마조차도 죄다 없어졌으니 참으로 기가 찰 노릇이었다.

저팔계는 머리를 좌우로 흔들며 정신 나간 사람처럼 근처를 왔다 갔다 하고 사오정은 사오정대로 울상이 되어 사방을 찾아 헤매기 시작했다. 손오공 또한 안절부절못하고 이리저리 왔다 갔다 할 뿐이었다. 그러다 끊겨진 말고삐를 보았다. 손오공은 얼른 달려가서 토막 난 고삐를 집어 들었다. 그리고는 동굴 쪽으로 난 말 발자국을 보고 즉시 동굴로 뛰어들어갔다.

격분한 손오공은 곧장 요괴가 살고 있던 집 대문을 여의봉으로 후려쳐 부숴버리고 안으로 달려들어갔다. 그러나 죽은 듯이 고요하여 누구 하나 있을 것 같지 않았다. 정자에 있던 의자나 세간 등도 전혀 보이지 않았다.

이 요괴의 동굴은 내부의 둘레가 삼백여 리나 되고 요괴의 소굴은 몇 군데 있었기 때문에 깊이 숨어버린 게 틀림없었다. 손오공은 넋을 잃은 듯 망연히 서 있다가 바람결에 풍겨 오는 향내의 방향을 찾아 뒤채의 문을 덜컥 열었다.

거기에는 용의 아가리를 새긴 제상이 하나 놓여 있고, 그 위에는 큼직한 금향로가 놓여 있었다. 향로에는 아직까지 향불 연기가 모락모락 피어오르고 있었다.

자세히 보니 제상 위에는 두 개의 큼직한 위패가 있었는데 위패에는 '존부이천왕위尊父李天王位'와 '존형나타삼태자위尊兄哪咤三太子位'라고 쓰여 있었다.

손오공은 그것을 보고 기뻐서 어쩔 줄을 몰랐다. 애써 요괴를 잡고 삼장을 찾을 필요도 없었다.

손오공은 우선 위패와 향로를 집어 들고 곧장 동굴 밖으로 나와 저팔계와 사오정에게 상황을 설명했다.

"요괴가 살던 집구석에는 인기척이라곤 없고 제상에서 이 위패와 향로를 발견했는데, 이것은 바로 이천왕의 딸, 나타삼태자의 누이가 속세를 그리워하며 하계에 내려와 요괴가 되어 우리 사부님을 채간 것이야. 그러니 이 위패더러 사부님을 찾아내라고 하면 될 것이야. 너희들은 여기서 잠시만 더 기다리고 있거라. 천궁에 가서 이천왕과 나타삼태자를 데리고 올 테니까."

손오공은 곧장 위패와 향로를 들고 몸을 솟구쳐 상운을 타고 이내 남천문을 지나 영소전에 들었다. 손오공은 향로와 위패를 내려놓고는 옥황상제를 우러러보며 넙죽 절을 하고 상소를 올렸다.

탁탑이천왕과 그의 아들 나타삼태자는 집안을 돌보지 않고 딸을 달아나게 하였습니다. 그 딸은 하계 함공산에 있는 무저동에서 요사스런 요괴로 변하여 무수한 인명을 희롱하고 또한 살상하고 있습니다.

또한 저의 스승을 동굴 깊숙한 곳으로 유괴하여 저희들로서는 찾을 길이 없습니다. 그 부자들로 하여금 저희 스승을 찾을 수 있도록 조처해 주시길 바랍니다.

옥황상제는 상소장을 죽 훑어보고 나서 상소장대로 비준한다는 어지를 내렸다. 그리고 태백금성을 불러 손오공과 함께 탁탑이천왕을 배알하라 분부했다.

손오공은 태백금성을 따라서 즉시 운루궁에 이르렀다. 탁탑이천왕은 즉시 나와서 영접을 했고, 태백금성이 칙지를 받들고 있는 것을 보고 곧 분향하도록 하였다.

그러나 탁탑이천왕은 그 말에 따를 수 없다고 하였다.

"내게는 아들 셋, 딸 하나가 있을 뿐이오. 큰아들은 금타金咤로 석가여래에게 봉사하여 전부호법이 되어 있고, 둘째는 목차木叉로 남해 관음보살의 제자가 되어 있소. 셋째 나타哪咤로 내 옆에 있으면서 나를 돕고 있고, 딸아이는 이제 겨우 일곱 살로 정영貞英인데 무슨 요괴란 말이오? 이는 필시 저 원숭이놈이 묵은 감정이 있어서 무고한 것이 분명하오. 내 옥황상제께 다시 상주하겠소!"

탁탑이천왕이 격분하여 소리치자 셋째 아들 나타태자가 불쑥 달려들어 아버지를 진정시키고 옛일을 상기시켰다.

그에 의하면 여자 요괴는 이천왕의 의붓딸, 나타태자의 수양 누이로, 삼백 년 전 영산에서 여래의 향화보촉香花寶燭을 훔쳐 먹고 요괴가 되었다. 석가여래께서 탑탁이천왕 부자와 천병을 보내어 붙잡았을 때 석가여래님의 뜻에 따라 살려 두었기에 그 은덕으로 그들 부자의 위패를 모셔 놓고 향화를 받든다는 것이었다.

그리하여 이천왕과 나타태자는 천병을 이끌고 함공산 무저동으로 내려와서 요괴들을 모두 소탕하고 수양딸 요괴를 잡았다.

저팔계와 사오정이 화가 나서 죽이려고 야단이었으나 탁탑이
천왕이 달래었다.

"이 일은 옥황상제의 명을 받들고 잡은 것이니 함부로 다룰
수가 없는 것이오."

탁탑이천왕은 셋째 아들과 천병을 거느리고 요괴를 압송하
여 하늘로 오르고, 무서운 요괴의 동굴 속에서 살아나온 삼장
은 세 제자를 만나 편안한 마음으로 길을 나섰다.

멸법국과
남산대왕

훈풍이 불기 시작하고 가는 비가 부슬부슬 내리는 날이었다.

삼장 일행이 버드나무가 촘촘히 서 있는 길을 가는데 한 노파가 어린아이 손을 잡고 걸어오고 있었다. 노파는 놀란 표정으로 삼장에게 이렇게 말했다.

"스님, 서쪽으로는 가지 마십시오. 길이 막혀 가실 수 없습니다."

"어찌하여 서쪽으로 가면 안 된다고 하십니까?"

"서쪽으로 한 십 리쯤 가면 멸법국滅法國이란 나라가 있습니다. 그 나라 국왕은 전생에 저승에서 원수를 맺고, 이 세상에서는 무수한 죄를 지었습니다. 이 년 전 하늘님께 자기의 큰 소원을 이루어 달라고 빌었는데 하늘님께서 허락을 하였습니다. 그 소원은 화상 만 명을 죽이는 것이었습니다. 현재까지 구천구백구십육 명의 화상을 죽였고, 나머지 네 명은 이름 있는 화상을 죽여서 이를 끝맺겠다는 것입니다. 그러니 스님 네 분이 성중으로 가신다면 목숨을 내놓으셔야 할 것입니다."

삼장은 가르쳐 주셔서 고맙다 하고 다른 길은 없는가 물었다. 손오공은 아까서부터 상대방의 실체를 간파해 보다가 관음보살과 선재동자임을 알고 노파 앞에 넙죽 엎드리며 이렇게 말했다.

"보살님, 일찍 알아뵙지 못해 죄송합니다."

그러자 노파는 아이와 함께 한 줄기의 빛을 타고 허공으로 솟구쳐 올라갔다.

삼장은 깜짝 놀라서 몸 둘 바를 몰라 하다가 급히 꿇어앉아 머리를 숙였고, 저팔계와 사오정도 하늘을 우러러보며 배례했다.

관음보살의 상운은 아득하게 뻗치더니 사라져서 곧 남해로 되돌아가버렸다.

삼장 일행은 우선 으슥한 곳의 토굴을 발견하고 그 속에 자리잡고 앉았다. 그리고 손오공이 동정을 살피기 위해 한 마리의 부나비로 변해 성중으로 날아들어가 장사꾼들이 쉬어가는 여관집 '왕소이점王小二店'을 찾았다. 안을 들여다보니 십여 명의 여행객들이 저녁밥을 먹고 난 참인 모양이었다. 그들은 의복을 벗고 두건을 내리고 손발을 씻은 다음 제각기 잠자리로 향해 가고 있었다.

이를 눈여겨본 손오공은 회심의 미소를 지었다. 손님들이 옷을 벗고 잠자리에 들면 의관을 훔쳐낼 생각이었다.

그들은 각기 자기의 의관과 짐을 챙겨 주인 왕소이의 방에 맡기고 아침에 찾아가기로 하였다. 주인 왕소이도 문을 모두 닫아걸고 두세 번씩 확인한 다음 잠자리에 들었다. 이때 부나비로 변신한 손오공도 함께 방에 들어 두건을 거는 시렁 위에 앉아 동정을 살폈다.

주인 왕소이는 이내 잠이 들었으나 그의 아내와 어린아이 둘이 재잘거리며 좀체 자려 하지 않았다. 이에 손오공은 초조해졌다. 밤이 깊어져 성문을 잠가버리기 전에 성을 빠져나가야 했다. 그래서 부나비로 변한 몸을 던져 등잔불의 불을 휙 꺼버렸다. 그리고 쥐로 변하여 찍찍 하고 이리저리 뛰면서 옷과 두건을 집어 들고 밖으로 줄행랑을 쳤다.

잠에서 깬 왕소이와 왕소이 아내가 "도둑이야!" 외치는 소리를 뒤로하고 재빨리 구름에 뛰어올라 산속 토굴로 돌아왔다.

손오공은 스승 앞에 한아름의 의복과 두건 등을 쏟아 놓았다. 그리고 계책을 내놓았다.

"사부님, 제가 성안을 돌아보니 비록 멸법국 국왕이 무도하게 화상을 죽인다고 하지만 천자이기 때문에 성 위에는 상서로운 상광과 희기喜氣가 뻗치고 있었습니다. 우리는 이 의복과 두건을 쓰고 잠시 속인으로 분장을 하여 성안으로 들어가 잠자리를 찾은 뒤 사경쯤 일어나서 식사를 하고 오경에 성문이 열리면 서쪽으로 빠져나가면 무사할 것입니다."

손오공의 말을 듣고 삼장도 어쩔 수 없이 승모와 승복을 벗고 앞에 놓인 두건을 쓰고 의복을 입었다. 사오정도 갈아입었으나 저팔계는 머리가 커서 두건 두 개를 찢어서 합친 뒤 머리에 썼고 제일 큰 의복을 골라 입었다. 손오공도 한 벌을 잘 차려 입고 성중으로 일행을 안내했다. 그리고 기왓장 몇 조각을 내어 은자를 듬뿍 만들어 보따리 속에 챙겨 넣고 백마를 보이며 말 장사꾼 행세를 하기로 정했다.

성중에 드는 길은 하나인지라 의복과 두건이 없어졌다고 야단을 치고 있는 왕소이의 객점을 옆으로 보며 그중에서 제일 크고 화려한 객점, 조과부네 객점을 찾아들었다.

손오공은 은자를 꺼내 방세와 식사비를 후하게 선금으로 지불했다. 그리고 내일 삼십여 마리 말을 몰고 일행 이십여 명이 더 올 것이라 인심을 듬뿍 얻어놓았다. 뿐만 아니라 객점 내 심부름하는 사람들까지 다 불러들여 보따리 속의 은자로 선심을 썼다.

삼장은 아무래도 불안하고 걱정이 되어 편히 잠들 수 없었다. 잠든 사이에 누가 들어 와서 박박 깎은 중머리를 보게 되면 큰일이라며 대책을 세워야 한다고 걱정했다. 그리하여 그들은 주인 조과부에게 얘기하여 모두 함께 잠들 수 있는 큰 궤짝 하나를 받았다.

일행은 모든 짐과 함께 궤짝 속에 들어갔다. 밖에는 주인을 시켜 든든한 자물쇠를 채우고 백마를 궤짝 옆에 매어 놓았다.

그러나 조과부집의 심부름하는 한 사내놈이 성중의 도둑떼와 통하고 있었다. 그는 손오공이 은자를 뿌려가며 조과부와 대화하는 소리를 듣고 돈푼깨나 있어 보이는 거상이라 여겨 도둑떼 이십여 명을 불러내었다.

그리하여 그들은 삼장 일행이 들어 있는 궤짝을 메고 백마까지 끌고 성문을 부수고 빠져나갔다. 이에 성을 순찰하는 총병관과 병마사가 급히 동원되어 도둑들을 뒤쫓았으나 도둑들은 놓치고 궤짝과 백마만을 장물로 노획하였다. 그들은 날이 새면 어전에 보고하여 처리하기로 하였다.

어쨌든 궤짝 속에 있는 삼장 일행은 걱정이 태산이었다. 그러나 손오공은 염려 마시라고 큰소리치며 개미로 변신하여 밖으로 나왔다.

그는 궁중으로 들어가 자기의 분신을 백 개나 만들고, 머리 깎는 칼을 백 개나 만들어서 하나씩 들리고 또 무수한 잠벌레를 만들어 황궁 내원의 국왕·황후·대신·아전들에 이르기까지 모두 잠들게 하고 머리를 깎아 중으로 만들어버렸다. 그리고 다시 궤짝 속으로 들어가 잠을 청했다.

다음 날, 국왕을 비롯한 대소신료들은 조회에 나와 하룻밤 사이에 두발이 없어진 데 대해 하늘의 뜻으로 여겨 지난날의 잘못을 빌었다. 그리고 국왕은 새로운 불국을 선포하였다.

"앞으로는 결코 승려를 살육하는 일이 없도록 할 것이다!"

조회를 파할 즈음, 성을 순찰하던 총병관과 병마사가 앞으로 나왔다.

"신들이 밤중에 도둑들이 훔쳐가던 궤짝 한 개와 말 한 필을 노획하였는데 폐하의 처분을 기다리고 있습니다."

국왕은 가지고 오라 하였다. 문제의 궤짝이 섬돌에 놓이자 국왕은 좌우에 명하여 뚜껑을 열게 했다. 그러자 저팔계가 먼저 뛰어나오고 손오공이 삼장의 손을 잡고 나오고 시커멓고 무섭게 생긴 사오정이 나오자, 궤짝을 지켜보던 국왕을 비롯한 대소 신료들은 어찌나 놀랐던지 정신을 차릴 수가 없었다.

손오공의 설명으로 다시 의복을 갈아입고 궤짝에서 나온 일행 네 사람은 근엄한 스님으로 섬돌 앞에 나란히 섰다. 국왕은 놀란 가슴을 겨우 진정시키고 용장에서 뛰어내리며 부처님의 계시에 감사했다. 그리고 여러 문무백관들과 함께 삼장 일행에게 경건한 마음으로 절을 하고 겸손하게 물었다.

"스님은 어디서 오셨습니까?"

"빈승은 동토 대당에서 어명을 받들고 서방 천축국 대뇌음사로 부처를 뵙고 진경을 얻으러 가는 삼장이라 하옵니다."

삼장이 예의를 갖춰 대답하자 국왕은 흥미를 느끼며 물었다.

"참으로 먼 곳에서 오셨는데 어찌하여 이 궤짝 속에 갇혀 있게 되셨습니까?"

삼장은 모든 것을 얘기해도 좋겠다고 생각했다.

"소승은 폐하께서 화상들을 무조건 죽인다 하기에 떳떳이 방문하지 못하고 속인으로 분장하여 이곳 여관에 들었습니다. 또한 복색이 탄로날까봐 주인에게 특별히 부탁하여 궤짝 속에 숨었는데 그만 도둑들이 떠메고 가는 바람에 이렇게 오늘 폐하를 만나 뵙게 되었으니 광영이옵니다."

"그 무슨 말씀이옵니까? 짐이 일찍이 화상을 많이 살육한 것은 짐을 비방한 자가 있었기에 약속한 일입니다. 그러나 이제 군신이 합심하여 불법에 귀의하게 되었으니 저희들을 문하로 받아들여 가르침을 주십시오."

그리하여 모두는 화기애애하게 친목을 도모하고 성대한 잔치를 열고 나라 이름을 멸법국에서 흠법국欽法國으로 바꾸었다. 그리고 삼장 일행은 곧 그곳을 떠났다.

그렇게 또 얼마를 가자니 높은 산 하나가 가로막았다.

손오공이 앞서 나가며 허공에 올라 살펴보니 저편 낭떠러지 위로 요괴 한 놈이 자리잡고 앉아 있고 그 주위에 삼십 명의 부하 요괴가 웅성거리고 있었다.

손오공은 구름에서 내려 앞쪽에 잔치하는 마을이 있다며 저팔계의 식욕을 자극하여 먼저 내보내 요괴들과 싸우게 했다. 물론 손오공이 뒤에서 응원해 주었다.

저팔계는 힘을 얻어 쇠갈퀴를 휘둘러가며 힘차게 싸워 요괴를 물리치고 돌아왔다. 그러나 그 다음이 문제였다.

요괴들은 저팔계에게 패전한 후 당승을 잡기 위해 분판매화계分瓣梅花計라는 계책을 썼다. 요괴 중에서 가장 훌륭한 용사 셋을 골라 대장인 자기와 똑같이 변화시키고 길목에 매복해 두었다가 손오공, 저팔계, 사오정을 하나씩 맡아 시간을 끌며 싸우는 동안 요괴 자신은 공중에서 대기하고 있다가 삼장을 납치하는 계책이었다. 그 일은 대성공이었다.

손오공이 가짜 요괴를 물리치고 돌아오니 스승이 보이지 않았다. 저팔계와 사오정 또한 가짜 요괴에게 속아 넘어간 것을 뒤늦게 알았다.

손오공 삼형제는 잃어버린 스승을 찾기 위해 점점 깊숙한 산중으로 들어갔다. 문득 낭떠러지 아래로 동굴이 보였다. 거기에는 '은무산 절악 연화환'이란 돌판이 걸려 있었는데 돌문은 굳게 닫혀 있었다.

그것을 해치우는 데는 저팔계의 쇠갈퀴가 안성맞춤이었다. 쇠갈퀴에 얻어맞은 돌문은 커다란 구멍이 뻥 뚫렸다. 저팔계가 그 구멍에 대고 소리쳤다.

"싸가지 없는 요괴놈들! 우리 사부님을 내놓아라! 이 쇠갈퀴로 모두 때려 엎어버리기 전에 당장 내놓으란 말이다!"

문지기 부하 요괴가 마왕에게 보고하니 분판매화계의 지혜를 낸 노련한 요괴가 나섰다.

"겁내실 것 없습니다. 제가 살펴보고 오겠습니다."

그 자는 가짜 인간의 머리를 만들어 손오공 형제들을 속여보자는 계책을 짰다. 스승을 이미 잡아먹었으니 어찌할 도리가 없다고 한다면 믿어줄 것이라 생각했다.

그리하여 그는 버드나무 뿌리를 깎고 다듬어서 사람 해골바가지를 그럴 듯하게 만들어 피를 칠해 두었다. 그리고 꼬마 요괴를 시켜서 그것을 쟁반에 담아 받쳐들고 가서 내주게 했다.

"나리의 사부님을 동굴 안으로 잡아왔사온데 동굴 안의 무지막지한 작은 요괴들이 그만 먹어버렸나이다. 그리하여 여기 머리 하나만 남았사온데 어찌하면 좋겠습니까? 관대하신 대성 나으리께 용서해 주십사 청하옵니다."

문구멍으로 쟁반에 담긴 사람의 머리를 넘겨받은 손오공은 가짜임을 알고 돌에다 메어쳤다. 그것은 나무토막이 빠개지는 소리를 내며 산산조각이 났다.

뚫린 구멍으로 바라보던 작은 요괴들은 마왕에게 실패했음을 알렸다. 그리고 이번에는 얼마 전에 잡아먹은 사람 머리 하나를 골라 아까는 실수로 잘못 전달했다며 다시 갖다주었다.

이에 손오공 삼형제는 해골바가지를 살펴보고는 망연자실하였다. 한참만에야 그들은 스승의 머리를 묻기 위해 산언덕 양지바른 곳을 찾아 머리를 파묻고 제법 무덤답게 봉분을 잘 다듬어 올렸다.

그러나 언제까지고 울고만 있을 수 없던 손오공은 저팔계를 이끌고 다시 동굴의 돌문을 산산조각 내고 요괴들을 무찔렀다. 늙은 마왕은 겨우 몇몇 부하만을 데리고 더 깊은 동굴로 숨어들었다. 그 마왕은 자칭 남산대왕이라는 자였다.

손오공과 저팔계는 일단 사오정이 지키고 있는 스승 무덤에서 숨을 고르다가 손오공은 다시 남산대왕을 잡기 위해 물쥐로 변신하여 시냇물을 타고 동굴로 들어갔다. 거기에서 손오공은 남산대왕과 요괴들의 대화를 듣고 스승님이 살아 있음을 확인했다.

그리고는 뒤뜰로 나가서 스승의 실존을 직접 확인한 후, 잠벌레를 만들어 마왕과 요괴들을 잠들게 하였다. 그리고 삼장의 결박을 풀고 또 맞은편 나무에 묶여 있는 나무꾼도 풀어 주어 함께 동굴 밖으로 빠져나왔다.

저팔계와 사오정은 무덤 앞에 꿇어앉아 통곡을 하다가 스승을 확인하고는 놀라 한동안 정신을 차리지 못했다.

손오공은 다시금 저팔계와 함께 동굴로 달려가서 잠들어 있는 남산대왕과 요괴들을 철저히 응징하고 불을 질러 태워버렸다. 남산대왕은 털이 긴 얼룩표범이었다.

그리고 일행은 나무꾼의 집으로 가서 늙은 어머니의 대접을 받았다.

구곡반환동의
구두사자

삼장 일행은 나무꾼과 작별한 후 며칠간 기쁜 마음으로 길을 걸었다. 그러다 천축국의 외군外郡 봉선군鳳仙郡의 성문에 들어섰는데, 그곳은 거리의 풍경 또한 쓸쓸하고 지나가는 사람들의 몰골도 초라하기 그지없었다.

좀 더 시내로 들어서자 저자 어귀에서 사람들이 웅성거리고 관인이 방을 붙이고 있었다. 손오공을 비롯하여 삼장 일행은 점잖게 그 앞으로 가 방문을 보았다.

대천축국 봉선군의 군후상관君侯上官은 방을 내어 저명하신 법사를 청하노라. 여러 해 동안 가뭄으로 토지는 황폐화되고 우물조차 말랐도다. 부자들은 겨우 연명할 수 있으나 일반 백성은 자식을 팔아가며 목숨을 부지해 가는 실정이로다. 엎드려 바라건대 십방十方의 현철賢哲이여, 비를 빌어 백성을 구제해 주면 그 은혜 마땅히 천금으로 사례할 것을 백성 앞에 굳게 맹세하오니 모든 이들은 이 방문에 협조토록 하라!

손오공은 방문을 읽고 씩 웃으면서 한마디 뱉었다.
"까짓, 비를 비는 것쯤 뭐가 어려워요!"
놀란 것은 거기에 늘어서 있던 여러 관인이었다. 관인은 신인이 나타났다고 단정하고 즉시 관청으로 달려가 군후에게 이 사실을 보고하였다.
군후는 그 소식을 듣고 관청을 달려 나와 삼장 일행 앞에 풀썩 주저앉으면서 절을 깊이 올렸다. 비를 바라는 염원이 얼마나 간절했던가를 알 만했다.
"제가 방을 낸 봉선군 군후상관이옵니다. 삼가 청하오니 비를 내리게 하시어 백성을 구해 주시기를 간절히 부탁드립니다. 우러러 바라거니와 크게 자비심을 베푸시어 신공을 발휘하셔서 저희 백성을 구제해 주시옵소서!"
삼장은 정중히 답례하고 행사하기 쉬운 사관寺觀으로 가서 이야기하기로 하여 군후의 관청 부중에 들었다.

우선 차와 식사가 나와 배를 채웠고 삼 년 동안 비 한 방울 내리지 않았다는 것을 들었다. 이에 손오공은 동해용왕을 불러 비를 내려 달라 했으나 용왕은 상천에서 시키는 일만 실행할 뿐 자신이 어찌할 수 없으니 옥황상제에게 상주해 달라 하였다.

손오공은 할 수 없이 용왕을 돌려보내고 천궁에 올라 옥황상제를 만났는데 봉선군의 군후는 삼 년 전부터 뜨끔한 천벌을 받고 있는 중이라는 것이었다.

"짐이 삼 년 전에 만천하를 시찰할 때 봉선군에도 들렀느니라. 그때 그곳 상관은 하늘에 바치는 제물을 개에게 먹이는 등 용서받지 못할 모독의 죄를 지었느니라. 짐은 곧 세 가지 방법을 피향전披香殿에 두었는데, 그곳에 가서 보아 만약 세 가지가 끊어져 풀렸으면 소원을 들어 주고 그렇지 않으면 들어 주지 말거라!"

그 세 가지 장치란 이러하였다. 십 장 높이의 쌀의 산에서는 병아리 한 마리가 쌀을 쪼아 먹고, 이십 장 높이의 밀가루 산에서는 누런 삽살개 한 마리가 그것을 핥아먹고 있었다. 그리고 왼쪽에는 쇠를 만든 시렁에 금자물쇠 한 개가 걸려 있는데 그 자물쇠의 고리는 손가락만큼이나 굵었다. 그리고 그 아래의 등잔불 불꽃이 자물쇠 고리를 달구고 있었다. 병아리와 삽살개가 쌀과 밀가루를 다 먹고, 금 자물쇠가 달구어져야만 풀리는 것으로 어느 천 년에 이루어질지 알 수 없는 노릇이었다. 손오공은 다른 데 하소연할 곳도 없어 곧장 하계로 내려왔다. 다만 한 가지 사대천사의 말 한마디가 그나마 희망이었다.

"대성, 그리 걱정 마시오. 이는 선을 행하면 곧 풀릴 수 있는 일입니다. 착한 일을 하여 상천을 놀라게 하면 저 세 가지는 당장 허물어져 끊어질 것입니다. 대성께서 돌아가시어 그에게 선을 권하시면 일은 제대로 풀릴 것입니다."

손오공은 옥황상제에게 인사도 드리지 않고 곧장 하계에 내려와 군후에게 호통을 쳤다. 군후는 자신의 잘못을 뉘우치고 배례하며 귀선하기를 맹세했다. 그리고 도량을 세우고 모범적인 귀의자로 열렬한 선행가가 되어 천지에 지은 죄를 사죄하였다.

이러한 선행과 지성은 이내 하늘을 격동시켰다. 손오공이 또한 번 상천을 방문했을 때에는 이미 하늘에서도 군후의 지성에 감동하여 비를 내릴 준비를 모두 갖춰 놓고 있는 중이었다.

이날 우선 상계에서는 봉선군에 흡족한 비를 내렸다. 특히 네부의 신들, 우부·뇌부·운부·풍부의 신들이 돌아가려 할 때, 손오공이 그들을 붙잡으며 군후의 배례를 받도록 하여 후일에도 필요에 따라 적당량의 비가 내리도록 조치했다.

이에 군후는 여러 관인들과 함께 하늘을 우러러 향불을 켜들고 사례하며 절을 해 경배했다.

이렇게 손오공 일행은 선을 베풀고 백성들을 도왔다. 봉선군 군후는 감사의 표시로 절 하나를 세웠는데 삼장은 그 절을 감림보제사甘霖普濟寺라 이름을 지어 주었다.

"오공아, 너의 이번 선과는 참으로 훌륭한 일이었다. 지난번 비구국에서 어린아이를 구해 준 일과 함께 참으로 보람된 일이었다. 이 모든 것이 너의 공로다."

성 밖 삼십 리까지 배웅 나온 군후와 헤어진 후 삼장은 모처럼 손오공에게 칭찬의 말을 해주었다.

일행은 또다시 서쪽으로 향하는 길에 올라 계절이 바뀔 만큼 부지런히 걸었다. 그러자니 저 앞으로 성곽 하나가 눈에 들어왔다. 한 노인이 다가오는 것을 보고 삼장이 말에서 내리며 이곳이 어디인가를 물었다.

"이곳은 천축국 옥화현玉華縣이란 곳입니다. 성주는 천축황제의 종실로서 백성을 중히 여기고 도인과 화상을 공경합니다."

삼장은 감사해 마지않았다. 삼장이 왕부에 들러 통관의 문첩에 사증을 받는 동안 손오공 일행은 대객관에 들어 쉬고 있었다. 삼장이 인례관引禮官의 안내에 따라 옥화왕을 배알하니 왕은 온갖 친절을 아끼지 않았다.

삼장이 여러 나라의 인신印信과 수압手押이 찍혀 있는 통관의 문첩을 바치자, 왕은 기쁜 마음으로 보인을 누르고 화압을 했다. 그리고 부드럽게 입을 열었다.

"당나라에서 이곳까지 오시는 도중 여러 나라를 거치셨을 텐데 그 길이 얼마나 됩니까?"

"소승이 자세히 기억하지 못하오나 지난날 관음보살께서 말씀하시길 십만팔천 리라 하였습니다. 그리고 소승이 길을 떠난 뒤 열네 번의 여름과 겨울을 보냈습니다."

"열네 번의 추위와 더위를 겪으셨다면 곧 14년이 되었다는 이야기구려. 그동안 여러 고충이 많으셨겠습니다."

"한마디로 말씀드리기 어렵습니다. 이곳에 도착하기 전까지 무수한 요괴와 요물을 만나 고초를 겪은 것이 헤아릴 수 없습니다."

삼장의 말을 들은 옥화왕은 전선관典膳官으로 하여금 음식을 대접할 준비를 시켰다. 이에 삼장이 제자 세 사람과 백마가 밖에서 기다린다 하자 왕은 그들도 함께 부르길 원했다.

그들 셋이 옥화왕부에 들자 왕은 그들의 모습을 보고 경악을 금치 못했다. 왕이 놀란 얼굴로 궁중에 들자 그의 세 소왕자가 불끈 화를 내며, 무례한 손님을 책하고자 손오공 일행에게 대들다가 모두 무릎을 꿇고 사부님으로 받아들여 무술 지도를 받았다. 그리고 손오공의 여의봉과 저팔계의 쇠갈퀴, 사오정의 보장을 본떠 모조품을 만들고자 대장간에 맡겼으나 모두 잃어버렸다.

그 세 가지 신기가 발산하는 빛 때문에 이를 발견한 요괴가 감쪽같이 훔쳐간 것이다. 이를 가져간 자는 표두산豹頭山 호구동虎口洞의 요괴였다.

손오공 삼형제는 소왕자들의 간청에 못 이겨 그들에게 무예 등을 가르쳐 주고, 자기들 것과 같은 무기를 소왕자 삼형제에게도 만들어 주려 한 것이었다. 그런데 며칠 밤낮을 새워 일한 대장장이들이 깜빡 잠든 사이에 잃어버린 것이다.

손오공은 자신의 불찰임을 깨달았다. 그 보배가 달무리처럼 빛을 발산한다는 사실을 잊어버리고 대장간에 맡겨 둔 것은 분명 자신의 실책이었다.

그리하여 수소문 끝에 성에서 삼십 리 길밖에 있는 표두산 산꼭대기에 올라서 보니 과연 요기가 가물거리고 있는데, 마침 두 요괴가 걸어 나오고 있었다. 손오공은 한 마리의 나비로 변해 한 놈의 머리 위로 내려앉아 요괴들의 대화를 엿들었다.

"우리 대왕은 복도 많아! 지난달에는 미인을 하나 얻어 동굴에 가둬 두고 재미를 보시더니 어젯밤에는 또 세 가지 병긴가 뭔가를 얻었거든, 그게 굉장한 보배래. 그래서 내일 아침 자축연을 베푼다잖아."

"그렇지. 이 은자 스무 냥으로 돼지며, 양이며, 잔치 음식을 사야 하지만, 두서너 냥쯤 떼어서 술 한 잔 걸치자구!"

둘은 좋아하며 서로 말을 주고받았다. 손오공은 앞길로 날아가 본상을 하고 정신법을 써 그 두 요괴를 우뚝 세워놓고 은자 스무 냥과 그들의 명패를 빼앗았는데 하나는 조찬고괴, 다른 하나는 고괴조찬이라 하였다. 그리고 그들을 숲속에 감춰두고 성 안 부중으로 돌아와 일행과 의견을 나누었다.

"우리 셋이 함께 가세. 이 돈으로 돼지와 양을 사고 사오정은 돼지와 양을 파는 장사치로 변하고, 나는 고괴조찬으로, 저팔계는 조찬고괴로 변하여 요괴가 있는 호구동으로 돌아가 각기 무기를 찾아 동굴을 박살내고 우리 길을 가도록 하세!"

국왕도 손오공의 의견대로 사람을 시켜 돼지와 양을 사주었다. 손오공 삼형제가 돼지와 양을 몰아 호구동의 동굴에 들어서자 잔치 준비가 한창이었다. 요괴로 변한 손오공을 보고 요왕이 소리쳐 물었다.

"그래, 돼지와 양을 몇 마리나 사왔느냐?"

"돼지가 여덟 마리, 양이 일곱 마리, 모두 열다섯 마리입니다. 돼지값은 열여섯 냥, 양 값은 아홉 냥이라 닷 냥이 모자라 할 수 없이 장사하는 사람과 같이 와 받아가도록 하였습니다. 이 자가 그 장사치이옵니다."

"그래, 그러면 안으로 들어가서 은자 닷 냥을 타서 내어 주도록 하라!"

그리고 손오공이 몹시 시장하다며 배고픈 시늉을 하자 요왕은 뒤채에 있는 주방에 가서 식사를 하도록 주선해 주었다. 그들이 안내된 곳은 이층의 넓은 방이었다. 방안을 둘러보니 높직한 벽장이 있고 벽장문이 빠끔히 열려 있었다. 손오공의 화안금정으로 들여다보니 자신들의 보배가 그곳에 있었다.

그들은 자기의 물건을 보자 본색으로 돌아와 제각기 여의봉과 쇠갈퀴, 보장을 집어 들고 요왕에게 달려들었다. 요왕은 자신의 무기 사명산四明鏟을 집어 들고 맞서 싸웠다. 이들은 동굴 안에서 시작하여 동굴 밖으로 나가면서 줄기차게 싸웠다. 점점 힘이 달린 요왕은 날이 어두워지자 동남쪽 손궁 방향으로 도망쳐 버렸다.

손오공 삼형제는 다시금 동굴로 들어가 대소 요괴를 죄다 죽이고 동굴마저 불태워버린 다음 돼지와 양, 의복 따위의 노획품을 가득 안고 성중으로 돌아왔다.

옥화왕 부자들은 이들의 개선을 성대히 환영해 주었으나 요왕을 죽이지 못하였단 말을 듣자, 보복을 두려워하며 벌벌 떨었다. 그러자 손오공은 요왕을 깨끗이 소탕하고 가겠다고 하여 이들을 안심시켰다.

이튿날 날이 밝자 도망친 요왕 황사黃獅가 죽절산 구곡반환동에 있는 할아버지 구령원성口靈元聖에게 청을 넣어 구원병을 이끌고 나타났다. 손오공이 저팔계와 사오정을 이끌고 성 밖으로 나와 쳐들어온 요괴들을 살펴보니 저마다 여러 가지 빛깔의 잡종 사자들이었다.

앞장선 자는 도망쳤던 요왕 황사이고 왼쪽에는 산예사와 박상사가 서 있었으며, 오른쪽에는 백택사와 복리사가 서 있었고, 뒤에는 설사와 노사가 따르고 중간에는 구두사자九頭獅子, 늙은 요괴왕 구령원성이 버티고 서 있었다. 그리고 그 옆에는 얼굴에 푸른 점이 박힌 요괴가 보당을 들고 있으며, 북방을 향해 두 개의 붉은 깃발을 들고 있는 놈은 조찬고괴와 고괴조찬이었다. 요괴들의 진세는 자못 거창했으나 저팔계가 큰소리로 호통을 치며 요왕 황사에게 대들었다.

저팔계의 쇠갈퀴와 요왕의 사명산은 불을 뿜듯 험악하게 싸웠다. 이때 노사와 설사가 요괴 진영에서 달려 나와 요왕을 도왔다. 그러자 사오정이 항요장을 꼬나들고 달려나가 저팔계를 도왔다. 이에 요괴 진영에서 산예사·백택사·복리사 등등의 여러 요괴들이 일제히 쏟아져 나오자 손오공이 달려나와 여의봉을 휘두르며 그들을 막았다.

이렇게 일곱의 요괴와 세 화상이 얽히고설키면서 무섭게 싸우는 동안 날이 저물었다. 저팔계는 가쁜 숨을 몰아쉬며 견딜 수 없이 지쳐 돌아서다 설사와 노사 두 요괴한테 일격을 맞고 그만 쿵 하고 쓰러졌다. 그리하여 그는 구두사자에게 끌려가버렸다. 그것을 본 손오공과 사오정은 마지막 혼신의 힘을 다해 산예사와 백택사를 사로잡았다. 밤이 깊어지자 일단 싸움은 중지되었으나 삼장은 잡혀간 저팔계 걱정으로 잠을 이룰 수 없었다.

다음 날, 요괴의 진영에서는 늙은 요왕 구두사자가 황사 요왕과 계교를 꾸미기 시작했다.

"너희들은 오늘 총공격으로 손오공과 사오정을 세게 몰아붙여 잡아라! 나는 슬며시 공중에 날아올라 성안에 있는 삼장과 옥화왕 부자까지 잡아 구곡반환동으로 돌아가 있을 터이니 너희들은 손오공과 사오정을 잡아와야 한다. 알겠느냐?"

늙은 요괴왕의 다짐을 받은 요왕 황사는 노사·설사·박상사·복리사 등등 모든 요괴를 이끌고 바람을 일으켜 안개를 헤치며 참으로 무섭게 성곽을 부수듯이 공격했다.

이쪽에서도 손오공과 사오정이 성 밖으로 나와 대적했다. 요괴들은 인산인해술로 일제히 달려들었다.

이때 늙은 구두사자는 허공으로 솟아올라 성안 침입의 기회를 엿보다 아홉 개의 머리를 절레절레 흔들며 순식간에 삼장과 옥화왕과 세 왕자를 한 입씩 물고 성 밖 자기의 진영으로 돌아갔다. 그리고 그곳에 잡혀와 있던 저팔계까지 또 다른 입에 물고 허공에 올라 구곡반환동 자기의 동굴로 돌아갔다.

요괴들은 구두사자의 입에 물린 여섯 명의 포로를 본 후, 승리를 예감하고 더욱 용감하게 싸웠다.

이를 눈치챈 손오공은 성 위의 아우성을 들으며 적의 간계에 떨어진 것을 알았다. 손오공은 사오정을 불러 귀띔을 해놓고 자기의 털을 뽑아 입에 넣고는 잘강잘강 씹어 뱉어 수백 수천의 손오공을 만들어 일제히 공격하게 했다.

전세는 일시에 역전되어 노사는 그들에게 짓밟혀 넘어지고, 설사와 박상사는 사로잡히고, 복리사는 벌써 떠메어져 가고, 요괴왕 황사는 박살을 당해 뻗어 있었다. 손오공의 숱한 무리는 요괴의 본진까지 뒤엎었으나 보당과 깃발을 들었던 세 요괴는 놓치고 말았다. 손오공은 자기의 분신을 모두 거둬들이고 다섯 놈의 요괴를 결박지어 성안으로 끌어들였다.

이때 왕비가 손오공에게 달려와 울음을 터뜨리며 털썩 주저앉았다.

"신사神師님, 우리 전하 부자와 사부님께서는 이미 목숨이 끊겼을 것입니다. 이제 저희는 어찌하면 좋겠습니까?"

손오공은 왕비를 안심시켰다.

"왕비님, 너무 걱정하지 마십시오. 그 늙은 요왕은 우리가 일곱 놈의 요괴를 잡아왔기 때문에 함부로 해치지 못할 것입니다. 날이 밝는 대로 사오정과 함께 늙은 요왕을 찾아가 전하와 왕자님뿐만 아니라 우리 사부님과 저팔계도 구하고 요괴를 잡아올 테니 그만 궁으로 돌아가 계십시오."

손오공과 사오정은 종일 전투에 시달려 지쳐 있었기 때문에 밥을 먹고 이내 잠을 청했다. 그리고 이튿날 아침 일찍 상운에 올라 죽절산 구곡반환동을 찾아 나섰다.

구두사자는 간신히 도망쳐 온 세 요괴로부터 전투 상황을 보고 받고 혼자서라도 원수를 갚을 결심을 하고 있었는데, 마침 손오공과 사오정이 동굴 앞에 나타났다는 소리를 듣고 불쑥 밖으로 나갔다.

무기도 없이 불쑥 나타난 구두사자를 본 손오공과 사오정은 여의봉을 휘두르며 무섭게 공격했으나 오히려 구두사자의 입에 물려 동굴로 잡혀 들어갔다.

두 사람은 먼저 잡혀 온 사람들과 마찬가지로 결박을 당했다. 특히 손오공은 버드나무 몽둥이가 부러지도록 실컷 얻어맞았다. 그러나 손오공의 몸뚱이가 그런 형벌에 상할 리 없었다. 손오공은 요괴들이 모두 잠들자 둔신법을 써서 결박에서 빠져나와 우선 자신을 매질한 요괴 세 놈부터 박살을 내버렸다.

그리고 사오정의 결박을 풀어 주려는데, 저팔계가 멀리서 보고 있다가 자기를 먼저 풀어달라며 소리를 꽥꽥 지르는 바람에 구두사자가 잠에서 깨어났다.

손오공은 하는 수 없이 혼자서 밖으로 도망쳐 나왔다. 그때 마침 토지신·산신·금두게체·육정육갑 등 신장들을 만나 늙은 요괴 구두사자 구령원성에 대한 정체를 자세히 알게 되었다.

그들의 말에 의하면, 원래 구두사자는 동극묘암궁의 태을구고천존이 타고 다니던 사자였는데 잠시 하계로 내려와 이곳 구곡반환동을 점령하고 황사정 등 여섯 사자정들과 할아버지와 손자 관계를 맺고 구령원성이라 자칭하면서 요왕 노릇을 하고 있다는 것이었다. 그렇기 때문에 그를 항복시키기 위해서는 그 주인인 태을구고천존을 모셔 와야 한다는 것이었다. 손오공은 즉시 동극묘암궁으로 올라가서 태을구고천존에게 그동안의 사정을 이야기하고 그를 모셔왔다.

구두사자는 천존을 보자 아무 말도 못하고 꿇어 엎드려 있을 뿐이었다. 천존은 너무나 쉽게 구두사자를 데리고 동극묘암궁으로 돌아갔다.

손오공은 천존을 향해 절을 한 후 동굴에 들어가서 스승을 비롯한 옥화왕과 왕자들, 저팔계와 사오정을 풀어 주고 함께 동굴 밖으로 나와 그 굴을 불질러 버렸다.

그들이 성중으로 돌아오자, 왕비와 여러 군신들은 눈물을 흘리면서 영접하였고 백성들 또한 감격해 마지않았다.

또한 대장장이들이 만들던 무기도 완성되었다. 손오공 삼형제는 소왕자 삼형제에게 일흔두 가지의 무예를 가르치고 기쁜 마음으로 그곳을 떠났다.

현영동 물소의
요괴들

삼장 일행이 옥화성을 떠나 일주일가량 걸으니 또 하나의 성이 보였다. 몇 개의 골목과 모퉁이를 돌았으나 성문은 나타나지 않고 어느 산문 앞에 섰다.

그 산문은 자운사慈雲寺였다. 삼장이 반가워하면서 입을 열었다.

"이 절에 들어가서 잠시 쉬고 잿밥이라도 한 끼 얻어먹기로 하자!"

일행이 산문에 들어서고 보니 참으로 장엄하고 화려한 불사였다. 때마침 행랑채에서 화상 하나가 걸어 나오며 공손히 물었다.

"어디서 오시는 스님이십니까?"

"소승은 동녘 땅 중화 당나라에서 온 삼장입니다."

그러자 화상은 더욱 황공해 하며 넙죽 꿇어 엎드려 깊은 절을 했다. 삼장이 그를 일으키며 큰절하는 이유를 물으니 두 손을 모으고 답했다.

"이곳에서는 모두 중화를 부러워하고 있습니다. 이제 노스님을 뵈오니 역시 당나라 스님들의 깊은 도를 알 수 있었습니다."

삼장은 송구스러워했고 화상은 삼장을 정전으로 안내하여 불전에 참배하도록 했다.

삼장이 그제야 제자들을 불러 화상과 인사를 시키자 화상은 무척 놀라워했다.

"스님, 스님의 제자들은 어찌하여 저토록 무섭고 끔찍하게 생겼습니까?"

"저렇게 무섭게 생기긴 했어도 마음이 착하고 법력이 대단하여 저들의 보호로 여기까지 올 수 있었습니다."

그때 안에서 화상 몇 사람이 나와 삼장이 다시 설명했다.

"저는 동토 대당 황제의 성지를 받들어 서천 천축국 영산으로 부처님을 뵙고 경을 구하러 가는 길입니다. 마침 이곳을 지나게 되어 어느 고장인가 알아보고 한 끼를 해결하고자 잠시 들렀습니다."

화상들은 기쁘게 그들을 맞아들여 방장으로 청해 들였다. 거기 모여 있던 여러 화상들은 일제히 인사를 올리며 삼장을 보고는 현양한 인품에 감격하고 제자 삼형제를 보고는 역시 똑같이 공포를 느꼈다.

인사가 끝나고 차를 내어 들기 시작할 무렵, 삼장이 입을 열었다.

"이곳은 어디이며, 영산까지는 얼마나 남았습니까?"

"여기는 천축국 외군 금평부金平府란 곳으로, 그곳 도읍까지는 이천 리이나 도읍에서 서쪽 영산까지의 길은 가보지 못했기에 알 길이 없습니다."

잠시 얘기를 히는 동안 식사가 들어왔고 식사가 끝난 다음 삼장이 떠나려 하자, 그들은 하루 이틀 더 묵었다가 원소절元宵節이나 지내고 떠나라 극구 만류했다.

삼장은 원소절이라는 소리에 깜짝 놀랐다. 그동안 요괴들을 만날까 노심초사하느라 세월이 어떻게 가는지 몰랐다고 실토하자 모두 웃었다.

과연 이날 밤부터 원소절의 즐거운 놀이는 시작되었다. 불당의 종과 북소리는 요란스럽게 울리고 등불을 든 불자들이 불당에 모신 부처님께 등불을 올렸다.

이튿날, 해가 저물도록 아름답고 신선한 경치를 구경하고, 밤이 되어 불당에 올라 어젯밤 불자들이 등불을 걸어둔 광경을 보니 그야말로 장관이었다.

그뿐만 아니라 집집마다 북소리를 울리며 사람마다 풍악을 즐기니 봉황새가 하늘로 올라가는 듯했다. 동관 쪽에 있는 거리로 나가 보니 등불에 비친 몇 그루의 나무는 불타는 듯 현란했다. 이경쯤이 되어 절로 돌아와서 잠을 잤다.

다음 날, 원소절인 정월 보름이 되었다. 삼장은 몇 년 동안 원소절을 모르고 지냈는지라 화상들에게 소탑을 하게 해달라고 부탁했다. 서천을 향하여 떠날 때 약속한 바를 실천하고자 함이었다.

화상들이 탑문을 열어 주자 사오정이 가사를 꺼내들고 스승을 따라갔다. 삼장은 가사를 벗고 탑의 한 층을 올라가 다시 가사를 걸치고 부처님께 절하고 축도를 했다. 그것이 끝나자 비로소 빗자루를 들고 쓸기 시작했다. 일 층을 쓸고 나서 그는 또 가사를 벗어 사오정에게 주었다. 그런 다음 이 층에 올라 부처님께 축도하고 또 한 층을 쓸고 이렇게 점점 꼭대기로 쓸어 올라갔다.

탑에는 각 층마다 불상이 있고 곳곳에 창문이 나 있었다. 삼장은 한 층을 쓸고 나면 부처에게 절을 하고 바깥을 구경하면서 정성을 다해 쓸어 올라갔다. 맨 꼭대기까지 쓸어 올라가서 부처님께 절하고 내려오니 어느새 해가 기울어 등불이 하나둘씩 켜지기 시작했다.

삼장이 소탑을 마치고 내려오니 화상들이 삼장에게 성안으로 가서 금등金燈을 구경하자고 했다.

삼장은 제자들을 데리고 자운사의 대소 승려들과 함께 성내로 들어갔다. 거리는 온갖 자유와 포만감으로 야단법석을 떨고 있었다. 어젯밤의 등불 구경과는 또 다른 웅장함과 화려함이 있었다.

삼장 일행과 자운사의 승려들은 금등교로 올라갔다. 거기에는 세 개의 커다란 금등잔이 있었다. 그 등잔의 크기는 항아리만큼이나 컸는데, 가는 금실로 짜여 있을 뿐만 아니라 짧은 유리조각을 끼워서 이 층 누각을 영롱히 비추고 있었다. 등잔불의 심지에서는 향긋한 냄새가 났다.

삼장이 자운사의 승려들에게 물었다.

"이 금등잔의 불은 무슨 기름을 쓰기에 이렇게 향기롭습니까?"

"저 기름은 보통 기름이 아닙니다. 우리 금평부 뒤에 있는 민천현에서 나오는 기름으로 수합향유酥合香油라 합니다. 수합향유는 한 냥에 은자 두 냥, 한 근이면 은자가 서른두 냥입니다. 저 세 개의 등잔엔 한 개에 오백 근씩, 천오백 근, 은자로 치면 사만팔천 냥, 그 외 합하여 오만 냥 이상이 사흘 밤에 태워 버려집니다."

손오공은 여러 화상들의 말을 듣고 어찌 그토록 많은 양의 기름을 삼 일 밤에 다 없앨 수 있는지 물었다.

"이 금등잔에는 각각 마흔아홉 개의 심지가 있는데 그 심지를 한데 뭉쳐 비단솜으로 싸놓으면 달걀만한 굵기입니다. 그 등잔불 심지는 오늘밤만 켤 수 있습니다. 오늘 부처님께서 현신하시면 그 심지에 묻은 기름은 다 타 없어진답니다."

저팔계가 옆에서 투덜거렸다.

"부처님께서 그 아까운 기름을 한꺼번에 가져가신다니 너무 하시네요."

"성중의 사람은 누구나 그렇게 믿어 왔습니다. 기름이 말라 불이 꺼지면 불조께서 오셔서 다 가져가신 것으로 생각하여 그 해에는 풍년이 들고, 기름이 마르지 않는 해는 반드시 가물고 흉년이 듭니다. 그래서 사람들은 저마다 기름을 많이 바치려고 애쓰는 것입니다."

이때 별안간 이상한 바람 소리가 들리자 등잔불을 구경하던 많은 사람들이 흩어져 자기 집으로 돌아갔다. 자운사의 승려들도 부처님께서 금등교의 금등잔불을 구경하러 오시므로 빨리 돌아가야 한다고 재촉했다. 그러나 삼장은 부처님이 강림하신다는 소리에 더욱 완강히 버텼다.

"소승은 부처님을 공경하는 마음으로 천축국에 가는 중입니다. 오늘 부처님이 강림하신다니 이곳에서 배불해야겠습니다."

그때 쉭쉭 부는 바람과 함께 거뭇한 세 개의 물체가 금등잔불 가까이에 나타났다. 삼장은 부처님이 강림하신 것으로 알고 다리 위로 부리나케 달려가 넙죽 절을 했다.

손오공이 소리치며 달려갔다.

"사부님, 이상합니다. 부처님이 아니라 요괴인 것 같습니다."

그러나 등불은 캄캄하게 꺼져버리고 삼장 또한 정체를 알 수 없는 요괴에게 흔적도 없이 채여가버렸다.

"이 화상들과 함께 절로 돌아가 백마와 행리를 잘 지켜라. 내가 놈들의 뒤를 밟아 볼 테니까. 바람만 쫓아가면 무언가 나오겠지."

손오공은 즉시 허공으로 솟구쳐 올랐다. 요괴의 비릿한 냄새가 동북쪽에서 났다. 날이 훤히 밝을 무렵 청룡산靑龍山에 당도했다. 손오공이 구름에서 내려 산언덕을 바라보니 양 세 마리를 몰고 가는 네 사람이 보였다. 사람 형상을 한 연월일시 사치공조의 사자들이었다. 그들은 본시 삼장법사를 지키는 사자였는데, 손오공이 길을 잃어버린 줄 알고 손오공을 찾기 위해 산을 헤매고 있는 중이었다.

손오공은 그들로부터 요괴에 대한 자세한 설명을 들을 수 있었다.

"청룡산 현영동 동굴에는 세 물소의 요정이 살고 있는데 첫째는 벽한辟寒대왕, 둘째는 벽서辟暑대왕, 셋째는 벽진辟塵대왕이란 자입니다. 이들은 수합향유를 좋아해서 이곳에서 천 년 동안 살면서 금평부 백성들을 속여 불신으로 나타나 기름을 약탈해 간 것입니다. 삼장을 빨리 구하지 않으면 수합향유에 튀겨 먹을 것입니다."

이때 세 요괴 대왕은 삼장을 기름에 튀겨 먹고자 의논하고 있었다. 그런데 손오공이 왔다는 소리를 듣고 놀랐다. 그들은 삼장에게서 제자가 손오공, 저팔계, 사오정임을 알고 우선 손오공부터 잡기 위해 밖으로 나가 손오공과 대적했다.

손오공은 중과부적이라 쫓겨 달아났다. 그리고 저팔계와 사오정을 데려와 현영동 동굴을 부수려던 작전을 바꾸어 자신이 먼저 상황을 파악하고자 개똥벌레로 변하였다.

손오공은 뒤편 처마 밑 기둥에 꽁꽁 묶여 있는 삼장을 발견했다.

"사부님, 저예요. 제가 왔습니다. 어디 다치신 데는 없습니까?"

"오, 그래 오공아! 정월달에 개똥벌레가 어떻게 있나 했더니 너였구나. 참으로 반갑구나!"

삼장은 기쁘고 감사해서 어쩔 줄을 몰랐다. 모든 잘못된 원인이 자기에게 있음에도 불구하고 제자들이 이토록 자기를 위해 충성을 다하여 애쓰는 것이 어찌나 고마운지 자신도 모르게 눈물이 났다.

손오공은 해쇄법을 써서 스승의 결박을 풀어 주고 조용히 나가기 시작했다.

그러나 몇 발자국 가지 못해 경비 서는 요괴놈들에게 걸려들고 말았다.

"대왕님, 대왕님! 털이 부연 원숭이놈이 가둬둔 화상을 데려가고 있습니다."

"그놈을 잡아라. 나가지 못하게 붙들어라!"

손오공은 혼자서 이리 치고 저리 치며 문 밖으로 뛰쳐나와 저팔계와 사오정의 도움을 받았다. 그러나 삼장은 또다시 붙잡혀 쇠사슬로 단단히 결박을 당한 뒤에 자물쇠까지 채워졌다.

손오공이 한숨 돌린 뒤 저팔계를 앞세워 돌문을 부수고 호통을 치자, 요괴 세 놈이 나와 다짜고짜 무기를 휘두르며 덮쳐

왔다.

손오공은 여의봉으로 도끼를 막아 싸웠고, 저팔계는 쇠갈퀴로 큰 칼을 대적해 싸웠으며, 사오정은 보장으로 큼직한 곤봉을 막아 싸웠다.

세 패의 싸움은 아무리 싸워도 승부가 나지 않을 것 같았으나 요괴들이 한꺼번에 달려드는 바람에 저팔계가 쓰러져 끌려가고 사오정 또한 사기를 잃어 도망치려다 수많은 물소 요괴들에게 붙잡혀 끌려갔다. 손오공은 근두운에 올라 도망쳤다.

삼장은 두 제자마저 사로잡혀 끌려오자 비탄의 눈물을 흘렸다.

"너희들마저 잡혀 오다니……. 그래, 손오공은 어찌 되었느냐?"

"형님은 우리 둘이 잡히는 것을 보고 도망쳐 버렸습니다."

사오정이 원망하듯이 대답하자 삼장은 오히려 안심이 되는 듯 말했다.

"그러면 됐다. 오공이 달아났다면 우리를 구하려고 힘을 쓸 것이다. 분명 원병을 데려올 테니 우리는 그때까지 기다릴 수밖에 없겠구나."

그때 손오공은 천궁에 올라 옥황상제를 만나 뵙고 현영동의 요괴들에 대해서 모든 것을 알았다. 그들은 물소의 정이었다.

그 정들은 천문天文의 상象으로 오랫동안 도를 닦았기 때문에 신통광대하고 구름을 타고 날아다닐 뿐만 아니라 물속을 마음대로 다닌다는 것이었다. 그리고 그들을 잡으려면 사목금성四木

禽星밖에 없다는 것을 들었다. 사목금성이란 이십팔수 중의 사목, 곧 각목교角木蛟·두목해斗木獬·규목랑奎木狼·정목한井木犴이었다.

옥황상제는 손오공을 위해 허천사許天師를 파견하여 사목금성이 있는 두우궁斗牛宮까지 동행시켜 주었다.

손오공은 사목과 함께 서천문을 빠져 나와 청룡산 현영동으로 왔다.

물소의 세 요괴는 사목금성을 보자 즉시 본상을 드러내고 쩔쩔 매며 무기조차 내던지고 동쪽으로 꼬리가 빠져라 도망쳐 버렸다.

손오공과 정목한, 각목교가 그들을 추격했다. 그리고 두목해와 규목랑은 부하 요괴들을 모두 죽이고 동굴로 들어가서 삼장과 저팔계, 사오정을 구출했다.

저팔계와 사오정은 스승을 모시고 자운사로 돌아오면서 현영동의 동굴을 깨끗이 불태워버리고 그곳에 있던 값비싼 물건들을 듬뿍 가지고 돌아왔다.

서양대해로 도망친 요괴들은 물속에서 최후의 반항을 하였으나 서해용왕까지 나서는 바람에 하나하나 포위되어 혹은 잡히고 혹은 죽었다. 손오공은 죽은 놈들까지 이끌고 금평부로 돌아왔다.

그곳에서 손오공은 어리석은 금평부 자사刺史를 비롯하여 모든 백성들에게 그동안 금등잔의 기름, 수합향유를 도둑질해 간 물소의 요괴들을 보여 주고 미욱한 인간들을 각성시켰다.

금평부의 사람들은 사목금성과 물소의 요괴를 보자 그 감격이 북받쳐 삼장 일행을 활불活佛의 강림이라고 떠받들었다.

그때까지 살아 있던 물소의 요괴 두 놈은 사람들이 보는 앞에서 저팔계가 쇠갈퀴로 박살을 냈다.

그리고 손오공이 결론지어 말했다.

"앞으로 금등 따위를 바치게 해서 백성을 괴롭혀서는 아니 된다!"

사목금성이 천궁으로 돌아가자, 금평부에서는 포고문을 내려 앞으로는 금등잔을 켜지 말 것을 알렸다. 그리고 요괴 소탕으로 백성들의 괴로움을 덜게 해준 사목금성에게 감사하는 뜻으로 기념비를 세우고, 가짜 불신인 것을 깨우쳐 준 고마움에 삼장 일행을 위해서는 생사당生祠堂을 세워 주었다.

오랜만에 푸짐한 음식을 대접받은 저팔계는 답례로 요괴들이 살던 동굴에서 가져온 갖가지 진기한 물건들을 나누어 주고 나머지는 자운사 스님들에게 바쳤다.

며칠 후, 삼장은 제자들을 재촉하여 아무도 모르게 그곳을 떠났다. 삼장 일행이 아무도 모르게 밤중에 떠났다는 사실을 알게 된 성안의 모든 백성들은 하늘을 향해 절을 하고, 꽃과 과일을 준비해서 일행을 모신 생사당에 가서 베풀어 준 은혜에 감사의 제를 올렸다.

천축국의
공주와 옥토끼

삼장 일행은 반달가량을 걸어서 포금선사布金禪寺에 당도
했다. 절의 현판 밑에는 '상고유적上古遺跡'이라는 글자가 적혀 있
었다.

삼장은 말에서 내려 혼잣말로 말했다.

'포금이라면 사위국舍衛國을 가리키는 말이 아닐까? 경을 읽
어 보면 부처님은 사위성 기수급고원에 계시다고 되어 있다. 급

고독장자給孤獨長者가 부처님의 설법을 듣고 싶어서 태자에게 돈을 주고 급고원給孤園을 사겠다고 하니, 태자는 동산을 팔고 싶지 않아 황금을 동산 땅에 깔아 놓으면 팔겠다고 하였다. 그래서 급고독장자는 즉시 황금으로 만든 벽돌을 급고원에 깐 후, 부처님을 모셔 설법을 들었다고 하더니, 이 포금선사는 바로 그런 전설 속의 포금선사가 아닐까?'

산문 안에는 많은 사람들로 북적거렸다. 얼마만큼 걸어가자니 금강전이 보이고 거기서 선승 하나가 나와 어디서 왔느냐고 물었다.

삼장은 자기 제자들을 소개시켜 인사드리게 한 후 대답했다.

"소승은 동토 대당의 승려로서 황제의 명으로 천축국 부처님을 뵙고 경을 얻으러 가는 중이옵니다. 이곳을 지나게 되어 하룻밤 묵어 갔으면 하여 찾아왔습니다."

선승은 쾌히 승낙하고 방장 안으로 안내하여 차와 식사 대접을 했다. 삼장은 식사를 마치자 또 한 번 염불을 했다. 이것이 끝나고 나서 삼장은 고맙다고 정중히 인사를 했다.

승려들은 동토에서 경을 가지러 오게 된 연유와 여행 과정 등을 물었고, 삼장은 포금사에 관한 연유를 물었다.

"우리 이 황산荒山은 원래 급고독장자의 기원祇園이었지요. 그래서 이름을 급고포금사給孤布金寺라 하게 된 것입니다. 절 뒤에는 아직도 기원의 옛터가 남아 있습니다. 비가 와서 땅이 파이게 되면 금은 보주가 나타나기도 합니다."

"고적古蹟의 이야기가 거짓이 아니었군요. 그리고 산문 밑으로 장사꾼들인지 일꾼들인지 수레를 끌고 짐을 멘 사람들이 많이 모여 있던데, 그들은 왜 그렇게 모여 있는 것입니까?"

"저 산문은 백각산百脚山이라고도 하는데 몇 년 전에는 매우 평화로웠습니다. 그런데 근년에 와서는 웬일인지 몇몇 지네의 정이 나타나 길가는 사람들을 해치곤 한답니다. 그래서 사람들은 산 밑 계명관鷄鳴關에서 잠을 자고 닭이 울어야 문이 열리고 길손들이 떠납니다."

"우리도 내일 아침 닭이 울면 떠나기로 하자꾸나!"

삼장이 제자들을 돌아보며 다짐했다.

그 무렵 상현달이 더욱 교교하게 밝아왔다. 삼장은 손오공과 함께 달빛을 밟으며 한가로이 거닐었다. 그러자 늙은 중 하나가 죽장을 짚고 삼장에게 말을 건네며 다가왔다. 삼장도 궁금한 것이 있어 물었다.

"급고원의 옛터는 어디쯤입니까?"

"바로 뒷문 밖이옵니다."

늙은 중은 이내 뒷문을 열게 했다. 허물어진 담장 하나만 횅하니 놓여 있는 빈터였다. 삼장이 감개에 젖어 합장을 하노라니 어디선가 여인의 흐느끼는 소리가 자신을 부르는 듯 들려왔다.

"대체 누군데 저렇게 섧게 울고 있습니까?"

삼장이 늙은 중에게 물었으나 그 중은 바로 대답을 하지 않고 옆에 있는 승려들에게 먼저 돌아가서 차를 준비하라고 일렀다. 그리하여 주위에 삼장과 손오공 외에 아무도 없는 것을 확인하고는 입을 열었다.

늙은 중이 들려준 이야기는 이러했다.

작년 이날, 밝은 달밤에 한 여인이 기원의 담장터에서 울고 있기에 알아보니 천축국의 공주라는 것이었다. 하여 비밀감방을 만들어 그 여인을 숨겨 두고 공주인가 아닌가 알아보기 위해 성내로 들어가 탐지해 보니 궁중에도 그 여자와 똑같은 또 하나의 공주가 있었고, 어느 누구도 그녀를 의심하지 않더라는 것이다. 이쪽 공주의 이야기를 들어보면 궁중의 공주가 가짜이며 요정의 화신임에 틀림없으나 그것을 확인시킬 길이 없다는 것이다. 그래서 늙은 중은 오늘까지 이 무서운 사실을 비밀에 덮어둔 채 언젠가는 밝혀질 날이 있으리라 희망을 걸고 지내왔다는 것이었다. 그리고 이렇게 사정했다.

"공주가 이곳에 있다는 사실은 아무도 모릅니다. 이제 다행히 노사께서 이 나라에 오셨으니 법력을 베푸시어 이 비밀을 밝히시고 한 여인을 구원해 주십시오."

삼장과 손오공은 고개를 끄덕이는 것으로 대답하고 잠자리에 들었다.

이튿날 아침, 닭이 울 무렵 일행이 일어나서 식사를 하고 작별할 때 늙은 중이 손오공과 삼장에게 또 한 번 공주의 건을 간청했다.

"제가 어제 말씀드린 것을 꼭 해결해 주시기 바랍니다."

일행은 성중으로 들어가서 우선 회동관역에 들었다. 삼장과 손오공은 통관의 문첩에 사증을 받으러 갔다가 채루 위에서 부마를 택하려는 공주의 수구繡毬가 삼장의 머리 위에 떨어지는 바람에 예기치 못하게 부마 후보자로서 궁중으로 끌려들어 갔다.

손오공은 삼장에게 꾀를 가르쳐 주고 회동관역으로 돌아갔다.

"사부님, 염려 마시고 황제 앞에서 당당하십시오. 공주는 사부님이 마음에 드신 모양입니다만 황제가 안 된다고 하시면 통관문첩에 사증이나 받아서 나오십시오. 만약 부마로 삼으시겠다면 저희들을 부르십시오. 저희들이 조정에 있으면서 공주가 가짜인지, 진짜인지 알아보겠습니다. 혼인을 이용하여 요괴를 잡을 테니, 사부님이 좀 괴롭더라도 참으십시오."

어전 앞에서 삼장은 몇 번이고 부마되기를 거절했으나 천축 국왕과 공주는 막무가내였다. 삼장이 제자 셋을 불러오도록 청하여 전지가 내려졌다.

손오공 삼형제가 어전으로 나아가 서자 국왕이 먼저 물었다.

"그대들 셋은 모두 성승 부마의 제자들인가? 성명과 출생을 말하라! 어찌하여 출가했으며, 어떠한 경을 가지러 가는가?"

손오공이 자신의 출생에서부터 화려한 경력을 낱낱이 아뢰자 국왕은 벌떡 일어나 삼장에게로 가서 덥석 손을 잡고 훌륭한 장로의 신선과 만나게 되었다고 기뻐했다.

그리고 다음은 저팔계, 그리고 사오정 차례가 되어 근엄한 자세로 각기 아뢰자 경악하는 한편 놀라움을 금치 못한 국왕은 이들 세 사람의 위대한 과거사에 아예 심취해버려 무한한 경외를 갖기에 이르렀다.

한편, 공주는 공주대로 온갖 영광과 호사에 싸여 즐거운 결혼식을 맞이할 준비를 갖추고 있었다. 하루는 국왕이 찾아오자 이런 주문을 했다.

"부왕마마! 당성승의 세 제자는 끔찍하고 무섭게 생겼다고 들었습니다. 소녀는 그들을 잠시라도 대면할 수 없겠습니다. 결혼식에 앞서 그들을 먼저 떠나보내 주십시오!"

국왕은 그렇게 하겠다고 약속한 후 삼장과 그 제자들을 불렀다. 손오공은 이러한 계략을 미리 알고 스승을 안심시켰다.

국왕의 부름에 손오공 일행은 순순히 따랐다. 통관문첩에 사증을 받고 노자까지 듬뿍 받은 후 어전을 물러나 회동관역으로 갔다.

손오공은 아우들에게 밖에 나가지 말고 자리를 꼭 지키라 당부한 후, 털 한 가닥을 뽑아 자기의 허상 하나를 만들어 세워 놓고 자신은 꿀벌로 변하여 궁중으로 들어갔다.

삼장은 그때 국왕의 왼쪽 자리에 앉아 있었는데 매우 우울한 표정이었다. 손오공은 그 옆으로 가까이 가서 삼장에게만 들릴 수 있도록 자신이 왔음을 가만히 알렸다. 그제야 삼장은 기운을 얻은 듯했다. 잠시 후 국왕은 공주와 상면시키기 위해 삼장을 데리고 지작궁鳲鵲宮으로 갔다.

삼장은 국왕을 따라 후궁으로 들어갔다. 손오공은 삼장의 비로모 꼭대기에 날아 앉아있었다. 신광을 뿜내며 눈동자를 부릅뜨고 바라보자니 색색으로 차려 입은 궁녀들이 두 반으로 늘어섰다.

얼마 후, 황후와 비빈 등등의 여인네들이 공주를 에워싸고 지작궁에서 걸어 나오는데, 공주의 몸에는 요기가 서려 있었다. 손오공이 스승의 귓전으로 가 말하였다.

"사부님, 저 공주는 가짜입니다!"

이에 삼장이 "임금과 황후가 자리를 뜬 다음에 처리하는 게 어떻겠느냐?" 물었을 때 손오공은 이미 본상으로 돌아가서 호통을 치며 공주에게 달려들었다.

"이 돼먹지 못한 요괴년! 가짜 공주 노릇을 하면서 무엇이 또 부족하여 사부님을 농락하려 드느냐?"

그 자리에 있던 국왕을 비롯한 황후와 비빈들, 궁녀들 모두가 뒤로 나자빠질 정도로 놀라 서로 부둥켜안거나 도망치느라 밀치고 밀리면서 아비규환을 이루었다.

삼장은 무서워 부들부들 떨고 있는 국왕을 부둥켜안고 달래기에 바빴다.

"폐하, 겁내지 말고 정신을 차리십시오. 빈승의 제자가 가짜 공주를 찾아낸 것입니다. 제발 진정하십시오."

공주 노릇을 해온 그녀는 과연 요괴였다. 손오공을 만나자 뒤집어 쓴 가면과 의복 등속을 벗어버리고 어화원의 토지묘로 뛰어들었다. 거기서 요괴는 절굿공이만 한 곤봉을 집어 들고 손오공의 여의봉과 맞서 싸웠다.

두 사람은 어화원 경내에서 이리 뛰고 저리 뛰며 사생결단의 격투를 벌이다 점점 신통력을 발휘해 운무를 타고 허공에서 격전을 벌였다.

궁 밖에서도 온 백성들이 경악하며 이들의 싸움을 올려다보고 있었다.

궁중에서는 이때까지도 정신을 못 차리고 벌벌 떨고 있는 가운데 궁녀 하나가 가짜 공주가 입었던 의복이며 패물들을 주워 황후에게 바치며 일침을 가했다.

"이 모든 것이 가짜 공주의 의복이며 패물입니다. 지금 모두 던져버리고 저렇게 허공에서 싸우고 있으니 틀림없는 요괴 아니겠습니까? 이제 모두 정신을 차리십시오."

그리하여 국왕과 황후도 정신을 차리고 놀란 가슴을 진정시키고 공중에서 불을 뿜듯 격전을 벌이고 있는 신기한 존재들을 구경하기 시작했다.

싸움이 반나절이나 계속 이어지자 손오공은 법력을 써서 여의봉을 수천 개 만들어 공격하였다. 요괴는 묘하게 생긴 절굿공이로 손오공의 여의봉을 막으며 요리조리 잘도 도망쳤다.

그러다가 요괴는 만 갈래의 금빛을 휘황찬란하게 뿌리면서 정남쪽을 향해 줄행랑을 치다가 높은 산에 이르러 갑자기 금빛을 거두고 산중 어딘가 동굴 속으로 숨어버렸다.

손오공이 바싹 뒤를 좇았으나 행방을 찾을 수 없었다. 혹시 도성으로 숨어들어 스승을 해칠지 몰라 손오공은 구름의 방향을 돌려 궁으로 돌아왔다.

"그 가짜 공주는 어찌되었느냐?"

"가짜 공주는 요괴입니다. 천궁 앞까지 올라가서 싸웠으나 절굿공이 같은 무기로 잘도 피하면서 청풍으로 변하고, 금빛으로 변해서 높은 산에서 놓쳐 버렸습니다. 혹시 도성에 숨어들지 몰라 돌아왔습니다. 저팔계와 사오정을 불러 주십시오. 그들한테 이 도성을 맡기고 저는 다시 요괴를 잡으러 가겠습니다."

국왕도 옆에서 손오공의 말을 듣고 있었다. 저팔계와 사오정을 불러오자 손오공은 그들에게 스승을 맡기고 토지신과 산신을 불러 요괴가 숨어든 모영산毛穎山으로 갔다.

모영산에는 예부터 토끼굴이 세 군데 있다고 했다. 하나씩 찾아 토끼를 쫓았는데 유독 한 군데 굴만 큼직한 바윗돌로 가로막혀 있었다.

손오공이 여의봉을 휘둘러 바윗돌을 부수니 과연 그 속에 요괴가 숨어 있다가 뛰어나오며 약 찧는 절굿공이를 높이 쳐들어 여의봉을 막아내었다.

이때 "잠깐 기다리시오!" 하는 소리에 돌아보니 태음성군이 여러 항아선자들을 이끌고 손오공 앞으로 다가오고 있었다.

"제천대성, 그 요물은 본래 나의 광한궁에서 현상선약玄霜仙藥을 찧던 옥토끼인데, 몰래 옥관의 금열쇠를 훔쳐서 궁 밖으로 나온 지 일 년이오. 일 년이면 그놈의 목숨이 다했기에 그놈의 목숨을 구해 주고자 이렇게 왔으니 대성께서는 너그럽게 용서해 주시오!"

"그러나 천축국 공주를 잡아다 감추었고 우리 사부님을 욕보이려 한 것은 어찌할 것입니까?"

그러자 태음성군이 또 한 가지 사실을 일깨워 주었다.

"그 공주는 본래 섬궁중의 소아素娥였소. 18년 전, 그 소아가

516

옥토끼를 한 대 때린 일이 있었소. 그 후 소아는 속세를 그리워하여 국왕의 정궁황후의 뱃속에 잉태되어 세상에 갱생하게 된 것이오. 그리하여 옥토끼는 그때 얻어맞은 원한을 풀기 위해 지난해에 소아를 거친 들판에 내동댕이친 것이오. 그러나 무어라 해도 당승을 욕보이려 한 것은 잘못된 일이었소. 부디 나의 체면을 보아 용서해 주시오. 그놈은 내가 버릇을 고치겠소.”

태음성군이 야단을 치자 옥토끼가 몸을 굴려 본상을 드러냈는데 토실토실한 흰 토끼가 약을 옥절구에 찧고 있는 모습이었다.

손오공은 그들과 헤어져 천축국으로 돌아와 삼장과 국왕에게 모든 사실을 설명하고 진짜 공주의 실체를 밝혔다. 공주는 전생의 인연으로 이러한 재앙을 피할 도리가 없었다는 것이었다.

국왕은 기쁨과 고마움을 표하기 위해 그 절이 있는 백각산을 보화산寶華山이라 바꾸고, 절은 중수하여 ‘칙건 보화산급고포금사’라 고쳤으며, 고마운 늙은 화상에게는 보국승관報國僧官이란 벼슬을 내려 세습케 했다.

그리고 또 행인들을 괴롭혀 온 지네의 정을 없애기 위해 수탉 천 마리를 이 산중에 흩어놓게 했다.

삼장 일행은 한사코 잡고 늘어지는 포금사의 승려와 천축국의 군신들 때문에 길이 늦어지는 것을 법력을 써서 그들의 시선을 따돌린 후, 서천을 향해 길을 떠났다.

구 원외의
불심

　때는 어느덧 싱싱한 상록의 계절, 초여름이었다. 바라볼수록 젊고 건강한 생명이 약동하는 것만 같았다. 이 젊음 같은 자연도 얼마 가지 않아 여름이 가고 가을을 지나 겨울이 오면 어쩔 수 없이 늙어 시들어버릴 것이다. 윤회야말로 대자연의 움직일 수 없는 원리이다.

　삼장은 오로지 자신이 정한 최후의 목적을 향해 부지런히 걸었다. 배고프면 밥을 먹고, 날이 저물면 집을 찾아 잠을 자고, 산이면 산, 고개면 고개, 물이면 물, 언덕이면 언덕, 앞에 놓인 길이 무엇이든 간에 그것을 묵묵히 넘어서곤 하였다.

그렇게 아무 일 없이 걷기를 반달가량, 어느 날 앞에 또 하나의 높은 성벽이 보였다.

성문에 들어서니 길가의 처마 밑에서 노인 둘이 앉아 한담을 즐기고 있는 것이 보였다. 삼장이 노인에게로 다가가 합장을 하고 정중히 물었다.

"노 시주님, 안녕하십니까? 빈승은 멀리서 불조 여래님을 참배하러 가는 길에 이곳에 들렀습니다. 이곳은 어디입니까? 그리고 밥 한 끼 할 곳이 어디 없겠습니까?"

"여기는 동대부에 속하는 지령현입니다. 밥을 얻어 자시려면 애쓰실 필요 없이 남북가 구 원외寇員外 댁에 가시면 될 것입니다. 그 문전에는 '만승부조萬僧不阻'라는 패가 걸려 있고, 먼 데서 오신 스님이라면 융숭한 대접을 할 것입니다."

삼장이 고맙다고 인사한 후 제자들과 함께 노인이 알려준 대로 남북의 큰 거리까지 오니 '만승부조'의 커다란 패가 걸린 구 원외의 집에 다다랐다.

삼장 일행은 문간에서 말을 쉬게 하고 행리를 내려놓았다. 얼마 안 되어 그 집의 머슴 한 사람이 나오다 그들 일행을 발견하고 화들짝 놀라서 안으로 들어갔다.

"주공 마님! 밖에 이상하게 생긴 네 명의 스님들이 왔습니다."

구 원외라는 사람은 불교의 광신자였다. 스님들이 왔다는 말에 직접 밖으로 나와 반갑게 맞이했다.

"어서 들어오십시오."

구 원외는 회당을 돌아 한 건물 앞에 이르러 이렇게 설명했다.

"이 위쪽의 방은 스님들을 모시는 불당佛堂, 경당經堂, 재당齋堂입니다. 그리고 아래쪽 방은 우리의 제자 노소가 거처하는 곳입니다."

삼장은 몇 번이고 칭찬해 마지않았다. 가사를 고쳐 입은 삼장 일행은 부처님께 참배하기 위해 당상으로 올라갔다.

그들은 손을 씻고 나서 향을 피우고 부처 앞에 고두 배례했다. 그리고 주인 원외를 따라 경당으로 가서 비로소 인사를 나누었다. 삼장이 늘 하던 대로 자신을 소개하자 원외는 더욱 기뻐하며 싱글벙글 자기를 소개했다.

"제자의 이름은 구홍寇洪, 자는 대관大寬, 나이는 예순넷입니다. 마흔 살 되던 해에 만 명의 승려에게 재齋를 올리기로 하고 그 소원을 원만히 이루어보리라 마음먹었습니다. 오늘까지 24년 동안에 꼭 구천구백구십육 명의 승려가 재를 올렸습니다. 이제 만 명 중에서 네 명이 부족한 셈인데 오늘 이렇게 네 분의 스님을 내려 주셨으니 제자는 더 이상 바랄 것이 없습니다. 어서 제 명부에 존함을 기입해 주십시오. 제가 소원을 성취한 법사를 끝내고 교자나 말로 스님을 산상까지 모시고 가겠습니다. 여기서 영산까지는 팔백 리 길밖에 안 되는 아주 가까운 길입니다."

삼장은 기뻐서 원외의 요구를 받아들였다. 원외의 집안은 금세 생기가 돌기 시작했다. 상하 대소의 가동들이 나무를 해오고 물을 긷고 쌀, 국수, 나물 등등의 음식을 차리고 나르느라 야단법석이었다.

원외의 아내가 놀라 가동들에게 묻자 그들이 자세히 알려 주었다.

"동토 대당 황제가 보내서 온 스님들이랍니다. 동토에서 영산으로 부처님을 참배하러 가기 위해 여기까지 왔답니다. 나리께서는 이들을 하늘에서 내려 주신 스님들이라 하시면서 소원을 이루게 되었으니 재를 올릴 준비를 하라고 분부했습니다. 그들은 꼭 네 분으로, 만 명의 수를 채우게 되었다는 말씀입니다."

부인도 역시 대단히 기뻐하며 자기도 나가봐야겠다며 의복을 준비하라 일렀다. 가동이 그들의 생김생김이 한 사람은 부처님처럼 생겼으나 나머지 셋은 추악하여 볼 수가 없다 하자 부인이 소리쳤다.

"너희들은 겉모습만 보는구나. 겉모습이 그럴수록 천인인 게다. 빨리 나의 행차를 원외님께 알려라!"

경당으로 달려간 가동은 원외에게 부인의 말을 전했다.

잠시 후, 부인은 삼장을 보자 자력에 끌린 듯 우러러보며 꿇어앉아 절을 올렸다. 이때 또 원외의 아들 둘이 나와서 인사를 청했다.

인사가 끝나자 일행은 재당으로 가서 식사를 했다. 온갖 진미가 모두 동원된 푸짐한 식사였다. 여기서도 저팔계는 영웅적인 실력을 발휘하여 사람들을 놀라게 했다.

주인 원외의 요청에 의해 소원 성취의 원만법사圓滿法事를 끝내고 나니 그럭저럭 반달이 지났다.

삼장은 원외의 청대로 한 달이고 몇 년이고 지낼 수는 없었다. 하루 빨리 영산의 대뇌음사로 가서 석가여래를 찾아뵙고 진경을 구하여 고국으로 돌아가야만 했다.

그런데 원외의 부인과 아들들이 자신들도 아버지와 똑같이 공덕을 쌓기 위해 법사를 벌이겠다고 고집을 부렸다. 그러나 삼장의 고집도 만만치 않아 하룻밤 더 성대한 잔치를 베풀어서 최후의 위로를 삼았다.

삼장 일행이 구 원외의 집을 떠나서 다 쓰러져 가는 화광죽원華光竹院에 왔을 때는 이미 밤이 깊었고 억수 같은 비까지 내렸다.

한편, 그날 밤, 구 원외의 집에는 도둑의 무리 십여 명이 들어와 닥치는 대로 수탈하고 사람들을 마구 죽이고 있었다.

원외의 집 사람들은 놀라고 겁이 나서 남녀노소, 양반, 노비할 것 없이 저마다 목숨만이라도 부지하려고 뿔뿔이 흩어져 달아났다.

부인은 잠자던 침상 밑으로 들어가고 늙은 원외는 도망치지도 못하고 문 뒤로 숨었다. 두 아들은 몇몇 아이들과 함께 이리저리 도망치다가 자취를 감추었다.

도둑의 무리들은 온갖 연장을 다 갖추고 집안에서 값나가는 물건을 둘 만한 곳은 모두 뒤지고 다녔다. 찾은 물건 중 시원찮은 것은 마구 짓밟아 내동댕이치고 금은보화와 비단 능라 등 값진 것만을 골라 죄다 쓸어 담았다.

주인 원외는 문 뒤에서 숨소리마저 죽이고 지켜보다가 물건에 대한 애착이 생겨 도둑 무리들에게 애원했다.

"제발, 적당히 필요한 것만 가져가시고 이 늙은이가 여생을 보낼 수 있도록 조금이라도 남겨 주십시오."

그러나 그 애원은 오히려 도둑들을 격분시켜 몽둥이찜질과 발길질로 돌아왔다. 그리하여 원외는 애석하게도 숨을 거두고 말았다.

도둑들은 한껏 욕심을 채워 한 짐씩 짊어지고 구 원외의 집을 나와 줄기차게 쏟아지는 비를 맞으며 유유히 성벽을 넘어 서쪽으로 도망쳤다.

도둑떼들이 물러간 뒤에야 숨어 있던 사람들이 하나둘씩 나타나기 시작했다. 집안의 물건은 모두 털렸으며, 주인인 원외는 처참하게 죽어 있었다. 그들은 주인의 시체 앞에 꿇어앉아 소리 높여 통곡하였다.

부인도 남편의 시체를 끌어안고 통곡하고 두 아들도 뒤늦게 나타나 울었다. 소리를 들은 동리 사람들이 모여들기 시작했다.

원외의 부인은 도둑의 무리를 보지 못했지만 문득 그 모든 일이 삼장 일행이 꾸민 일이라 생각하였다.

더 머물러 달라고 아무리 붙잡아도 기어코 가버렸고, 인사로 선물이나 노자를 주어도 결코 받지 않았으며, 온갖 성의와 친절을 뿌리치고 가버린 것이 부인의 좁은 소견으로는 도둑의 무리로 보였다. 그리하여 부인은 아들에게 소장을 써서 동대부에 올리도록 했다.

"분명 우리 집 사정을 잘 아는 당승 일행일 것이다. 횃불을 들고 앞장서 들어온 놈은 당승이고, 칼을 잡은 놈은 저팔계, 금은보화를 가져간 놈은 사오정, 너희 아버지를 때려죽인 놈은 손오공, 바로 그놈들이다."

두 아들 역시 어머니의 말을 곧이들었다.

동대부의 자사대인은 강직한 원님으로 구 원외의 아들로부터 소장을 받고 즉시 삼장 일행을 잡으라는 엄명을 내려 군사 오십 명을 출동시켰다.

이때 삼장 일행은 다 쓰러져 빗물이 줄줄 새는 화광죽원에서 하룻밤을 새우고 아침이 되어 길을 떠나고 있었다. 그런데 그 길은 구 원외의 집을 턴 강도들이 있는 방향이었다. 강도들은 화광죽원을 지나 서쪽으로 이십 리가량 더 가 산골짜기에서 훔친 물건을 내려놓고 빙 둘러앉아 분배하기 시작했다. 문득 도둑 무리 중 한 놈이 삼장 일행을 발견하고는 속삭였다.

"저기 오는 저 화상들은 구 원외 집에서 대접받던 중들인데 노잣돈이 두둑할 것이다. 그것마저 털어버리자!"

그들은 모두 신바람이 나서 일어섰다. 각기 손에 무기 하나씩을 챙겨들고 그들의 길을 막으며 호통을 쳤다.

"이 중놈들, 꼼짝 마라! 지체하지 말고 노잣돈을 모두 내놓아라! 만약 그렇지 않으면 모가지를 뎅강 끊어 놓을 테다! 어서 가진 것을 다 내놓고 가거라, 어서!"

삼장 일행은 산 옆에서 갑자기 튀어나온 무리들을 보고 어리둥절했다.

손오공은 우선 삼장을 안심시키고 앞으로 걸어가더니 양손을 포개어 점잖게 물었다.

"대관절 이 산속에서 무얼 하시고 계십니까?"

강도들은 불끈 호통을 치며 으르렁댔다.

"뭣이 어째! 돈이나 내놓거라! 구 원외 집에서 얻은 노잣돈을 내놓으란 말이다!"

"잠깐 좀 기다리시오. 내 보따리를 가져오리다."

손오공은 되돌아가 사오정이 들고 있는 보따리를 낚아채고 땅바닥에 놓는 척하면서 흙 한 줌을 흩뿌리고는 주어를 외워 정신법으로 그들을 말뚝처럼 세워놓았다. 그리고 강도들을 자기의 털로 변화시킨 동아줄로 꽁꽁 묶어 신문해 보고는 깜짝 놀랐다. 손오공은 이들을 죽이려 했으나 스승의 간곡한 만류로 풀어 주고 도망가도록 내버려두었다.

삼장 일행은 강도들로부터 빼앗은 물건을 구 원외에게 되돌려 주고자 하였다. 그러나 오히려 포졸들에게 붙들려 동대부 자사 앞으로 끌려와 진짜 도둑이 되어 옥에 갇히는 신세가 되었다.

그러나 손오공은 메뚜기로 변해 구 원외의 집으로 가 사실대로 말하고 억울한 죄명을 벗고 풀려났다. 손오공은 죽은 구 원외마저 살려놓고 다시금 뜨거운 환대를 받았다.

다시 살아난 구 원외는 다시 한 번 삼장 일행을 성대히 환송해 주었다.

영산의
뇌음고찰

삼장 일행이 큰길로 나오니 과연 서방의 불지佛地는 다른 데가 있었다. 옥같이 고운 꽃과 풀, 그리고 높이 솟은 잣나무와 푸른 소나무 등도 모두 우람하게 아름다웠고 집집마다 착한 일에 힘쓰고 베풀기를 좋아했다.

산 아래는 도 닦는 사람이 있었고, 숲속에서도 경을 읽는 자들의 목소리를 들을 수 있었다.

삼장 일행은 매우 감동해서 부지런히 걸었다. 홀연 옹기종기 모여 있는 고루와 층층이 쌓인 높은 누각이 바라보였다. 그 광경은 실로 장엄하여 인간 세계와는 동떨어진 어떤 느낌을 갖게 하였다. 삼장은 감격해서 소리쳤다.

"오공아! 정말로 좋은 곳이로구나."

"사부님, 그동안 가짜 지경이라든가 가짜 불상에 대해서는 곧잘 절을 하시더니 오늘은 참된 지경에 들어섰고 진짜 불상을 보게 되었는데도 말에서 내리시지도 않으시니 어찌된 일입니까?"

삼장은 그제야 깜짝 놀라서 말에서 얼른 뛰어내렸다.

그들은 누각의 문 앞에 와 있었다. 도동 하나가 산문 앞에 비스듬히 서서 물었다.

"거기 오시는 분이 동토에서 경을 가지러 오시는 분인가요?"

삼장이 얼른 옷깃을 단정히 여미고 머리를 들어 보았다. 참으로 보통 사람 같지는 않았으나 누군지 알 수 없었다. 손오공이 알아보고 말해 주었다.

"사부님, 이분이 바로 영산 기슭의 옥진관玉眞觀에 계시는 금정대선金頂大仙이십니다. 사부님을 영접하러 오신 것입니다."

삼장은 감격해서 앞으로 나아가 절을 했다. 대선은 미소를 지으며 말했다.

"성승께선 이제야 겨우 도착하시는구려. 저는 관음보살한테 속았습니다. 그분은 십 년 전에 부처님의 금지金旨를 받드시어 동녘 땅으로 경을 가지러 오실 분을 찾으셨고, 그때 이삼 년이면 이곳에 도착하신다 하셨습니다. 해마다 기다려도 소식이 없었는데 십사 년이 지나서 뜻밖에 오셨으니 참으로 반갑습니다, 성승!"

"대선의 후의에 감사드립니다."

삼장은 더욱 감격하여 다시 한 번 합장을 했다.

일행은 말을 끌고 짐을 짊어진 채 대선을 따라 관觀으로 들어가 다시금 일일이 인사를 나누었다. 그리고 차와 식사를 나눈 후 소동을 불러 향탕을 데워 성승을 목욕시켜서 불지에 오르도록 하라고 분부했다.

스승과 제자들이 목욕을 하고 나니 어느덧 날이 저물었으므로 그날은 옥진관에서 편히 잠을 갔다.

이튿날 아침, 삼장은 옷을 갈아입고 금란가사를 걸치고 비로모를 쓰고 손에는 석장을 들고 당堂에 올라 대선에게 작별 인사를 했다. 그러자 대선이 빙그레 웃으며 반겨 말했다.

"어제는 남루해 보였는데 오늘은 깨끗해지셨습니다. 이제야 진정 불자의 모습이십니다."

삼장이 감격해 어쩔 줄 모르고 떠나려 하자 대선이 함께 따라 일어서며 길 안내를 자청했다.

대선은 삼장의 손을 잡고 전단으로 인도해서 법문으로 올라갔다. 그리고 대선은 영산을 가리키며 말했다.

"성승, 저기를 보소서! 저 허공 높이 오색이 찬란한 상광과 천만 겹 상서로운 아지랑이를 보십시오. 저곳이 바로 영취靈鷲(부처님이 설법하시던 곳) 산봉우리요, 불조님의 성경聖境입니다."

대선은 이제 영산이 보이므로 작별을 청하여 서로 헤어졌다.

손오공이 삼장을 인도하여 오륙 리가량 산에 오르고 보니 한 줄기 힘차게 흘러내리는 시냇물을 보게 되었다. 그 폭은 대략 십리가 될 듯했다. 근처에는 사람 하나 볼 수가 없었다.

삼장은 또다시 놀라고 당황했다.

"오공아! 길을 잘못 든 게 아니냐? 대선께서 길을 잘못 가르쳐 주셨던지 말이다. 이 물줄기의 폭이 넓고 사납게 소용돌이쳐 흐르고 배 같은 것은 보이지 않으니 어떻게 건너간단 말이냐?"

"길을 잘못 든 것은 아닙니다. 저기에 있는 큰 다리를 보십시오. 저 다리 위로 건너가야만 비로소 정과를 이룰 수 있습니다."

삼장 일행이 반가워서 가까이 가 살펴보니 '능운도凌雲渡'라 쓰여 있고 보통 사람이 건널 수 없는 위험한 외나무다리였다.

손오공이 여러 차례 시범을 해보였으나 아무도 건너려 하지 않았다. 그때 마침 한 사공이 강물 하류에서 배를 저어 오면서 소리치고 있었다.

"제가 건네 드리겠습니다."

손오공은 화안금정으로 살펴보고 그 배를 저어 온 사공이 접인불조接引佛祖, 혹은 나무보당광왕불南無寶幢光王佛이라고 불리는 분임을 알았다. 그러나 모른 체하고 가까이 배를 대라고 외쳤다.

배는 순식간에 그들 앞의 물가에 와 닿았다. 그러나 배의 밑바닥이 없는 것을 본 삼장이 당황해서 말했다.

"밑바닥도 없는데 어떻게 사람들을 태워 건네준단 말씀입니까?"

그러자 접인불조는 자신의 배를 설명했다.

"홍몽鴻濛(하늘과 땅이 분리되지 않은 상태)이 처음 갈라지면서부터 명성이 있었고 내가 부려 오면서도 변함이 없었다오. 파도와 바람이 있어도 더욱 평온했고 끝도 시작도 없이 태평함을 즐긴답니다. 육진六塵(심성을 더럽히는 욕정)에 물들지 않고 능히 하나로 돌아가며 만겁을 편히 원하는 대로 행하지요. 밑바닥 없는 배로 바다 건너긴 어렵겠지만 예부터 지금까지 일체중생을 건네주고 있답니다."

손오공은 그제야 합장하고 감사를 표했다.

"우리 사부님을 이토록 맞아 주셔서 감사합니다. 사부님, 어서 배에 오르십시오. 비록 밑바닥은 없을지언정 풍랑에 뒤집히지 않는 배랍니다."

삼장이 그래도 겁을 내어 움직이지 않는 것을 손오공이 억지로 잡아당겨 배에 올려놓았다. 그 바람에 중심을 못 잡아 물에 빠질 뻔해서 옷이 젖었다.

손오공은 아랑곳없이 저팔계와 사오정에게 말을 끌고 짐을 메고 배에 오르게 했다.

접인불조가 배를 젓기 시작하자 강 상류로부터 시체 하나가 떠내려 오고 있었다. 삼장이 이를 보고 깜짝 놀랐다.

손오공이 웃으며 그것은 다름 아닌 사부님 자신이고, 곧 성불成佛되었음을 일러주었다.

저팔계도 사오정도 그제야 깨닫고 축하했다.

배를 저어 나간 지 얼마 안 되어 능운도를 지나가니 그제야 비로소 삼장은 몸을 돌려 사뿐히 맞은편 언덕에 뛰어내렸다. 지금까지의 범태凡胎(평범한 사람의 육체)에서 깨끗이 해탈한 것이었다.

이야말로 크나큰 지혜가 피안彼岸(모든 번뇌에 얽매인 고통의 세계인 생사고해를 건너서 이상경인 반의 세계에 도달하는 일, 또는 그 경지)으로 올라간 무극無極의 법法이었다.

일행이 언덕에 올라 뒤돌아보니 어느새 배와 사공은 행방이 묘연했다. 하여 손오공은 그가 접인불조였음을 삼장에게 말했다. 삼장은 다시금 감사의 뜻을 표했다.

이제 모든 것이 완성되어 정과를 이룬 것이다. 영산의 뇌음고찰은 바로 눈앞에 바라보였고, 또한 아무것도 거칠 것 없이 손쉽게 다다를 수 있었다.

삼장 일행은 드디어 영산 꼭대기에 올랐다.

푸른 소나무 숲 아래에는 우파優婆(불교 신도)들이 줄지어 섰고 푸르스름한 잣나무 숲 가운데에는 선사善士(높은 도를 닦은 화상)들이 늘어서 있었다.

삼장이 그 자리에서 절을 하니 모두가 "석가모니를 뵌 후 하라!" 하였다. 일행이 뇌음사 산문 앞에 도착하니 산문 안에서 사대금강이 이들을 영접했다. 금강신, 금강역사는 불법佛法의 수호신으로 온몸을 벗고 허리에만 옷을 걸쳤는데 날래고 용맹한 모양에 험상궂은 얼굴을 하고 있다. 본래 금강은 부처의 지덕이 굳고 단단하여 어떠한 번뇌라도 깨뜨릴 수 있는 '가장 뛰어남'을 뜻하는 말이다.

금강이 세 개의 문을 통해 여래지존석가모니문불如來至尊釋迦牟尼文佛께 당나라 성승이 경을 가지러 왔음을 알리자 부처님은 크게 기뻐하여 팔보살, 사금강, 오백나한, 삼천게체, 십일대요, 십팔가람을 불러 두 줄로 서게 한 후 당나라 성승을 불러들이라 금지를 내렸다.

삼장 일행은 말과 짐을 이끌고 대웅보전에 이르러 석가여래를 뵙고 꿇어 엎드려 절하면서 아뢰었다.

"제자 삼장, 동토 대당에서 황제의 뜻을 따라 이곳 서천으로 참배하여 진경을 얻고자 왔습니다. 불조께옵서는 그 크신 은혜를 베푸시어 중생을 구원하게 해주십시오."

석가여래는 자비로운 마음을 베풀어 삼장에게 일렀다.

"그대의 동토는 남섬부주로 땅이 기름져 물질이 풍부하고 많은 사람이 모여 살지만, 탐욕과 살생과 음란함과 속임수가 많아서 불교를 준수하지 않고 있다. 불충, 불효, 불의, 불인을 일삼고, 마음을 속여 스스로를 어리석게 만들며, 모든 사람이 인명을 해치어 한없는 죄를 지었으며, 이제 그 죄악이 가득차고 넘치게 되어 지옥과 같은 재앙을 맞게 되었다. 그런 연유로 영원히 유명에 떨어져 절구에 찧여 몸이 가루가 되는 것 같은 수많은 고통을 당하고, 짐승으로 변해 여러 가지 털을 뒤집어쓰고 뿔이 돋은 모습으로 육체의 고통으로 빚을 갚게 되며 영원히 아비阿鼻(끊임없이 고통을 받는 지옥)에 떨어져 못 나오는 것이다. 비록 인의 예지의 교를 세워 제왕이 서로 계승하면서 도류교참徒流絞斬(도형과 유형, 목을 매고 벰)의 엄한 형벌로 다스리기는 하지만 우매하고 방종한 무리들을 어찌 다스릴 수 있겠는가? 나에게 있는 경 삼장經三藏은 고뇌에서 초탈하게 하며 모든 재화災禍를 극복하게 한다. 삼장 중 법일장法一藏은 하늘을 이야기함이요, 논일장論一藏은 땅을 말함이요, 또 경일장經一藏은 귀신을 구제함이다. 이 모두 삼십오 부, 만오천백사십 권이다. 이 삼경이야말로 진리를 닦는 수진修眞의 길이요, 마음이 바르고 착한 정선正善의 문이다. 무릇 천하 사대부주의 천문·지리·인물·조수鳥獸·화목花木·기용器用·인사人事 등등 그 무엇이고 실려 있지 않음이 없다. 멀리서 온 너희에게 전부를 가져가게 하고 싶지만 그곳 사람들이 우매하고 고집이 세어 진언을 헐뜯고 비방하므로, 우리 사문의 훌륭하고 깊은 뜻을 모를까 그것이 걱정이다."

석가여래는 아난과 가섭을 불러 이렇게 분부했다.

"너희 둘은 저들을 데리고 진루珍樓 아래에 가서 우선 식사를 대접하고, 보각을 열어 삼장경 가운데의 삼십오 부 중에서 몇 권씩 골라주어 동녘 땅에 전하게 해서 크나큰 은혜로움을 길이 간직하도록 하라!"

두 존자는 부처님의 명을 받들어 삼장 일행을 이끌고 가서 진기한 보석과 잘 차려진 선계의 음식으로 대접해 주었다.

식사가 끝나자, 두 존자는 삼장 일행을 보각으로 안내하였다. 보각 안으로 들어가니 한편으로는 놀빛이, 다른 한편으로는 안개와 상서로운 조짐의 구름이 있는 곳에 경궤經櫃가 있고, 그 위의 붉은 딱지에 수많은 경권經卷의 명목이 씌여 있었다.

아난과 가섭은 삼장을 데리고 다니면서 경의 명목을 고루 보여 준 후 이렇게 물었다.

"성승은 동토에서 예까지 오셨는데 어떤 선물을 저희에게 주시겠습니까? 선물을 먼저 주셔야 경을 전해 드리겠습니다."

삼장은 당황했다.

"제자 삼장은 오는 길이 하도 멀고 험해서 아무것도 가져오지 못했습니다."

"허어, 어쩐다. 빈손으로 온 자에게 경을 줄 수는 없습니다."

두 존자가 웃으며 그렇게 꼬집자 옆에서 지켜보던 손오공이 발끈 화를 냈다.

"사부님! 석가여래님께 아뢰어 그분에게서 직접 받기로 하시지요."

그러자 아난이 화를 내며 소리쳤다.

"네 이놈, 예가 어딘 줄 알고 감히 주둥이를 놀리느냐! 옛다, 여기 와서 경이나 받아라!"

저팔계와 사오정이 화난 손오공을 달래어 경을 받았다.

일행은 두 존자가 내어 주는 경을 한 권 한 권 받아 보따리에 꾸리고 말에 싣고, 또 큼직하게 두 개의 짐으로 만들어 저팔계와 사오정이 짊어졌다.

이렇게 그들은 만족한 표정으로 나와 석가여래께 감사의 절을 올리고, 문 밖으로 나와 만나는 불자들과 일일이 절을 하며 산을 내려와서 길을 떠났다.

한편, 아난과 가섭이 불경을 전해 준다는 소리를 들은 보각 안의 연등고불燃燈古佛이란 존자는 이미 아난과 가섭의 소행을 잘 아는지라 혼자 미소를 지으면서 글자도 없는 경을 알아보지도 못하고 먼 길을 헛수고하는 동녘의 화상들을 가엾게 여겼다. 그대로 내버려 둘 수 없던 존자는 백웅존자白雄尊者를 불러 분부를 내렸다.

"지금 곧 당나라에서 온 화상들을 쫓아가 글자 없는 경을 빼앗고, 다시 돌아와서 글자 있는 경과 바꿔 가도록 하라 일러라."

말을 마치자 백웅존자는 바람을 타고 몰아쳐 뇌음사 산문 밖으로 떨어져 나가는 신위神威(거룩한 위엄)를 일으켰다.

한편, 아무것도 모르고 태평하게 귀로에 접어든 삼장은 한참 길을 가고 있는 중에 불어온 난데없는 향기로운 바람에도 그저 불조의 상서로운 조짐이라고만 여기고 아무 방비도 갖추지 않았었다.

그런데 또 한 번 바람 소리가 들리더니 허공에서 손이 뻗쳐 말 위의 경을 채어 가는 게 아닌가? 삼장은 안타깝고 놀라 발만 동동 구르고, 저팔계는 엎어지고 고꾸라지면서 쫓아가고, 사오정은 남은 경 보따리를 지키고, 날쌘 손오공은 재빨리 몸을 움직여 백웅존자의 뒤를 바싹 쫓았다. 백웅존자는 손오공의 여의봉에 상처를 입을까봐 움켜쥔 경 보따리를 땅에다 냅다 내동댕이쳐서 책 속에 글자 없음을 드러나게 했다.

손오공은 책이 광풍에 날려 떨어지는 것을 보자, 그를 쫓아가는 것을 포기하고 구름을 멈추고 돌아와 저팔계와 함께 흩어진 책을 수습해서 등에 짊어졌다. 이때 사오정이 펼쳐진 책을 보았는데 글자 한 자 없는 백지가 아닌가.

손오공도 삼장도 저팔계도 손에 쥔 책들을 펼쳐 보니 역시 아무것도 쓰여 있지 않은 백지 그대로인 종잇장이었다.

삼장 일행은 자신들이 가지고 가던 경이 백지였다는 사실을 알고는 놀라지 않을 수 없었다. 손오공은 격분해서 그 흩어져 있는 백지책을 모두 주위 꾸려서 석가여래에게로 달려왔다. 백지책을 주어 자기들을 속인 아난과 가섭 두 존자를 석가여래에게 고발하여 톡톡히 혼내 줄 심산이었다.

손오공의 항의를 들은 석가여래는 조용히 미소지으며 이미 알고 있는 일이고, 오히려 글자 없는 경이 참된 경이라고까지 했다. 그러나 우매해서 그러한 경을 깨닫지 못한다면 글자 있는 경을 다시 주도록 아난과 가섭을 불러 분부했다.

두 존자는 다시 네 일행을 인도해서 진루보각 아래에 다다르니 삼장에게 또 선물을 요구했다. 바칠 만한 물건이 없는 삼장은 그동안 음식을 얻어먹는 데 쓴 자금으로 된 바리때를 꺼내어 두 손으로 받들어 올리면서 말했다.

"제자는 정말로 추위와 배고픔에 시달리며 먼 길을 오는 터라 달리 선물을 준비하지 못했습니다. 이 바리때는 제가 당나라를 떠나올 때 황제께옵서 친히 하사해 주시며, 제자더러 잘 간직하였다가 음식을 얻을 때 쓰라 하신 물건입니다. 이제 이것을 바쳐 작은 성의나마 표시하고자 하오니 바라옵건대 존자께옵서는 부디 이것을 받아 주십시오. 당나라에 돌아가 이 사실을 황제께 아뢰면 꼭 후한 사례가 있을 것이오니, 다만 글자 있는 진경을 주시어 우리 황제의 흠차欽差(황제의 명령으로 보낸 파견인)하신 뜻과 여기까지 고생하며 온 수고에 너무 섭섭하지 않게 해주시기를 바랍니다."

아난은 선물을 받고 기뻐했으나 곧 진루에 있던 여러 역사와 존자가 이를 비난하며 손가락질을 하자, 얼굴이 빨개지면서 부끄러워 어쩔 줄 몰라 했다. 그러면서도 바리때를 움켜쥐고 다시 내놓으려 하지 않았다.

가섭이 그제야 보각 안으로 들어가서 경을 골라 삼장에게 주자, 삼장은 주의를 주었다.

"제자들아, 지난번처럼 실수하지 않도록 잘 살펴보아라."

일행이 한 권 한 권 받아 살펴보니 모두가 완전한 진경들로 전부 35부 5천 48권이었다.

삼장 일행은 모든 경을 일일이 들추어 확인을 하고 또 한 번 석가여래에게 은혜에 깊이 감사하는 작별 인사를 하고 산문을 나섰다.

관음보살은 햇수를 쳐서 꼭 14년, 날짜로 오천사십 일, 경의 권 수와 비긴다면 꼭 8일이 부족한 셈이라고 말했다.

석가여래는 그동안 관음보살의 소임을 풀어 준 다음, 팔대금강을 불러 각자 신위를 발휘해서 당승 일행을 8일 안으로 보내주고 오라고 분부했다. 관음보살의 말대로 부족한 8일을 채우자는 것이었다.

"너희들은 성승 일행을 태워 동녘 땅으로 돌려보내 진경을 전달한 후, 다시 성승 일행을 데리고 이곳에 돌아오도록 하라. 반드시 8일 안에 돌아와야만 일장—藏의 수효를 채우는 것이 되니 지체하지 말고 수행하도록 하라!"

그리하여 삼장 일행은 올 때와는 달리 팔대금강을 따라 구름을 타고 아주 쉽게 당나라로 돌아가게 되었다.

81의 수의
고난을 채우다

한편, 관음보살의 명에 따라 그동안 삼장법사를 호위해 주던 오방게체와 사치공조, 육정육갑과 호교가람 등도 관음보살에게 나아가 아뢰었다.

"저희들은 보살님의 법지를 받들어 성승을 보호하였습니다. 드디어 오늘 성승의 일이 끝났고, 보살님께서도 불조님께 금지를 올렸듯이 저희들도 보살님께 법지를 반납하고자 합니다."

관음보살은 그동안 매우 수고했다며 승낙했다. 그리고 제신들에게 물었다.

"경을 받으러 오는 중에 당승 일행의 마음이나 행동은 어떠하였소?"

"참으로 성실하고 경건했습니다."

그리고 아울러 덧붙여 말했다.

"관음보살님께서 통찰하신 바, 전혀 어긋나지 아니 하였습니다. 그러나 삼장 일행이 겪은 괴로움은 이루 다 말로 할 수 없었습니다. 그 고난은 팔십 가지요, 지나온 길은 십만 팔천 리입니다."

관음보살은 제신들의 말을 듣다가 문득 깨달은 바가 있었다.

"불가에서는 81의 숫자를 채워야만 비로소 참으로 돌아가는 법인데, 성승이 이미 80고난을 겪었다지만 아직 하나의 난이 부족하므로 완성하지 못한 것이니 어찌한다!"

말을 마친 관음보살은 오방게체에게 즉시 팔대금강을 쫓아가서 고난을 한 가지 더 일으키라고 명령했다.

명령을 받은 오방게체는 즉시 구름을 타고 동쪽을 향해 하루 밤낮을 날아 팔대금강을 뒤쫓았다. 그는 팔대금강에게 관음보살의 법지를 전달했다.

그러자 팔대금강은 그 자리에서 휙 하고 바람을 거둬 삼장 일행, 그리고 말과 경과 짐을 한꺼번에 땅에 내동댕이쳤다.

갑자기 지상으로 떨어진 삼장은 놀라움이 컸으나 제자들은 당분간 쉬었다 가는 것도 좋겠다고 여겼다.

손오공은 몸을 솟구쳐 살펴보고는 통천하 서쪽 언덕이라고 말했다. 그러자 삼장이 갑자기 생각난 듯 소리쳤다.

"이곳의 동쪽 강변에 진가장이 있던 곳이로구나. 이곳에서 우리는 그 댁의 어린아이를 구해 주었고, 또 큰 늙은 자라가 나타나 우리를 건네주었지. 그런데 이 서쪽에는 사람이 살지 않았던 것으로 생각이 드는데 어찌하면 좋으냐?"

저팔계가 심통 사나운 표정으로 말했다.

"속세의 사람들만 사람을 골탕 먹이는 줄 알았는데 알고 보니 부처님을 모시는 팔대금강도 농간을 부리네요. 부처님께서 팔대금강에게 성지를 내려 우리들을 동녘 땅까지 데려다 주라 하셨거늘, 어찌하여 도착도 하기 전에 우리를 땅에 팽개친단 말입니까?"

"너무 원망할 건 없어요!"

사오정이 끼어들었다.

"우리 사부님은 이제 도를 통하셨고, 또 지난번에는 능운도에서 범태를 벗으시어 이번에는 물에 빠지지 않으실 것이니 우리 셋이 섭법攝法을 써서 사부님을 모셔 갑시다."

그러나 손오공은 안 될 말이라며 고개를 저었다. 신통력을 써서 날고 뛰는 오묘한 술법을 쓴다면 이보다 백배나 깊고 폭이 넓은 강도 건널 수 있지만 스승께서 81의 숫자를 못 채워 나머지 한 번의 고난을 마치려 함을 손오공은 알고 있는 터였다.

스승과 제자들이 저마다 떠들며 물가에 오자, 어디선가 자신들을 부르는 소리가 들려왔다.

"당에서 오신 성승이여, 어서 오십시오! 어서 이리로 오십시오!"

삼장 일행이 깜짝 놀라 사방을 둘러 살펴보았으나 근처에는 배도 사람도 보이지 않았다. 그런데 가만히 보니 발 밑 물가에 한 마리의 커다란 늙은 자라가 물 밖으로 머리를 드러내고 이쪽을 지켜보고 있었다.

"스님, 스님을 기다리느라 몇 해를 여기에 있었는지 모릅니다."

삼장 일행은 늙은 자라를 발견하고는 참으로 반갑고 기뻐했다. 늙은 자라는 서슴지 않고 강물 밖으로 기어 나왔다. 우선 그의 등에 말부터 꼭꼭 매었다. 저팔계는 지난번과 똑같이 말꼬리 밑에 쭈그리고 앉고, 삼장은 말머리 왼편에, 사오정은 오른편에 각각 자리를 잡았다. 그리고 손오공은 늙은 자라의 머리 위에 서서 힘차게 소리쳤다.

"자라 할아범! 조심해서 잘 건네주시기 바랍니다."

늙은 자라가 그들을 업고 반나절가량 가자 날이 어느새 어두워지기 시작했다.

동쪽 언덕까지는 아직도 얼마가량 남아 있었다. 이때 늙은 자라가 문득 물었다.

"스님, 전에 제가 드린 부탁을 잊으신 건 아니겠지요? 서방에 가서 석가여래님을 뵙거든 제 앞일에 관해 한마디 여쭤봐 달라고 했던 것 말입니다. 여쭈어 보셨나요?"

삼장은 무어라고 대답해야 할지 몰랐다. 실상 늙은 자라의 부탁 같은 것은 완전히 잊고 있었던 것이다. 서방에서 그는 잔뜩 긴장되어 옥진관에서 목욕을 한다든지, 능운도에서 탈태를 하고 영산에 올라 마음을 모두 배불하는 데 쏟고 모든 부처와 보살, 성승들에게 배례하고 불경 받드는 데만 정신을 쓰느라 다른 일은 조금도 생각할 여유가 없었다. 더욱이 늙은 자라의 부탁 따위는 까맣게 잊고 있었던 것이다.

그렇다고 솔직하게 잊었다고 할 수도 없고, 또 뭐라고 거짓말을 꾸며댈 수도 없는 일이어서 대답을 못하고 우물쭈물하자 늙은 자라는 격분해서 더 이상 물어볼 필요도 없이 몸을 뒤집어 일행을 물속에 빠뜨려 버렸다.

다행히 삼장이 탈태하고 도를 통한 후라 물속에 깊이 빠지지 않았고, 백마는 원래 용이었으며, 제자들은 물에 익숙한 터라 당황하지 않았다. 손오공이 신통력을 발휘하여 우선 삼장을 물 밖으로 모셔서 동쪽 언덕에 올라오니, 경 보따리와 의복과 말의 안장만 젖었을 뿐이었다.

삼장 일행이 막 언덕 위로 올라가서 물에 젖은 짐과 경 보따리를 정리하고 있을 즈음, 갑자기 일진광풍이 휘몰아치더니 하늘이 어두워지며 번개가 치고 천둥소리가 고막을 찢을 듯하고 돌이 구르고 모래가 휘날렸다. 눈도 뜰 수 없었고 정신도 차릴 수 없었다. 다만 일행은 죽을힘을 다해 경을 지키는 데만 전력을 다했다. 삼장은 경 보따리를 부둥켜안고, 저팔계도 사오정도 각기 한 개씩 경을 싼 짐짝을 꾹 눌러 잡고 놓지 않았다.

손오공은 여의봉을 뽑아들고 사방으로 무섭게 휘두르며 어떤 귀신도 접근치 못하도록 호위를 하였다.

원래 이 바람과 천둥은 음기 마귀의 장난으로 경을 빼앗아가려고 한 것이었다. 그러나 손오공의 방비가 너무도 굳세고, 일행의 경계가 워낙 완벽하여 밤새도록 헛수고만 하다가 날이 밝자 물러났다.

삼장은 전신이 흠뻑 젖은 채 부들부들 떨면서 어찌된 일인지 손오공에게 연유를 묻자 그가 숨을 몰아쉬며 말했다.

"사부님! 저희가 사부님을 모셔서 이 경을 구하러 온 이유는 천지조화의 공功을 빼앗아 이 하늘과 땅에서 오래도록 존재하고, 해와 달처럼 밝고 법신法身이 그치지 않는 것에 있습니다. 그 때문에 천지가 용납하지 않고 귀신들이 이 경을 빼앗으려고 덤벼든 것입니다. 그런데 이 경이 물에 젖어 있고 또 사부님의 법신이 이를 누르고 있어서 우레와 번개와 안개가 어지럽지 못하게 되고, 제가 여의봉을 휘둘러 방어했기 때문에 순양지성純陽之性이 보호된 데다 날이 밝자 양기가 뻗치므로 놈들이 물러난 것입니다."

삼장도 저팔계도 사오정도 그제야 비로소 깨닫고 감사해 마지않았다.

조금 뒤 태양이 찬란히 솟아오르자 물에 젖은 경을 펼쳐 말리기 시작했다.

일행은 경을 말리면서 옷도 벗어서 말리고 신발도 말렸다. 어느 틈에 몇 명의 어부가 모여들더니 삼장 일행을 알아보았다.

"스님은 몇 년 전에 경을 가지러 서천 땅에 가시던 분이 아니십니까?"

저팔계가 그렇다고 대답하며 어디 사시는 분이냐고 물었다. 그들은 예서 남쪽으로 이십 리가량 떨어진 진가장 사람들이라고 했다. 그들은 이런 데서 이럴 것이 아니라 진가장으로 가서 경을 말리고 옷도 빨도록 권했으나 삼장은 극구 거절했다.

그리하여 어부들은 진가장으로 돌아가 진징에게 이들의 소식을 전해 주었다. 그러자 진징은 기뻐서 어쩔 줄을 모르며 몇몇 일꾼들을 데리고 일행이 있는 강변으로 부리나케 달려왔다.

그는 삼장 앞에 무릎을 덥석 꿇고 인사부터 했다.

"장로님께서옵서는 경을 가지고 돌아오셔서 공도 이루시고 수행도 다 끝마치셨는데 저희 집에 들러주시지 않고 이런 데서 이러고 계십니까? 자, 어서 저희 집으로 가시지요."

진징은 경을 말리게 된 일행의 이야기를 듣고 더더욱 감동해서 자꾸만 자기집으로 갈 것을 졸랐다. 삼장도 어쩔 수 없이 경이 마르는 대로 걷어가지고 그의 집으로 가기로 했다.

이곳저곳에 널어놓은 경전을 수습하는데 다만 하나 《불본행경佛本行經》만은 돌 위에 그 몇 권이 찰싹 달라붙어서 영 떨어지질 않았다. 애를 써서 떼어 낸 끝에 맨 뒷장이 찢어져 버렸다. 그런 연유로 해서 《불본행경》은 불완전하고, 경이 널려 있던 그 돌에는 아직 글자의 흔적이 남아 있다고 전한다.

삼장은 이를 매우 후회하여 자기네의 태만과 부주의를 책망해 마지않았다.

그러자 손오공이 이렇게 말했다.

"본래 천지가 완전하지 못한 것인데 어찌하여 이 경만 완전할 수 있겠습니까? 이 경은 이제야 돌에 붙어 찢어져서 불완전이라는 천지의 오묘함에 따른 것입니다. 사람의 힘으로는 어찌할 도리가 없는 것입니다."

삼장은 안타까운 마음을 겨우 달래며 제자들과 함께 모든 경을 꾸려 말을 끌고 진가장으로 향했다.

진징과 진청 형제는 자기의 아들, 딸 목숨을 구해 준 옛 은인을 맞이하여 잔치를 벌이고, 그때 세운 절, 구생사求生寺를 보여 준다 하면서 야단법석을 떨었다. 진씨 형제만의 잔치가 아니라 온 동네가 그들을 열렬히 환영해 주었다.

그런데 저팔계는 좋은 음식을 대접받고도 웬일인지 전처럼 욕심을 내지 않았다. 자신도 그 이유를 알 수 없다고 했다.

이날 하루 대접을 잘 받은 일행은 구생사에서 자게 되었다. 그런데 삼경쯤 되어 삼장은 고국에 돌아가고 싶은 생각으로 견딜 수가 없었다. 제자들에게 그 뜻을 전하자 제자들도 바로 이해해 주었다.

일행은 짐을 챙겨서 산문으로 걸어 나와 밤길임에도 불구하고 동쪽으로 부지런히 걷기 시작했다. 그러자 이때 공중에서 자기를 따라오라는 팔대금강의 소리가 들렸다.

삼장 일행은 어느새 공중으로 올라와 있었다.

과업을 수행하여
성불하다

삼장 일행이 팔대금강의 안내로 구름을 타고 떠난 줄도 모르고 진가장의 여러 사람들은 날이 밝자 음식을 차려 들고 구생사 아래에 왔다. 그러나 삼장 일행은 흔적도 없이 사라져 사람들은 여기저기 찾으며 한동안 야단법석을 떨었다.

그들은 절망한 채 하늘을 우러러 탄식했다.

"정말로 생불에게 대접할 기회를 놓쳐 버렸구나!"

한편, 팔대금강은 향풍을 일으켜서 하루도 못 되어 당나라 장안성에 도착했다.

당나라 태종은 정관 13년 9월 12일에 삼장을 떠나보내고, 그로부터 삼 년이 지난 후에 공부관工部官으로 하여금 서쪽 관외에다 망경루望經樓를 짓게 하고 경전을 맞아들일 채비를 하고 있었다.

태종은 해마다 친히 그곳에 나가곤 했는데 이날도 누각 위에 이르러 하늘을 보니 예사롭지 않은 아지랑이가 가득 차고 향풍이 진하게 풍겨 오며 신묘한 변화가 일어나고 있었다.

삼장 일행을 전송하던 팔대금강이 공중에 멈추면서 이곳이 바로 장안성이라며 구름 위에서 기다릴 테니 경을 전해 주고 오라고 했다.

저팔계는 짐을 짊어지고 사오정은 말을 끌고 손오공은 삼장을 모시고 네 사람은 구름에서 내려 망경루 옆으로 내려갔다.

태종은 여러 관원들과 함께 삼장 일행이 공중에서 내려오는 것을 보고 곧 누각에서 내려와 이들을 맞아들이며 삼장에게 외쳤다.

"어제여, 이제야 돌아오는가!"

삼장이 감격해서 꿇어 엎드려 절을 하자 태종이 친히 일으켜 세웠다. 그리고 주위를 둘러보며 물었다.

"이 세 사람은 누구인고?"

"도중에서 얻게 된 제자들이옵니다."

태종이 크게 기뻐하며 시관侍官에게 지시했다.

"짐의 거마에 안장을 매고 어제도 말에 오르게 하여 궁으로 돌아갈 차비를 차려라!"

삼장은 이렇듯 후한 태종의 환대에 감사하며 말에 올랐고, 손오공은 여의봉을 휘저으며 삼장의 뒤를 따랐다. 그리고 저팔계와 사오정은 짐을 짊어지고 말을 끌고 함께 장안으로 입궁했다.

성중의 온 백성들은 취경인이 무사히 돌아왔다는 소식에 남녀노소 누구나 달려 나와 일행을 보려고 아우성을 쳤다.

삼장이 머물렀던 홍복사에서도 이날이 되자 소나무의 가지가 하나같이 동쪽을 향해 기울어져 있었다.

이때 삼장의 제자로 있던 화상이 황급히 새로운 의복을 찾아 입으면서 경전을 가지러 가셨던 스승님이 돌아온 것이라며 서둘렀다. 그러자 여러 화상이 그에게 물었다.

"무슨 연유로 그분이 돌아오신 줄을 아는가?"

"그때 스승님이 떠나시면서 절 안의 소나무 가지가 동쪽을 향하면 곧 내가 돌아오는 것이라 하셨네. 우리 스승님의 말씀은 곧 부처의 말씀이라, 이제 소나무 가지들이 모두 동쪽으로 향했으니 스승님께서 돌아오신 것이 틀림없네!"

그는 옷을 걸치자 재빨리 밖으로 달려나갔다.

다른 승려들도 그의 뒤를 따랐다. 그들은 얼마 가지 않아 서서히 들어오는 어가의 행렬을 먼발치에서 바라볼 수 있었다.

궁중에 이르러 어전에 도달한 삼장이 세 제자와 함께 옥계 아래에 서자, 태종이 황망히 삼장의 손을 잡아 어전 위로 이끌어 앉으라고 분부했다.

삼장은 재삼 감복하고, 제자들에게 경전을 가져오도록 하여 근시관을 통해 태종에게 바쳤다.

태종은 그것을 보자 매우 찬탄해 마지않으며 경전의 수량과 받아올 때의 어려웠던 일 등을 물었다.

삼장은 영산에 이르러 불조님을 참배한 일, 아난과 가섭에게 선물을 못 주어 글자 없는 경전을 받은 일, 다시 불조를 뵙고 아난과 가섭에게 자금 바리때를 주고 글자 있는 경전 35부 5천 48권을 가져왔음을 아뢰었다.

태종은 삼장의 설명을 듣고 다시금 감동하여 광록시에 명하여 동각을 크게 열고 잔치를 베풀어 삼장의 위대한 공적과 노고를 치하케 했다. 태종은 또 삼장으로부터 제자들뿐만 아니라 백마의 내력과 인물됨을 듣고 또 한 번 감동받고 놀랐다.

삼장은 또 그동안 가는 곳마다 수없이 써온 통관의 문첩을 태종에게 바쳤다. 태종은 거기 적혀 있는 여러 나라의 이름이라든지, 인장을 보고 또한 감명 깊게 생각했다.

이렇게 여러 가지 궁금한 점을 풀고 나자 태종은 기뻐서 어쩔 줄을 모르며, 삼장의 손을 잡고 동각의 연회석으로 가 제자들과 함께 즐거운 시간을 나누었다.

날이 저물어 연회가 파하자 삼장은 제자들과 함께 옛날에 머물렀던 홍복사로 돌아와 승려들로부터 환호를 받았다.

"스승님, 오늘 아침에 별안간 절 안에 있는 소나무 가지들이 모두 동쪽을 향해 굽었사옵니다. 지난날 스승님께서 서천 땅으로 떠나시기 전에 하신 말씀을 기억하고 혹시나 했는데 과연 이렇게 돌아오셨습니다."

삼장이 이 말을 듣고 만면에 희색을 띠며 전에 머물던 방장으로 들어갔다. 이날 밤 일행은 참으로 조용하고 편안한 잠을 잤다.

이튿날 아침 일찍, 조회에 나온 태종이 삼장을 불러 진경을 외워 달라 청하자 삼장이 정중히 말했다.

"폐하, 이 진경은 신성한 것이어서 반드시 깨끗하고 정결한 불지를 찾아야 하옵니다. 이곳 보전은 비록 깨끗한 곳이기는 하지만 경을 읽을 만한 자리가 못 되옵니다."

태종이 삼장의 말을 듣고 좌우에 하문하자 대학사 소우가 나서 아뢰었다.

"성중에 안탑사雁塔寺라는 절이 있사온데 이 절이야말로 여러 장안 성중의 사원 중에서 가장 정결한 줄로 아옵니다."

"그러면 모든 진경을 조심스럽고 경건하게 받들고 짐과 함께 안탑사로 가게 하라. 거기서 어제를 청하여 담경談經하도록 하리라!"

천자의 명이 떨어지자 대를 만들어 경전을 강할 준비를 했다. 삼장은 저팔계와 사오정에게 백마를 이끌고 또 행리를 잘 정돈해 두라고 일렀다. 그리고 손오공한테는 자기 옆을 떠나지 말라고 당부했다.

그런 다음 태종에게 마지막으로 아뢰었다.

"폐하, 이 귀중한 진경을 천하에 널리 전파하려 하옵시면 반드시 따로 부본副本을 등사해야만 비로소 안심하고 널리 뜻을 전할 수 있사옵니다. 원본은 진장珍藏으로서 깊이 간직해 두셔야 하고 가벼이 내놓아서는 아니 되며, 더더욱 망실亡失되거나 훼손되는 일이 없어야 할 것이옵니다.”

태종은 삼장의 말에 백 번 천 번 그래야 할 것이라면서 반드시 그렇게 시행하리라 다짐했다. 그리고 한림원과 중서과의 관원들을 불러 진경을 등사하도록 명령을 내렸다. 그리고 또 성 동쪽에 등황사謄黃寺라는 절을 세워 진경을 등사하도록 하였다.

삼장은 그제야 몇 권의 진경을 손에 높이 받들고 높은 대 위에 올랐다. 그가 막 경을 읽으려 할 때 별안간 향풍이 휘감기며 팔대금강이 머리 위 공중에 나타나 큰 소리로 삼장을 불렀다.

“거기 송경誦經하는 자여! 경권을 그곳에 놓아두고 어서 나를 따라 서천으로 돌아갈지어다!”

팔대금강의 외침이 들리자 삼장은 손에 잡았던 경권을 그 자리에 놓아두고 공중으로 솟아올랐다. 어느새 대 아래에 있던 손오공, 저팔계, 사오정과 백마까지 일제히 하늘로 솟구쳐 올랐다.

그러자 태종과 여러 신하들은 눈앞에 일어난 광경에 놀라고 당황해서 그저 일행이 사라져 가는 하늘을 향해 눈물어린 감동의 참배를 하였다.

그 후 태종은 절 안에 있던 모든 사람의 배례가 끝나자 곧 안탑사에 고승을 뽑아 삼장 대신 수륙재를 마련하여 대장진경을 송독케 했다. 그리고 겸해서 저승의 억울한 혼이 맺힌 귀신들을 초탈시키고 선경을 온 천하에 베풀고자 진경을 등사해서 널리 전파시키도록 분부했다.

한편, 삼장 일행은 팔대금강의 향풍에 싸여 순식간에 영산으로 돌아왔다. 오고가는 데 꼭 팔 일의 기한을 채운 것이다.

이때 영산에서는 제신들이 모두 불전에 모여 청강을 하고 있었다. 팔대금강이 삼장 일행을 데리고 불전으로 나아가자 석가여래는 보고를 받은 후, 일행들을 각자 앞으로 불러서 직職을 받으라 했다.

"성승, 그대는 전생에 원래 나의 둘째 제자로 이름은 금선자라 하였다. 그대가 설법을 듣지 않고 나의 가르침을 따르지 않으며, 경솔하게 행동하므로 그대의 진령眞靈을 꾸짖고 그 죄로 동녘 땅에 전생하게 하였던 것이다. 비로소 이제 다시 불법을 따르고, 나의 가르침을 받들고, 또 그토록 어려운 고초를 겪으며 동녘 땅에 진경을 전함으로써 큰 공과를 세웠으니, 이제 그대를 전단공덕불旃檀功德佛로 삼아 내 곁에 있게 하노라."

직을 받은 삼장이 크나큰 자비를 베푼 석가여래에게 절을 하자 석가여래는 만면에 인자한 희색을 띠우며 세 제자를 앞에 가까이 이르라고 한 뒤 하나하나 차례로 직을 내렸다.

"손오공은 듣거라. 그대는 천궁을 소란케 함으로써 말썽을 피우고 그 죄로 내가 법력으로 오행산 아래 눌러 두어 꼼짝 못하게 해두었는데 다행히 하늘의 재앙이 모두 끝나고 불교에 돌아왔고, 사악했던 성질을 버리고 선한 마음으로 돌아와 이곳까지 오는 동안에 마귀와 요괴를 다스려 삼장이 과업을 완수하게 한 그 공이 크므로 대직大職에 정과를 더해서 이제 그대를 투전승불鬪戰勝佛에 봉한다. 그리고 저팔계는 듣거라. 그대는 본디 천하의 수신이었고 천봉원수였다. 반도회 때 술주정을 하고 술기운으로 선아를 희롱한 죄로 하계에 투태投胎하니 몸의 형태는 비천한 축류와 같았다. 사람의 몸으로 되돌아가고 싶은 마음을 품고 복룡산의 운잔동에서 못된 짓을 일삼으며 죄 없는 사람들을 괴롭히다가 다행히 우리 사문에 들어와 성승을 수행해 큰일을 이뤘지만 아직 너의 마음속엔 색정이 남아 있다. 하지만 애써 짐을 들어 삼장을 모신 공로로 인해 그대의 직에 정과를 참작해서 정단사자淨壇使者에 봉하노라."

사자로 삼는다는 말을 들은 저팔계가 속으로 삼장과 손오공은 성불했는데 어째서 자기만 정단사자에 봉하냐고 투덜거리자 석가여래가 타일렀다.

"그대는 말로는 아무것이나 다할 수 있을 듯하지만 몸이 게으르고 식탐이 대단하다. 정단사자가 하는 일은 모든 불사를 치를 때 불단을 깨끗이 정리하는 것이니, 얻어먹을 기회가 많은 품급인데 너로서는 잘된 것이 아니냐? 그리고 사오정, 그대는 본디 권렴대장으로 옛날 반도회 때 귀한 보물잔을 깨뜨린 죄로 하계로 좌천되고 유사하에 떨어져, 사람들을 괴롭히고 잡아먹어 수없이 많은 죄를 짓다가 나의 교로 귀의한 후, 온 정성을 다해 성승을 받들어 모시고 그 어려운 일을 마친 공이 크므로 금신나한의 직에 봉한다."

그리고 또 백마를 불러 말했다.

"백마, 그대는 본디 서양대해의 광진용왕의 아들이었다. 부친의 명령을 어기고 불효의 죄를 저질러 말의 형상을 하고 있는 것이다. 다행히 귀신귀법歸身歸法하여 우리 사문에 돌아와서 십사 년을 하루같이 성승을 태워 서천으로 왔고, 또 경을 실어 동녘 땅에 전했으니 네 공 또한 크다고 아니할 수 없다. 이제 그대의 불효죄를 용서하고 천룡팔부天龍八部로 삼는다."

삼장 일행은 석가여래의 처분에 감사하여 배례했다. 석가여래는 즉시 오방게체에게 명하여 백마를 끌고 영산 뒤의 언덕으로 내려가 화룡지化龍池 가에서 백마를 못 속으로 밀어 넣게 하였다. 백마는 못 속에 들어가자 순식간에 몸이 뒤집히니 털이 없어지고 온몸에 금비늘이 반짝반짝 빛나며 몸의 모양이 바뀌어버렸다.

또 턱 밑에는 은색의 수염이 돋아나고 전신에 서리가 엉기어 서늘한 기운을 풍기며, 네 발톱에는 상서로운 구름이 감돌아 화룡지를 훌쩍 날아와서 산문 안에 있던 하늘을 떠받치던 경천화표주擎天華表柱 기둥에 몸을 칭칭 감아버렸다.

모든 부처들은 눈앞에서 일어난 석가여래의 신력에 탄복하고 찬양했다.

새로 투전승불의 직을 받은 손오공이 삼장에게 애원했다.

"사부님, 이제 저도 성불해서 사부님과 위치가 같아졌으니 제 머리에 있는 금고를 벗겨 주십시오. 사부님이 긴고주를 외시면 아직도 별 수 없이 혼이 나야만 되니 어서 빨리 이것을 벗겨 주십시오."

삼장은 손오공이 애원하는 말에 웃으며 이렇게 달랬다.

"그때에는 네가 하도 말썽을 부리니 다루기 쉽도록 하기 위해 금고를 씌운 것이다. 이제 성불을 했으니 그것이 네 머리에 있을 필요가 없다. 네 머리를 만져 보아라."

손오공이 손을 들어 머리를 만져 보니 과연 걸려 있던 금고가 없어졌다.

그제야 전단불, 투전불 그리고 정단사자, 금신나한은 모두 정과를 얻어 본래 자기 자리로 돌아가고 청룡이 된 삼장의 백마도 스스로 귀진歸眞하게 되었다.

삼장과 그의 제자들과 천룡마가 위位에 나가니 모든 불조들과 보살·성승·나한·계체·비구·우바이새·각산 각동의 신선·대신·정갑 공조·가람·토지신·일체의 도를 이룬 사선師仙들이 처음으로 모두 모여 합장하고 귀의하여 석가여래를 따라 염불을 했다.

그리고 일체의 모든 부처들이 말하였다.

"부디 원하옵건대, 이 공덕으로써 부처의 정토를 장엄하게 하고, 위로는 네 가지의 큰 은혜에 보답하고, 아래로는 삼도三途의 괴로움을 구제하시옵소서. 만약에 듣고 본 자가 있으면 모두 보리심菩提心을 발하여 함께 극락세계에 태어나고 이 한몸으로 보답을 다하게 하여 주시옵소서."